国家社科基金重大项目“俄罗斯西伯利亚远东地区藏 1950 年前中国共产党档案文献的整理与研究”（21&ZD031）阶段性成果

俄国史（修订版）

张建华 著

国别史系列

THE HISTORY OF RUSSIA

人民出版社

三勇士（瓦斯涅佐夫作于 1881—1898 年）

基督向人民显像（伊万诺夫作于 1830 – 1850 年）

著名圣像画家鲁布廖夫（1360 年左右—1428 年）

16 世纪格鲁吉亚教会书籍封面

米宁与波扎尔斯基雕像

苏兹达里的老木屋

彼得大帝像

讽刺画：叶卡捷琳娜二世统治欧洲的野心。

帝俄乡村学校的师生

普希金像

著名寓言家克雷洛夫（1769—1844 年）

末代沙皇尼古拉二世和皇后登基仪式

托尔斯泰简朴的坟墓

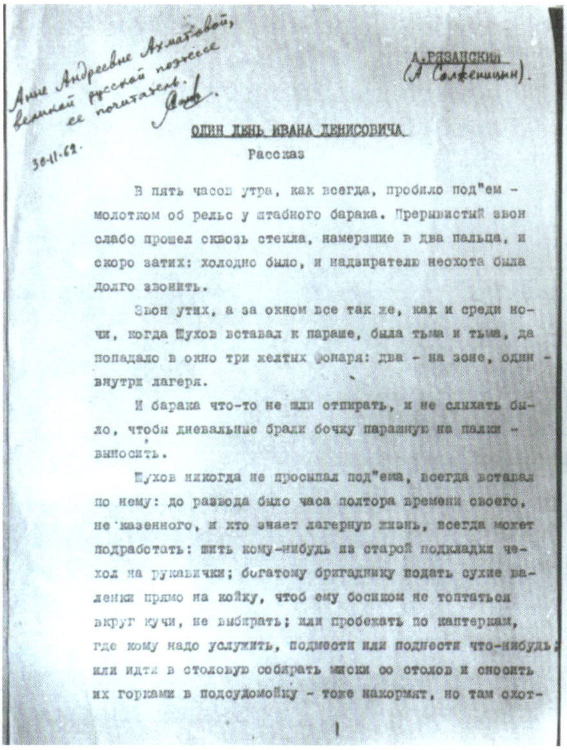

Анне Андреевне Ахматовой,
великой русской поэтессе
ее почитатель.
30-11-62.

А.РЯЗАНСКИЙ
(А Солженицын).

ОДИН ДЕНЬ ИВАНА ДЕНИСОВИЧА

Рассказ

В пять часов утра, как всегда, пробило под"ем — молотком об рельс у штабного барака. Прерывистый звон слабо прошел сквозь стекла, намерзшие в два пальца, и скоро затих: холодно было, и надзирателю неохота была долго звонить.

Звон утих, а за окном все так же, как и среди ночи, когда Шухов вставал к параше, была тьма и тьма, да попадало в окно три желтых фонаря: два — на зоне, один — внутри лагеря.

И барака что-то не шли отпирать, и не слыхать было, чтобы дневальные брали бочку парашную на палки — выносить.

Шухов никогда не просыпал под"ема, всегда вставал по нему: до развода было часа полтора времени своего, не казенного, и кто знает лагерную жизнь, всегда может подработать: шить кому-нибудь из старой подкладки чехол на рукавички; богатому бригаднику подать сухие валенки прямо на койку, чтоб ему босиком не топтаться вкруг кучи, не выбирать; или пробежать по каптеркам, где кому надо услужить, подмести или поднести что-нибудь; или идти в столовую собирать миски со столов и сносить их горками в посудомойку — тоже накормят, но там охот-

1

作家索尔仁尼琴和作品《伊凡·杰尼索维奇的一天》手稿

十月革命前夜（谢洛夫作于1955 年）

无产阶级专政年代（阿普西特作于 1918 年）

不识字等于是处处碰壁的盲人（拉达笠夫作于 1920 年）

列宁格勒皮茨卡廖夫公墓：纪念列宁格勒保卫战

我们重建列宁格勒（谢洛夫作于 1944 年）

莫斯科新处女公墓：赫鲁晓夫的墓碑

苏联政治幽默：勃列日涅夫批准的啤酒馆

戈尔巴乔夫与教皇保罗二世

俄白联盟兄弟情：俄总统叶利钦与白俄罗斯总统卢卡申科

现场办公是普京总统的工作作风

新郎新娘一家亲

典型的俄式早餐

5 月 8 日胜利日游行

再版前言

“Время деньгу дает, а на деньги времени не купишь!”是俄语中关涉时间的常见谚语。它可以直译为“一寸光阴一寸金，寸金难买寸光阴”，也可以转译为“岁月如梭，光阴荏苒”，用它形容我此刻的心绪再好不过了。

2004年，《俄国史》作为人民出版社“国别史”系列中的一种问世；2006年，《俄国史》因销售良好而第二次印刷；2013年，新版《俄国史》将“重装”出版。

十年（2004—2013年），是一本书的历程，更是作者的心路历程。

十年来，俄罗斯形势与中俄关系均发生了巨大变化。如果说，2004年的普京刚刚小心翼翼地走完他的第一个总统任期的话，那么，普京在2004—2008年第二个总统任期内的大刀阔斧般的改革、在2008—2012年间创造了“梅（德韦杰夫）普（京）组合”的政治传奇、在2012年普京以“王者归来”的气势开始了自己的第三个总统任期，则让世人耳目一新。俄罗斯社会转型与经济形势在近十年间，已经完全走出低谷，其经济增长态势位居“金砖国家”之列。近十年来的中俄关系，已经由最初的双边关系发展成为在地区乃至国际上拥有巨大影响力的战略协作伙伴关系。诞生于中俄合作和互信基础上的“上海五国”机制，已经发展成为冷战后新型国际关系的典范——“上海合作组织”。

十年来，国内俄国（苏联）史研究和人才培养取得了长足进展。俄国（苏联）史研究队伍循序扩大，近年来有大量的“海归”博士和国内培养的俄国史博士加入队伍之中，中国苏联东欧史研究会会员数量大大增加。国内俄国史专业人才培养已成规模，形成了中国社会科学院世界历史研究所和俄罗斯东欧中亚研究所、北京师范大学、吉林大学、陕西师范大学、吉林大学、华东师范大学等俄国史专业博士研究生培养基地。坚守本学科理论和广泛吸收相关学科方法的“俄罗斯学”（Россиеведение/Russology）已成为从事俄罗斯历史、文学、哲学、语言、艺术等学科研究和教学学者的共识，他们联手合作，力争建立起中国的“俄罗斯学学派”。俄国史研究成果层出不穷，既有专题性的研究著作，也有通识性的普及读物，更有大部头的通史性扛鼎之作。由教育部人文社会科学重点基地——华东师范大学俄罗斯研究中心牵头、该中心主任冯绍雷教授任总主编、被列为国家社会科学基金重大项目的六卷本《俄国通史》即是其中的代表。

十年来，本人执着不懈、勤勉为学，在俄国史研究领域也取得了一些成果。其中“俄罗斯思想”与俄国知识分子命运在俄国—苏联—俄罗斯时期的变迁，是我关注的学术焦点，并且承担了数项国家社会科学基金和教育部人文社会科学基金研究项目。

对于本书而言，十年历程亦值得思考。本书的修订再版，说明了它鲜活的生命力，同时也说明了它尚有缺点和不足。

此次再版，增加了 2000 年至 2012 年的俄国史内容，大事记也补充了近几年的内容。同时对全书进行了统一的校改，更换了彩图和正文插图，新加了重要词条的索引，以求以全新面貌与广大读者见面。

感谢杨美艳女士十年前的邀请，使本人得以忝列丛书作者之列。感谢像刘敦健先生这样的仁心长者给本人的谆谆教诲，感谢十年来热心读者对本书的关注和指教。

张建华谨识

2013 年 4 月 16 日于北京

目　录

序　言

俄国地跨欧亚两洲，幅员辽阔，是世界上领土面积最大的国家。它的历史虽远不及中国和其他一些文明古国悠久，但它是世界历史的重要组成部分。它独特的发展道路，以及它在政治、经济、文化等方面所创造的卓越成就，是世界历史的珍贵遗产。1917 年的十月社会主义革命和 1991 年的苏联解体，是俄国历史上的划时代的两个重要事件，对 20 世纪世界历史的进程产生了无可比拟的深远影响。十多年来，研究苏联演变的原因及其对世界历史发展的影响，始终是各国学术界的热门课题。对于正在建设具有中国特色社会主义的中国的学者来说，这个课题，特别是关于苏联共产党执政的历史经验和教训问题，不仅具有重大的学术价值，而且具有重大的现实意义。它可以为我国的社会主义建设事业提供非常重要的历史借鉴，使之更为健康地发展。

随着研究工作的不断深入，学者们日益清楚地认识到，要全面总结苏联历史和苏共执政的经验教训，研究苏联 74 年的历史，当然是最基本的，但仅仅研究这段历史还是不够的。在研究苏联历史的同时，还要研究十月革命以前的整个的俄国历史，甚至还要研究苏联解体以后时间还不是很长的俄罗斯联邦的历史和它的发展趋势。

我曾经说过："苏联是社会主义国家，无论是国家的性质和社会制度，或是意识形态和其他很多方面，都与革命前的俄国有根本的不同。但是，历史是不能割断的，苏联是革命前俄国的继续。……俄国传统对苏联历史的影响是相当全面和深远的。这种影响既有消极的，也有积极的；不仅反映在政治、经济上，也反映在思想、文化上，而后者则显得更为根深蒂固。……如果不深入研究十月革命前的俄国历史，首先是 19 世纪的俄国历史，苏联历史上的很多现象不能得到充分的解释。研究苏联历史，还应当和研究苏联解体以后五年来的俄国历史和当前俄罗斯的现状结合起来。这也是一个历史继承性的问题。研究当代俄罗斯问题的学者都比较注重研究历史，其实反过来也是一样的，研究俄罗斯当前的问题对研究苏联历史不仅大有裨益，而且是不可或缺的。”①

我国对俄国历史，尤其是苏联历史的研究，起步较晚，但在最近15—20年间取得了很大的进展。出版了大量的通史性著作和各种专题史方面的著作。这种进展首先是由于适应史学研究为现实服务和学术研究本身的需要，同时也归功于大批俄文档案资料的公布。这些新材料拓宽了学者们的视野，使学者们有可能思考很多新问题。此外，研究工作的进展还由于新一代年轻的史学工作者的涌现和成长。他们是一支很强的力量，而且正在由生力军逐渐转变为主力军。

值得注意的是在目前已经发表的大量有关俄国史和苏联史的著作中，将俄国史和苏联史以及苏联解体后的俄罗斯联邦历史的内容合为一本的著作还不多见，建华这本《俄国史》可以说是最初的尝试，也是有益的尝试。它以历史发展顺序为基本线索，点面结合，以不太长的篇幅，深入浅出地概述了从公元8世纪至20世纪末，以俄罗斯民族为主的俄国历史发展进程，其中既包括十月革命前的俄国史，又包括以后的苏联史，还包括苏联解体以后至20世纪末近10年的俄罗斯联邦史。从表面上看，这只是将三部分内容按年代顺序排列在一起，但认真地分析，可以发现作者是要通过这种对以往研究的习惯和界限的突破，从更长的历史时段和更大的学术视角，寻找俄国史和苏联史以及初建的俄罗斯联邦历史之间不可分割的传统关系，既注意三个不同阶段在国家性质、国体政体、意识形态和发展目标等方面的本质区别，又注意各个阶段在历史发展、文化传统、民族心理等方面不可割断的继承性。尽管这仅仅是初步的尝试，还需要在以后的研究中作出进一步的努力，但无疑是可喜的学术创新。

建华同志是一个受过系统专业教育和勤奋思考的青年学者，是上面提到的正在由生力军变成主力军的年轻一代俄国史学者的代表。他毕业于历史系本科，此后在硕士研究生学习阶段，主攻方向是十月革命前的俄国史，在博士研究生学习阶段，主攻方向是十月革命后的苏联史。近十年来，他一直从事俄国史和苏联史的教学和研究工作，并且培养了近十名俄国史方向的研究生。同时还参与和关注当前俄罗斯问题的研究。发表了不少俄国

① 陈之骅:《当前苏联史研究中的几个方法论问题》，载《东欧中亚研究》1997年第4期，第11页。

史、苏联史和当前俄罗斯问题的著述，这些著述在国内学术界产生了一定的反响，从而为完成本书的写作奠定了必要的扎实功底。我十分高兴地看到本书的出版，衷心地希望他再接再厉，为超过我们这一代俄国史学者而继续努力。

是为序。

陈之骅

2004 年 1 月 8 日

自　序

俄国—苏联—俄罗斯联邦，是在人类文明发展史上曾经产生，并且仍然在发挥重要作用的国家。俄罗斯民族，是在近代和现代乃至当代世界历史上叱咤风云的民族。

19世纪法国著名的历史学家托克维尔曾经把俄罗斯民族与其倾心的另一个民族——美利坚民族作了比较，他认为："当今世界存在着两个伟大的民族，尽管起点不同，看来都在朝着相同的目标前进，他们就是俄国人和英裔美国人。这两个民族是在不知不觉中发展起来的，正当世界注意着其他地方的时候，他们却突然加入了第一流民族行列。所有其他民族看来似乎已经山穷水尽，只是在竭力维护自己的地位，可是这两个民族却仍然在继续发展。所以其他民族要么是裹足不前，要么老牛破车，只有俄国人和美国人仍在前无古人的道路上昂首阔步地向前迈进。……正当美国人在同大自然的束缚搏斗的时候，俄国人却在同世界上别的人种厮杀。前者与荒凉的原野和未开垦的土地搏斗，后者则同全面武装起来的文明斗争。美国人使用锹镐征服世界，俄国则用剑戟征服世界。为达到征服世界的目的，美国人根据本身利害得失开辟个人发挥聪明才智的自由途径，俄国人则把社会一切力量集中于某一个人。美国把自由作为行动的基本手段，俄国则把服从作为行动的根本准则。……两者出发点不同，道路各异，尽管如此，看来他们都在上帝的意志的驱使下，为今后有朝一日能够掌握半个世界的命运而奔命。"

从9世纪末的第一个俄罗斯国家基辅罗斯立国开始，俄罗斯民族就走着一条明显地既不同于欧洲，也不同于亚洲的独特发展道路。从10世纪的基辅罗斯大公弗拉基米尔时代到18世纪的沙皇彼得一世、叶卡捷琳娜二世时代，到19世纪的亚历山大一世和亚历山大二世时代，到20世纪初的革命与改革所引发的社会激变时代，到红色苏联领世界风云之先的时代，到今天新俄罗斯蓄势待发的时代，俄国的统治者、革命者和领导者始终致力于探索一条适合俄国国情的道路。

近代俄国历史的发展为我们提供了一幅既波澜壮阔，又谜团纷纭的图式：这里有彼得一世急行军式追赶西欧的大规模改革，也有历史发展的停滞与困惑；这里有叶卡捷琳娜二世“温文尔雅”面纱遮掩下的“开明君主专制”，也有农奴制度下的惨无人道和专横暴虐；这里有资本主义的迅猛发展与卓著成就，也有落后的边远城镇与低矮的农舍与其并存；这里有现代化的历史性跃进，也有现代化进程的持续性断裂。俄罗斯民族曾孤立于世界一隅，顽强地为着民族生存而奋斗；它曾雄心勃勃，埋头于用剑戟征服世界；它曾以为我所用为原则，对无论是来自东方还是西方的东西兼收并蓄；它曾在经济和政治上长期落后于世界步伐，但在整个20世纪也曾领先和称雄于世界。三个多世纪以来，俄罗斯民族就是在那样一种神秘力量的召唤下，发愤自强，鹤立雄起，称雄于世界民族之林。俄国是一个伟大的国度，它拥有悠久的历史和灿烂的文化，拥有罗蒙诺索夫、门捷列夫、车尔尼雪夫斯基、别林斯基、柴科夫斯基、列宾等为世界文化和科学事业作出巨大贡献的科学家、文学家和艺术家。俄罗斯文化是欧洲文明和世界文明的重要组成部分。

而苏联七十余年的发展则为现代世界历史提供了最鲜活的资源：这里有崭新的社会制度和意识形态的诞生，也有旧体制和旧文化传统拖曳的阴影；这里有列宁等人对社会主义道路的执着探索，也有人们对一成不变的斯大林模式的困惑；这里有苏联社会主义建设的成功经验，也有赫鲁晓夫式的急躁冒进之虞；这里有苏联经济赶超式的历史性跃进，也有勃列日涅夫时期的停滞不前；这里有苏维埃政权的凯歌行进，也有20世纪90年代初苏联大厦呼啦啦倾覆之痛。

当十月革命胜利的消息传遍世界，当苏维埃政权矗立在俄国大地上时，西方资产阶级和政府皆视之为“洪水猛兽”，齐声诅咒之，欲协力打杀之。半个世纪过去后，务实的西方学者重新对这个政权做了评价，他们承认：“十月革命从根本上改变了俄国制度的形式和政治的社会基础。马克思列宁主义认为，革命不仅对俄国的历史，而且对所有社会的历史都是头等重要的事件，因为它建立了第一个社会主义国家，而且在此过程中树立了一个其他社会不可避免地要学习的榜样。一个新的领导集团出现了，它具有强烈的马克思主义唯意志论意识形态，这种意识形态认为，它为干预现代化的进程，成为推动历史变革的力量所进行的活动是正确的。”① 西方学者承认：“如果说‘繁荣’意味着经济高速发展、高速城市化的话，那么各民族明显是‘繁荣’起来，而且教育也有很大的发展。如果‘接近’是指缩小教育水平差别，至少在最小程度上向全体人民提供公共医疗卫生和社会安全保险，缩小男女之间、城乡之间经济和社会的差别，那么‘接近’的目的也达到了。”②

然而，自20世纪70年代中期以来，这股由苏联兴起的红色风暴的冲击波逐渐减弱了，克里姆林宫钟楼顶红星的光辉也似乎开始暗淡下来。1991年12月25日，在零下35度的寒流肆虐的夜空中，在世人一片惊叹或惋惜声中，克里姆林宫上空曾经悬挂了74年之久的印有锤子镰刀标志的红色旗帜缓缓降下，俄罗斯人似曾相识的白蓝红三色旗徐徐升起，标志着一个庞大的红色巨人的倒下。

但是，不管怎样，俄国—苏联—俄罗斯联邦无论如何是不能被人们所遗忘的。不论是近代历史上的俄罗斯帝国，还是现代历史上的红色苏联，以至今天仍雄踞欧洲半壁江山的俄罗斯联邦，都以其博大声势令古人和世人关注。她的国际影响的陡然上升，她的经济地位的骤然下降，她的兴盛，她的衰弱，她的一举一动，都曾引发并仍在引发世界的连锁地震。

隐藏在这一个个故事和符号后面是一连串的未解之谜，她的发展，她的强大，她的衰落，她的昨天，她的今天，她的明天，都留下了一个个未解谜团。

19世纪俄国著名诗人丘特切夫告诉后人：“用理性不能了解俄罗斯，用一般的标准无法衡量它，在它那里存在的是特殊的东西。对她唯有信仰才比较合适。”③ 这个“特殊的东西”是什么呢？数个世纪以来，在俄国思想文化界，哲学家、历史学家、作家、诗人和艺术家们把它解释成“俄罗斯思想”（русская идея）、“俄罗斯性格”（русский характер）和“俄罗斯道路”（русский путъ），事实上，这个“特殊的东西”已成为一代代思想家和学者们所探寻的永恒不变的学术主题。

俄国—苏联—俄罗斯联邦，无论是昨天和今天，甚至明天，都是中国最大的近邻。历史上两个民族间的关系有过侵略与反侵略的悲剧一页，也留下了经贸文化交流源远流长的友好篇章，两个国家间的关系有过高歌猛进的日子，也有过阴霾满天的时候。特别是当1917年十月革命后，红色苏维埃政权的出现

① 布莱克：《日本和俄国的现代化》，商务印书馆1984年版，第190—191页。

② 罗伯特·康奎斯特主编：《最后的帝国》，华东师范大学出版社1996年版，第175页。

③ 马斯林主编：《俄罗斯思想》，莫斯科1992年版，第354页。

曾让中国的革命家为之振奋，为之倾慕，在1917年十月革命爆发的消息传到中国后，革命家李大钊立即满怀信心地断言："试看未来之域中，定是赤旗之天下"，另一位伟大的革命家毛泽东也大声宣布："十月革命一声炮响，给我们送来了马克思主义"。走苏联的路，建立苏维埃政权，人民当家做主，这一个个理想激励着几代中国人为之不惜抛洒热血。

现在我们有必要谈一谈本书所涉及的内容及书名。

在苏联史学界，有的学者将公元2世纪至18世纪末的历史称之为苏联古代史（Древняя история СССР），将18世纪末至1905年第一次资产阶级革命的历史称之为苏联近代史（Новая история СССР），将1905年第一次资产阶级革命后的历史称之为苏联现代史（Новейшая история СССР）①。有的学者将公元2世纪至1917年十月革命的历史称之为"从远古时代至伟大十月社会主义革命前"（С древнейших времен до великой Октябръской Социалистической Революции）的历史，此后历史称之为"从伟大十月社会主义革命到今天"（От Великой Октябрьской Социалистической Революции до наших дней）的历史。另有学者将公元9世纪至19世纪中期的历史称之为"封建主义时期"（Период Феодализма），将1861年农奴制改革至1917年十月革命的历史称之为"资本主义时期"（Период капитализма），将1917年十月革命后的历史称之"社会主义时期"（Период социализма）②。苏联解体后，俄罗斯学者在编写新的历史著作时则一般称之为"俄国史"（История России），内容包括了从远古至21世纪初的俄国历史（С древнейших времен до конца X XI века）③。

在西方史学界，一般习惯将公元9世纪至1991年的历史，乃至今天俄罗斯的历史统称为《俄国史》（*Russian History*），其中把公元9世纪到1917年十月革命这一阶段称之为"沙皇俄国"时期（Tsar's Russia）或"帝俄史"时

① 代表著作如苏联科学院院士潘克拉托娃主编、由苏联科学院历史研究所学者完成的三卷本的《苏联通史》（А.М.Панкратова, *История СССР.М.*, 1954。中译本为三联书店1980年版）、诺索夫主编的二卷本《苏联简史》（М.Н.Носов, *Краткая история СССР.М.*, 1972。中文版三联书店1976年版）和波诺马廖夫主编的三卷本《苏联史——从远古至今》（Н.М.Пономарев, *История СССР: С древнейших времен до наших дней. М.*, 1966）。

② 代表著作如梁士琴科所著三卷本《苏联国民经济史》（П.И.Лященко, *История народного хозяиства СССР.М.*, 1948. 中文版为人民出版社1954—1959年版）。

③ 代表著作如俄罗斯科学院俄国历史研究所所长、通讯院士萨哈罗夫主编的多卷本的《俄国史——从远古至20世纪末》（А.Н.Сахаров, *История россии: С древнейщцх времен до конца XXвека.М.*, 1997）。

期（Imperial Russian History），将1917年十月革命至1991年苏联解体这一阶段称之为“苏维埃俄国”（Soviet Russia）或“苏联”（Soviet Union）时期，将1992年以后的俄国史称之为“新俄罗斯”时期（New Russia）或“俄罗斯联邦”时期（Russian Federation）①。

在中国史学界，对俄国史和苏联史已经有了较为严格的学术界定，俄国史（История России）所涉及的主要是从公元9世纪末俄罗斯人的第一个国家——基辅罗斯建立到1917年2月沙皇制度被推翻的历史②，苏联史（История СССР）所涉及的主要是从1917年的二月资产阶级革命到1991年年底苏联解体的历史③，而在此之后的历史通常被称为新俄罗斯史（История России）。而本书涉及的历史已经包括了从公元9世纪到21世纪初的庞大的内容，它包括了通常意义上的俄国史、苏联史和俄罗斯史三部分内容。

实事求是地讲，在国内史学界，还没有人将这三个时期的历史汇集于同一本书，本书仅仅是第一次尝试。

我认为，一个国家，一个民族的历史、文化和传统有着不可分割的历史继承性，它无法因为一次或数次战争、一场或数场革命，或因为大相径庭的政治制度和社会制度的更迭，或因为意识形态的差别而被隔断。从国家和民族完整的历史发展进程的角度，从通史的角度看待历史和现实问题，更容易找到问题的症结所在，这也是通史性著作本身所固有的其他断代史和专题史著作所无法比拟的长处。无论是沙皇俄国时期、苏联时期，还是今天的新俄罗斯时期，笔者都愿意把以上所走过的历程看成是历史积淀深厚、文化传统悠久的俄罗斯民族，与世界上其他民族一样，紧紧追赶世界现代化潮流，推动和影响人类社会发展的历史。因此，本书作者大胆地作了这样的学术尝试。

---

① 如罗伯特·康奎斯特所著《赫鲁晓夫之后的俄国》（Robert Conquest, *Russia after Khrushchev*. New York, 1965）；索尼亚·E. 赫威所著《俄国历史一千年》（Sonia E.Howe, *A thousand years of Russian History*. London, 1937）；约翰·帕克顿所编《俄国历史百科全书——从基辅罗斯基督教化到苏联解体》（John Paxton, *Encyclopedia of Russian History: From the christianizaiton of Kiev to the break-up of USSR*. Santa Barbara. Calif., 1993）；瓦伦·B·沃尔斯所著《俄国史读物》（Wareen B.Walsh, *Readings in Russian History*. New York, 1948）；2002年最新出版的劳·诺曼编著的《20世纪俄国史精解》（Low Norman, *Mastering twentieth century Russian History*. New York，2002）等。

② 代表著作如孙成木等主编的二卷本《俄国通史简编》，人民出版社1986年版。

③ 代表著作如陈之骅主编的二卷本《苏联史纲1917—1937年》，人民出版社1991年版；一卷本《苏联史纲1953—1964》，人民出版社1996年版；一卷本《勃列日涅夫时期的苏联》，中国社科出版社1998年版；叶书宗等主编的一卷本《苏联兴亡史》，华东师范大学出版社1994年版。

本书是简明的俄国史，作者试图以不长的篇幅将十余个世纪的俄国历史浓缩于书中，使普通读者在阅读本书后对从公元9世纪至今天的俄罗斯历史有一个梗概的了解。

需要作进一步说明的是，在俄语中，“俄国史”一般有两种表述，即第一种为：История России 或 Российская история，第二种为 Русская история，第一种表述的准确含意为“俄罗斯国家历史”，第二种表述的准确含意是“俄罗斯民族的历史”。本书定名为《俄国史》（*История России*），所涉及的是以俄罗斯民族为主的俄罗斯国家的发展历程。

大约1个半世纪前俄国伟大的思想家赫尔岑写下了这样的词句：“充分地理解过去——我们可以弄清楚现状；深刻认识过去的意义——我们可以揭示未来的意义；向后看——就是向前进。”

我愿意把这句话和本书献给广大的读者！

张建华

2003年12月22日于京北西三旗

第一章

民族和国家的起源

（公元 8 世纪至 17 世纪中叶）

茫茫无际的草原，静静流淌的河水，在如血的残阳下闪烁着几许诡秘的光亮。河边的营地开始喧闹起来。晚归的人们带着猎物和食品回来了，孩子们的欢笑声，男人们的咒骂声，女人们的叹息声，狗儿们的狂吠声交织在一起。

喧闹声停息了，一位白髯飘逸的长者开始了每天的晚祷告，男人和女人们跪在他的面前，长者忽而仰天长呼，忽而俯地亲吻，从他的嘴里发出了唱歌般的声调："神明的太阳神、雷神帕伦、风神斯特里波格和给我们温暖的火神，我们是您最卑贱的奴仆。神明的万物之灵，我们是您最忠实的朋友。请保佑我们斯拉夫人吧！别让猛兽吃了我们，别再让我们挨饿，别让我们再逃难了。让太阳神保佑斯拉夫男人精力旺盛，保佑斯拉夫女人多多生育，保佑我们的孩子健康成长。"

人群中开始骚动起来，闭目祷告的长者停止了祷告，睁开了双眼，狠狠地瞪了一眼喧闹的人群，随即又闭上了眼睛。他宣布说："现在已经是 6 月了，我们应该为太阳神选一位妻子了。"这句话使人群立即停止喧闹，开始了死一般寂静。随后女人们开始了低声抽泣，男人们开始了叹息。原来是每年一次的祭祀太阳神的日子就要到了，按惯例要为太阳神选一名最年轻美丽的少女做妻子，在夏天白昼最长的日子 6 月 24 日那天将她盛装打扮，然后用白布将她全身裹严，在身上拴上一块大石头，由两名壮汉将她投入伏尔加河中，以满足太阳神的无尽的"占有欲"，以祈求太阳神继续保佑斯拉夫人。不知，今年谁家的女儿将被选中呢？

这即是居住在俄罗斯平原上、伏尔加河畔的东斯拉夫人的一个小小部落的一天生活中的一幕。

一、俄罗斯民族的由来

自然环境

按照历史发展和地理区域的传统划分，一般以乌拉尔山为界，在地理上将俄罗斯国家的版图划分为欧洲（习惯称欧俄）和亚洲（习惯称亚俄）两大部分，“乌拉尔”一词源于突厥语，意为带子，这条带子北起喀拉海岸、南抵哈萨克草原，南北共长2000余公里、宽40—60公里，山脉的东西麓的气候、地理、植被、矿产表现了较大的差异。俄罗斯民族和俄罗斯国家均起源于欧洲的东部，最终散布于广阔的俄罗斯平原之上。

俄罗斯平原是东欧平原的组成部分，它是东斯拉夫人和后来的俄罗斯人生存、繁衍和活动的主要地域。它的幅员北起北冰洋沿岸，南抵黑海和里海，西起东欧平原内陆，东达乌拉尔山脉。平原的北部边缘远远伸入北极圈，直到北纬70度附近，南部抵北纬45度，东西分别与东经20度和55—56度交界。俄罗斯平原纵横数千公里，总面积共400余万平方公里。俄罗斯平原受大西洋及墨西哥湾暖流的影响较大，造成俄罗斯平原气候湿润，冬暖夏凉，1月平均气温为零下20度左右，平原的西部不超过零下4—5度。7月，俄罗斯平原的大部分地区平均气温低于20度，仅东南部达到25度。由于受海洋性气候的影响，整个俄罗斯平原降水量充沛，河流纵横，北德维纳河向北流入白海，涅瓦河向西流入波罗的海，顿河向南流入黑海。在俄罗斯平原上还有伊尔明湖、楚德湖、奥涅加湖、拉多加湖等欧洲和俄罗斯著名的湖泊。俄罗斯平原的植被条件非常优越，整个平原有一半以上的面积遍布森林，另一半面积主要是森林和草原。

伏尔加河是俄罗斯平原和整个欧洲水量最充沛的河流，全长3688公里，该河连同其支流共灌溉1380000平方公里的广大地区，流入里海。伏尔加河水养育了广大的俄罗斯人，因此它被俄罗斯人称为“母亲河”。在俄罗斯最著名的民歌《伏尔加船夫曲》中就是这样唱着：“伏尔加河啊，伏尔加河啊，我的母亲河。”

民族源流

俄罗斯民族是东斯拉夫人的一支，而东斯拉夫人是欧洲最为古老和最为庞大的部族集团斯拉夫人的一个支系。俄国和苏联的大多数学者都认为斯拉夫人起源于欧洲中部的维斯瓦河流域。据苏联和东欧其他国家大量的考古发掘材料证明，公元前1000年左右，斯拉夫人的各个部族已经散居在欧洲的中部和东部的平原之上了。他们的居住范围西起易北河流域，东至顿河、奥卡河、伏尔加河上游地区，北起波罗的海地区，南达喀尔巴阡山麓。斯拉夫人身材高大强壮，能忍受寒冷和饥饿，并且灵活机巧，擅长攻城掠地。公元1至2世纪的著名的罗马历史学家塔西佗在《日耳曼尼亚志》中将斯拉夫人统称作“维涅德人”，并且将他们与居住在伏尔加河下游和乌拉尔河流域的游牧部落萨尔马特人并论，强调维涅德人能征善战，“他们有固定的栖身之所，他们有盾，而且喜欢步行，矫捷善走”，以“劫掠为生”。

从公元6世纪起，斯拉夫部族集团已经开始分化。在拜占庭的历史著作中已经把西斯拉夫人、南斯拉夫人和东斯拉夫人区别开来，他们称西斯拉夫人为“维涅德人”，称东斯拉夫人为“安特人”。

东斯拉夫人居住在德涅斯特和第聂伯河两河的下游之间，直至黑海沿岸以及更东的地区，从事农业、畜牧业和渔猎经济。他们已经会加工和使用铁器。他们居住的房子外部用树枝或芦苇编成并涂有泥土，而且集中居住的村落四周设有防御用的壕沟、土墙。在信仰上，东斯拉夫人视万物均为神灵，认为自己生活周围的一切植物、动物以及一切自然现象都是神怪力量的体现。东斯拉夫人认为自然界的一切现象，如雷、电、火、风都是神灵操纵的结果。主神是太阳神，火是太阳之子，每年夏天白昼最长的日子，他们都要隆重祭祀太阳神。每年6月24日前要把一名美丽的少女投入水中去侍奉太阳神。因此这个时期东斯拉夫人的信仰处于原始阶段。东斯拉夫人在公元6世纪时还没有建立国家，其社会制度大体处于由原始的氏族公社制阶段向奴隶制阶段过渡的时期，在东斯拉夫人的经济活动与日常生活中已经出现了奴隶，但他们都来源于战俘，即外族人，因为当时的社会道德标准禁止将本民族的成员变为奴隶。在政治和社会生活方面，仍带有较浓厚的军事民主制的色彩，社会基本组织是氏族联盟，重大事件由部落会议（Вече，俄文音译“维彻”）讨论决定。

据成书于12世纪被认为是俄国最早的历史著作《往年纪事》记载，东斯拉夫人共有 30 多个部落。在公元 10 世纪以前，东斯拉夫人各部族仍然处于流动和迁移的过程之中。俄国历史学家克柳切夫斯基认为东斯拉夫人“在这个平原上并不是用繁殖的方法逐渐扩展的，不是分布开来，而是迁居各地，像飞鸟般从一端迁居到另一端，抛弃了住腻的地方，在新的地方居住下来。每迁居一次，他们就处在新的环境的影响之下，处在新地区的自然特点和新的对外关系的影响之下。每一次新的定居产生的这些地区特点和关系，都带给人民生活独特的趋向，独特的气质和性格”①。因此在公元8世纪前东斯拉夫人各部落还处于彼此分散的状态。东斯拉夫人部落是后来的俄罗斯、乌克兰、白俄罗斯这三个民族的祖先，相近的血缘、地缘关系和长期的共同生活为上述三个民族奠定了历史、语言和文化亲近的基础。

到公元 8 世纪，东斯拉夫人的社会经济生活取得了比较迅速的发展，促进了父系氏族公社的瓦解，形成了以地域关系为基础的村社（俄文为 Мир，音译为“米尔”，“村社”也写为 Община, Вервь）。在村社中耕地、牧场、森林、水源都作为公共财产，在村社成员中平均分配使用，因此村社生活还带有原始氏族公社的痕迹。但同时随着农业耕作技术的改进，特别是铁制农具的广泛使用，大大地提高了农业生产效率。在一些地区，原始的手工业，如冶铁、农具制造、木材加工、首饰加工、制陶业和皮革加工业取得了较快的发展。在农业生产和手工业生产迅速发展的基础上，东斯拉夫人所创造的物质财富增多了，除满足日常生活必需外，出现了大量的剩余产品。

物质财富的增加和剩余产品的出现促进了东斯拉夫人的商品经营活动，在东斯拉夫人内部开始贫富分化，出现了奴役和压迫。原来由村社成员选举出来的部落酋长和武士队，利用手中的职权，兼并原属村社公共的良田沃土，把战利品据为己有，奴役广大的普通村社成员，他们逐渐变成为部落内部的特权统治阶层。因此到公元 9 世纪中叶，东斯拉夫人已经走完漫长的原始公社社会的历程，进入阶级社会。

① 克柳切夫斯基:《俄国史教程》第 1 卷，商务印书馆 1996 年版，第 30 页。

二、俄罗斯国家的起源

留里克王朝

早期俄罗斯民族和国家的发展与“瓦希商路”有着密切的关系。“瓦希商路”的全称是“从瓦良格人到希腊人商路”，它开始于北欧的斯堪的纳维亚半岛，经芬兰湾、涅瓦河、拉多加湖，上溯伏尔霍夫河，到伊尔明湖，由此到达洛瓦梯河，然后再将商船直接搬到马车上，走十几公里的路程，将商船运到西德维纳河上游，接着顺第聂伯河而下，进入黑海，最终抵达东罗马帝国——拜占庭的首都君士坦丁堡。

留里克原来是居住在斯堪的纳维亚半岛上的瓦良格人（诺曼人的一支）的一个酋长，他以剽悍、凶狠、善战和好色而闻名于四方。当“瓦希商路”兴旺起来后，他将他的部落改编成了武士队，妇女、孩子和老人们在后方制造武器，青壮年则跟随他出外冒险。留里克的武士队既受雇于各国商人，沿途为他们保护货物和生命安全，有时也侵扰沿途的各国商人，抢掠他们的财物，强迫他们交纳贡赋和女人。到公元 860 年左右，留里克的武士队已经接近了东斯拉夫人的重要经济和商业中心城市——诺夫哥罗德城，在距这个城市 200 俄里的拉多加湖畔建立了由他管辖的拉多加城堡，留里克的武士队经常侵扰周边城市。

诺夫哥罗德原来是一个小村子，由于“瓦希商路”的兴旺和过往的商旅增多，便逐渐发展起来，为了防备瓦良格人的入侵，在村子的四周修建起了石头的城墙，于是便成了“新城”（俄文 Новгород 的意译）。

从 9 世纪中期开始，诺夫哥罗德城内发生了内讧，城内的两大实力派，诺依家族和伊尔门家族为争夺城市的统治权而打得不可开交。为了打败对手，诺夫哥罗德的伊尔门家族派出秘密信使，邀请往日的仇敌——瓦良格人留里克及其兄弟西涅乌斯和特鲁沃尔率部入城平乱，答应事成之后给留里克 500 金币。

公元 862 年的一个深夜，留里克兄弟率武士队悄悄地兵临诺夫哥罗德城下，按照事先的约定，伊尔门家族的内线早已经将城门打开。在留里克的指挥下，武士队不仅杀光了诺依家族，也将伊尔门家族的男子杀得一个不留。留里克将全城居民召集来，当着他们的面宣布自己是诺夫哥罗德的王公，是城市的最高统治者。他在俄罗斯平原上建立了第一个封建性质的国家。由于这些瓦良格人（罗斯人）的缘故①，这个国家得名罗斯，在俄国历史著作中它被称为古罗斯，从此开创了俄国第一个王朝——留里克王朝的历史。异邦人的统治遭到了当地贵族的激烈反对，爆发了瓦相姆暴乱，但很快被留里克镇压下去。两年后，留里克的两个兄弟相继去世，留里克独揽大权。

公元897年留里克去世，他的亲属奥列格继位，率兵沿第聂伯河南下征服斯摩棱斯克的克里维奇人，占领了南部重要的中心城市——基辅，并将都城建在这里。随后他继续南下，陆续兼并第聂伯河中游的波利安人，第聂伯河支流普里庇亚特河的德列夫里安人、索日河流域的拉迪米奇人和德斯纳河谷地区的塞维里安人，涅曼河上游的德列哥维奇人，此外还包括北方的非斯拉夫人部落的麦里亚人、维西人、楚德人，并向他们征收贡赋，这一行动被称为“索贡巡行”。

到公元10世纪初，奥列格大公已经建立起来以基辅为中心的幅员广大的国家，它已经包括了东斯拉夫人绝大多数的部落，疆界东起喀尔巴阡山，西到布格河和涅曼河流域，北起波罗的海和拉多加湖，南到黑海北岸的第聂伯河口，面积约100万平方公里，人口约500万。在俄国历史著作中称这个国家为基辅罗斯，奥列格被尊称为罗斯大公。基辅罗斯在领土面积上已经是当时欧洲的一个大国，它构成了未来的俄国中央集权制国家的雏形。

基辅罗斯

公元912年伊戈尔继任基辅罗斯大公，他是留里克的儿子。在他执政期间（公元912—945年），征服了居住在南布格河流域的东斯拉夫人的一些部落，并且分兵水路和陆路，大举进攻拜占庭。由于“索贡巡行”引发尖锐矛盾，伊戈尔被德列夫里安人杀死，由他的妻子奥尔加继任大公，她镇压了德列夫里安人起义，纵火焚烧了德列夫里安人的依斯科洛斯坦城，将城中的居民或变为奴隶或课以重税。公元965年，伊戈尔大公与奥尔加女大公的儿子斯维亚托斯拉夫继基辅罗斯大公位，他征服了东斯拉夫人的最后一个部落——西部奥卡河流域的维亚吉奇人。至此，东斯拉夫人的各个部落基本上被纳入基辅罗斯的版图之内了。

---

① 为何称他们为罗斯人？一般有两种解释：一种解释认为此称源于诺曼人的部落名称（芬兰语Ruotsi或Rootsi）。另一种解释认为源于芬兰人对诺曼人的称呼，芬兰人称北方的诺曼人为“罗萨拉宁”（芬兰语Ruotsalainen，意为北方人或诺曼人）。“罗斯”可能是芬兰语北方人、诺曼人的音译，以俄语表述即是Рос或Русь。

公元 972 年斯维亚托斯拉夫大公在第聂伯河下游被打死。在 8 年内，他的三个儿子为争夺大公位相互残杀，他们分别领有的波利安人部落、德列夫里安人部落和诺夫哥罗德之间也发动了战争。公元 980 年，斯维亚托斯拉夫的儿子弗拉基米尔·斯维亚托斯拉维奇继任大公。弗拉基米尔大公是俄国历史上一位强有力的统治者，他对外将加里奇并入罗斯的版图，并且有效地抵抗了佩切涅格人的入侵，对内平定了维亚吉奇人、拉季米奇人和霍尔瓦特人的叛乱。

弗拉基米尔大公执政时期另一项重要的业绩是通过行政命令的方式强制罗斯人接受了希腊正教。弗拉基米尔于公元 988 年发布诏令："凡我国臣民，在接到朕之诏令后，必须立即去第聂伯河中受洗，以表示其皈依基督的决心。违背者和逾期不至者，无论是富人还是穷人，也无论乞丐还是奴隶，都是我的仇敌。"随后，在大公亲兵的驱赶下，全体百姓来到第聂伯河畔，用大斧头砸开厚厚的冰面，然后命令老百姓们跳下去，由基督教会教士施行洗礼，就连三岁的孩子，也得用树枝蘸一下冷水滴在头上。

诺夫哥罗德建城纪念碑

随后，在基辅城内大兴土木，开始建筑洋葱头式的希腊正教堂。基辅城内也多了一些希腊教会的神职人员，所到之处摆出一副趾高气扬、不可一世的样子。老百姓们不明白，自己原来信的是太阳神、司农事的神"洛热尼查"，主战事的神"佩伦"，司雷、雨、电、火的神"洛特"，为什么放弃它？基督、耶稣是个什么人物？他们想不通。然而，基辅罗斯的大公们，准备请这个外来的"上帝"的想法已由来已久了。

公元 9 世纪的基辅罗斯是欧洲的穷乡僻壤，而拜占庭的悠久历史和灿烂文化令基辅罗斯的历代大公倾慕。早期东斯拉夫人信仰的是多神教，在他们的头脑中万物皆神、万物有灵。随着东斯拉夫人各部落的逐渐统一和基辅罗斯国家版图的不断扩大，尤其是东斯拉夫人社会的封建生产关系和生产方式的迅速发展，那种原始的多神教不利于国家的统一和稳定，更不利于基辅罗斯大公和贵族阶级的统治。早在奥尔加女大公统治时期，基督教（希腊正教）已经进入宫廷。奥尔加女大公曾经亲自到过拜占庭的都城——君士坦丁堡，她对于希腊神父宣传王权神圣这一点非常感兴趣。她认为拜占庭的宗教信仰是巩固王权和统一分散的东斯拉夫人，使它成为一个统一国家的最好的工具。因此，她成为第一个接受基督教（希腊正教）的东斯拉夫人。公元 978 年，拜占庭帝国发生内乱，多瑙河流域的保加尔人同时向拜占庭发动了进攻。拜占庭皇帝被迫向基辅罗斯大公弗拉基米尔求助，双方签订了盟约，并相互做了保证：弗拉基米尔大公及其全体臣民接受基督教（希腊正教）的洗礼，同时拜占庭皇帝将其公主安娜嫁给弗拉基米尔大公。公元 988 年，弗拉基米尔大公与安娜公主正式成亲，并且接受了希腊正教的洗礼。弗拉基米尔大公回到基辅后，特下诏书，晓谕全国上下，接受希腊神父的洗礼，从此皈依基督教中的希腊正教。公元 997 年，基辅设立了希腊正教的大主教区，随后弗拉基米尔大公又下令在诺夫哥罗德、切尔尼哥夫、苏兹达里等城市设立主教区。弗拉基米尔大公皈依基督教后，拿出自己收入的 1/ 10，在基辅城最繁华的地带建筑了什一教堂。

圣象画

1054 年，基督教东、西两派教会正式分裂。以君士坦丁堡为中心的大部分东派教会自称是维护正统教义，信守前七次主教公会决议，奉行七件圣事的“正教”，自称是正宗的基督教，东派教会的信徒大多分布在地中海东部沿岸地区，由此而得名“东正教”。

基辅罗斯的大公、权贵及平民皈依基督教，对于东斯拉夫人来说是一件大事。因为基督教只信奉一个神——基督耶稣，与早期东斯拉夫人的多神教相比，这是东斯拉夫人社会发展和进步的一个重要标志。

雅罗斯拉夫大公在其统治期间（1019—1054 年），基辅罗斯曾一度将其西部边界推至波罗的海沿岸，将一部分波兰人、立陶宛人和芬兰人的土地纳入其版图之内。雅罗斯拉夫大公统治时期，是基辅罗斯政治、经济、文化和军事上的鼎盛时期，它把所有的东斯拉夫人联合在一起，并且把一些非斯拉夫人的部族也包括在内，使基辅罗斯成为当时欧洲最大的国家。雅罗斯拉夫大公利用政治联姻的方式与欧洲国家建立外交关系，他将其妹妹嫁给波兰国王，将三个女儿分别嫁给法兰西国王、挪威国王、匈牙利国王。为了统治这一庞大的国家，雅罗斯拉夫大公把国土分给五个儿子，在他死后，其五个儿子之间就开始了长期的相互间的争斗，封建割据势力遍及全国各地。这样从公元 11 世纪中期开始，基辅罗斯便走上了逐渐衰落的道路。到 12 世纪时，基辅罗斯大公的政权已经名存实亡，一个统一的国家已经分裂成许多独立的公国。在这一时期，来自外部的威胁也加大了。在西北部，日耳曼人的武装宗教组织“佩剑骑士团”和“条顿骑士团”以及立陶宛多次进犯基辅罗斯的西部领土，占领了一些小公国。从 12 世纪起，来自东方的游牧民族——蒙古鞑靼人的不断进犯活动成为基辅罗斯的最大威胁。

三、莫斯科公国的强盛

金帐汗国统治

从 12 世纪初开始，成吉思汗麾下剽悍的蒙古鞑靼大军远征西亚和东欧，所到之处，战无不胜、攻无不克。蒙古鞑靼人极其凶狠和残酷，他们常常将罗斯人的头颅砍下来当作饮酒的杯子。由于基辅罗斯内部的分裂，各个小公国的王公权贵们忙于内部争权夺利，无力抵御蒙古军队的入侵。到 1240 年，基辅罗斯的都城——基辅就被攻陷。他们在伏尔河下游驻留下来，在原基辅罗斯的领土上建立了金帐汗国（又称钦察汗国），定国都于伏尔河畔的萨莱。从此东斯拉夫人各民族开始了长达 200 余年的蒙古鞑靼人的统治时期。金帐汗国每年派出大量的武装征税队，向各地的罗斯人征收重税。武装征税队唱着小调让人听了就不寒而栗，“哪个没有钱，就要他的女儿。哪个没有女儿，就要他的妻。哪个连妻子也没有，就把他的脑袋留下吧”。

金帐汗国的历代汗对于东斯拉夫人都采取了两手统治策略，一方面坚决镇压一切反抗压迫和争取独立的举动，另一方面采取怀柔和安抚政策，保留各个小公国的王公的特权和地位。要求他们效忠金帐汗的统治，从金帐汗那里取得“册封书”，才得以在其公国内继续行使统治权力，但是每年必须向金帐汗交纳大量的贡赋和战时无条件提供兵源及辎重。为了分化罗斯人的团结和便于对罗斯人各部的统治，金帐汗国从罗斯的王公中间选择一人，将他册封为“弗拉基米尔及全罗斯大公”，授权他代替金帐汗国统治罗斯各部，下令罗斯人服从弗拉基米尔大公的统治。

莫斯科公国兴起

莫斯科最初是罗斯托夫——苏兹达里公国的一个小村镇，属弗拉基米尔大公“长手”（俄文为 Долгорукий）尤里·多尔戈鲁津的名下。传说中这个大公为人凶残，骁勇善战，而且极为贪婪，对别国土地和财物常想据为己有，因此谓之“长手”。

莫斯科的得名是一个谜，有人说它得名于流经城边的莫斯科河，有人说它得名于城里最大的桥的名字，在俄文中，“桥”的音译为“莫斯特”（мост）。在俄罗斯的编年史中，最早提到“莫斯科”的时间是 1147 年。这一年，“长手”尤里在争夺基辅王位的战斗中获胜，他邀请盟友去一个叫莫斯科的地点庆祝胜利，这即是莫斯科第一次被记载的过程。莫斯科最初在东北罗斯各公国中并不是最强盛的国家，但是由于它处于重要的交通枢纽之上，再加上金帐汗国的扶植，使它在较短时期内发展起来。莫斯科位于东北罗斯各公国的中央地区，是水陆交通的枢纽。以莫斯科为起点的沃洛季米尔大道经过库里科沃原野。这些古老的道路都是商队的必经之处。莫斯科成为东北罗斯以及东欧最

12—13 世纪所建谢尔基耶夫镇及教堂群

大的商品集散地之一，因此关税成为莫斯科公国重要的收入。处于中心位置的莫斯科不容易受到金帐汗国和其他游牧民族的侵扰，因此它吸引了大批逃难的罗斯人，使它的人口大大增加。

莫斯科公国崛起于伊凡·丹尼洛维奇·卡里达（史称伊凡一世）统治时期（1325—1341 年）。伊凡·卡里达是一个善于翻云覆雨的罗斯王公，为了达到自己的目的，可以不择手段。此人非常贪婪，他善于利用手中的权力，巧取豪夺、聚财敛金，扩大自己的腰包和莫斯科的国库，因此他获得了“钱袋”（“卡里达”калита 的俄文意思接近“钱袋”Кошелёк）的绰号。卡里达将大量的黄金和珠宝贡献给金帐汗，以博得金帐汗的信任。

卡里达派出大量人员，定期游说金帐汗的妻妾和子女，秘密送给她们金银财宝，以便让她们影响金帐汗。他还以巨额钱财在莫斯科为俄罗斯的东正教大主教修建豪华的驻节地——大主教公署，使得俄罗斯希腊正教大主教彼得于 1332 年将大主教公署由基辅迁到莫斯科，使莫斯科公国成为罗斯人信仰和精神中心，从而获得了东正教会强有力的支持，东正教会利用其控制的精神工具和宣传武器为莫斯科大公大肆鼓噪，为莫斯科在未来领导东北罗斯各公国反抗蒙古鞑靼人的金帐汗国的统治，重新统一俄罗斯增添了神圣的光彩。

1327 年，莫斯科公国的邻国——特维尔公国发生了反抗金帐汗国统治的起义，伊凡·卡里达大公主动向金帐汗请命镇压特维尔人，他将特维尔大公亚历山大·米哈伊洛维奇赶出特维尔（后因伊凡·卡里达的谗言被金帐汗处死），从而一举消灭了他有力的竞争对手。1328 年，伊凡·卡里达获得了金帐汗册封的“弗拉基米尔大公”的称号，同时授权他代理金帐汗国征收全罗斯的贡赋，从此他成为众罗斯大公中的第一人。这样伊凡·卡里达一方面可以堂而皇之地假借平定叛乱为名兼并罗斯土地，另一方面可以利用职权截留大量的贡赋为己所用。伊凡·卡里达统治时期，莫斯科公国的版图大大地增加，其经济和军事力量也达到鼎盛，居民人口和国家经济实力随之加强，使得金帐汗国对莫斯科公国也不敢小视。

季米特里·伊凡诺维奇于 1359 年继承莫斯科大公，这一年他仅 10 岁。年幼的大公即立下大志，一定要领导罗斯人摆脱蒙古人的统治，使自己成为全罗斯的最高统治者。他开始积蓄力量，四处张榜，以高官厚禄广纳贤士，吸引一些强大、富有的领主带着众多的仆从、仆役、家丁聚集到莫斯科。他同时命令臣民马不停蹄地建造莫斯科石头城，四周很快就筑起了又厚又高的石墙，并建有塔楼、碉堡、炮门和铁门。

1380 年夏天，金帐汗国的马麦汗率 20 万大军越过伏尔加河，同时派出使节游说莫斯科公国的敌人——立陶宛与金帐汗国结盟，联合出兵。两国军队商定于 9 月 1 日会师，共同进击莫斯科，瓜分莫斯科大公统治下的“弗拉基米尔大公国”。

在得知马麦汗出兵的消息后，莫斯科大公季米特里立即向各地发出命令，于 8 月 15 日紧急集合军队。这一天前来参战的除了莫斯科政府军队外，还有周围地区的民兵。季米特里大公坐在他的高头大马上，他左手持“弗拉基米尔大公权杖”，右手举起闪闪发光的长剑，向在场的 15 万人喊道：“罗斯的兄弟们！马麦汗的大军正在逼近我们，他们要抢去罗斯王公的称号，他们要焚烧我们的城市，他们要抢走我们的粮食，他们要抢走你们的妻子和女儿。让我们冲上去吧！为家乡的土地而战，为自己的辽阔的牧场、为我们家庭、女人和田地，为了自己的荣誉而不惜流血牺牲吧！”。话音刚落，15 万将士齐声高呼：“乌拉！乌拉！”声音响彻云霄。随后，罗斯大军开始进发，王公们率领着自己的武士队和有战斗经验的士兵们行进在最前面。罗斯的长剑、宽大矛头、阿拉伯的弯刀和致命毒箭在阳光的照射下闪烁着可怕的青光。沉重的圆锤和六叶锤悬挂在皮带上，民兵们身上穿着缝有铁块、铜块的衬衣、皮袄和用绳子及木板铠甲制成的环甲的服装，手里拿着斧子、猎熊矛、长木棒和短锤。

1380 年 8 月 31 日中午 12 时，在库里科沃，蒙古军队与莫斯科公国军队的激战开始了。蒙古军剽悍的骑兵能够在疾驰的马上准确地使用弓箭，他们是最危险的敌人。他们训练有素，在作战时可以迅速地变换几种队列，分成前锋、主力和侧翼。远远望去，蒙古大军的长矛连成一片，好像新种的柞树林一样。士兵的沉重步伐、隆隆的车轮声和马蹄声汇集成一片不祥的强大响声，由远而近，向罗斯军队逼来。

马麦汗指挥蒙古骑兵进攻罗斯人的“先锋团队”，由于蒙古骑兵在人数和装备上占据很大优势，尽管“先锋团队”顽强抵抗，但最终“先锋团队”的士兵几乎全部被杀死。接着，蒙古骑兵开始攻击季米特里大公亲自指挥的“大团队”，骑兵冲击罗斯军队的阵中，惊天动地的肉搏战开始了。狭小的场地内蒙古骑兵与罗斯士兵挤在一起，不少罗斯士兵被马踏死，被杀死的人甚至都倒不下来，四溅的鲜血挡住了双方士兵的眼睛，血腥味让人难以喘过气来。面对面地肉搏厮杀，武器撞击的叮当声、铿锵声，士兵的喊叫声，伤员和垂死者的呻吟声，马的嘶叫声——这一切声音混合在一起，直冲云霄。

后人所写的《季米特里大公大战马麦汗的故事》中对战斗作了这样的描述："镀金的头盔玎玲响，深红色的盾咚咚响。宝剑呼啸，锐利的军刀在好汉们的头旁闪烁，勇士的鲜血沿着包铁皮的马鞍流淌，镀金的头盔在马蹄旁滚动。"①

库里科沃大决战结束了。日落时，弗拉基米尔·安德列耶维奇·谢尔普霍夫斯基站在大公的旗帜下，下令吹集合号。在战斗中幸存的罗斯勇士们，满身血污疲惫不堪地，穿着揉皱的甲胄集合在大旗下。胜利的"乌拉"声在库里科沃原野响起，大公在战场上欢呼声中宣布弗拉基米尔·安德列耶维奇·谢尔普霍夫斯基为"勇敢者"。

莫斯科公国一方战死6万人，金帐汗国一方战死7万人。马麦汗后来因金帐汗国内部争斗，被脱脱迷失汗杀死。莫斯科大公季米特里·伊凡诺维奇被全国上下尊称为"顿斯科依"（Донской，俄语意即顿河的主人）。

库里科沃大决战是罗斯人民争取自己独立自主斗争的历史关键。季米特里大公宣布把金帐汗封给他的弗拉基米尔大公国作为自己的"世袭领地"来支配，他可以不经金帐汗的同意就把弗拉基米尔传给自己的继承人。季米特里大公在遗嘱中告诉儿子瓦西里："上帝将使金帐汗国发生变化，我的子孙将不再向金帐汗国缴纳贡赋。"

随着莫斯科公国统一了东北罗斯，原来的各公国之间的经济和政治联系大大地加强了，而且由于国内社会经济发展的结果，俄罗斯中央集权国家形成的前提条件已经形成，而阻碍统一的中央集权制的俄罗斯国家建立的唯一障碍就是金帐汗国的统治了。1478年，莫斯科公国在兼并了诺夫哥罗德共和国后，1481年停止向金帐汗国交纳贡赋。金帐汗阿合马在金帐汗国内部分裂的情况下，仍然控制住东北罗斯和莫斯科公国，因此对于莫斯科大公伊凡三世的不逊态度大为恼火，于1480年再次与莫斯科公国的对手立陶宛大公卡齐米尔四世结成军事联盟，相约联合进军莫斯科公国，讨伐伊凡三世。

伊凡三世早就准备与金帐汗国军队进行决战，并且为此作了充分的准备，并且与克里米亚汗国达成协议，由克里米亚汗率军截击卡齐米尔四世军队。由莫斯科大公伊凡三世的长子伊凡·伊凡诺维奇率领的罗斯军队在阿合马汗军队必经的奥卡河左岸支流乌格拉河严阵以待。正当莫斯科准备迎击蒙古军队时，大公夫人索菲亚·帕列奥洛格却不相信罗斯军队的力量，竟然离开首都，并把宫廷迁到白

① 诺索夫主编：《苏联简史》第1卷上册，三联书店1976年版，第94页。

湖。这在军队中引起很大的混乱。伊凡三世作为军事统帅也非常胆怯，甚至准备与阿合马汗议和。消息传到莫斯科，老百姓群情鼎沸。1480 年 9 月，从前线跑回来的伊凡三世回到莫斯科，愤怒的老百姓将他团团围住，质问他为什么抛弃士兵而临阵退缩，坚持要求伊凡三世回到前线，继续指挥罗斯大军。罗斯托夫大主教瓦西安呼吁伊凡三世保卫莫斯科，并用季米特里（顿斯科依）大公的故事来鼓励他。伊凡三世害怕群众反对他，便移居红村。过了几周后，他还坚持召回前线领兵的王子伊凡·伊凡诺维奇，但王子坚决地拒绝了他的命令，表示："我宁愿在乌格拉河战死，也不愿像乌龟一样缩回莫斯科。"在莫斯科群众的强烈呼吁下和王子的鼓励下，伊凡三世振作精神，终于回到前线乌格拉河畔。伊凡三世的行动鼓舞了前方的将士，罗斯军队的士气为之大振。

1480 年 11 月，罗斯军队和蒙古军队在乌格拉河的冰面上展开激战。双方互有胜负，最后双方退守两岸，展开对峙。在凛冽的寒风中，衣衫单薄、劳师远征的蒙古士兵因饥饿和寒冷而不断减员，罗斯军队的士气却日渐高涨。最后阿合马汗同意求和，但条件是莫斯科公国继续向金帐汗国交纳贡赋。罗斯托夫大主教瓦西安写信给伊凡三世，信中再次呼吁他坚定对抗蒙古人，抓住这个有利时机，不要理会那些劝他妥协甚至叛国的懦夫们。11 月 11 日，罗斯军队从侧面向蒙古军队发起进攻，阿合马汗只得率领残部仓皇逃走，罗斯军队一路追击，在伏尔加河下游打死金帐汗阿合马。

乌格拉河战役的胜利，标志着从此彻底结束了蒙古鞑靼人和金帐汗国长达 240 年的统治。

四、沙皇专制制度的起源

莫斯科大公权力的加强

沙皇专制制度是在俄罗斯民族国家的建立形成中产生和发展的，并且深受政治地理和东西方文化等因素的影响，这些因素为沙皇专制制度的建立创造了一些必要的前提条件。

俄国长期以来在政治、经济和文化方面都是欧洲一个极其落后的国家，积贫积弱的国力使它长期遭受来自邻近强国的入侵和袭扰。东部和南部毗邻强大的蒙古鞑靼人和奥斯曼土耳其帝国，北部和西部毗邻同样强大的波兰、立陶宛、瑞典和日耳曼人。从 12 世纪起东斯拉夫人各部落又进入长期的封建割据时代。为了保卫领土不受异族入侵和为了在封建割据中争得有利的地位，东斯拉夫人的各个公国都加强了大公的权力。在这些公国里，军事民主制早已经废除，大公既是国家的最高行政长官，也是最高军事首长，大公在本公国内已经拥有了绝对的权力。

13—15 世纪，蒙古鞑靼人的大规模入侵和长期统治也为俄国专制制度注入了新的基因。起源于东方的蒙古鞑靼人是突厥民族重要的一支，它是一个马背上的民族，它在长期的征战过程中建立了独具特色的军事独裁组织，它的长官“达鲁花赤”（突厥语，意即镇守官）是军事和行政权力合一的统治者，把辖下臣民按十户、百户、千户和万户编排，十户长、百户长、千户长和万户长只向“达鲁花赤”负责。蒙古人入侵罗斯后，为便于对土地广大的东斯拉夫人各公国的军事统治和经济剥削，便将这种军事封建制度搬到了罗斯，“八思哈”与“达鲁花赤”同义，都为“镇守官”，是蒙古金帐汗国派驻罗斯各地的最高统治者。1257 年，金帐汗国派出官员到罗斯各地调查人口，作为确定贡赋、运输徭役和军事徭役的根据。随后强迫将东斯拉夫人编成十户、百户、千户和万户，实行连坐连保，十户长、百户长、千户长和万户长必须绝对服从“八思哈”的管理和指挥。15 世纪 80 年代，罗斯人终于推翻了蒙古金帐汗国的统治，但是“八思哈”制长达二百余年的统治却为俄罗斯国家政治制度的发展留下深深的印痕，以军事独裁为核心的“八思哈”制在客观上加速了俄罗斯专制制度的形成过程。

公元 1462 年，伊凡三世继承莫斯科大公位。伊凡三世成为“全罗斯国君”，他在诏书上署名不再是莫斯科大公，而是“受上帝恩赐的全罗斯国君兼弗拉基米尔、莫斯科、诺夫哥罗德、普斯科夫、特维尔、尤戈尔、彼尔姆等地区的大公”。在一些公文中伊凡三世直接自称“全罗斯沙皇”和“专制君主”。

为了显示自己的地位威严，伊凡三世大兴土木，聘请外国工匠建造富丽堂皇的宫廷、教堂，在克里姆林宫城的四角建筑起塔楼，克里姆林宫也再度扩建。他仿效欧洲宫廷和拜占庭宫廷设置了一系列新的宫廷礼仪和典礼，外国使者觐见伊凡三世时须鞠躬致礼等。罗斯宫廷新设置了一些官职，如御前会侍臣、御前鹰猎侍从、御马监助理、御前厨师、御前服装师、雪橇司务官。每逢隆重的宫廷活动和宗教礼仪时，他总是头戴“莫诺马赫”皇冠①，坐在镶有宝石的皇座上，显示无上的威严。

为了使自己的地位更加神圣化，并且能得到欧洲宫廷的承认，伊凡三世于1472年娶拜占庭帝国末代皇帝的侄女索菲娅·帕列奥洛格为妻，并为她取了一个俄罗斯人的名字——索菲亚·福米尼奇娜。由于这个缘故，伊凡三世便自然而然地将自己作为拜占庭帝国皇位的合法直系继承人，他自己也变成了东正教世界的领袖。伊凡三世把拜占庭帝国的徽章、皇室的宫廷礼仪、王宫的建筑样式统统搬到罗斯，把拜占庭帝国的双头鹰徽号作为罗斯国家和王室的徽号，将它铸在克里姆林宫的大门上。15世纪末的东正教会在其所编辑的《弗拉基米尔大公轶事》中也宣扬大公权力至上的思想，生硬地将传说中的罗斯大公弗拉基米尔与古罗马皇帝奥古斯都结上亲缘，称莫斯科大公不仅是基辅罗斯大公的直接继承人，也是东罗马帝国（拜占庭帝国）的间接继承人。

在伊凡三世在位期间，莫斯科公国的领土扩大了三倍。1463年雅罗斯拉夫尔公国被并入莫斯科公国，1474年罗斯托夫公国也被并入莫斯科公国。1478年1月，诺夫哥罗德正式归顺莫斯科。1485年特维尔贵族宣布归顺莫斯科，尊称伊凡三世为“专制君主”。东北罗斯的领土基本上统一在莫斯科公国的版图内。莫斯科公国的边界的东部已经越过乌拉尔山抵达鄂毕河流域，边界西部到芬兰湾，北起北冰洋和北海，南达黑海，面积已达280万平方公里。伊凡三世在1477年征服诺夫哥罗德时，以专制君主的口气向诺夫哥罗德的王公贵族和平民百姓宣布：“吾等大公既已立国于莫斯科，自当立国于吾等之大诺夫哥罗德领地……诺夫哥罗德领地上不得悬部落会议之钟，不得设市长之职，全国统治归吾等治理。”②到16世纪初，俄罗斯统一国家的版图已经基本形成。莫斯科公国的最高统治者大公伊凡三世的政治地位和权力威仪也随之迅速上升，莫斯科大公自然地由“同等人中的第一位”变成了罗斯国家最高的和唯一的统治者。在一些官方文件中已经公开称伊凡三世为“全罗斯大公”、“全罗斯的沙皇”。伊凡三世也常常自称为“沙皇”，在接见外国使节和国内其他重大仪式上，头戴“莫诺马赫皇冠”，

① 莫诺马赫皇冠是俄国大公和沙皇权力的象征。基辅罗斯大公弗拉基米尔（1113—1125年），因其母亲系拜占庭皇帝君士坦丁·莫诺马赫的公主而得名弗拉基米尔·莫诺马赫，并从君士坦丁堡得到“莫诺马赫皇冠”。1453年，拜占庭亡国后，俄国沙皇每逢隆重仪式都头戴“莫诺马赫皇冠”，以示自己为拜占庭的正统继承人。

② 诺索夫主编：《苏联简史》第1卷上册，三联书店1976年版，第127页。

身着华丽服装，坐在由宝石镶嵌而成的高高的皇座上，接受四方的朝贺。伊凡三世把全国的行政机构和军事机构，统统集中在自己手中，所有过去独立的王公都必须向他低头称臣，成为他赐爵封号的领主①。在这些领主中，地位最显贵的是领主杜马成员，那些旧日的领主、王公以及其他人的地位，则按照他们的世系来排定。

在瓦西里三世统治时期（1505—1533年在位），莫斯科大公的专制权力进一步扩大。瓦西里三世自称是“统治全罗斯领土的君主之君主”，他公开宣称：“君主的意志便是上帝的意志”，他的权力“超过天下一切的君主”，作为上帝意志的代言人，他有权“支配一切人的生命、财产”。普斯科夫修道院长老菲洛费臆造出“莫斯科——第三罗马”的理论，上书瓦西里三世，称：人类历史的发展即是三个罗马的历史，第三罗马莫斯科公国将是未来正教世界的中心。他在给瓦西里三世的信中写着：“尊敬的沙皇啊！因为一切信仰基督教正教的王国将合并到您的统一的王国之中，您就是整个世界的唯一的基督教沙皇。……两个罗马已经灭亡，只有第三个罗马永存不朽，而第四个罗马则是不会存在的”②，瓦西里三世从而变成了罗马帝国、乃至是基督教世界和西方文化的合法继承人。

俄国最终成为一个版图广袤、民族众多的殖民大帝国，这一重要特点在客观上加速了沙皇专制制度的形成和发展。从16世纪中期至17世纪末是俄国殖民扩张的第一个阶段，该时期的俄国在地理上基本还是一个内陆国，不利的地理条件和有限的国家实力限制了沙皇政府开拓海外殖民地，因此这一时期它推行了以“地域性蚕食体制”为特征的地区霸权和殖民政策，对周边弱小国家和民族进行军事侵略和领土扩张。这一特点使俄国的殖民地基本上在地理位置上与宗主国相接壤，而且多处边疆地区，最终形成了以俄罗斯国家（欧俄部分）和俄罗斯民族为统治中心的殖民大帝国。在这个地跨欧亚的庞大的多民族的殖民帝国版图上，统治民族——俄罗斯民族在人口总数上、经济发展上、文化发展上都不占有绝对优势地位。为了控制这一庞大的殖民帝国，防止和镇压少数民族的反抗活动，俄罗斯统治阶级将军事镇压和政治独裁结合起来，从而为沙皇专制制度增加了新的内容。

---

① 俄语为：Боярство，也译为“世袭贵族”或“大贵族”。

② 加耶夫：《16世纪莫斯科政府的政治活动中的“莫斯科为第三罗马”说》，载《历史论丛》第17卷，莫斯科1957年版，第12页。

伊凡四世与特辖制

伊凡四世是第一位真正公开为自己戴上“莫诺马赫皇冠”，向欧洲公开宣称自己是“沙皇”的统治者。伊凡四世为瓦西里三世晚年所生，其母叶莲娜是立陶宛人，她的祖先是马麦汗的后裔，她是瓦西里三世的第二任妻子，瓦西里三世特别迷恋这位年轻的妻子，竟不惜违背古训遗规，剃掉了胡须。因此莫斯科的领主反对瓦西里三世的选择，别洛泽尔斯克的僧侣曾宣布瓦西里三世的婚事为淫乱。1530 年叶莲娜生下伊凡四世，传说婴儿呱呱坠地时，天上同时响起了响彻云霄的雷声，附近的群山随之动摇。这也是伊凡四世被称为伊凡雷帝（Иван Грозный）的一个解释，俄语 Грозный 为恐怖、威严、雷霆之意。据说喀山汗的妻子在远达数千公里之外都听到这个婴儿的哭声，她对莫斯科的使节说：“贵国降生了一位皇子。他长着两对牙齿，一对要吃掉我们鞑靼人，另一对将会把莫斯科公国吃下去。”

瓦西里三世和莫斯科城徽

1533 年瓦西里三世死，瓦西里三世临终前亲手将“大罗斯帝王权杖”授给伊凡四世，并且任命宫廷显贵叔伊斯基、格林斯基、沃龙佐夫做伊凡四世的监护人，他立下遗嘱：“汝应为朕之子伊凡及朕妻洒热血，虽粉身碎骨，在所不辞。”年仅 3 岁的伊凡四世匆匆继承了王位，在他年满 15 岁前，由其母王太后叶莲娜及贵族摄政。叶莲娜专权独断，党同伐异，她在宠臣奥夫奇纳的帮助下，把格林斯基、沃龙佐夫赶出监护会议。她任命奥夫奇纳为宫廷总管，强迫伊凡四世的两个兄弟安德烈和尤里宣誓效忠伊凡四世的统治。她的统治招致社会各阶层的激烈反对。1538 年，叶莲娜突然暴亡，死因不明，宫廷显贵势力重新得势。

领主叔伊斯基家族长期把持朝政，假借大公伊凡的名义发布命令。得势的叔伊斯基兄弟经常在早晨冲进伊凡四世的寝宫，将小伊凡从睡梦中叫醒，强迫惊恐的小伊凡在十字架前唱“赞美歌”，甚至用大刀或长矛架在伊凡四世的脖子上，威胁要将他的头砍去，致使年幼的伊凡的精神受到极度的刺激，也养成了伊凡四世的多疑和对任何人都不相信的性格。年仅 8 岁的伊凡大公几乎被人们遗忘了，只是在外国使节来访或重要国事活动时将他抱出来放在大公宝座上，以接受宫中大臣和外国使节的朝拜。伊凡四世非常讨厌这种活动，因为他必须在冗长的仪式中一连坐上几个小时，顺从地履行在他看来是令人厌倦乏味的礼仪。他在成年后写道："每当我们做儿童游戏时，伊凡·叔伊斯基王公总是坐在条凳上，一只胳膊支撑在先父的床上，两腿搁在椅子上，根本不看我一眼。"伊凡在这种竞相倾轧、血雨腥风的环境之中长大，亲眼目睹了宫廷政治的丑恶和阴暗，也培养成了他专横残暴的心理。他发誓长大亲政后要惩处夺走他的王位并且贪得无厌的领主们。终于他在 13 岁，借故命人用狗咬死叔伊斯基，暴尸宫门。

1547 年 17 岁的伊凡在宫廷一部分势力的支持下宣布亲政。在 1 月 16 日的加冕典礼上，东正教大主教玛卡里将莫诺马赫王冠戴在伊凡四世的头上，宣布伊凡四世是罗马独裁者恺撒的继承人和上帝派到人间的君主，"沙皇"一词的俄语写法，[①] 意译与"恺撒"相似。伊凡四世郑重宣布："君主的称号就意味着承认不受任何限制的沙皇政权。一切民众，包括所有领主在内都是朕的臣民"，[②]"朕朝乃圣弗拉基米尔所创，朕生于皇家，长于朝中，掌握自家天下，并非窃自他人，罗斯君主自古以来皆亲临朝政，领主、大臣不得干预"。[③]

伊凡四世立志改革愚昧落后的俄国，力图创立一个唯我独尊、君临一切的大帝国。他亲政伊始，便向领主势力宣战，加强中央集权制和沙皇的专制权力。他免除地方领主的司法权、行政权和征税权，罢免贪官污吏，从平民中选拔新官，没收领主的领地，把往日声名显赫的领主流放边塞。他强调沙皇不能与任何人，无论是领主，还是教会分享权力，他要教会敬畏权力，而不是上帝。

为震慑领主的气焰，顺利推行改革，1564 年 12 月 3 日，伊凡四世制造了一个"被迫流亡"的借口。这一天，伊凡四世在克里姆林宫圣母升天大教堂与总主教、大领主、司书、领主代表以及莫斯科的大商人告别，然后带着莫斯科的全部"圣物"和国帑，离开了莫斯科，"避难"于夏宫——亚历山大罗夫村，这里距离莫斯科有 100 俄里，有坚固的城堡，可攻可守，比较安全。伊凡四世在给总主教阿法纳西耶夫和领主杜马的信中解释自己的决定，他是"以极其惋惜的心情"置自己的国家于不顾，奉上帝的旨意迁到荒凉的亚历山大罗夫村，以作为对自己

---

① 原写法 Цезарь，Царь 为简写。

② 莫基切夫：《政治学说史》上卷，中国社会科学出版社 1979 年版，第 128 页。

③ 瓦谢茨基主编：《苏联各民族哲学和社会政治思想简史》第 1 卷，莫斯科 1955—1956 年版，第 19 页。

“违法行为”的惩罚。他表示尊重上帝的旨意，因为上帝迁怒于我，“于是让领主们能为所欲为，并使我失去财产，以致颠沛流离于各地，但上帝或许在某个时候不会置我于不顾的”。并表示“朕决定退位，以等候贤明之君主的到来”。伊凡四世在信中也猛烈抨击了以库尔勃斯基为首的领主们的弑君篡位的野心，申明了自己将克服一切阻碍坚决推行改革的决心。

伊凡四世的举动赢得东正教会和莫斯科市民的支持，领主们也不得不草拟效忠书，并派代表前往亚历山大罗夫村，恳求沙皇饶恕他们的罪行，宣誓今后将听从沙皇的调遣，今后的治国之事悉由沙皇做主。1565 年 2 月，伊凡四世踌躇满志地从亚历山大罗夫村回到莫斯科，沙皇在领主杜马和宗教会议上宣布：为了保护自己的生命和老百姓的利益，决定在国内对宫廷、军队与领土实施“特辖制”，他要求拥有不经领主杜马同意即可惩处包括领主在内的一切人，可以没收他们的财产。

从 1565 年开始，伊凡四世雷厉风行地推行特辖制，建立直属沙皇的特辖军，在全国实行恐怖统治，惩处反对皇政的领主分子。特辖军士兵身着黑袍，跨下骑黑马，马头上挂着狗头，马尾挂着扫帚，象征沙皇的使命：将沙皇的仇人咬死，并将其扫地出门。特辖军因有沙皇的特许令而横行于俄国各地。在特辖制实行的 7 年（1565—1572 年）期间，伊凡四世嗜杀成性，既杀弄权犯上的领主，又诛杀无辜的普通百姓。他对臣民使用的酷刑和迫害手段令人不寒而栗。7 年间有 4000 名领主被处死，万余名普通百姓被杀。因此，他的这种独裁和残暴统治引起了社会各阶层的强烈反对。

到了晚年，他的行为和思想更加乖张，常常无故怀疑他人。皇太子伊凡是伊凡四世的长子，他才智聪敏。从 1581 年起，伊凡四世突然怀疑起太子伊凡要弑父篡位，父子关系一度紧张。11 月 15 日，伊凡四世因看见怀孕数月的儿媳叶莲娜身着一件薄裙抛头露面，认为有失体统，便打了儿媳，叶莲娜因惊恐而流产。太子伊凡知道后，对沙皇伊凡四世表达不满。怒气未消的沙皇从宝座上跳起，举起铁头权杖朝太子头部刺去，正中伊凡太子的太阳穴，接下来便出现了俄国著名画家列宾笔下的《伊凡雷帝杀子》的场面。

为摧毁 12 世纪以来形成的领主干政和世袭领地制，从而彻底消除封建割据的经济基础和社会基础，伊凡四世将全俄的土地划分为“特辖区”和“普通区”两大部分，普通区由领主杜马管辖，保留原有的地方行政机构。特辖区整个都是伊凡四世的个人领地，它包括了全国最富庶的土地和最重要的工商业城市，特辖区内原属王公和领主的世袭领地被没收，而将其迁出，使这些王公和领主的损失在偏远地区得到补偿。雅罗斯拉夫斯基家族的祖先是基辅罗斯的王公，拥有大量的世袭领地，被伊凡四世剥夺传给其子。伊凡四世加强皇权，消灭封建割据势力所依靠的是正处于上升地位的贵族（Дворянство）[①]，他不仅在政治上对后者采取扶植态度，而且在经济上也赋予一些特殊权利，因而他将殖民扩张侵占的土地和从领主和王公手中夺取的领地大量地分封给贵族。贵族与领主和王公争夺土地和农民，常常以武力强迫农民从“普通区”迁入“特辖区”。通过特辖制的实行，伊凡四世不仅把政治统治权力集中到沙皇手中，而且将国家经济生活的控制权也掌握在其手中，特辖制直接的作用是使土地进一步集中，从而极大地推动了封建农奴制经济的发展，沙皇本人成为全国最大的封建主，他所依靠的贵族成为封建制度最直接的受益者和维护者。

同欧洲许多君主制国家一样，俄国君主制的发展也经历了从等级代表君主制向绝对专制君主制的演变过程。所谓等级代表君主制是指在国家政权体系中，除拥有相对最高权力的君主外，还有与之分权和制衡的贵族自治权力机构或等级代表会议。在14—15世纪的封建割据时期，东斯拉夫人的各个公国为了对抗外敌入侵都建立了由大公的近臣、管家、亲兵队、领主组成的议事机构，到15世纪末领主杜马成为大公政权下常设的最高议事机构，只有王公和领主才有资格成为杜马的成员。有关国家的政治、经济、对外关系的一切重大问题都必须由大公与领主杜马共同协商决定。伊凡四世统治前期，俄国政治体制仍然是等级代表君主制，沙皇本人只是诸多最高当权者中的一人，这一点可以从当时领主杜马的会议记录中得到证明，按照规定，领主触犯法律，由领主杜马成员组成的特别法庭审理，最后由沙皇以最终仲裁者的身份裁决。在领主杜马的文书中除了记载着“国君起诉了，而处罚了领主”，也常常记载着“国君起诉了，并没有处罚领主”的条文[②]，它表明沙皇的旨令经常受到了领主杜马的牵制。但随着伊凡四世专制权力迅速扩大，他越来越不甘心与领主杜马分享政权。

伊凡四世于1549年建立了新的全俄性的等级代表机构——缙绅会议，它不仅包括了旧的政治势力——领主和王公，而且包括了新兴的商人、市民、农民阶层的代表，以及僧侣。逐渐缙绅会议取代了领主杜马的地位，成为国家最高的权

① 也译为“军功贵族”，以区别于“领主”。

② 格尔舒斯基、罗扎斯基：《俄国的民主经验》，莫斯科1999年版，第22页。

力机构。与领主杜马不同的是，沙皇是缙绅会议的召集人，在缙绅会议中沙皇拥有最高决策权，沙皇行使权力可以不受缙绅会议的左右。随着沙皇专制权力的加强，缙绅会议最终变成沙皇政权的附属机构，其政治地位逐渐消失。

从 15 世纪下半期起，开始了俄国君主专制制度的发展历程。君主专制制度的发展伴随着俄罗斯民族国家的形成，沙皇专制权力的不断加强对于推动俄罗斯国家的统一，防止强大的邻国入侵，发展封建经济都起到了不可缺少的重要作用，顺应了 15 世纪下半期至 18 世纪俄国历史发展和社会进化的趋势。

五、农奴制的确立

封建经济的发展

从公元 9 世纪开始，在东斯拉夫人社会中新经济关系已经萌芽。到 11 世纪，基辅罗斯的原始土地关系开始瓦解。由于土地价值的提高，王公和领主以及东正教会便经常地利用职权和地位之便，抢占村社公有土地和迫使农民在人身上依附于他们。

前面提到，在原始社会末期，随着剩余产品的增多，封建剥削和压迫关系也就出现了。最为突出的现象就是曾经作为王公的武士队成员的自由民——斯美尔德的社会地位和经济地位的下降①。斯美尔德曾经是早期大公政权统治的社会经济基础，在东斯拉夫人社会中，他们拥有较高的社会地位和经济地位，在身份上他们是自由民，而且拥有一定的田产和牲畜。12 世纪的《拉夫连季编年史》中曾记载：1103 年春天，罗斯王公斯维亚托波尔和弗拉基米尔自称受到上帝的启示，在多洛布湖召集会议。斯维亚托波尔和弗拉基米尔各自带着自己的亲兵，共坐于一个大帐里。斯维亚托波尔和弗拉基米尔准备征用自由民（斯美尔德）的马匹以发动对波洛夫齐人的战争，遭到其亲兵的反对。亲兵们表示：“现在，春天出征是不适合的，这将损害农民和他们的耕地。”弗拉基米尔表示：“亲兵们，我

① “斯美尔德”为俄文“Смерд”的音译，意即“死倒”。在王公死后，要从其生前的武士队中选择一些亲兵为他殉葬，他们或服毒自杀或被勒死，然后骑在死马上，立于王公的坟前，亲兵皆将此视为荣誉。

很奇怪，你们只舍不得农民（斯美尔德）用以耕田的马匹，而为什么不想想在农民开始耕田的时候，波洛夫齐人一来就用箭射死他，夺去他的马匹，继而进入村中劫走他的妻室儿女和全部财产呢？你们怜惜他们的马，却不怜惜他们本人吗？”① 表明到12世纪初，自由民(斯美尔德）仍然有一定的社会地位。但是从这个时期开始，自由民已经开始贫困化，经济地位已经下降。一方面，少数的自由民由于失去土地和日益贫困，而被迫通过与王公或封建主签订人身契约的形式为其服役，他们被称为“契约农”；一些因欠王公或封建主债务而难以偿还的自由民被迫为债主服役，他们所用的马匹和农具由封建主提供，他们被称为“债务农”。另一方面，在自由民（斯美尔德）中也发生了分化。在自由民中出现了少数富人，他们从一些贫困的自由民手中夺取其自有耕地，利用各种手段将村社的公有土地、森林、水源、蜂场据为己有，驱使依附于他们的贫困农民和奴隶为其生产，自己发展成为大土地所有者——封建主。“契约农”和“债务农”在人身上依附于封建主，他们履行契约和偿清债务前，不得离开土地和自由迁居择业。封建主有权对他们施以刑罚，如果他们在未结契约和偿清债务前逃走而被捕，其身份就永远沦为奴隶。12世纪初，弗拉基米尔·莫诺马赫大公统治基辅罗斯时期颁布的《负债农条例》为封建主剥削丧失独立地位的负债农提供了法律的依据，其中特别规定负债农在未偿清债务前出逃，如被主人抓回，则完全失去人身自由而沦为奴隶。

随着农业经济的发展和剩余产品的增加，商业比较迅速地发展起来了，早期城市兴起了。一些交通要道和重要的村镇逐渐变成了商业中心城市。大大小小的城市遍及罗斯各地，苏兹达里、基辅、诺夫哥罗德、罗斯托夫、波洛次克、斯摩棱斯克、切尔尼哥夫等等已是当时闻名欧洲的城市。14世纪末出版的《俄国城市一览表》中统计数字表明苏兹达里—弗拉基米尔公国有城镇55个，斯摩棱斯克地区有城

农奴制下的俄国庄园

① 郭守田主编：《世界通史资料选辑（中古部分）》，商务印书馆1974年版，第90页。

镇10个，诺夫哥罗德公国和立陶宛公国有城镇35个[①]。城市中出现了专门经营产品交换并以此为生的一个新的社会阶层——商人，他们收购本地的货物，主要有毛皮、皮革、蜂蜡、大麻、鱼子酱、鲸须和猪鬃，转运到其他城市或国外出卖，然后换回外国或外地的货物在本地销售，主要有欧洲的呢绒、细麻布、铁器、金银饰品、香料、酒、武器、水果和蔬菜等，东方的真丝、绸缎、香料、首饰等。罗斯商人最初与外地或外国商人进行商业往来，采取的是以物易物的方式，毛皮和牲畜是最初的交换单位。因此，古罗斯的最初货币的名称就是"斯科特"（俄文"скот"音译，意为牲畜）或"库尼"（俄文"куны"音译，意为貂皮），到11世纪，罗斯出现了定型的银币"格里夫那"（俄文"гривна"），莫斯科、苏兹达里、梁赞、罗斯托夫、特维尔等20余个工商业中心城市都先后开始铸造钱币，随着罗斯人经济交流的增多和国内统一市场的萌芽，"卢布"（рубль）和"戈比"（копейка）货币单位逐渐为各国所采用。

在农村中，社会分化表现为王公、领主以及封建主社会地位和政治权力的上升，自由民（斯美尔德）社会地位的下降和生活的贫困化。自由民逐渐分化成两大类：占人口少数的自由民和大批丧失人身自由、被迫依附于封建主的依附农。封建主对农民的剥削形式有服徭役、工役地租（即每周花大量时间到封建主土地上为其耕种）、代役租（即向封建主交付一定数量的农副产品）。

11—12世纪的《罗斯法典汇编》（又称《罗斯真理》（*Русская правда*））是雅罗斯拉夫大公于1016年颁布的《雅罗斯拉夫法典》、1072年颁布的《雅罗斯拉夫王子法典》和弗拉基米尔·莫诺马赫统治期间（1113—1125年）于1113年颁布的《莫诺马赫法典》的总称。《罗斯法典汇编》主要体现了保护大土地所有制、封建主的人身及财产的思想。

《雅罗斯拉夫法典》（又称《古罗斯法典》、《简本罗斯法典》）反映的是从原始氏族公社向封建制度过渡时期的社会和经济情况，因为在法典中还保留着大量的父系氏族制的残余，如血亲复仇。"如果一个人被另一个人打死，那么他的兄弟、儿子、父亲、侄子或外甥都该替他复仇，如果没有人来复仇，那么就向死者亲属付出40格里夫那了事"[②]。但复仇已限于近亲，而不是由全氏族来担负，因为这时氏族制度已经解体。但是在法典中鲜明地反映出了村社内部的社会分化和阶

① 波诺马廖夫：《苏联史》第2卷，莫斯科1966年版，第74页。
② 潘克拉托娃：《苏联通史》第1卷，莫斯科外国文学书籍出版局1955年版，第132页。

级压迫关系，法典颁布的目的也在于调整因激烈的社会经济关系的变化带来的阶级矛盾和社会冲突。法典将村社作为罗斯人政治、经济和社会活动的单位，表明原始的以血缘关系为纽带而形成的社会关系已经让位于地域关系，它是进入阶级社会的一个重要标志。该法典的主要目的是调整王公、贵族和武士三者的关系，虽然还没有明确反映出封建关系，但它较为清楚地反映出罗斯社会的分化。在该法典中，“武士”作为社会的上层享有较多的特权，他们“有自己的天地”，居住在“宫院”中，附属于他们的有奴隶，也有原村社成员和贫困潦倒的下级武士，他们领有王公所赐的土地，这些土地原为村社所有，现为他们所世袭①。

《莫诺马赫法典》产生于12世纪初，该法典在对前两个法典修改的基础上增加了一些新的内容。该法典详细规定了封建主同附属农民（负债农、契约农和农奴）的关系及彼此的义务，同时对城市中的领主和封建主的特权作了明确的规定。

从1497年法典到1649年法典

14世纪是俄国封建经济关系进一步发展的重要阶段，特别是14世纪东北罗斯已经基本统一，从而促进了封建关系的迅速发展和封建经济的繁荣。

随着农业生产的发展，土地的价值更为世人所瞩目，从而推动俄国大土地所有制的发展。原属村社的公有土地和自由民的土地被大小封建主抢占，将其并入封建的世袭领地之中，原村社成员和自由民社会地位农奴化，最终沦为依附于封建主的农奴。从而使“封建的世袭领地成为整个国家经济生活和政治的主要形式和中心了”②。由于视土地为财富的根源，各级世俗封建主便加快了兼并土地的步伐。他们利用一切手段，对村社的公有土地和自由民的私有土地巧取豪夺，据为己有。

王公和领主成为基辅罗斯的第一批封建主和农奴主，他们构成早期封建统治阶级的上层。到12世纪，基辅罗斯分裂成12个独立的封建公国，随着基辅罗斯大公权力的衰微，各公国与基辅中央的关系、王公权力与大公统治的关系日益薄弱，各公国逐渐变成了独立的、与基辅大公平起平坐的政权，继而这些大小公国再分裂成一些世袭“采邑”，成为王公与领主们的私人领地，例如弗拉基米尔大

---

① 诺索夫主编：《苏联简史》第1卷上册，三联书店1976年版，第40页。

② 梁士琴科：《苏联国民经济史》第1卷，人民出版社1956年版，第197页。

公国就一分为七，变成罗斯托夫、别列雅斯拉夫、尤里也夫、斯塔罗杜布、苏兹达里、科斯特罗马和莫斯科等。同时王公和领主们大肆以其所拥有的政权特权兼并村社公有土地和自由民的土地。这些土地被以“大公的土地”或“沙皇的土地”的名义被重新登记，可以世代继承或转让、抵押。在伊凡·卡里达大公的遗嘱中提到54处领地由其子女继承。在封建领地上，王公和领主有权征收租税和过境货物税，有权审判其领地上的农民，可以对他们施加各种刑罚，甚至可以下令处死依附于他们的农奴，而且任何人不得干涉。在其领地上，他们俨然是封建君主。属于莫斯科大公伊凡·卡里达的世袭领地54个，属于瓦西里二世大公的世袭领地则达到125个①。

贵族构成早期封建统治阶级的中下阶层。他们原是大公、王公和领主们的亲兵和宫廷侍从，在封建割据时期，成为王公和领主争夺封建继承权、大公权、领地和采邑所倚重的对象，在他们的操纵和控制下，甚至可以决定大公政权的兴废或使王公成为其傀儡，因而他们的社会地位和重要作用已非同寻常。这些贵族以其为王公们服役为条件获得大片封地，他们平时居住在自己的领地上，只有战时必须奉召率领其“属民”去为王公打仗，因此他们已经不是过去意义上的王公们的武士队成员，他们已经变成拥有自己的土地及土地上的农民的中小封建主了。他们是早期罗斯封建社会中较新的一个阶层，他们支持大公政权，因为他们没有像领主那样显赫的出身和祖业，只有靠军功才能获得丰厚的俸禄，因此他们是未来的俄罗斯中央集权国家的主要社会基础。

到13—14世纪，随着封建土地兼并的加剧和无地农民的增加，农民的农奴化过程加快了。大量的失去土地的农民直接生活和生产在封建主的领地上，将收获的农产品的1/4甚至一半缴纳给封建主，这个时期地租的形式主要还是实物地租。此外农民还要为封建主服名目繁多的徭役，如修路、刈草、建房、运输、捕鱼、酿酒、挖鱼塘、放鹰、牧马等等。遇到重大节日，农民还要把“凡是他们手头上有的东西”，如鸡蛋、面包、牛羊、乳酪、蜂蜡、啤酒等送给封建主。

但14世纪的农民还保留一定的迁徙自由，即他们在偿清所欠封建主的债务和履行其他义务后，可以迁居或转投其他封建主的领地上。然而封建主和贵族极力想要限制农民的迁徙权，试图运用国家机器的力量将农民固定在封建领地上。莫斯科大公伊凡三世在1465年左右给其私人领地雅罗斯拉夫尔王公的圣谕

① 孙成木等主编:《俄国通史简编》上卷，人民出版社1986年版，第52页。

中第一次提出："本大公前曾允诺，在非尤里节不得自该费多罗夫村及其他各村向雅罗斯拉夫尔放进农民。若有人在非尤里节带走农民，我将令其送回原地。汝等勿于一年之内任何时期都前去带走农民，若有人欲自该处将农民带至我的雅罗斯拉夫尔领地内，则汝等须在尤里节，亦即尤里节前后各一周，共两周时间带进农民。而根据我的命令，于一年之内其他时间，则不得带走任何农民。"[①] 尤里节（Юрьев день）是东正教节日，时间为俄历每年的 11 月 26 日（公历 12 月 9 日）。公元 16 世纪前，在尤里节前后各一周里，农民可以从一个封建主门下转到另一个封建主门下。后来伊凡三世在 1497 年颁布法令再次重申：农民在完成一切田间劳作并与主人清算一切账目后，方可在每年秋季俄历的 11 月 26 日的尤里节前后各一星期内脱离原主人，重新选择居住和劳动的地点。同时宣布保护王公、领主和教会的财产，侵占和破坏大公、王公、领主和教会领地界标者均要处以重刑。1497 年法典的颁布标志着农奴制生产关系在俄国的初立。

16 世纪中期，俄罗斯连续数次遭受自然灾害，加上各级封建主的残酷剥削，广大农民不堪忍受繁重的劳动、赋税和饥饿，成群结队地逃往他乡或投到寺院和教会的领地之上。他们向东逃往伏尔河流域，甚至越过乌拉尔山，逃往人烟稀少的西伯利亚，更多的农民是逃往南方，在伏尔加河下游和顿河流域之间的黑土草原定居下来，这块地区土壤肥沃、气候温和、物产丰富，因此易于生存，逃亡农民在这里或从事农业、或从事牧业、或从事渔猎经济。而且这里远离京畿为皇权所不达，逃亡者不易被封建主抓回去。在这里，他们不受沙皇政府的统治和封建主的剥削，自由选举首领，为防备官府和封建主追剿以及当地活动的克里米亚鞑靼人的袭扰，他们建立起准军事组织，逐渐养成了剽悍勇猛、尚武刚毅的性格，他们自称是"哥萨克"（俄语为 Казаки，源自突厥语，意即不受约束的人）。[②]

公元 12 世纪前，王公和领主主要剥削的对象是奴隶，但到 14—15 世纪时，随着货币流通和商品交易的发展，落后的庄园式的自给自足式自然经济形态逐渐被打破，依附农们的简单和落后的劳动方式及技术已经不能满足生产发展的需要了，同时也不能满足各级封建主们对货币的追求了。封建主便把剥削的重点转向拥有一些生产资料和生产技术的自由农民，将剥削的目标转向收取农民的货币地租之上了。因此封建主们一方面派出武装人员到处追捕逃亡在外的农民，另一方

① 郭守田：《世界通史资料选辑（中古部分）》，商务印书馆 1974 年版，第 259 页。

② 哥萨克一般依其居住的地区被称为顿河哥萨克、伏尔加哥萨克和乌拉尔（雅伊克）哥萨克等。居住在第聂伯河流域石滩地区的扎波罗热哥萨克曾发起反对土耳其苏丹的斗争。

面在每年的尤里节前派出管家到别的封建主的领地上为未能偿清债务的农民还债，借以拉拢农民到自己的领地上来，而且为了争夺劳动力，甚至发生了大封建主袭击小封建主领地，以武力争夺农民的案情。

16世纪中期开始的农民大逃亡以及农业生产的衰落，给封建经济以沉重的打击。俄国统治阶级和各级封建主认识到必须以超经济强制的方式永远使农民在人身上依附于自己，永远将农民束缚在各类领地上，才能保证封建国家与各级封建主的收入，保证专制皇权的稳固统治。因此，封建国家和各级封建主都迫切要求废除1497年法典中“农民只有在每年的一定时间（即俄历的11月26日的尤里节前后各一星期内）里能离开一个乡村到另一个乡村”的规定。为此沙皇政府从1581年开始，在全国重新查明土地、编制地产名册和估计征收土地税额。并且在同一年，沙皇政府颁布了第一个“禁年法令”，宣布暂时停止1550年法典中的有关规定，在5年内禁止农民在尤里节出走，“直到君主下诏令时为止”。农民作为封建主的财产被登记在地产名册上，农民被更加牢固地束缚在土地之上了①。1597年沙皇政府颁布了“5年追捕权限令”，规定凡在1592年前逃亡在外的农民必须携带妻子儿女及其财产回到原领地那里，而且现在的主人有义务将其送回。这个法令等于宣布封建主有权追捕逃亡未满5年的农民。1607年沙皇政府颁布新的“15年追捕权限令”代替了“5年追捕权限令”法令，规定封建主追捕逃亡农民的有效期限由5年扩大到15年，而且收容逃亡农民要受到罚款的处分，私藏逃亡农民要受法律追究。1649年，沙皇政府再次颁布法典，规定1626年编制的地产册中的被登记人或1646—1647年的人口调查表的农民，不管逃亡时间多久，都必须连同其妻子儿女、携其财产返回原封建主领地上，而且永世不得迁移。规定封建主可以无限期地追捕逃亡农民，凡私藏逃亡农民的封建主每年要向农民的原主人交纳10卢布的罚金。规定封建主在法庭上对自己的农民负全部责任，在其领地上有权对农民进行处罚、上刑、判决以至处以死刑。农民不得告发自己的主人，除非封建主有对沙皇或国家的叛乱行为。

至此，从1497年法典到1649年法典，俄国封建经济经历了农奴制初步确立和最终巩固的过程，俄国农民最终完成了由自由民向完全丧失人身自由的农奴身份的转变，最终被牢牢地固定在封建主的土地之上，而且农奴的身份世代相承，

① 加耶夫：《16世纪末莫斯科国家农民的被追捕和被束缚问题》，载《历史论丛》，莫斯科1940年版，第4期。

在人身地位方面已经与原始社会末期的奴隶相差无几了。封建主的身份与奴隶主的身份合二为一，成为农奴主。

就国际范围看，如果与欧洲其他国家比较，17 世纪的俄国是经济和政治极其落后的国家，因为早在 16 世纪初甚至更早，一些欧洲国家就出现了资本主义生产关系的萌芽，封建制度逐渐瓦解。然而仅就 17 世纪的俄国而言，农奴制生产关系的确立和发展则是具有了不同的意义，它适合了俄国政治经济发展的现实条件，并具有某种进步意义。因为 16—17 世纪是俄国历史上一个重要的治乱交替时期，封建国家将农民固定在土地之上，责成农奴主向农民征收赋税和承担国家义务，有利于扩大国家收入、打击封建割据势力、加强专制制度、稳定国家局势。

第二章

专制制度的黄金时代

（17世纪末至18世纪末）

一、彼得一世改革

罗曼诺夫王朝

1584年3月18日，沙皇伊凡四世病逝，由皇太子费多尔继承皇位。费多尔生性懦弱、才智平庸。国家大权逐渐被费多尔的妻兄鲍里斯·费多罗维奇·戈东诺夫把持。鲍里斯·戈东诺夫是鞑靼人的后裔，出身显贵，善使计谋。1598年1月7日，沙皇费多尔病逝，由于他没有子女，其弟季米特里也于早年因意外事件丧命，留里克王朝世系到此终止。戈东诺夫操纵他所控制的缙绅会议选举自己为新沙皇。

1603年，在欧洲出现了一个自称是“未死”的皇太子季米特里的人，俄国历史上称他为“伪季米特里一世”，在波兰国王的支持下，伪季米特里一世率兵攻打俄国。1605年4月13日，沙皇戈东诺夫突然死去，他16岁的儿子费多尔继位，宫中官兵杀死费多尔，投靠伪季米特里一世。1605年7月30日，伪季米特里一世在圣母升天大教堂正式加冕为沙皇，皇太后玛丽娅·纳加娅也当着百官的面承认伪季米特里是自己的亲生儿子。

伪季米特里一世是靠波兰贵族和波兰军队夺取皇位的，因此他在上台后对波兰人大加封赏，引起了俄国贵族和广大俄国人民的强烈不满。1606 年 5 月 17 日，莫斯科市民以钟声为号，发动了声势浩大的起义，起义者冲进宫廷，伪季米特里一世当场被乱刃砍死。起义者愤怒地将他的尸体拖到广场上示众，然后焚烧，再把骨灰装进炮筒里，朝着他来的方向——波兰发射，以警告波兰贵族和国王企图兼并俄国的野心。

15 世纪的莫斯科公国版图

1606 年 5 月 19 日早晨，在克里姆林宫广场召开紧急会议，由缙绅会议推举最有权势的领主瓦西里·叔伊斯基就任沙皇。

1607 年 6 月，在俄国南部又出现了一个自称是皇太子季米特里的人，史书称他为伪季米特里二世。波兰国王西吉斯蒙三世安排他与“伪季米特里一世”的“皇后”玛琳娜结婚，又给了他大量的军队和装备。伪季米特里二世率领波兰军队向莫斯科进军，沿途有许多被蒙骗的农民和哥萨克加入他的队伍，一些宫廷显贵和官吏也转而支持伪季米特里二世，试图利用他的力量推翻沙皇叔伊斯基的统治。1608 年 6 月，伪季米特里二世率领的军队兵临莫斯科城下。1610 年 7 月 17 日，沙皇叔伊斯基在宫廷显贵的逼迫下退位，政权转归领主杜马。在莫斯科城内的叛乱贵族的配合下，波兰军队占领了莫斯科，波兰国王准备自立为沙皇。

波兰军队的入侵激起俄国人民的爱国热情，下诺夫哥罗德的商人库茨马·米宁建立了“全国会议”，并以农民游击队为基础建立了国民义勇军，由德米特里·波扎尔斯基担任国民义勇军总司令。波扎尔斯基将自己的财产捐献了1/3，并且提议工商业者将自己的财产捐献1/5，用于武装军队。国民义勇军从下诺夫哥罗德出发，沿途受到人民的热烈拥护。1612年2月26日，国民义勇军终于解放了被波兰军队占领两年多的首都莫斯科。

1613年1月，全俄缙绅会议在莫斯科克里姆林宫圣母升天大教堂开幕，50个城市派出了自己的代表，各等级代表总数为700人之多，决定选出新沙皇。会议首先否决了由波兰国王和瑞典国王担任俄国沙皇的提议，最后选举与伊凡四世的儿子费多尔沙皇有姻亲关系的米哈伊尔·费多罗维奇·罗曼诺夫为沙皇候选人。1613年2月21日，米哈伊尔·费多罗维奇·罗曼诺夫在克里姆林宫圣母升天大教堂正式加冕为沙皇，从此开始了300余年的罗曼诺夫王朝世系的统治。

彼得一世亲政

1645年，米哈伊尔沙皇病逝，由其子阿列克塞·米哈伊洛维奇·罗曼诺夫继位。阿列克塞沙皇与第一个妻子玛丽娅·伊莉尼奇娜·米洛斯拉夫斯卡娅生有两个儿子，费多尔和伊凡均智力低下，而且体质羸弱。但长女索菲娅·阿列克塞耶芙娜却是身体健壮，从小就表现了极强的政治野心。1672年5月30日，43岁的沙皇阿列克塞与第二任妻子——纳雷什金家族的纳塔利娅·基里洛夫娜·纳雷什金娜——的儿子彼得·阿列克塞耶维奇·罗曼诺夫出生。1676年老沙皇阿列克塞病逝，由彼得的同父异母的哥哥费多尔继承皇位，米洛斯拉夫斯基家族立即得势。因为费多尔体弱多病，长年卧床不起，宫中大权实际上落入米洛斯拉夫斯基家族手中，一些政令假借费多尔名义发出。1682年4月27日，长期患有败血症的沙皇费多尔病逝，两个外戚家族——米洛斯拉夫斯基家族和纳雷什金家族展开了争夺皇权的斗争。这一年的5月15日，俄国宫廷发生了射击军兵变，射击军冲进克里姆林宫，当着幼小的彼得的面杀死了彼得的两个舅舅和一些朝廷命官。兵变过后，由于两个外戚家族势均力敌，只得将彼得与他的同父异母的哥哥伊凡并立为沙皇，这是俄国历史上仅有的“双皇”并列的现象。鉴于两个沙皇年幼，无法理政，而由他们的姐姐索菲亚公主摄政。索菲亚初时处处排挤彼得，后来又担心彼得会从她手中夺走权力，因此密谋除掉彼得。1689年8月7日，彼得听到索菲亚派人杀他的消息后，在一部分禁卫军士兵的支持下，发动政变，软禁索菲亚和同父异母的哥哥伊凡沙皇。同年17岁的彼得在莫斯科宣布亲政，在俄国历史上称为彼得一世。

17世纪末的俄国是欧洲落后国家，政治上内乱不断，领主弄权，东正教干政；经济上严重落后于西欧和中欧国家；军事上经常遭到波兰、土耳其等强邻的进攻，射击军缺乏战斗力，经常参与反对沙皇的叛乱；文化教育方面更为落后，全国没有一所世俗学校，居民识字率仅为2%—3%。面对这样的内忧外患的严重情况，彼得一世下决心改变俄国的面貌。

1696年，彼得一世下令组织一个庞大的“俄国大使团”，去周游欧洲各国。俄国曾经是一个国门封闭的国家，彼得一世以前的历代统治者中，只有基辅罗斯大公伊兹雅斯拉夫于1075年到德意志的莱茵河畔的城市美茵茨与日耳曼国王亨利四世会过面。因此，当1696年12月彼得一世向领主杜马宣布，他将亲率“俄国大使团”出访欧洲时，俄国宫廷传来一片反对之声。

面对宫中的反对之声，彼得一世毫不退缩。他任命瑞士驻俄国使馆外交官勒福尔特为“俄国大使团”的第一团长，任命著名的外交家、曾参与中俄尼布楚条约谈判的费多尔·阿列克塞耶维奇·戈洛文为第二团长，任命通晓多国语言的杜马书记官普罗科菲·沃兹尼茨为副团长。而在大使团中，彼得一世仅仅是普通的一员，他为自己确定的官职是陆军下士。他特令工匠制作一个特殊的沙皇印章，印章上画着一个在海军服役的木匠，周围是木匠工具，边上写着这样一句话：“我是寻师问道的小学生”。彼得一世亲自为大使团制定了出访路线图：阿姆斯特丹、柏林、维也纳、罗马、哥本哈根、威尼斯、伦敦。彼得一世为“俄国大使团”确定了多重使命：第一，游说欧洲宫廷，联合对付俄国南部的主要敌人——奥斯曼土耳其帝国；第二，招贤纳士，广泛地引进各方面人才以为己用，向沿途各国招募水手、船长、水兵以及能工巧匠；第三，为创办新式海军和陆军，购买新式火炮、来复枪以及造船所用的起重设备、淬火所用高炉、导航仪器等；第四，“大使团”成员还包括35名“留学生”，彼得一世即是其中一员，任务是学习各国的造船技术、武器制造、军事地形学、战术学、指挥学等。彼得还亲自制定了留学计划：在第一个单元里必须学会军舰的驾驶、指挥和维修等。在第二个单元里所有的“留学生”必须学会造船技术，然后每个人必须选择一个专攻的方面。

1697年8月，荷兰赞丹镇造船厂来了一名俄国留学生——25岁的陆军下士彼得，他不仅干起活来堪称行家里手，而且特别爱学习和钻研造船技术，总是非常虚心地向荷兰师傅提出问题，一个月过去了，彼得的学徒期限到了，彼得的荷兰师傅以及他的工友都一致推举他为“优秀工匠”，造船厂的厂长亲手给彼得披上大红的绶带，颁发给彼得“优秀工匠”证书，后来当地人才知道这个彼得即是俄国沙皇。

从1697年3月10日到1698年8月25日，彼得率领俄国大使团出访欧洲整整18个月，行程所及瑞典的里加、库尔兰公国的米图和里博、哥尼斯堡和德累斯顿、荷兰的海牙、赞丹和阿姆斯特丹、英国的伦敦、神圣罗马帝国（奥地利）的维也纳、波兰的拉瓦鲁斯卡，行程数千公里。

彼得一世先后与瑞典王室、普鲁士的霍亨索伦家族、勃兰登堡选帝侯腓特列三世、汉诺威女选帝侯索菲娅夫人及其女儿勃兰登堡女选帝侯索菲娅·莎洛特、荷兰政府的三级会议代表、英国国王威廉三世、神圣罗马帝国皇帝利奥波德一世、萨克森选帝侯兼波兰国王奥古斯特二世等重要人物进行了会面。在彼得一世的亲自挑选下，俄国政府聘请了海军、陆军、教育、艺术、数学、物理、医疗和建筑等各个方面的专门人才。大使团回国时带来了彼得一世亲自挑选的俄国最需要的和他本人最感兴趣的东西，有各式武器，如弹药、大炮、手枪，有各国男女的服装和帽子、烟斗、指南针、圆规、多脚仪、各国的地图册、阿姆斯特丹的《自鸣钟》报、旧的船锚，牙科的手术器械等，还有各种奇形怪状的花花草草、鲸鱼须、烘干的鳄鱼和鸟的标本，甚至还有装在大玻璃罩中用酒精浸泡着的婴儿和畸形人。有的柜子上面特意标有俄文字母 П.Р，表明这是彼得本人的私人物品。

化名在荷兰留学的彼得一世

通过与欧洲先进国家的比较，彼得一世真正看到了俄国的极端封闭和经济方面的极端落后，西方国家皆以工业和商业立国，尤其是海上交通和贸易是极其重要的，它可以称得上是英国、荷兰的生命线。欧洲国家的政府和朝廷大都采取有力的政策鼓励本国商人开拓海外市场，发展对外贸易事业。

社会习俗改革

在欧洲的一年半生活中，彼得最为直接的感受是欧洲社会的文明和开化。而在俄国社会中长期流行着一些陈规陋习，如俄国妇女不能单独出远门，穿衣不得少于三件，俄罗斯男子必须一辈子留着大胡子等等。彼得一世决定首先在上层社会和普通百姓中推行社会习俗改革。

回国后，彼得一世亲自召见大臣和近侍，强令他们刮去俄罗斯男人视为骄傲的大胡子。而后，枢密院颁布法令，要求所有俄罗斯男人必须刮除长胡须，对坚持留胡须者课以重税——胡须税，富商每年缴 100 卢布，贵族和官吏每年缴 60 卢布，一般市民每年缴 30 卢布，农民每次进城要缴 1 戈比。为此，沙皇政府还专门制作了一种小铜牌，正面画着胡子的图案，背面上写“须税收讫”。交纳胡须税金的人可以得到这样的证明，但必须把它挂在脖子上，以备随时检查。政府派出专门的人员，在大街上、到居民家里强迫老百姓剪掉胡须。

1700 年 1 月 4 日，彼得一世颁布诏令，规定：“特权贵族、朝廷命官、莫斯科及其他城市的官吏，必须身着匈牙利服装，外面袍子的长度要到脚上的松紧袜带，里面的衬袍也要保持同样的长度，只略短一些即可。”这一年的 8 月 20 日，又规定：“为了国家以及军事机构的荣誉和美观，凡男子，除神职人员、上帝的公仆、马车夫和种地的农民外，一律必须穿匈牙利或日耳曼式的服装。他们的妻子和儿女也要照样办理。”第二年，对新式服装的式样又作了进一步的规定：男子要穿短上衣、长腿裤、长靴、皮鞋和戴法国式的礼帽，穿法国式或萨克森式大衣。女人要穿裙子、欧式皮鞋、高装帽。各个城门口都展出这些服装的式样，有谁违反敕令，步行者罚款 4 个戈比，骑马者罚款 1 个卢布。

1702 年，彼得一世颁布法令，宣布禁止贵族和领主将自己的妻女藏在自己家中，要求妇女无论婚否都必须参加上流社会的交际活动。朝中大臣和他们的妻子儿女必须学会法国宫廷的礼仪和风尚，谈吐必须优雅，上等人必须学会法语、喝咖啡、抽烟，必须戴假发。男人在公共场合见到妇女应该礼让三先，应该起身脱帽致意。所有宫廷贵妇和达官之妻女都必须学会像法国妇女那样化妆，化妆要得体、自然。彼得一世甚至下令给每个贵族、领主及朝廷官员及其家属发放一包白色的牙粉及一把牙刷，要求他们刷去牙上的黄斑。

彼得一世下令在莫斯科和彼得堡两都城设立定期的大跳舞会，要求莫斯科的达官贵人们必须带着自己的妻子、女儿前来跳舞，“凡 10 岁以上的贵妇都必须届时出席，否则予以严惩”。

一时间，参加冬宫的“大跳舞会”变成了上流社会的风尚。每当华灯初上之时，高级军官、显贵、官吏、富商、学者的马车驶向冬宫。每个人都把沙皇的邀请当作一种无上的荣耀。彼得一世力图将英国、法国上流社会的社交方式搬到俄国。他要求每一个来宾都可以根据自己的兴趣和爱好在“大跳舞会”活动，喜欢跳舞的，尽可以大跳英国队舞或者波兰舞。喜欢下棋的，尽可以集中心思考虑棋局。喜欢聊天的，尽可以交流自己感兴趣的东西。

彼得一世命令把日耳曼文的《青春宝鉴》译成俄文，并亲自删改书的内容，该书从 1705 年第一次出版，到 1725 年，前后共重印三次。这本书对青年人的言谈、话语、行为、举止、思想、品德都做了标准并且细致的规定。青年人应该尊重长者，勤劳，勇敢，诚实。书中告诫：“在家里不要自作主张，应当惟父母之命是从”，“赡养父母为莫大光荣”，“不应打断父母的话，更不应该顶撞长者”。《青春宝鉴》中还特别强调：“青年人应当学会用外语（法语）交谈，以便养成说外语的习惯。特别是当他们要谈秘密的事儿的时候，为了使男女下人听不懂他们在说些什么，为了使别的无知的笨蛋们猜不透他们说的是什么，更应当说外语。”《青春宝鉴》中对青年人在公共场所的行为举止规定得更是非常细致，从青年人如何走路到如何进食都一一做了规定。行路时，“在街上走路不要东张西望，不要眼睛向下，也不要斜眼看人，要挺直身子，径直前行”。赴宴时，“手不要久久地放在盘子上，喝汤的时候，不要摇晃双腿，不要用手而要用餐巾擦嘴，食物还没有咽下去时，不要喝汤。不要舔手指头，不要用牙齿啃骨头，要用小刀剔它。不要用小刀而要用牙签剔牙，剔牙时要用一只手遮住嘴巴。切面包时，不要把面包抱在胸前。吃摆在你面前的东西，不要伸手叉够不着的食物”。“吃饭时不要像猪吃食那样发出吧嗒吧嗒的响声，不要搔脑袋，不要只顾狼吞虎咽，一言不发，因为乡下人才这样做。不断地打喷嚏、眨眼睛、咳嗽，都是不成体统的事”。《青春宝鉴》对贵妇和大家闺秀们的行为和举止还有特别的指导，它规定俄罗斯妇女应该具备 20 种美德：敬畏上帝、温顺、勤劳、仁慈、腼腆、节俭、贞洁、忠实、沉静、整洁等等。

领主和贵族[①] 是俄国一个特殊的社会等级，它是俄国政府、军队的官员以及

① 1682 年，领主的地方专权状况结束。1714 年，领主的领地和贵族的领地合并，导致领主和贵族之间的区别彻底消除。此后，“领主”作为特殊阶层实际上已不复存在。

教会的中高级神职人员的主要来源，因此它是沙皇专制制度的支柱。贵族子弟生来就有锦衣美食、宝马良车，长大之后可以凭借祖荫父德，轻而易举地获得土地、俸禄，可以在朝廷和军队里位居高官。因此彼得一世认为，想要改变俄国贵族、领主们的腐朽习气，就必须从他们的子弟开始。

彼得一世下令贵族子弟必须进入各种学校学习语言、文字、航海、筑城学、法学等课程。有条件的贵族家庭应该送子弟到国外留学，留学费用可以由国家承担。谁家的子弟不识字或是逃避留学，其家长就要受到严厉的处分。凡是出国留学回来的人，彼得一世都要亲自进行考试。对成绩优秀的，委以重任高官，对成绩不好的则严厉批评，以致罚他继续学习。

彼得一世于 1714 年 3 月 23 日颁布“一子继承法”。这个法令规定：不分世袭领地或封地，都可以作为遗产传给自己的后代。但是为了防止地产的分散，规定只能传给一个儿子，其他的儿子只能通过服役才能从国家那里获得土地、农奴和金钱，只能通过服役才能得到相应的爵位。实行“一子继承法”的目的在于使土地永远集中在少数人手里，借以巩固贵族土地所有制，以保证国家的财政来源。并且以此迫使一些贵族子弟放弃安逸的生活，全心全意为国家服务以博取功名和俸禄，还可以保证政府机关和军队的官员的来源。

文化教育改革

彼得一世对荷兰、英国等国发达的文化教育和科学研究倾心已久，他曾向包括著名的万有引力发现者、英国科学家牛顿在内的各国著名学者求教。

为北方战争的需要，彼得一世在 1701 年下令在莫斯科开办航海学校，规定吸收社会一切等级的孩子入学，但后来基本上只有贵族子弟才能上得起这所学校。学校设算术、三角、几何、航海、天文和地理等课程，聘请外国学者担任教师。随着北方战争的推进，彼得一世于 1715 年将莫斯科航海学校迁到彼得堡，在此基础上建立了航海专科学校，彼得一世亲自为航海专科学校制定校规、教学计划和实习计划。在莫斯科和彼得堡等地还建立了炮兵学校、警备学校、工程学校、医科学校、秘书学校等。

在改革刚刚开始时，俄国和外国的科学家就已经向彼得一世提出了建立彼得堡科学院的建议。1718 年 6 月，彼得一世在一份建议书上批示：“一定要成立科学院。现在就从俄国人中物色一些有学问又有志于此的人。还应着手翻译一些法学和与法学有关的书籍。今天就着手办这些事。”他责成拉弗仁提·布鲁门托斯特起草科学院的章程，彼得一世提出未来的科学院一定要聘请欧洲第一流的科学家。

1724年1月28日（公历2月8日），俄国枢密院举行一次在俄国科学史上值得大书特书的会议。彼得一世亲自主持会议，通过了两项重要的决议，确定了彼得堡科学院的职能，科学院将发挥大学、中学和研究院的功能，使它既能担负起国家最高科学研究机构的职能，还能向青年人讲授法学、医学和哲学等课程，培养未来的中高级科学人才。彼得一世为科学院制定了经费预算，每年约25000卢布，这在当时是相当大的数字。1725年8月，召开了彼得堡科学院第一次院士大会，在通过的决议中强调重视知识，重视人才，给科学院的院士以优厚的待遇和地位。

俄罗斯科学院于1725年12月25日正式建立，当时的名称为彼得堡科学院。科学院下设科研部门，科研部门设数学、物理和人文三个学部，在数学和物理学部中分出数学、化学、解剖学等专门研究室，在人文学科中又分成历史、哲学和演讲等专门研究室。俄国从欧洲招聘了大批的科学家，并且授予了第一批科学院的院士，他们都是从德意志和荷兰等国聘来的外国学者，其中的不少人为发展俄国的科学事业作出了贡献，如莱·埃勒、达·贝努利、格·李赫曼、戈·拜耶尔等。

科学院不仅是一个研究中心，而且是一个教学机构。教学部门设立了附属中学和附属大学。俄国最著名的学者罗蒙诺索夫曾长期担任这两所学校的校长。

18世纪以前的俄国教育事业被东正教会把持，全国没有一所世俗学校。1714年，彼得一世下令在全国各省建立初等算术学校，招收10—15岁的少年入学，学习算术、初等几何等课程，学生既来自贵族、官吏家庭，也来自普通平民之家。

俄国从前使用的教会历法是以公元前5508年为创世纪的元年，每年的新年始于9月1日，这种历法不利于俄国与欧洲国家进行经济、贸易和外交活动。1699年12月30日，彼得一世发布诏令，宣布采用按照罗马天主教总主教儒略·恺撒所创立的儒略历，纪年从基督诞辰算起，新年从新世纪的第一天，即1700年1月1日开始。彼得一世改革所采用的儒略历与公历（格利高里历）有所区别，两者换算的公式如下：儒略历日期比公历晚，16世纪晚9天，17世纪晚10天，18世纪晚11天，19世纪晚12天，20世纪晚13天。儒略历在俄国一直沿用到1918年1月26日。后采用格利高里历。

1718 年彼得一世下令将彼得堡的亚历山大·基京大厦改建成彼得堡博物馆和图书馆，并且他早在游历欧洲时就为未来的俄国博物馆收集了第一批展品。彼得一世为此专门颁布了几条敕令，号召居民上缴一切“古旧和稀罕”物品：死兽和死鸟的骨头、古代的用品、古代的文书、手抄本和印刷的书籍。到 1725 年，彼得堡图书馆的各种藏书已经达到 11000 卷。彼得堡博物馆和图书馆于 1719 年正式向居民开放。为了吸引各界居民来这里参观和看书，彼得一世下令对于来者一律免费，而且无论何人一旦能够动员其他人来博物馆和图书馆，还可以免费享受一杯烧酒或者其他赏赐，这笔费用由国家来支付。据说，每年的此项开支就达 400 万卢布，但彼得一世认为这是非常值得的。

17 世纪莫斯科唯一的一家印刷所印刷的大都是教会用书。1708 年，彼得一世下令用新的世俗字体代替旧的教会斯拉夫字体。新字体笔画比较简单、方便，适于各种书籍的印刷和出版。1708—1727 年刊印的民用印刷品中的 320 种书籍，1/3 以上是有关陆海军问题的专著，也包括法律、文艺作品、辞典、历书等方面的书籍。到 1725 年，新旧两个京都已经有 6 所印制世俗书籍的印刷所。此外，彼得一世还组织大量的人力，翻译国外出版的自然科学、军事学、建筑学、造船学的著作。随着外国书籍的翻译和广泛介绍，来自日耳曼语、波兰语、荷兰语、法语的一些科学技术词汇越来越多地进入俄语之中。

在彼得一世执政以前，俄国没有一张公开出版的报纸。曾经有过一份手抄报纸《钟楼之声报》，每期只出几份，仅供沙皇及近臣阅读。一些重大的消息和官方文件或者通过地方官员的口头传达，或者靠百姓相互传达，往往谬误百生，极其不利于沙皇的威信和统治。1703 年 1 月 2 日，在莫斯科出版了《新闻报》，这是俄国第一份正式印刷的报纸，彼得一世亲自担任第一期稿件的选择和编辑工作。

彼得一世还亲自主持编写《北方战争史》一书，精心设计了每一个章节，该书前后历时 6 年编成。

俄国从前没有剧院，只是到了彼得一世的父亲阿列克谢沙皇统治时期，才出现了第一个剧院。但是当时东正教会宣布剧院是一个罪恶的场所，认为它能教唆人们去犯罪。彼得一世决定打破这一观念，他于 1702 年下令在莫斯科建筑了一座木结构的“喜剧院”，并宣布任何人都可以免费看戏。

军事改革

17世纪末俄国军队主要的战斗力是射击军①，射击军始建于16世纪中期，这支军队中的高中级军官大都是从普鲁士、荷兰、瑞典等国雇佣来的职业军官，士兵也大多出身于俄国富裕家庭。在历次俄国宫廷内部斗争中，射击军常常为各种势力所利用。在出访欧洲途中，彼得一世不仅看到了西欧先进的武器装备，而且认识到海洋和出海口对俄国是非常重要的，认识到只拥有陆军、而没有海军的君主就是一个“跛足巨人”。

1699年，彼得一世正式启动军事改革，首先解散了射击军，并宣布实行义务征兵制，征兵对象主要是拥有人身自由的农民，同时规定贵族家庭的男子服兵役的人数不得少于其家庭总人数的2/3。政府在征兵时向应征的青年许诺：凡参军的人，每年可以分得11个卢布，政府提供口粮及其马匹的粮草，每人还配给一份伏特加酒。在彼得一世执政的36年中，沙皇政府共征兵53次，全国有28万多人应征入伍。新兵必须经过外国军事教练的培训后才能被分配到军队之中。彼得一世亲自起草了《陆军条例》，对士兵的训练和作战作出了详细的规定，它是俄国第一个比较成形和科学的军事法令。

为了加强对陆军的统一集中领导，1720年设立陆军院，由彼得一世的亲信缅希科夫元帅任院长，下设3个部，分别主管后勤、炮兵和筑城。战时野战部队

欧化的俄国军队

① 射击军是伊凡四世执政时期建立的精锐部队，装备火绳枪和燧发枪，成员主要来自市民。射击军驻扎在指定的营区内，平时接受专门的军事训练，穿统一的军服，由国家发给薪饷，服役的同时他们还可以经商和从事小手工业。

设总司令，下设野战参谋机构，这是未来的俄军总参谋部的前身。

彼得一世既注意引进国外的军事人才，更注意军队指挥和管理的俄国化。从1705年起，逐渐限制外国人在俄国军队中服役。到1720年，俄国军队中90%以上的军官已经由俄国人担任。

在北方战争期间，彼得一世从无到有建立了一支海军。1703年，在彼得堡和波罗的海沿岸建立几个大的造船厂和海军基地。1706年4月，海军院造船厂造出了第一艘装配18门大炮的军舰。俄国第一艘战列舰"波尔塔瓦"号于1712年下水。到1725年，波罗的海舰队已拥有战列舰40艘、三桅巡航舰10艘、其他小型舰艇800艘，大炮已达2226门，作战人员达到28000余人。在彼得堡、维堡和雷维尔等地建立了海军基地。同时，里海舰队还拥有大约100艘小型舰艇。

俄国政府不仅注意海军舰船的建造，更注意培养大批的专门人才。1701年，在莫斯科开办了航海学校，讲授算术、几何、三角、航海学、天文学等课程。1715年在彼得堡建立海军学院。同时还选派大量的贵族青年到荷兰、英国等国学习海军指挥技术。在彼得一世执政期间，海军的管理体制逐步完善。1703年设立海军院，海军院不仅管理海军的作战指挥，而且主管各造船厂、海军要塞，负责海军各级各类人员以及外国专家的挑选、训练及补充。彼得一世亲自制定了《海军条例》和《海军院章程》，于1720年正式公布。

政治和宗教改革

彼得一世的政治改革是与沙皇专制制度的确立和建立中央集权制国家密切相关的。为防止机构臃肿、人浮于事和政出多门，1708年在全俄设立8个省（后增至11个省），各省的总督直接向沙皇负责，统领地方的军事、政治、税收大权。1711年3月彼得一世下令设立由9人组成的枢密院，为国家最高权力机关，以取代领主杜马。枢密院的成员由沙皇亲自挑选和任命，其职责包括制定新法令，编练海陆军，征服赋税，掌管中央和地方的各级政府机构，彼得一世在有关的诏令中强调："任何人都得听从枢密院的命令，就像听从朕本人的命令一样。"沙皇出访、因病不能视事时，枢密院代行沙皇的最高权力。设立监察官，作为沙皇的特命钦差大臣，其职责是"秘密监视各种公务，察访冤狱，监视国库收支等等。如有人营私舞弊，不论其职位多高，监察官均应向枢密院检举告发。凡被告发者，课以罚款，罚金半数入官，半数奖给监察官"。同时，为防止枢密院和监察官专权，彼得一世于1722年又设立总监察官一职，彼得一世称该官职为"国王的眼睛和一切国务的司法总督察”①，枢密院办公厅隶属于总监察官，而总监察官本人则不受枢密院的管辖，只受皇帝的节制，其职责是监督枢密院、监察官和中央各部。

1703年5月16日，彼得一世作出一项重大决定，放弃世代莫斯科大公、俄罗斯沙皇驻跸的莫斯科，迁都北方的涅瓦河口。从1703年下半年开始，新都彼得堡的建筑工程正式开工。1706年，彼得一世下令海军院和陆军院迁到彼得堡，1713年，圣彼得堡被正式定为俄国首都。

东正教会是俄国特殊的政治力量，它既是沙皇统治的舆论工具，也是沙皇统治的心腹之患。为打击东正教的势力，加强世俗政权对东正教会的控制，使其驯服地为沙皇专制制度服务，彼得一世推行了大规模的宗教改革。他于1721年颁布法令，废除牧首制②，建立圣主教公会作为枢密院下设的一个政府机构，该公会总监由世俗官员担任，成员无论是神职人员、还是世俗官员都必须宣誓效忠沙皇：“我宣誓，永远听命于我的天然和真正的国君，以及他根据不容置疑的权力而选定的崇高接班人，永远做他们的忠实仆从，并服从他们的意志。我承认国君是我们这个神圣组织的最高裁判者。”彼得一世自任为“东正教会最高牧首”，并将“君主的政权是专制制度的，是由上帝亲自托付的，为了良心必须要服从他，各级僧侣必须以他们的祷告为沙皇服务，任何人不得擅越职守”的条例写入东正教教规中。他以“东正教会最高牧首”的身份出席了教区主教会议，发现不知死活的教士们仍坚持在他们中间选出一个新牧首以接替刚去世的牧首阿德里安的职位。彼得一世勃然大怒，他强调：“俄国现在不需要大牧首，我给你们立了一个新的大牧首，它就是这个条例。你们要好好遵守这个条例，看见它，就犹如看见朕本人一样。”随后彼得一世当着大小神职人员的面，拔出一支佩剑，“咚”的一声把它插在桌子上，然后宣布：“谁想违背这个条例，就请他尝尝宝剑大牧首的滋味！”③为了防止弑君篡位和保护国家利益，圣主教公会于1722年下令废除了东正教会规定的忏悔保密制，规定所有的教士在得知忏悔者存在图谋“叛变和弑君”的想法时，必须立即密报政府。彼得一世的宗教改革极大地打击了东正教势力，

---

① 苏联科学院苏联历史研究所：《苏联史纲（18世纪第一个25年）》，莫斯科1954年版，第308页。

② 1589年，沙皇费多尔宣布设置自主的莫斯科牧首公署，并指定莫斯科都主教约夫为首任“莫斯科及全俄罗斯东正教会牧首”。莫斯科牧首区成为继君士坦丁堡、亚历山大、耶路撒冷和安提阿之后的第五个牧首区。

③ 帕甫连科：《彼得大帝传》，东方出版社1987年版，第363页。

从而结束了教权与皇权之争，永远地将教权置于皇权之下。

彼得一世最痛恨好逸恶劳者，他认为修道士和神职人员就是这样一些人。因此彼得一世下令教士要以古代的僧侣为榜样，用自己劳动的双手为自己生产食物，还要用自己的劳动养活乞丐。彼得一世要求枢密院每年派专人对东正教会的收入和财产进行登记，按规定向国家交纳所得。彼得一世下令禁止修道院购买和出让土地，规定神职人员不论地位高低，一律只能吃一份简单的口粮，不得享受特殊的待遇。此外，他还特别规定每个男女修道士都必须学会一门手艺，以备养活自己。彼得一世还要求神甫和教士的子弟必须学会拉丁文，凡是没有受过教育的神职人员的子弟均不得接替父亲的职位。

1721 年 10 月 22 日，枢密院举行隆重仪式，称彼得一世为“全俄罗斯大帝”。

彼得一世统治时期俄国完成了由等级君主制向绝对君主制的过渡。在 17 世纪末 18 世纪初的俄国，君主权力以至独裁权力本身就具有极大的进步意义。因为在处于经济凋敝、政治动荡、社会分裂、外敌威胁之下的俄国，它是清除割据势力、整合各派力量、维护国家统一、抵御外敌入侵、组织有效的国家政治生活和经济生活唯一的政治权威。

彼得一世的改革前后持续 26 年，在改革过程中，彼得一世意志坚强、身体力行。为了推行改革，不怕一切阻碍。马克思称赞说：“彼得大帝用野蛮制服了俄国的野蛮。”① 俄罗斯国家曾经是一个经济和社会落后的国家，曾经长期徘徊在先进国家的大门之外。在早期的仿效西方的社会经济改革过程中，彼得一世成功地唤起了俄罗斯民族久已压抑的民族自尊感和自强意识，在较短时间内动员起全体俄罗斯人抛弃自身的陈腐习俗和落后意识，投身于追赶世界潮流的运动中去。

二、叶卡捷琳娜二世的“开明君主专制”

叶卡捷琳娜二世

1725 年，彼得一世病逝，俄国国内政局自此陷入长期混乱之中。从 1725 年

① 《马克思恩格斯选集》第 2 卷，人民出版社 1995 年版，第 620 页。

到 1762 年短短的 37 年间，俄国换了 6 个沙皇。

叶卡捷琳娜二世原名索菲娅·奥古斯特.弗里德里克，出生于普鲁士什切青市的一个败落贵族家庭。她从小接受过较好的欧洲式教育，曾随父母游历欧洲，拜会过各国宫廷和诸侯大公，从而对幼年的索菲娅的思想产生了极其重要的影响。1744 年索菲娅被俄国女沙皇伊莉莎白钦定为俄国未来的皇位继承人彼得三世的未婚妻。这一喜讯使索菲娅及其家人激动无比，她立即在母亲的陪同下，随身仅带着两三套长连衣裙，一打衬衣，一打袜子和手绢的微薄嫁妆，经过长途旅行，来到俄国首都彼得堡。

为了做个称职的皇后，她拼命地学习俄语和大量地阅读书籍。她还改宗东正教，教名为叶卡捷琳娜。1745 年 8 月，俄国皇太子彼得三世与叶卡捷琳娜正式结婚。但是，婚后的生活并不幸福，有寻花问柳之癖的彼得三世经常作出对妻子不忠之事，伊莉莎白女皇也是从心底里对异邦来的未来皇后不放心，经常派人监视叶卡捷琳娜的行动。叶卡捷琳娜在给母亲的信中写道："我无时没有书本，无处没有痛苦，但永远没有欢乐。"①

1762 年伊利莎白女皇去世，彼得三世继位。幼年在普鲁士长大的彼得三世对祖国毫无感情，他的对内政策遭到了俄国社会各界的强烈反对，对外政策也遭到了俄国军界和传统盟国的强烈不满。

1762 年 6 月 28—29 日夜里，叶卡捷琳娜在近卫军的拥戴下，发动宫廷政变，推翻了彼得三世的统治。9 月 22 日，叶卡捷琳娜在枢密院正式宣布就任俄国沙皇，史称叶卡捷琳娜二世。

"君主与哲学家的结合"

"开明君主专制"是 18 世纪风行欧洲大陆的政治思潮，欧洲许多宫廷都曾标新立异，宣布实行"开明君主专制"。叶卡捷琳娜二世在俄国实行"开明君主专制"，既是受欧洲宫廷的政治风气影响，也是受法国启蒙思想家的思想推动所致。伏尔泰、孟德斯鸠、狄德罗是这一理论的代表人物。他们呼吁欧洲开明的君主，提倡"君主与哲学家的结合"，实施自上而下的改革，实行法制，同资产阶级联合，最终建立资产阶级的君主立宪制度。在登基前，叶卡捷琳娜二世曾认真研读法国启蒙思想家的著作，她自称狼吞虎咽地阅读了现代法国和英国学者有关道

① 瓦利舍夫斯基：《俄国女皇——叶卡捷琳娜二世传》，上海译文出版社 1982 年版，第 2 页。

德、自然和哲学的优秀著作。她称赞伏尔泰的《论各国的习俗和思想》"可能是人类智慧史上唯一的华章"[①]。

叶卡捷琳娜二世与法国启蒙思想家们建立起了频繁的书信联系，并大量购买他们的著作。她甚至用16000金币买下了法国启蒙思想家、百科全书派代表人物狄德罗的私人图书馆，聘任他为图书馆的馆长，并提前支付了50年的薪水。后来又盛情邀请狄德罗来俄国，帮助她进行政治改革。叶卡捷琳娜二世不仅从思想家那里学来了华丽的词藻，而且形成了自己的开明专制思想。叶卡捷琳娜二世宣称："我只希望上帝让我统治的那个国家繁荣富强；上帝是我的见证人……自由是万物的灵魂，没有自由，一切都将死气沉沉。我需要人人遵守法律，但不需要奴役。我需要一个使人人得到幸福的总目标，不需要破坏这个总目标的任性、奇想和暴政……"[②]她在给法国启蒙思想家的信中，把自己说成是农奴制度的反对者，强调"让那些出生是自由的人沦为奴隶，是同基督教和正义格格不入的"。她甚至在信中告诉伏尔泰："在俄国，没有一个农民在他想吃鸡的时候，是吃不上鸡的。"她亲自起草了一份解放农奴的草案，允许1785年以后出生的农奴子女都可以获得自由，只不过当1773年的普加乔夫起义爆发后，叶卡捷琳娜二世就把这个草案束之高阁了。

1767年，叶卡捷琳娜二世写出一部法律著作《圣谕》，在这部内容涉及256条、655款的法令中，叶卡捷琳娜二世大量抄袭了孟德斯鸠等思想家的学说。叶卡捷琳娜二世宣称要建立"一个禁止富人欺侮穷人的法令"，而"百姓不是为君主创造的，相反，君主是为百姓创造的"。叶卡捷琳娜二世在给友人的一封信中这样说："我断言，我的《圣谕》不仅是好的，而且甚至是卓越的，极合时宜的，因为贯穿其存在的18年，它不仅未产生任何的恶，而且一切由它引起的，有口皆碑的善，都来自它所确定的原则。"[③]当时，欧洲思想界和俄国国内对此评价甚高，法国著名的启蒙思想家伏尔泰誉为"是一部详尽、完整、业已生效的法典。"

1767年7月30日，新法典编纂委员会在莫斯科隆重开幕，叶卡捷琳娜二世亲自到会，她表示希望委员会制定出一部绝对平等的法律，这部法律"既适合基督教徒，又适合穆斯林。既适合鞑靼草原的牧民，又适合富庶的乌克兰的农民。既适合莫斯科人，又适合西伯利亚人"。委员会首先宣读了叶卡捷琳娜二世的《圣

① 瓦利舍夫斯基:《俄国女皇——叶卡捷琳娜二世传》，上海译文出版社1982年版，第248页。

② 瓦利舍夫斯基:《俄国女皇——叶卡捷琳娜二世传》，上海译文出版社1982年版，第76页。

③ 普列汉诺夫:《俄国社会思想史》第3卷，商务印书馆1990年版，第28页。

谕》，随后开始讨论贵族权利，然后讨论城市市民的权利。无论是俄国，还是欧洲，都对俄国政府新法典编纂委员会予以关注。在短短的6天之内，委员会共收到来自各阶层和各地区的委托书1500余份，狄德罗亲临俄国指导。当普加乔夫起义爆发后，叶卡捷琳娜二世于1774年11月24日下令新法典编纂委员会停止全部活动。

为强化沙皇专制权力和中央集权体制，叶卡捷琳娜二世于1763年12月颁布法令，把枢密院划分为6个委员会，自己直接主持三个最重要的委员会——陆军委员会、海军委员会和外交委员会。她通过总检察官监督和处理枢密院的事务，大大地降低了枢密院的作用。1768年，叶卡捷琳娜二世设立最高宫廷会议，作为沙皇讨论最重要的法律和国家措施的咨询机构。

1775年11月颁布全俄帝国各省管理体制的法令，取消原来的三级（省、州、县）管理体制，代之以二级（省、县）管理体制。将全俄原23个行省划分为50个行省，每省约30—40万人。省下设县，每县人口约2—3万人。省设省长及两个副省长，由沙皇直接任命，并直接向沙皇负责。省、县设地方议会，选举省、县一般行政官员，议员均由贵族担任。省议会向相应的中央各委员会报告，而由枢密院监督协调。贵族有权向省长，直至沙皇提出自己的要求。在省长之上由沙皇任命若干总督，管辖二至三个省。总督既是地方驻军的最高长官，又是地方的行政长官，他同时又是中央枢密院的成员。这项改革加速了行政部门的贵族官僚化，极大地强化了沙皇个人的独裁权力，使沙皇能够通过内阁、枢密院、省长、省议会更直接有力地控制中央和地方。

叶卡捷琳娜二世颁布法令，宣布工商业自由，取消对贸易的限制，鼓励向国外出口柏油、亚麻籽、蜡、油脂、铁矿石、大麻、黑鱼子酱和钾碱。建立专门委员会负责监督货币铸造。政府鼓励向人口稀少的地区移民以增加农业生产。国家对私人财产给予新的保障，并允许地主自由处理从他们土地上开采的矿产。在叶卡捷琳娜二世执政时期，俄国的工商业获得较为迅速的发展。俄国的手工工场的开工数目从1762年的984家增加到1796年的3161家。俄国的生铁产量从1760年的6万吨增加到1800年的16万吨。据统计，17世纪中期，俄国城市人口为50万人，到1794年这个数目已经增长到228万人。俄国工商业的迅速发展，不仅增强了俄国的国力，特别是军事实力，而且提高了俄国的国际地位及影响。

叶卡捷琳娜二世的独裁统治主要依靠的是贵族、地主和新兴的工商资产阶级。1785年4月10日，颁布《俄国贵族权利、自由和特权诏书》，宣布贵族拥有占有农奴、土地、矿山、森林、水源的权利，拥有在城市购买房屋、土地，投资建厂的权利。从法律上确定了贵族是俄国的特权阶层，这个阶层不承担任何国家义务，除去图谋反对沙皇的罪名之外，不受任何法律限制和处罚。在同一天，叶卡捷琳娜二世颁布了《俄罗斯帝国城市权利和利益诏书》，宣布赐予城市自治权，城市自治机关为城市联合会、城市杜马和市政局。城市联合会每三年召开一次，拥有 5000 卢布资本的市民有资格成为城市联合会的成员。城市杜马由市长和市议员组成。诏书宣布有资本 500 卢布以上的商人免受体罚、免服兵役和免交人丁税，只征收 1% 的资本税。叶卡捷琳娜二世在行政方面的改革受到了贵族阶级和尚处于上升地位的资产阶级的欢迎。

叶卡捷琳娜二世像

叶卡捷琳娜二世重视发展文化教育事业，她拨巨款发展俄国科学院，改建冬宫内著名的爱尔米塔什博物馆。她鼓励兴办各类学校。莫斯科大学开始聘任本民族的教授。她为贵族建立了一个特殊的高等学校，鼓励贵族子女入学，并采取奖励学习的一些措施。叶卡捷琳娜二世提倡文学创作，并亲自动手创作剧本，甚至亲自登台演出，开一时之风气。1783 年取消国家对出版事务的垄断，准许私人开办印刷所和出版社，在实行“开明君主专制”期间，书报检查制度较为宽松。拉吉舍夫的《从彼得堡到莫斯科旅行记》，诺维科夫的讽刺杂志《公蜂》、《画家》、《钱袋》，冯维津的讽刺剧等就是在这种特殊的环境下出版的。

叶卡捷琳娜二世在位期间实施了 11 年的“开明君主专制”，她的政策在欧洲赢得了一片称誉之声。1767 年 7 月 30 日，新法典编纂委员会通过了授予叶卡捷琳娜二世“英明伟大的皇帝和国母”称号的建议，叶卡捷琳娜二世被尊称为“大帝”。

叶卡捷琳娜二世的“开明君主专制”顺应了欧洲的政治潮流，在客观上促进了西方先进思想的传播，具有一定的进步意义。叶卡捷琳娜二世执政时期是俄国专制制度的黄金时代和巅峰时期，“开明君主专制”强化了俄国专制制度和君主制度在新的国际和国内条件下的适应能力，首开了极具俄国特色的官方自由主义的先河。

三、文化教育的兴盛

罗蒙诺索夫

18 世纪是俄国民族文化和民族教育初建时期，俄国的科学研究也处于萌芽阶段，在科学研究课题、手段和方法等方面都处于探索过程中。长期以来，充斥于俄国刚刚建立的科学研究机构中的大多是来自西欧和北欧国家的科学家，而本民族从事科学研究的人是寥寥无几的，因为贵族阶层出身的人士是不屑于从事科学研究事业的。俄国伟大的科学家罗蒙诺索夫的出现改变了这一状况，罗蒙诺索夫的科学成就构成了 18 世纪俄国科学发展史上最亮的闪光点。

米·瓦·罗蒙诺索夫（1711—1766 年）是 18 世纪俄国最杰出的科学家。他出身于俄国最北部的白海之滨——哈尔谟戈尔城——金尼索夫村的平民家庭，父亲是当地比较富裕的船主。幼年时期，罗蒙诺索夫在父亲的船上做工，同时又从事农业劳作。罗蒙诺索夫自幼天资聪慧，10 岁就学完了识字课程，15 岁读完了斯莫特利茨基的《斯拉夫语文法》和马格尼茨基的《算术》。1730 年他离开故乡到了莫斯科，进入斯拉夫—希腊—拉丁神学院学习。因为学院不招收平民的子弟，罗蒙诺索夫只好隐瞒了自己的真实身份，对外称自己是神父的儿子。但是神学院枯燥、脱离实际和毫无意义的宗教教义不能吸引罗蒙诺索夫，他想探究自然界的奥秘，想观察神秘的自然现象和了解当时已在各国开始进行的实验的结果。1735 年，罗蒙诺索夫和另外 11 个人被选送到彼得堡的科学院学习。1736 年，罗蒙诺索夫被俄国科学院选中，派往国外学习矿业和化学。在欧洲游学过程中，罗蒙诺索夫学习了拉丁语、数学、物理和化学等课程，他大量阅读了当时最先进的自然科学的著作。1741 年，罗蒙诺索夫回到俄国，到彼得堡科学院从事科学研究工作。1751 年，罗蒙诺索夫被科学院授予教授头衔，这在外国学者把持的科学院里是一件大事。

罗蒙诺索夫的科学研究是在极其困难的条件下进行的，在科学院中他屡屡受到实际把持科学院管理大权的普鲁士科学家舒马赫的排挤，沙皇政府对他的研究工作也极不重视。1748 年，罗蒙诺索夫建立了俄国第一个化学实验室，在这里他进行了一系列的化学和物理学的实验。他第一次把物理学的研究方法应用于化学上，创建了俄国的物理化学学科。

罗蒙诺索夫的科学活动分为三个时期。1740—1748 年，主要从事理论物理学研究，研究微粒学说、热和冷、空气弹性等。1748—1757 年，主要从事化学实验和化学原理研究。1758—1766 年，主要从事科学管理、科学考察、采矿、金属学和航海等研究工作。

罗蒙诺索夫强调世界是物质的，认为物质运动就是一切自然现象的基础。他认为科学研究的任务，就是用物质的不断运动来解释一切自然现象。他强调自然现象有两种属性。一种属性是物体的大小、运动和形态。另一种属性是它的色、香、味等特性。物体的大小、运动和形态，可以靠数学和力学的方法来确定。科学的任务就在于以力学定律，即以物体的移动及其形态的变化去解释一切性质。而物体的香、味、温度等情形，就要靠人们肉眼无法看到的细小物体的运动来断定。他提出一切物体都是由极小的质点组成的，细小的质点的运动就是物理和化学现象的原因。他提出物质不灭和运动不灭的定律，强调物质及其运动既不能消失，也不是无中生有。他在 1743 年完成的学术论文《论组成自然物体的感觉不到的物理性质》中系统地提出了上述的观点。1760 年的《论物体的固态和液态》一文证明了化学反应中的物质不灭定律。这些观点是近代自然科学最有价值的思想之一。

罗蒙诺索夫关于地球形成和变迁的观点在当时是极具科学意义的思想。他认为山岳、平原、河流以及地下矿藏不是同时产生的，更不是造物主创作的。而是经历了数百万年自然的演变而成的。他反对用圣经中的大洪水泛滥来解释化石起源的说法。他认为化石是生物的残迹，是受水、风、寒、热等一系列复杂的地球的气候条件的变化，随数百万年地壳变迁而形成的。

关于宇宙形成的原因与构造，在 18 世纪中叶，托勒米的地心学说占据支配地位。罗蒙诺索夫则坚决捍卫哥白尼的日心学说。他在一首诗中讽刺那些传统的、已经被科学研究推翻的陈腐观点。

在这方面正确的是哥白尼，
我虽没有在太阳上住过，却要证明这个真理。
绕着灼烧火炉而旋转的厨子，
谁认为他是傻子？

罗蒙诺索夫既是物理学家、化学家、天文学家、地理学家和发明家，又是历史学家、语言学家和著名的诗人。罗蒙诺索夫在历史学、语言学等方面也进行了开创性的研究，在俄罗斯民族起源研究方面，在革新俄语语法及规则方面作出了贡献。他著有《修辞学》《俄语语法》《俄文诗律书》，在革新俄语方面作出重大的贡献，他为俄国文学语言确立了三种最通用的文体：诗歌、散文、演说。他著有《俄罗斯古代史》《俄国简明编年史》等历史著作。他是俄罗斯科学院第一个本民族的院士，他还是瑞典科学院院士、意大利波伦亚科学院等国科学院的名誉院士。俄国著名诗人普希金称罗蒙诺索夫本人即是“俄国第一所大学”。

高等教育的建立

彼得一世推行改革后，俄国完成了初等、中等和专科教育机构的设置，这些学校在彼得一世执政期间，特别是在北方战争期间培养了大批可供使用的人才。但高等教育和高水平人才一直是俄国的空缺，这不仅影响沙皇政府的对外争霸，也阻碍俄国社会的发展。它迫使沙皇政府不得不花高薪从国外聘请学者，这些外国学者对于发展俄国的文化教育和科学研究事业发挥了作用，但是其中也有一些人是不学无术者，更有一些人将俄国的情报出卖给俄国的敌国。因此，建立自己的高等教育体系，培养本民族的科学家是 18 世纪俄国的当务之急。

1755 年，女沙皇伊莉莎白批准了罗蒙诺索夫的建议，拨款在克里姆林宫的旁边建立全俄第一所综合性大学——莫斯科大学。这所大学最初只设历史—哲学、法律、医学三个系和两所附属中学。从 1767 后开始，莫斯科大学全部课程都用俄语来教授，而当时欧洲其他大学还大都使用拉丁语教授。莫斯科大学最初的发展极为困难，一方面是经费严重缺乏，每年从政府得到的经费仅为 15000 卢布，这些钱尚不足骄奢淫逸的伊莉莎白女皇用在皮鞋上的花费。学校无钱从国外购买昂贵的教学和实验仪器。另一方面是高等教育不为世人重视，贵族子弟都以上贵族武备学校为荣并且可以获得较高官职。因此在莫斯科大学建立初时，只有 100 名学生，这些学生以平民出身的子弟居多，过了 30 年以后，大学生的人数非但没有增加，反而降至 82 名。

从 19 世纪开始，俄国的高等教育和科学研究才真正得到较为迅速的发展。1804 年建立了彼得堡国立师范学院，1819 年改名为彼得堡大学，设哲学—法律、物理—数学和历史—语文三系。莫斯科大学和彼得堡大学在帝俄时期，是高等教育和科学研究的核心，在俄国教育史和科学发展史上起到巨大的作用，同时也是俄国人文社会科学的摇篮，俄国许多著名的人文社会科学家都毕业于这两所大学或在此从事自己的研究工作。

19 世纪上半期，俄罗斯已经有近十所大学：莫斯科大学，维尔诺大学，捷尔普特大学，彼得堡大学，彼得堡中心师范学院，哈尔科夫大学，喀山大学，基辅大学等。尽管这个时期，俄罗斯无论是大学的数量，还是教师、学生的人数都仍然落后于西欧和美国，但是遍及全俄的高等教育体系已经初具规模，并且与欧美国家一样，俄罗斯的大学既是教学单位，也是科学研究机构。

建筑艺术

俄罗斯的建筑艺术在 16 世纪时，逐渐具有了独特鲜明的民族风格。莫斯科的克里姆林宫位于莫斯科中心，并不断向四周扩建，形成一个宏伟的建筑群。靠近宫殿外围的建筑有仓库、地窖、粮仓及马厩等杂屋。离皇宫不远，伊万诺夫广场的对面，是政府各部门所在地的石头大建筑，沙皇和领主的各种命令，就在这座大建筑的台阶上向群集的人民宣布。众多领主、僧侣和某些巨商的住宅也坐落在克里姆林宫周围。从 1485 年起，克里姆林宫围墙进行改建，克里姆林宫内的圣母升天大教堂是经过意大利建筑师阿里斯托捷尔·费奥拉凡京设计建筑的。莫斯科是沿克里姆林宫向四周发展的，随着莫斯科的发展，围绕莫斯科的诸侯、领主们的庄园，及其住有手工业者、奴隶的村庄和大村，逐渐并入城市。昔日城市境内的牧场及村落名称，长久地保存在莫斯科的街道和广场的名称里，库得林诺广场所在地，就是从前的库得林诺村。克里姆林宫的红场是 15 世纪末，在被火烧光了的地方形成起来的。因此，它很久还被称为“火烧广场”。在这个广场上进行集市贸易活动，也执行各种刑罚。从 17 世纪中叶起这个广场才称为红场。

彼得夏宫

当时的莫斯科克里姆林宫已经初具规模，在筑有雉堞的宫墙里面，是教堂、王公官邸和皇宫。阳光照射下，教堂的葱头形镏金穹顶金光灿烂。意大利能工巧匠装饰的殿宇巧夺天工。宫墙的四周，是许多木结构的房屋、葱郁的花园和宽阔的街道，但一下暴雨这些街道就变成一片泥沼。工匠们的破作坊与贵族的富丽府邸为邻，蒸汽浴室旁边是法力无边的小教堂。所有的俄国人不分贫富，每周都要到蒸汽浴室里洗一次蒸汽浴。在克里姆林宫广场上的棚铺和摊店之间，是喧闹的、五光十色的集市。卖艺的、耍狗熊的和行吟盲者吸引着赶集者。在克里姆林宫广场的高台上，官员们宣读沙皇的诏书或政府的命令。

皇村中学普希金的宿舍

到了夜晚，通往克里姆林宫的条条道路都是戒备森严，道路上摆着拒马，宫墙上架着火炮。为了宫内沙皇和大臣们的安全，这里有许多卫士守卫着。在拱顶粗柱低矮的皇宫内，主要的色调是金、红两色。教堂里到处悬挂的圣像都是金色的。寝宫和觐见殿，贵族的服装，无休止宴会上使用的盘盏也都是金色的。

从某种意义上说，克里姆林宫就是一个教堂群。这里有圣母升天大教堂，俄国史上每一个皇太子降生后，都先由这个教堂敲响大钟，将好消息通报全城和全国。圣母升天大教堂还有一个重要的作用，历代皇位继承人的婚娶和登基大典都要移师到这里举行。此外，还有报喜教堂、大天使教堂。它们都是 15 至 16 世纪的建筑，融合了古代拜占庭、罗斯、巴洛克以及希腊罗马的建筑风格，极其辉煌壮观。从报喜教堂和大天使教堂之间的空旷处极目远望就是“伊凡雷帝”钟楼，这个钟楼以其高险而著称。

四、金字塔式的封建社会结构

从公元 9 世纪起，俄国社会发展跨越过奴隶社会，直接由原始阶段进入封建阶段，俄国的社会阶级结构也随之发生了相应的和重大的变化。瓦良格人的入侵加速了东斯拉夫人社会的发展，也促进了东斯拉夫人的社会分化。氏族长、王公、领主、军事首领及其亲兵队、部分农民和自由民（斯美尔德）常常利用职权之便将原属村社所有的财产大量变为私人所有，在政治上他们控制了各种权力，常常被村社选举出来，担任重要的公职，一些人成为地方的王公。

到公元11世纪，东斯拉夫人的社会经济有了较大发展，封建土地所有制关系形成，封建的阶级关系也随之发展。基辅罗斯大公、地方王公、领主成为大小封建主，居于社会的最高层，僧侣和自由民是社会的中间阶层，但有一部分的自由民因生活所迫而依附于大中封建主，他们与奴隶构成社会的下层。公元11世纪末出现的《雅罗斯拉夫法典》中已经清楚地表明了王公臣仆、自由民和家奴三个等级的区别，王公臣仆被杀害，凶手须交纳双倍刑事罚金，杀害自由民只需缴纳一般数量罚金，而杀害家奴则根本无须缴纳刑事罚金，只要缴纳民事罚款以赔偿主人在财产上受到的损失。并且对以上三个阶层的彼此关系、政治特权、经济地位和法律待遇规定非常明确。

到16世纪，随着封建农奴制经济的发展，统治阶级内部又增加了一个新的成员——贵族。过去各级封建主的宫廷侍从、亲兵队成员以给王公服军役为条件，从主人那里得到土地和俸禄，他们被称为贵族（又译“军功贵族”），是伊凡四世和彼得一世推行改革所依靠的社会力量。东正教会的大主教和各寺院主教以及一些上层僧侣，依靠大公和地方王公的支持，掠夺大量农民的土地，并且随着东正教会积极干预政治而使其政治地位不断提高，最终由原来的社会中间阶层上升到社会的最高层，成为统治阶级的成员。随着农奴制经济的不断发展，农民的经济地位和社会地位不断下降，农民与奴隶的身份逐渐合二为一，广大的下层农民变成了丧失人身自由的农奴。到16世纪中期，随着俄国封建等级代表君主制度的建立，俄国的社会阶级结构基本形成。

大公（后来是沙皇）、地方王公、领主、贵族、农奴主、高级僧侣是俄国社会的统治阶级，他们把持着俄国的政治大权和经济大权。大公（沙皇）既是全国最高的统治者，也是全国最大的农奴主。领主、贵族、农奴主和高级僧侣是俄国专制统治的社会基础，他们控制了从中央到地方的政权，他们是沙皇专制制度的各级政府、军队、警察机构的管理者，也是领主杜马、缙绅会议、国家杜马、城市杜马和地方自治局的成员，他们的子弟则是未来国家官吏和军官的人选。

商人阶层是俄国社会中的一个特殊阶层，他们中的一些人以其经济地位在俄国社会中处于较高社会地位，以至于一些人得以进入统治阶级的行列。在伊凡四世统治时期，他们是伊凡四世所依靠的重要的经济力量，成为缙绅会议不可缺少的成分。

到18世纪中期，莫斯科、下诺夫哥罗德、彼得堡、基辅、阿尔汉格尔斯克、斯摩棱斯克等已经成为俄国最重要的工商业城市。在城市中出现了商人阶层组织的裁判所、审判庭和反省庭。这样，商人在 18 世纪中叶已形成为一个独立的阶级，在经济上、法律上和组织上同农奴以及贵族都有所区别。据统计，1766 年，全俄的行会商人人数已经达 183500 人，经商的农民也有 5500 人①。1785 年，叶卡捷琳娜二世在颁布《俄国贵族权利、自由和特权书》的同一天，也颁布《俄罗斯帝国城市权利和利益诏书》，肯定了俄国商人的特殊地位。将城市居民按财产分成六类，规定拥有 500 卢布以上的商人免除人丁税、免除服军役、免受体罚。资本超过 5 万卢布的商人可以授予"显贵公民"的称号。

随着农奴制的最终确立，俄国农民的政治和社会地位也随之确定。依据农民依附的主人和受剥削的方式不同，俄国农民基本上可以划分四类。1. 地主农民，人口占俄国农民的绝大部分，他们直接受各级封建主的剥削和压迫，没有人身自由，随时可被地主转让和处以罚款，地位最为悲惨。2. 宫廷农民，主要是服务于俄国宫廷，除农业劳动外，还负责皇室日常所需要的手工业品、食品的加工。3. 国家农民，他们一般耕种村社土地，向国家交纳赋税。他们虽然在人身上不直接依附于哪个封建主，但仍然没有任何权利，除交纳赋税外，每年还须负担国家沉重的徭役。4. 教会农民，依附于东正教会，在教会和修道院土地上劳动为生。1764 年，教会土地收归国有后，转归经济院管理，又称经济农民。1786 年经济院被撤销后，这部分农民与国家农民相融合。据 1815 年的人口统计，地主农民为 2080 万人，国家农民 1400 万人，宫廷农民也有数百万人。俄国农民在人数占全俄人口的 90% 以上，但是他们是俄国社会的最下层，是政治被压迫、经济被剥削的阶层。农民在政治和法律上都没有任何权利，不仅完全丧失人身自由，而且可以被农奴主和各级封建官吏随意剥削和处罚，以致处死。

在这个权力的金字塔构架中，沙皇居于俄国社会等级的最上层，他（她）不仅是国家首脑和象征，而且是实际的执政者，同时还是国家最大的封建主、农奴主，以及国家最高的宗教领袖。各族的贵族、农奴主、大官吏、东正教的各级主教居于俄国社会等级的第二层，他们把持国家的政治管理权利，占有国家绝大多数的土地和财产，享有各种政治、经济和司法的特权。按照俄国法律，凡文官升至 4 等，武官升至上校者，其身份自然晋升为世袭贵族；凡文官升至 11 等，武官升至尉官者，其身份可晋升为等身贵族，但其身份后代无权继承。企业主、商

① 雅哥夫柴夫斯基:《封建农奴制时期俄国的商人资本》, 科学出版社 1956 年版, 第 50 页。

18 世纪的彼得堡

人、依附于封建制度的知识分子、下级僧侣、小官吏、城市平民和拥有人身自由的农民居于俄国社会等级的第三层，他们或以自己的殷实财产、或以自己的专业知识、或以自己的商业活动而在俄国社会中拥有一定的影响力，他们与封建制度保持了较为密切的关系，其社会地位随着封建制度的发展而不断提高。广大的农奴处于俄国社会等级的最下层，他们的人数占俄国人口比例最大，但在政治、经济和司法上处于根本无权的地位，受以上三个等级的政治压迫和经济剥削。

农奴制度和专制制度是俄国封建制度和封建主义最主要的内容，它们基本上是相伴而生、相随而长的，长期保持了内在的亲和关系。农奴制度是专制制度产生和发展的最为稳固的经济基础，专制制度则在政治和法律上保证了农奴制度发展的根本条件。沙皇专制制度代表了俄国农奴主阶级的根本利益，而贵族和农奴主成为俄国专制制度和封建等级制度的组成部分。长期以来，农奴制度和专制制度互补互济、相互促进，成为俄国封建大厦的基石。

第三章

思想启蒙与文化教育

（19 世纪初至 19 世纪末）

19 世纪是俄国思想文化发展史上最为光辉的阶段，是俄国历史上大规模的西方先进思想传播的阶段，它承担了对俄罗斯民族进行思想启蒙的伟大使命。同时它也是俄国民族文化、文学、艺术、语言、教育、科学事业迅速发展的一个世纪。值得一提的是，19 世纪 30—70 年代是以“黄金时代”的美誉而载入史册，随后由 19 世纪 90 年代起，又开始了与之双璧辉映的“白银时代”。

一、知识分子与思想启蒙

拉吉舍夫：叛逆贵族第一人

亚·尼·拉吉舍夫（1749—1802 年）出身于贵族家庭，童年和少年时代生活在上层社会的环境之中，接受了正统的贵族教育。当年是叶卡捷琳娜二世亲自签署命令，挑选包括拉吉舍夫等 12 名贵族子弟到普鲁士莱比锡大学留学。按照叶卡捷琳娜二世的训令，留学生必须学习拉丁文、德文，学习道德哲学和罗马法，“特别是自然法和民法”。但是拉吉舍夫除了学习这些科目外，还努力学习自然科学，广泛地阅读能够找到的有关法国启蒙思想的著作。拉吉舍夫找到了爱尔维修的《精神论》，并“认真地读了这本书，而且用心地读，学会照那本书思考”①。自青年时代起，拉吉舍夫的思想就发生了巨大的变化。他开始自觉地运用唯物主义的观点分析俄国社会的现状，展望俄国历史发展的前途。

拉吉舍夫认为，专制政体和农奴制度是俄国社会生活中一切不公正、不平等和暴政的罪恶之源。拉吉舍夫毫不留情地剥去了长期以来沙皇统治所依靠的“君权神授”的面具，强调“主权在民”，强调“专制政治是一种最违背人性的制度……法律赋予了君主处理罪犯的权利，但是君主的违法同样赋予了他的裁判者——人民以同样的和更大的权利来处理他。”他在著名的《从彼得堡到莫斯科旅行记》中揭露了专制制度的黑暗，甚至隐晦地抨击了当政的女皇叶卡捷琳娜二世。拉吉舍夫认为沙皇是专制制度最集中的代表者，是“强盗的魁首、叛国的元凶、破坏公共安宁的首犯、毒害弱者心灵的最残暴的敌人”，是一个披着神圣外衣的“骗子、假仁假义者、为害极大的伪君子”。正像叶卡捷琳娜二世恶意诅咒的一样，书中“充满了最有害的理论，企图破坏社会安宁，减低对当局应有的尊敬，力图在人民中激起对长官和上级的愤怒”，她断言：“作者不喜欢沙皇，当一有可能贬低对沙皇的爱戴和尊敬时，他就以罕见的大胆肆意挑剔。”②《从彼得堡到莫斯科旅行记》的社会影响几乎超过了同时期声势浩大的普加乔夫起义，而在叶卡捷琳娜二世看来，拉吉舍夫则是“比普加乔夫更坏的暴徒”。

拉吉舍夫对农奴制度进行了深入的批判，他认为农奴制度是“荒谬绝伦”的制度，它是靠沙皇专制政体的支持，靠地主贵族的棍子和鞭子而存在的。在《从彼得堡到莫斯科旅行记》中，拉吉舍夫更多地关注农奴制度下广大的农奴的悲惨地位，展现了他所亲眼目睹或亲耳所闻的地主贵族在政治上、经济上以及人格上欺辱农奴的事件，“农民在法律上是死人……一方面是几乎具有无限的权力，另一方面是孤苦无告。而地主对农民的关系既是农民的立法者、审判官、自己的决议的执行人，同时又是可以任意给他们加以罪名的原告。对这样的原告，被告不准说任何话。这是带枷锁的囚犯的命运，是被囚于地牢的囚犯的命运，无异于轭下牛马的命运”。拉吉舍夫也善意地批评了农奴们哀其地位、一味忍受的思想。他说：“我环顾四周——我的心被人们的苦难刺痛了。我向内心深处寻思，——我看出了，人所遭受的不幸正是来自人本身，而且往往仅仅由于他未能正视他周

① 普列汉诺夫：《俄国社会思想史》第3卷，商务印书馆1990年版，第352页。

② 布拉果依：《拉季谢夫》，作家出版社1957年版，第32—33页。

围的事物的缘故。”[1] 拉吉舍夫的主张是废除农奴制，在人身上和财产上彻底解放农奴，使他们拥有自己的土地和自由选择职业。

拉吉舍夫思想中最为可贵之处在于，他能够自觉地站在唯物主义的立场上，赞美历史真正的英雄——人民大众，歌颂人民大众的伟大力量，呼唤人民群众起来推翻沙皇的残暴统治，而不是寄希望于所谓的“开明君主”的良心发现。他在《自由颂》中热情地向人民呼唤：“我看见犀利的刀剑遍体闪闪发光，死神打扮成各式各样的形状，在那颗高傲的头上盘桓飞翔。狂欢吧，被束缚的人民，这是天赋的复仇权利，它把沙皇送上断头台……当权的罪人，是我把权利交在你的手上，凶手，是我把王冠给你戴在头上，说吧，你怎么胆敢与我作对？……”[2] 拉吉舍夫强调“不是所有出生于祖国的人，都有资格获得祖国儿子这一庄严的称号”。一个真正的爱国主义者不仅应该保护祖国不受外来敌人的侵略和捍卫祖国领土的完整，“他的死会给祖国带来强大和光荣，他不怕牺牲自己的生命”，而且还应该为争取人民的自由和平等权利而斗争，应该将广大的劳苦大众从残暴的沙皇专制统治和农奴主的压迫下解放出来，即真正的爱国者应该“为人民的幸福而牺牲一切”。他坚信：“一旦戴着沉重枷锁的奴隶们绝望得恼怒起来，用妨碍他们自由的镣铐，打碎您们的头颅——他们的残酷无情的老爷们的头颅，用您们的鲜血涂染自己的田地，那么国家将会因而失去什么呢？在他们中间很快就会出现伟大的人物来代替被痛击的家伙。但是他们将不会再有同样的自私打算和压迫人的权利。这并不是梦想，视线会透过我们眼前遮蔽着未来的、厚密的时间帷幕。我向前看透了整整一百年！”[3]

拉吉舍夫最先拉起了俄国思想启蒙的大旗，在他所处的那个时代，他几乎是孤军奋战，以一人之力撞击专制制度坚固的大墙。他数次被捕、被流放、被囚禁，但是他始终坚持自己的信念。他宣布：“如果法律或国王，或人间任何权力要你撒谎或违反德行，你应对此毫不动摇。要不怕嘲笑，不怕折磨，不怕疾病，不怕坐牢，甚至不怕死。要精神坚定，有如中流砥柱。”[4] 1802年，他最后以自杀的方式表达了对专制制度的愤慨。

---

① 布拉果依：《拉季谢夫》，作家出版社 1957 年版，第 28 页。

② 布拉果依：《拉季谢夫》，作家出版社 1957 年版，第 20—21 页。

③ 布拉果依：《拉季谢夫》，作家出版社 1957 年版，第 26、35 页。

④ 普列汉诺夫：《俄国社会思想史》第 3 卷，商务印书馆 1990 年版，第 363 页。

十二月党人起义

1825年12月14日（俄历），在俄国的两大首都彼得堡和莫斯科以及南方的一些省份爆发了一起声势浩大的以近卫军军官为主体的起义，起义的斗争目标是试图推翻沙皇制度，建立资产阶级的政权体制和国家体制，这些起义者被称为十二月党人。

十二月党人大多数出身于贵族家庭并且在沙皇统治机构中担任一定的官职，但是他们并不愿意沉溺于贵族阶级醉生梦死的生活，盲目地为沙皇专制统治尽忠尽德，他们从爱国主义和人道主义的立场出发，努力探寻俄国社会的出路。他们从少年时代起大多都接触过西方的文化和教育，有些人在学校读书时便开始钻研西方特别是法国启蒙思想家的著作，这些著作多半出自伏尔泰、卢梭、马布里等人的手笔。这些勤于思考的青年贵族军官在莫斯科大学和军官学校读书时就已经广泛阅读了拉吉舍夫的《从彼得堡到莫斯科旅行记》。在1812年抗击拿破仑大军入侵俄国的战争中，他们曾经响应沙皇亚历山大一世的号召英勇地进行战斗，直至把法国军队赶出俄国领土。在俄国军队远征西欧的过程中，所到之处大多都已经进行过资产阶级民主革命，在诞生了“自由”“民主”和“平等”思想的土地上，他们真正呼吸到了自由的空气，感受了人类的尊严。他们便不由自主地将黑暗的俄国与自由的法国进行了比较，他们在现实面前感到困惑，他们感受到“不仅在俄国，在所有欧洲国家，都感到失望和受骗了”，感到自己为保卫祖国曾不惜流血牺牲，但“难道我们解放欧洲就是为了把锁链套在我们身上吗？难道我们给了法国一部宪法，反而自己不敢讨论它吗？难道我们用血汗换来的国际地位就是为了在国内让人们受侮辱吗？”① 十二月党人领袖彼斯特尔早年曾经主张在俄国实施君主立宪改革，法国之行结束后，他表示：“我在心里变成了共和主义者，并且认识到任何统治形式也不会像共和主义统治形式那样，给俄国带来更大的幸福及更大的安乐。”② 他认为：“我从君主立宪思想方式转变为革命的思想方式，最主要的是由于下列论题和见解的影响，——德杜—德—特拉西的法文著作对我发生很强烈的影响。”③ 因此，十二月党人自称是“1812年的产儿”，他们在民主思想的指引下，坚定地走上了反对沙皇专制制度的革命道路。

---

① 德米特列耶夫：《苏联历史文选》第2卷，莫斯科1949年版，第537页。

② 涅奇金娜：《苏联史》第2卷第1分册，三联书店1957年版，第136页。

③ 孙成木等：《俄国通史简编》下卷，人民出版社1986年版，第4页。

1821年在彼得堡成立了一个秘密团体——北方协会，它的领导人是尼基塔·穆拉维约夫，北方协会的基本政治主张是实行君主立宪，它主要体现在由穆拉维约夫起草的宪法草案中。

同年在乌克兰成立的南方协会是十二月党人最有影响的秘密团体，它的领导人是彼斯特尔，这个团体的政治主张是彻底推翻沙皇专制制度，实行共和制。1824年，南方协会通过了由彼斯特尔起草的《俄罗斯法典》（又名《伟大俄罗斯人民不可侵犯的国家证书，它是改善俄国政体的约法，是交给人民和临时最高权力机关的信守不渝的委托书》），这是一部革命纲领，也是俄国历史上第一部资产阶级宪法，这部宪法是以法国1793年宪法和土地纲领为蓝本，集中地反映了十二月党人的政治、经济和社会主张。按照彼斯特尔的设想："《俄罗斯法典》是给临时最高政权机关的委托书或者说指令，同时又是给人民的告示：他们将得到哪些自由和可以重新获得哪些权利……《俄罗斯法典》规定了最高政权机关的义务，并且是对俄罗斯的一份保证书，保证临时政权机关将一心一意地为祖国的利益而工作。"①

十二月党人纪念碑

《俄罗斯法典》宣布农奴制度是一种野蛮的生产方式，因为"把别人当作自己私有财产，把人当作东西一样转让、抵押、赠送和继承，任凭自己的专横无道……乃是最可耻的、违背人性和自然规律，以及违背神圣的基督教义，并且还是违背天神的戒条与意志的丑恶事情"，"必须坚决废除奴隶制度，贵族必须永远放弃占有他人的卑鄙的优越地位。"② 因此"消灭奴隶制度和农奴状态是临时最高政权机关最神圣和义不容辞的义务"，谁阻挠废除农奴制，谁就是"祖国的敌人"和"叛徒"。农民应该在取得人身自由的同时得到他们生活所必需的土地，使"他们将确信，在自己乡里随时能找到一块土地来养活自己。他可以从这块土地上得

① 涅奇金娜：《十二月党人》，商务印书馆1989年版，第73页。

② 德米特列耶夫：《苏联历史文选》第2卷，莫斯科1949年版，第546页。

到食物，不靠别人的施舍，也不再依附于他人，而是靠耕耘所付出的劳动过活，他本人作为乡的一员和其他公民是平等的。”①

《俄罗斯法典》宣布人人生来是平等的，“一切人都是为追求幸福而生，人人都是上帝所创造的，那种只把贵族等级的人物称为高贵，而称其他等级人下贱的行为是极不公正的。”② 因此必须废除封建等级制度，废除贵族阶级所享有的特权，使所有的俄罗斯人都成为“高贵的人”，建立一个“统一的公民等级”，凡年满 20 岁的成年男子都拥有选举权，选举权不受财产和教育资格的限制，法律面前人人平等；人人拥有自由择业权、迁徙权、言论和出版自由以及宗教信仰自由。《俄罗斯法典》对未来的新政权提出了要求，它应该保证每个人的人身公民权，因为“人身自由是每个公民首要的权利，是每个政府最神圣的职责。国家大厦的整个建筑以此为基础，没有人身自由，就没有安宁，就没有幸福”。③

未来的国家政体将采取资产阶级共和制，国家最高立法机关为一院制的人民议会，人民议会的选举分两级进行。国家的最高行政权力交给由 5 人组成的最高杜马，其成员由人民议会选出，并且向人民议会负责，任期为 5 年。中央监察机关为最高会议，其职责是监督宪法和其他立法的执行情况，由 120 个人组成。从中央到地方的各级官吏应该选举产生，任何国家立法和行政机构应该服务于人民，人民有权推翻不称职的政府和领导人，因为“俄国人民不是属于某一个人或者某一家族的。恰恰相反，政府属于人民，它为给人民谋幸福而成立，人民不是为给政府谋幸福而生存的”。④

彼斯特尔和尼基塔·穆拉维约夫一直在致力于将南方协会和北方协会在纲领上和组织上联合起来。1824 年，彼斯特尔带着《俄罗斯法典》来到彼得堡，与北方协会的领导人商议未来起义的政治纲领和行动计划，北方协会成员对彼斯特尔的建议进行了热烈的讨论，彼斯特尔将《俄罗斯法典》作为未来起义的政治纲领的建议没有被通过，南方协会与北方协会的联合始终没有完成。但是他们相互约定于 1826 年春天起事，趁沙皇亚历山大一世离开彼得堡巡视南方时刺杀他，然后分兵进军彼得堡，迫使枢密院宣布召开立宪会议以决定未来国家的命运。

事件的发展超出了十二月党人的预料。1825 年 11 月 19 日（公历 12 月 1 日），

---

① 涅奇金娜：《十二月党人》，商务印书馆 1989 年版，第 75 页。

② 德米特列耶夫：《苏联历史文选》第 2 卷，莫斯科 1949 年版，第 566 页。

③ 涅奇金娜：《十二月党人》，商务印书馆 1989 年版，第 74 页。

④ 涅奇金娜：《十二月党人》，商务印书馆 1989 年版，第 79 页。

在南方塔甘罗格军港检阅军队的亚历山大一世突然病逝，8 天后这个消息才传到彼得堡，宫廷内部出现了一片混乱。按照皇统世系，亚历山大一世去世后，皇位应该由他的大弟弟康斯坦丁继承，但康斯坦丁因为同一个与没有皇族血缘关系的波兰女子结婚，已宣布放弃皇位。亚历山大一世生前指定了第二个弟弟尼古拉为皇位继承人。但有关的诏书在亚历山大一世生前并未公布，而是密藏于东正教教会、枢密院和国务会议。因此出现了尼古拉向远在华沙的哥哥康斯坦丁效忠，而康斯坦丁拒绝继承皇位，并根据亚历山大一世的密诏向在彼得堡的弟弟尼古拉效忠的场面。因华沙与彼得堡相距遥远，往返书信无法及时送达，因此在俄国形成了十余天皇统中断的混乱局面。

十二月党人起义场景

十二月党人决定利用这样一种特殊的形势，赶在皇位继承人尼古拉举行再宣誓继位的 12 月 14 日（公历 12 月 26 日）前发动军事行动，迫使新沙皇和枢密院宣布改制。他们选举了近卫军团长特鲁别茨科依担任起义军总指挥，并且拟定了《告俄国人民宣言》，宣布推翻沙皇政府，立即召开立宪会议，成立临时政府，同时宣布废除农奴制，解放全国农奴。

12 月 14 日晨，由十二月党人军官带领的近卫军团体按照计划开进彼得堡的枢密院广场①，在彼得一世的纪念像下近卫军排列好战斗方阵，到下午起义军人数增至 3000 余人，周围还有两万余名拥护起义的老百姓。然而新沙皇尼古拉一世早有防备，他在 12 月 14 日凌晨就紧急召开国务会议宣布继位，又命令枢密院

① 1917 年十月革命后，改名为十二月党人广场。

议员向他举行效忠宣誓。然后又派出大量的军队将枢密院广场层层包围，这时原定担任起义军总指挥的特鲁别茨科依临阵脱逃而不见踪影，起义军和周围的老百姓处于群龙无首的状态，因而延误了战机，而便于尼古拉一世调兵来镇压。在尼古拉一世数次下令开炮之后，广场上响起了激烈的炮声、枪声、人喊和马嘶声，起义最终被镇压，被打死的起义军官兵和老百姓共计 1271 人。

在彼得堡发生起义的影响下，在南方的乌克兰等地也爆发了十二月党人领导的武装起义，但最终均被沙皇政府镇压。

起义失败后，沙皇政府成立了“秘密审讯委员会”，对参加起义的人进行审判。十二月党人领袖彼斯特尔、雷列耶夫、卡霍夫斯基、穆拉维约夫—阿波斯托尔、别斯图热夫—柳明以特等罪被处以极刑。有数千名起义参加者被处以重刑，有 121 人被流放到人烟稀少、寒冷荒芜的西伯利亚服苦役，值得一提的是许多十二月党人的妻子自愿抛弃优越富足的贵族生活，离开大都市，选择跟随自己的丈夫长期流放的生活。

十二月党人起义是俄国历史上对沙皇专制制度的一次巨大的冲击，它不同以往的以农民起义为主体的革命，十二月党人无论是在文化教育水平、政治素养和远见、政治斗争手段、组织能力等方面远远胜于前者。列宁把十二月党人称为“贵族革命家”、“贵族中的优秀人物帮助唤醒了人民”①，并且把这一时期称为“贵族革命时期”。

十二月党人的可贵之处在于，他们不仅专注于理论建设和舆论宣传，而且更致力于革命实践。他们彻底地背叛了他们所出身的那个阶级，背叛了他们曾经捍卫的那个制度，自觉地将国家和民族的命运与自己联结在一起，不怕流血牺牲，英勇地发起了向俄国专制制度的第一次冲击。尽管他们的行动最终失败，但是他们的历史功绩不可磨灭。

俄国向何处去

十二月党人起义拉开了俄国思想解放和思想启蒙的序幕。在十二月党人起义失败之后，一大批具有独立思考和政治批判能力的知识分子走上了反对沙皇专制制度的道路。俄国著名的革命家和思想家赫尔岑曾经回忆：“关于那次暴动的情节，那次审判，以及莫斯科的恐怖，使人大吃一惊。在我面前有个新世界出现

① 《列宁全集》第 23 卷，人民出版社 1990 年版，第 421 页。

了，它把我整个精神抓住了。我并不知道那些有什么意思，我却很觉得我并不站在那班放枪杀人、打了胜仗的那一边。我又不能去站在监狱和锁链那边。彼斯特尔和他的同志们被杀的事，把我的灵魂由儿时的睡眠中弄醒了。”①

思想解放和思想启蒙是与俄国知识分子的特殊作用分不开的。俄国知识分子作为一个较为独立的社会群体最终形成于 19 世纪三四十年代，其典型标志是在这个时期在俄国知识界围绕着俄国向何处去而展开了一场旷日持久的思想大论战，并且在知识分子内部形成了政治分野，最终划分出两大营垒——西欧派阵营与斯拉夫派阵营。

争论的焦点即是俄罗斯向何处去，即是走西方式的道路，还是走东方式的道路？这个问题被赫尔岑称为“俄国生活中的斯芬克斯之谜”。

斯拉夫派的代表人物是阿・斯・霍米亚科夫、康斯坦丁・阿克萨克夫、伊凡・阿克萨克夫、伊凡・基列耶夫斯基，彼得・基列耶夫斯基等。斯拉夫派认为俄国自古即拥有优秀的文化和传统，认为俄国的农村村社、东正教和专制制度是俄国独有的特性，俄国完全可以根据俄国的历史特点，走迥异于西欧的发展道路。在他们的眼里，俄国历史和文化，迥异于西欧，走西方式的道路对于俄国来说无疑是一场灾难，彼得一世的改革则毁灭了俄国悠久的历史传统，他们一般反对对农奴制和专制制度采取彻底否定的态度，他们甚至主张回到彼得一世以前去。康斯坦丁・阿克萨克夫认为：“西方发生的事件的含义很清楚，西方正在毁灭，西方的谎言正在露馅，很清楚，他们所选择的道路把他们带到了什么样的病态之中。难道到现在俄罗斯还想保持与西方的联系吗？不，俄国大众与西方的所有联系都应当切断。俄罗斯人应当和西欧脱离关系，使国家平静的保证是我们的国民性。我们有另外一条道路，我们的俄罗斯是神圣的……与西方分开，这就是我们应该做的一切。”② 这一派知识分子许多人来自贵族和地主阶层。

西欧派的代表人物是巴・瓦・安年科夫、康・季・卡维林、吉・尼・格兰诺夫斯基、彼・雅・恰达耶夫等。该派主张俄国无法孤立于欧洲，固步于自己的传统，俄国必将走与西欧一样的发展道路，他们认为事实上彼得一世和叶卡捷琳娜二世已经把俄国拉上了这条道路，他们大多视农奴制和专制制度是限制俄国历史发展和走西方式道路的阻碍，主张予以废除。这一派的知识分子大多来自平民和

① 赫克:《俄国革命前后的宗教》，学林出版社 1999 年版，第 281 页。

② 奇姆巴也夫:《斯拉夫主义》，莫斯科 1986 年版，第 155—156 页。

贵族阶层。

从一定程度上讲，在 19 世纪三四十年代的思想大论战中，西欧派的重要人物、著名哲学家和作家彼·雅·恰达耶夫于 1836 年发表于《望远镜》杂志上的一系列《哲学书简》起到了推波助澜的作用。恰达耶夫在第一封信中将落后的俄国与先进的西欧进行了比较，他痛苦地回顾了俄国历史发展的曲折历史，毫不隐讳地批判了俄国的专制制度。在他的眼里，“我们是世界上最孤独的人们，我们没有给世界以任何东西，没有教给它任何东西；我们没有给人类思想的整体带去任何一种思想，对人类理性的进步没有起到过任何作用，而我们由于这种进步所获得的所有东西，都被我们歪曲了。自我们社会生活最初的时刻起，我们就没有为人们的普遍利益做过任何事情；在我们祖国不会结果的土壤上，没有诞生过一种有益的思想；在我们的环境中，没有出现过一个伟大的真理，我们不愿花费力气去亲自想出什么东西，而在别人想出的东西中，我们又只接受那欺骗的外表和无益的奢华”。他热情地歌颂了 18 世纪初彼得一世进行的改革，“曾经有一位伟大的人，想要启蒙我们，为了让我们爱上教育，他向我们投来了文明的斗篷。我们捡起了斗篷，却没有去触动教育”。[①]

恰达耶夫大胆的话语震动了整个俄国，他的书信的发表被称为“恰达耶夫事件”，被列入沙皇政府的宪兵第三厅的档案之中。沙皇尼古拉一世宣布《哲学书简》是“一个疯子大胆的胡言乱语”，并下令关闭《望远镜》杂志，并追究有关人的责任。

无论是斯拉夫派还是西欧派，他们都是由俄国社会中那一部分思想先进的知识分子组成，他们都是立足于俄国传统与现实，并且将俄国与西欧作了多方面的比较，都是不满于俄国的现状，苦思于探索俄国未来发展道路的答案。如同赫尔岑所说：“我们大家都有爱，但具体说来爱与爱又不相同。”[②] 西欧派的主张是激进的，但同时也具有强烈的民族虚无主义色彩；斯拉夫派的主张是具有进步意义的，但同时也具有一定的保守色彩。但无论是激进还是保守，这一场持续十余年的争论表明俄国知识分子的队伍已经形成，并且日益成熟地和广泛地显示其渐强的独立性，以及其对国家政治生活强烈的参与性。

---

① 恰达耶夫：《哲学书简》，作家出版社 1998 年版，第 35、42、43、196 页。

② 别尔嘉耶夫：《俄罗斯思想》，三联书店 1995 年版，第 38 页。

“村社”社会主义

“村社”产生于俄国由原始社会向封建社会过渡的过程之中。最初，它一般是由地域相连，拥有一定血缘关系，并且拥有一定的经济联系的村落或居民点自然组合而成。村社是一种自发形成的农民自我管理的形式。每年召开一次的村民大会是它的最高权力和决策机构，村民大会每年的例会讨论并决定土地的分配问题、税务问题以及公职人员的选举问题。村民大会休会期间，由村社成员选出的公职人员组成村公所，负责管理村社的日常事务。在土地关系上，村社实行的是土地公有制，定期在村社成员中分配使用，通过重分土地，村社为自己的每一个成员确定了份地的大小和贡赋徭役的数量，并因此把每一户农民都与领地和国家联系在一起。在生产方式上，实行的是劳动组合，相互协作；在身份地位方面，实行的是地位平等，权利共享；在管理方式上，实行的是连环保甲制，村社成员连保连坐。在俄国封建制度发展过程中，村社制度得到了强化，村公所的管理人员队伍相应膨胀起来，村长、警察、保甲长、林务官、税务官变成了既对村社大会负责，也对国家负责的“双料官员”。沙皇和国家经常把农民（农奴）整村（村社）整村地册封给领主和贵族，这些贵族和领主并不改变村社的内部组织机构，而是由村社代行对农民的管理。从一定意义上讲，村社是俄罗斯最基本的社会组织，也是最基层的国家管理机构，是国家机器上必不可少的一个零件。农民隶属于村社，村社隶属于国家。无论是地主农民（农奴），还是国家农民（农奴）、宫廷农民（农奴）和教会农民（农奴），全部由村社管理。

村社既是生产组织和社会组织，也是一个农民共同体，长期的共同生活，自然在村社成员中产生一些公认的“真理”（Истина）。这种极其封闭的村社制度，不仅在经济方面对农民的行为方式产生较大影响，而且也为农民的精神世界造成深刻的影响。村社的自我管理和村社成员的相互监督除了依靠国家法律和教会的有关规定外，主要依靠的是长期以来形成的、由村社成员共同创造并世代相传的村社原则和道德规范。

集体主义和平均主义是村社最重要的原则和道德规范之一。俄罗斯的先民在抗拒大自然的恶劣生存条件，抗击外敌入侵的过程中，形成了集体主义和平均主义原则。村社成员一律平等，土地共有，劳动成果的分配也基本上是平均主义的方式。村社是一个典型的宗法组织，集体主义和平均主义是维持村社内部秩序的公认原则，也是村社成员共同遵守的良好美德。尽管后来阶级压迫取代了平等互助，私有制取代了原始公有制，然而村社精神和原则却保存了下来。这种集体主义和平均主义精神被赫尔岑等思想家视为“原始主义思想”，即“在俄国农民的小木屋中，我们发现了建立在共同掌握土地和本能性的农业共产主义基础之上的经济与行政的机构”。[①] 这种集体主义和平均主义，根本排斥商品经济思想，对新生事物也采取退避或抵抗的反应。

强烈的身份归属感以及同样强烈的权力依附意识是村社成员共同的心理特性。村社是一个靠宗法制的纽带结合而成的相对封闭的社会，村社成员依据共同的经济利益和政治利益，视村社为自己安身立命的最后家园，对村社怀有强烈的归属感和认同感，对村社的各类管理机构怀有强烈的信任感和顺从感。在大多数农民看来，村社是神圣的，不仅能够提供给他们赖以生存的土地，而且还能保护他们免遭官府的欺压，免受一切外来的袭扰。最初村社是一个典型的自治机构，管理人员是由村社成员根据德绩和才干选举产生，因此他们拥有绝对的权威。进入封建社会之后，村社成员的身份发生了较大的变化，一部分人变成隶属于村社的农民，另一部分人变成隶属于地主、国家或教会的农奴。农民由对村社的心理依附扩展到了对地主和国家的法律依附，农民开始更多地把自己的个人幸福与“好沙皇”的统治联系在一起了，从而扩大了皇权主义和专制主义的社会基础。

“村社”为学术界“发现”是与德国贵族盖克斯特豪森的名字相关联的。1843 年，威斯特伐利亚的男爵盖克斯特豪森游历俄国几个省份，在途中他最感兴趣的是俄国自古即有的村社制度。回国后，他于 1847 年发表了一份《俄国人民生活的内部关系，特别是农村结构的调查报告》，将具有俄国特点的“村社”介绍到了欧洲，1870 年这部著作被译成俄文，在俄国出版。在书中，盖克斯特豪森充分评价俄国的村社是“一个向贵族老爷支付一定赎金而赎买到自己独立的组织得很好的自由共和国”。他认为村社中没有任何私人地产，没有经济上的压迫和剥削，因而无法产生压迫者——资产阶级和被压迫者——无产阶级，“俄国村社中有一种组织上的联系，作为它的基础的是一种在任何其他国家中所没有的牢固的社会力量和秩序。村社使俄国得到了一种无法比拟的好处，这就是在这个国家中迄今没有无产阶级，而且当这种村社制度还存在的时候，无产阶级也不可能形成”。盖克斯特豪森的政治立场是保守的，他已经为 1848 年前欧洲各国风起云涌的无产阶级运动而吓倒。他视俄国的农村村社为自己的政治理想国，强调：

① 瓦洛京：《俄国的空想社会主义》，莫斯科 1985 年版，第 38 页。

“在西欧的所有国家中，都存在着社会革命反对财产和所有制的先兆。它的口号是消灭继承权并宣布人人都有同样一份土地的权利。这种革命在俄国不可能发生，因为欧洲革命家的梦想已经在人民的生活中实现了。”他甚至认为，“现代的农奴制，无非是颠倒过来的圣西门主义”。①

赫尔岑和奥加辽夫是民粹主义思想流派的创始人，也是俄国社会主义运动的创始人，他们所提出的空想社会主义理论不仅是基于对专制制度和农奴制度批判的政治立场，而且同样是基于对俄国村社的性质和历史影响分析的独特角度之上的。在1848年欧洲革命中，赫尔岑看到了“两个欧洲”，西欧资产阶级的表现使他们认识到资本主义发展的严重问题，使他们认识到社会主义运动可以有不同的模式，应该重新反省俄罗斯文化传统的价值所在，走俄国式的社会主义道路，他们在思想上转向斯拉夫派，进而转向社会主义。他们试图寻找俄罗斯文化的根基，以及能够抵御资本主义罪恶的东西。他们找到了村社，找到了俄国农民的“天性”。赫尔岑在1849年的《俄国》一文，为自己的“俄国社会主义”即“村社”社会主义描绘了大致的轮廓。赫尔岑得出结论：“我们称之为俄国社会主义的是这样一种社会主义：它来源于土地和农民的生活，来源于每个农民实际有一份土地，来源于土地的再分配，来源于村社占有制和村社管理——并且将同劳动者的组合一起去迎接社会主义所普遍追求的和科学所承认的那种经济上的正义。”② 赫尔岑认为，俄国人民，首先是俄国农民，用自己全部的生活和历史为社会主义做好了准备，因为他们就生活方式来说就是集体主义者。俄国社会主义者实现社会主义可能比西欧实现社会主义还要快，因为西欧的村社制度已经过早瓦解了。俄国不必把西方所经历的全部道路“再重复走一遍”，也不必再次踏入“罪恶的、鲜血铺就的”③ 资本主义河流。

平民出身的知识分子——别林斯基和车尔尼雪夫斯基是赫尔岑主张的继承者，他们在探讨俄国发展道路时，也将村社看成是俄罗斯文化传统中优秀的成分，并且应该发扬光大。别林斯基和车尔尼雪夫斯基既是俄国专制制度和农奴制制度的批判者，也是西方资产阶级社会制度的批判者，他们渴望俄国社会发生翻天覆地的大变革，但他们视西欧资产阶级的统治为罪恶，他们将俄国未来社会发展前途确定为社会主义。别林斯基被赫尔岑称为“尼古拉（一世）时期最革命的

① 马里宁：《俄国空想社会主义简史》，商务印书馆1990年版，第84、85页。
② 马里宁：《俄国空想社会主义简史》，商务印书馆1990年版，第185页。
③ 瓦洛京：《俄国的空想社会主义》，莫斯科1985年版，第140页。

人”。别林斯基在游历欧洲后，宣布自己懂得了“赤贫”和“无产阶级”的真正含义，他认为西欧的无产阶级与资产阶级的“平等”仅仅是停留在法律纸面上的平等，而“更加不幸的是：从这种平等中丝毫也没有使无产阶级轻松一些。无产阶级既是私有者和资本家永久的劳动者，他所有的只是两只手，他充其量不过是奴隶”。[①] 他认为俄国完全不必走西欧资本主义的道路，社会主义的理想对于俄国来说更为现实，“没有任何事情”比促进社会主义到来“更加崇高、更加高贵了”，而实现社会主义必须采取暴力革命的手段，“认为不经过暴力变革，不经过流血，时间就使这一步自自然然能做到，那是可笑的”。[②] 别林斯基坚信人民是历史发展的决定力量，只不过他眼里的人民是占俄国人口绝大多数，而且遭受压迫和剥削最深的农民。同样主张俄国走社会主义道路的车尔尼雪夫斯基也非常看重俄国农民和村社的重要革命意义，他认为“村社是人同土地关系的最高形式”。他认为村社虽然是旧传统的残余，但是在特殊的条件下能够发展成为社会主义的制度，即村社的土地公有制可以用来为社会主义事业谋福利，村社成员中的原始共产主义思想可以变成革命思想和斗争精神，而村社成员——农民则最容易被发动起来参加社会主义革命。他们的理论和主张在 19 世纪 70 年代被民粹主义者所发扬光大，农民社会主义理论变成了革命实践。

二、黄金时代

俄罗斯诗歌的太阳——普希金

从 19 世纪初开始，俄国文学流派呈现出了多样化的趋势，古典主义、伤感主义、浪漫主义、现实主义并存。原为宫廷和上流社会欣赏的古典主义的影响已经大大削弱，伤感主义也已退居次要地位。在普希金等人的推动下，俄罗斯的文学和艺术已经走向广泛的民间，直接反映人民大众的生活，浪漫主义和现实主义成为文学艺术的主流。浪漫主义诗人和作家运用丰富的想象和夸张的手法塑造人

① 涅奇金娜：《苏联史》第 2 卷第 1 分册，三联书店 1957 年版，第 221 页。

② 马里宁：《俄国空想社会主义简史》，商务印书馆 1990 年版，第 118 页。

物形象，通过作品暗喻和折射现实生活。现实主义风格则是直接立足俄国社会的现实，立足于普通人的命运和感受，直接描绘、记录和反映现实生活。

19 世纪 30—70 年代的黄金时代特指的文学形式首先是诗歌，而最为引人注目的人物即是有“俄罗斯诗歌太阳”之称的著名诗人普希金。

普希金于 1799 年出生于莫斯科一个贵族家庭。父亲曾经是禁卫军军官，母亲出身名门，是彼得一世的近侍汉尼拔的孙女。普希金自童年时代就受过极好的教育，8 岁时就开始用法文写诗。他极其热爱俄罗斯的文学，特别是民间文学和艺术。1811 年，他进入彼得堡著名的皇村中学学习。1812 年的卫国战争激起了普希金的爱国热情，他从拉吉舍夫和法国启蒙思想家的著作中接受了进步的自由思想。在这一时期里，普希金完成了《自由颂》(1817 年)《致恰达耶夫》(1818 年)等著名诗篇，在诗中热情歌颂自由和民主，批判俄国的专制和黑暗。普希金与十二月党人保持非常密切的关系，他在 1818 年参加了幸福协会的外围文学组织“绿灯社”，并且被称为“十二月党人的诗人”。普希金的许多抨击沙皇专制制度和农奴制度、呼唤自由和民主的诗篇在十二月党人中秘密传抄，成为鼓舞他们的精神武器。如在《短剑》(1821 年) 中，号召用革命行动杀死一切暴君。尽管普希金没有直接参与十二月党人的政治和军事行动，但是沙皇政府的军警从十二月党人的秘密文件中搜查出许多普希金的诗歌。

1820 年普希金因进步思想而被流放南俄。十二月党人起义失败后，新沙皇尼古拉一世宣布赦免普希金，他才得以返回莫斯科，但仍要受到军警的监视，他的作品要由尼古拉一世亲自审查。普希金秘密地将自己的《致西伯利亚的十二月党人》(又名《在西伯利亚矿坑的底层》) 托自愿随丈夫流放的尼基塔·穆拉维约夫的妻子亚历山德拉·穆拉维约娜带给流放到西伯利亚的十二月党人，告诉他

普希金像

们：“在西伯利亚矿坑的底层，望你们保持着骄傲的榜样，你们悲惨的工作和思想的崇高意向决不会就那样消亡”，十二月党人诗人奥多耶夫斯基以诗答谢，他写道：“我们悲惨的工作不会就那样消亡，从星星之火会发出熊熊的火光”。列宁对这句答辞非常欣赏，把它作为自己创办的俄国社会民主工党的机关报《火星报》的题名，并在题名下写下“十二月党人答谢普希金之辞”的字样。

19 世纪 20 年代下半期，普希金完成了由浪漫主义向现实主义的过渡。1825 年创作的历史剧《鲍里斯·戈东诺夫》中反映了人民群众在国家危机来临时的巨大作用。诗体小说《叶甫根尼·奥涅金》是普希金最著名的作品，是俄国现实主义的奠基之作。全诗现存 8 章，在 1823 至 1831 年间陆续写成，采用的是普希金特有的“奥涅金体”十四行诗的形式。诗篇是以两个主人公青年贵族奥涅金与达吉娅娜的爱情为主线，其间又穿插奥涅金与连斯基的矛盾和决斗。展现在读者面前的奥涅金精神空虚、缺乏生活目标。他诅咒上流社会的腐败和专制社会的黑暗，但又无力改变自己，更无力改变俄国社会。因此，他成了他所处的环境中的多余的人。这是俄罗斯文学中的一个典型的文学形象。达吉娅娜则是一个完全不同于奥涅金的“新人”的形象，一个从面貌到内心都是完美的形象，她热爱生活、热爱人民、坚忍克制、言行必果。

1831 年 2 月，普希金与冈察洛娃结婚，随后迁居彼得堡。他奉沙皇尼古拉一世命令编辑有关彼得一世的史料，发现了农民起义领袖普加乔夫的资料。他写了以彼得一世为题材的长篇叙事诗《青铜骑士》和以普加乔夫起义为题材的《上尉的女儿》。1833 年，普希金奉沙皇尼古拉一世的命令回到彼得堡，成为宫廷近侍，实则是沙皇为限制普希金的行动自由和创作自由。1837 年 2 月 8 日，普希金为了自己和妻子的声誉和尊严，与禁卫军骑兵军官丹特士决斗而中弹致命。普希金一生写下了 800 多首抒情诗和叙事

普希金与丹特士决斗纪念碑

诗，诗剧和诗体小说都是他的创造，他还为后世留下了大量的政论和书信。

果戈理与莱蒙托夫

果戈理被称为俄国批判现实主义文学的奠基人。果戈理于1809年4月出生于乌克兰波尔塔瓦省的地主家庭。中学时代受到法国启蒙思想、十二月党人和普希金文学作品的影响。1831年，果戈理在彼得堡结识普希金。1834年起，他在彼得堡大学任世界史副教授，讲授乌克兰历史和世界中世纪史。后辞去教职，专门进行小说和戏剧创作。1836年4月，《钦差大臣》首次在彼得堡公演，剧中将俄国上流社会的全部丑恶和不公正揭露得淋漓尽致。故事的原型是由普希金提供的趣闻，讲的是俄国一个偏远的城市的市长和官员们忽听沙皇钦差大臣来视察而惊慌失措，为接待不相识的钦差大臣而极尽欺上瞒下、阿谀奉承之态。他们把过路的彼得堡小官员赫列斯达科夫当成钦差大臣，为接近钦差大臣，市长甚至还准备把自己的女儿介绍给他。赫尔岑称赞《钦差大臣》是“最完备的俄国官吏病理解剖学教材”。沙皇尼古拉一世看完后说：“所有的人都受到了惩罚，但我受到的惩罚比所有的人都多。”

果戈理最著名的长篇小说是《死魂灵》，这是一部优秀的批判现实主义的著作。在小说中，作者以形象的手法揭露俄国农奴制的腐朽和黑暗。投机商乞乞科夫利用俄国两次人口普查中的“时间差”，收购已经死去但在人口登记录仍然“活着”的农奴名字——灵魂，利用这些名字牟取暴利。随着小说情节展开，一个一个丑恶、贪婪的农奴主的形象跃然纸上。

莱蒙托夫是著名的诗人和作家，他被视为普希金的继承者。莱蒙托夫于1814年10月15日出生于莫斯科的一个退役军官的家庭。1830年考入莫斯科大学，1832年转入彼得堡禁卫军骑兵士官学校，毕业后进入军队服役。1835年第一次发表长诗《哈吉—阿勃列克》，开始引起俄国文学界的注意。1837年2月8日普希金因决斗去世后，莱蒙托夫写下了《诗人之死》，指出杀死普希金的不仅仅是丹特士，而且是沙皇尼古拉一世和整个俄国上流社会，这首诗震动了整个俄国文坛，引起了沙皇政府的恐慌，莱蒙托夫因此被流放到高加索。

莱蒙托夫继承了普希金的爱国主义热情和批判现实主义的诗歌风格，在流放过程中创作了《波罗金诺》（1837年）《诗人》（1838年）《一月一日》（1840年）等诗篇，深刻地揭露了上流社会的虚伪和尔虞我诈，歌颂广大的俄罗斯人民。1840年4月出版的长篇小说《当代英雄》是莱蒙托夫最著名的作品。青年军官毕巧林是普希金笔下的奥涅金式的典型人物，在他的身上体现了 19 世纪 20 年代俄国知识分子的困惑和追求。毕巧林出身上流社会，但是，他极其厌恶贵族阶级的生活。他精力充沛、才智过人，但是由于无奈于专制制度的黑暗和俄国社会的落后，由于自身不切实际的空想，因此空有抱负和大志，却得不到施展，只能把精力甚至是生命浪费于一些琐碎无聊的小事之上。毕巧林是奥涅金之后俄国文学史上的又一个成功的“多余的人”的形象。《当代英雄》是批判现实主义和浪漫主义文学风格紧密结合的佳作，它结构优美，语言鲜明，对人物的心理分析准确细致，是俄国文学史上的最出色的长篇小说。同时它也是一部形象化的历史著作，它真实地反映了 19 世纪上半期几代俄国知识分子在历史大变革过程中所经历的心理上的困惑，展现了这一长时段中俄国各个阶层在思想意识上的急剧变动。

自然科学研究

俄国的自然科学在 19 世纪取得了令人瞩目的发展，在许多方面取得了巨大的成就，对世界科学技术的发展产生重大的影响。

罗巴切夫斯基（1792—1856 年）出生于下诺夫哥罗德一个平民家庭，父亲很早去世。1807 年，他进入喀山大学物理数学系学习。1811 年罗巴切夫斯基获得喀山大学的物理与数学硕士学位，并留校任教。1822 年年仅 30 岁时被推选为副教授，1827 年年仅 35 岁的罗巴切夫斯基就担任了喀山大学校长职务。

罗巴切夫斯基的主要学术成就是创立了非欧几里得几何学。1826 年，他向喀山大学物理数学系学术委员会提交了论文《几何学基础简述及平行线定理的严格证明》，突破了 2000 多年来在数学居统治地位的欧几里得几何公理。罗巴切夫斯基创立的非欧几里得几何学的思路是，假定在平面上通过一条已知的直线之外的某一点可以画出无穷多条平行线。在这个假设的基础上，他建立了与欧几里得几何有许多区别的一套完整的公理体系。他的论文于 1830 年发表在喀山大学的学报上，但并没有引起欧洲数学界甚至是俄国数学家关注。1837 年至 1840 年他的论文得以陆续在西欧的学术刊物上发表。他的论文引起了德国著名数学家高斯的注意，并且与罗巴切夫斯基建立了私人间的联系，并提名他为哥廷根自然科学会的会员。一直到高斯和罗巴切夫斯基都去世，两人之间的通信公开发表后，罗巴切夫斯基的非欧几里得几何才得到学术界的承认。

门捷列夫（1834—1907 年）出生于西伯利亚的托博尔斯克，父亲是中学教师。门捷列夫在青年时代受到进步思想的影响，结交了一些流放到西伯利亚的十二月党人，他的一个姐姐还嫁给了十二月党人。门捷列夫毕业于彼得堡中央师范学院，后在中学教书。1856 年他通过答辩，获得硕士学位。门捷列夫于 1857 年进入彼得堡大学，成为化学讲师。1859 年，大学委派他到普鲁士进修化学，他结识了普鲁士最著名的化学家们，也亲眼目睹了化学在西欧，特别是德国的迅速发展。1860 年，他参加了在普鲁士卡尔斯鲁赫第一届国际化学大会。1861 年，门捷列夫返回祖国，继续在彼得堡大学从事科学研究。1869 年，门捷列夫完成了著名的《化学原理》一书的研究和写作，这是一本门捷列夫为自己的学生所写的无机化学教科书。在书中为了进行启发式教学，他把性质相似的已知元素分成若干族。教科书的第一部分涉及卤素，即氯、碘、溴等元素。第二部分涉及金属，即钾、钠、锂、钙、镁、锶等元素。在排列已知的化学元素时，他发现了化学元素具有周期性变化的规律。他预言周期表上的空缺，将由未知元素来补充，他的预言为后来陆续发现的新元素所证实。1871 年，他向俄罗斯化学学会宣布他的化学元素系统，两年后他才为自己的发现命名为元素周期律。《化学原理》在门捷列夫生前就再版 8 次，并且被翻译成欧洲多国文字。

巴甫洛夫（1849—1936 年）是俄国著名的生理学家，高级神经活动学说的创始人。他于 1849 年 9 月 26 日出生于俄国中部小城梁赞，祖父是当地农民，父亲是牧师。巴甫洛夫于 1870 年考入彼得堡大学的自然科学系，在大学里他选定动物生理学作为主修课程，同时选修化学。在大学学习期间，他不仅刻苦学习专业知识，而且还掌握了运用各种手术器械的技巧。1857 年，巴甫洛夫完成了第一篇论文《论支配胰腺的神经》，提出了关于消化生理学的观点。同年，他获得了自然科学硕士学位。毕业后，巴甫洛夫留在彼得堡大学从事科学研究。在此期间，他数次受到排挤和迫害，而且生活困难，但这没有阻碍他从事生理学研究和实验的决心。1883 年，巴甫洛夫提交了题为《心脏的离心神经》的博士学位论文，获得了博士学位、讲师职称和一枚金质奖章，并被选派出国进修两年。1889 年，他正式担任彼得堡大学的实验室主任职务，1889 年他成功地完成了一个著名实验。他在安装胃瘘的狗的颈部割断食管，将管口缝在颈部皮肤的创口上，等手术后狗恢复到和健康的狗没有多少差别时，就进行“假饲”实验，给狗吃肉、吃面包或其他食物，咽下去的食物自食管切断处落下，并未进到胃部。但假饲开始几分钟后，狗的胃液分泌也就开始了，并且大量和迅速增加能持续几十分钟至几个小时。如果切断狗的迷走神经，假饲即不再引起狗的胃液的分泌。通过实验，巴甫洛夫得出如下结论：食物先引起味觉器官的兴奋，这种兴奋通过味觉神经传至延髓，而后再由延髓通过迷走神经传至胃腺，也就是进行着从口腔到胃腺的反射。把两根迷走神经切断，自延髓至胃腺的兴奋通道中断，假饲时胃腺便没有反应。后来用类似的实验证明了胰腺和胃腺等主要消化腺分泌都受神经的调节支配。巴甫洛夫经典性实验在重要的理论和实际问题方面把生理学引上新的道路。1897 年，使巴甫洛夫成名的著作《主要消化腺活动讲义》出版了，这部著作是他 20 年来实验室工作的总结，出版后很快被译成其他国家的文字。巴甫洛夫因此而获得了军医学院生理学教授的职位。1903 年，巴甫洛夫在马德里召开的国际医学会议上，作了题为《动物实验心理学和精神病理学》的报告，提出用生理学的实验方法，来研究心理现象的大脑两个半球的活动规律，由此来研究反射和人的高级神经活动。经过三十余年的不懈研究，巴甫洛夫提出了条件反射学说。1923 年，巴甫洛夫出版了《动物高级神经活动（行为）客观研究 20 年经验》，1927 年出版了《大脑两半球机能讲义》。

1901 年，巴甫洛夫被推选为俄罗斯科学院通讯院士。1904 年，巴甫洛夫由于在消化生理学方面的卓越成就而成为世界上第一个获得诺贝尔奖的生理学家，也是第一个获得诺贝尔奖的俄国科学家。1907 年他被推选为俄罗斯科学院院士。同年，他被英国皇家学会选举为最高级院士和外国籍会员。十月革命后，巴甫洛夫的生活条件和工作条件受到了苏维埃政权的重视。

社会科学研究

19 世纪上半期，俄国科学活动的中心，主要是科学院和为数不多的大学以及一些学术协会。俄罗斯科学院发挥了组织和协调作用，是重要的科学研究中心。莫斯科大学已经成为全俄社会科学研究的中心之一，形成了以索洛维约夫、格兰诺夫斯基等著名学者为代表的一支在全俄和世界上都享有极高声誉的学者队伍，拥有较大影响，包括众多著名学者的“历史和俄国古代协会”、“俄国民间创作爱好者协会”、“古文献委员会”、“俄国考古学协会”等都设在莫斯科大学。喀山大学也成为俄国的东方学研究中心，哈尔科夫大学和基辅大学的社会科学研究也已成规模。

19 世纪上半期被称为是俄国思想文化史的“启蒙时代”，欧洲各种思想和学说被介绍到俄国，唯物主义与唯心主义、封建主义与民主主义、古典保守主义与激进自由主义等思潮激烈交锋。

1811 年，在彼得堡由宫廷诗人杰尔查文发起“俄罗斯语言爱好者座谈会”，保护人是国务委员会所属的法律委员会主席扎瓦多夫斯基伯爵、国家经济委员会主席莫尔德维诺夫伯爵、教育大臣拉祖莫夫斯基伯爵、司法大臣德米特列耶夫。座谈会的成员都是文学界古典主义流派的拥护者。他们反对卡拉姆津等人提出的对文学语言的改革，维护陈腐见解，成为俄国文学界的反动堡垒。

“西欧派”代表人物、莫斯科大学历史系教授季·尼·格兰诺夫斯基（1813—1855 年）从事西欧中世纪史的研究，他在 1843—1851 年间，在莫斯科大学发表了三次重要的公开演讲。他以法国和英国的中世纪史作为演讲的题材，演讲的主题是俄国和西欧按照历史发展的共同规律而沿同样的道路往前发展着。他指明俄国和西欧的历史都是沿着同一规律发展的，农奴制早已在西欧消灭了，俄国的农奴制经济也必将彻底瓦解。他的演讲在当时引起轰动，沙皇尼古拉一世大为恐慌，下令永远禁止他公开演讲。格兰诺夫斯基的公开讲座是 19 世纪 40 年代的一个重大的社会事件，因为它发生于“军棍沙皇”尼古拉一世统治时代，赫尔岑称格兰诺夫斯基的讲座是“社会抗议的讲坛”。著名的法学家康·德·卡维林、鲍·尼·齐切林也参加了西欧派阵营。

俄国哲学界唯心主义和唯物主义的争论非常激烈。德国唯心主义哲学家康德、费希特、谢林、黑格尔的著作在俄国都有很大的影响。19 世纪 30 年代，黑格尔的学说被广泛介绍到俄国。19 世纪上半期俄国的哲学界占统治地位的仍然是唯心主义哲学，莫斯科、彼得堡、基辅和喀山的神学院是唯心主义思想的大本营。但是以赫尔岑、杜波罗留波夫、别林斯基、车尔尼雪夫斯基为代表的唯物主义者已经登上俄国的学术讲坛和政治舞台。他们蔑视沙皇专制制度，冲破思想文化界重重压力，勇敢地批判唯心主义，宣传唯物主义。他们如饥似渴地学习欧美的先进思想，研究黑格尔、弗尔巴哈，研究圣西门、傅立叶，研究法国大革命和美国的《独立宣言》，他们提出的政治主张更切合俄国社会实际，他们的理论更立足于俄国解放运动。唯物主义派成为 19 世纪下半期俄国思想文化界的一支劲旅。

赫尔岑在早期著作《自然研究通信》中对唯心主义和唯物主义作比较研究，最终抛弃了唯心主义，走向唯物主义，他接受了黑格尔的辩证法，认为辩证法是“革命的代数学”。哲学系列论文《科学中的华而不实作风》是赫尔岑唯物主义哲学的代表作。他提出科学是与人的要求和社会问题联系在一起的，“人只是在饥饿的驱使下，在强烈的需求下，才来到科学这一公开的人类餐桌前”。[1] 赫尔岑注重研究和分析时代的实际现状，他认为探索哲学理论是为了寻找解决社会问题的新方法，“回顾过去”是为了“向着未来”，必须运用新的思想武器才能解决现实矛盾。赫尔岑将自己的学术和理论研究与现实密切地结合起来，将政论的尖锐性与哲学思想相统一。赫尔岑研究了西欧的社会经济发展历程，指出农奴制是根本违背人性的，是不人道和野蛮的，沙皇专制政府是“淫荡的贵族和腐败的政府”，统治阶级是“一群贵族出身的强盗，一群从母亲的怀中夺走孩子的吃人魔鬼”。他在《论俄国村社》中提出了空想的俄国社会主义理论，主张在保留村社组织的基础上，把农民从土地的束缚中解放出来，俄国村社可以成为未来社会主义制度的萌芽和基础，这个思想成为后来的民粹派的理论基础。

尼·加·车尔尼雪夫斯基（1828—1889年）深刻地批判了康德、黑格尔、休谟的唯心主义，宣传了马克思主义的人文主义思想。他在1855年发表著名的学术论文《艺术和现实在美学上的关系》中，批判了唯心主义的美学观，论述了革命的现实主义艺术的基本原则，提出“美即生活”的唯物主义美学原则，强调艺术的社会作用和文艺的现实主义思想。车尔尼雪夫斯基坚持物质是第一性，意识是第二性的原理，从根本上否定了康德的不可知论，承认辩证法和形而上学相对立，成为既是唯物主义者又掌握辩证法的思想家。

车尔尼雪夫斯基像

19世纪可以称得上俄国历史学研究的黄金时代，出现了各种史学流派，在通史、专门史、政治史、思想史和外交史研究等方面都出现了重要的著作。20卷本《俄罗斯国家史》由著名贵族历史学家尼·米·卡拉姆津（1766—1826年）在19世纪初完成，这是俄国历史著作中第一部史料最全面、内容最综合、同

① 《赫尔岑全集》第3卷，莫斯科1956年版，第51页。

时又通俗易懂的著作。这部著作一经出版，便在社会上引起极大反响，发行了3000套。但是在这部书里，君主是历史的主角，是沙皇及他的大臣们推动了俄国历史的发展，普通百姓则是无能为力的盲从者。因此，卡拉姆津的历史观是没落的贵族阶级的历史观。他留恋专制制度昔日的辉煌，也不愿看到专制制度的没落，更不愿看到新的社会政治力量的出现。他宣扬："一切都取决于专制君主的意志，他像一个熟练的机械师，只要手指一动，就可以使巨大的机器运转起来。"《俄罗斯国家史》受到了进步学者和思想家们的批判，著名诗人普希金一方面肯定《俄罗斯国家史》的重要成就：如同哥伦布发现美洲一样，卡拉姆津为读者讲述了祖国的历史。另一方面也毫不留情地对他的反动的历史观进行了批判，称"他的'历史'中的动听的言辞和单纯，毫无偏私地向我们证明专制的必要和挨鞭打的美妙之处。"①

19世纪40年代，莫斯科大学法学教授康·德·卡维林（1818—1885年）和波·尼·契切林（1828—1904年）从法律学角度研究俄罗斯国家制度史、国家机构史和政治史，对当时的学术界产生重大影响，被称为"历史法律学派"或"国家历史学派"。他们主张历史是从氏族关系到国家关系的逐渐发展过程，反对卡拉姆津等贵族史学家的唯心主义观点，代表了正在形成的资产阶级自由派。

谢·米·索洛维约夫（1820—1879年）是19世纪最著名的历史学家，他是俄国"国家历史学派"的奠基人和代表者。从1851年开始，他的29卷的《自远古以来的俄国史》以每年一卷的方式开始出版，直至他去世为止。索洛维约夫把超阶级的"国家生存"思想作为自己的历史观的重要内容，他认为俄国的历史是从宗族关系向国家关系逐渐的和合乎规律的过渡。他在研究中除了指出历史过程的规律性、俄国历史是氏族关系向国家法制发展的统一的有机过程外，还重视气候、土壤、外部条件在社会生活和历史过程中的作用。索洛维约夫在把君主制国家理想化和证实这种国家制度的种种优点以后，他断言当奴役各阶级必要性已不存在时，国家自己就会解放这些阶级。索洛维约夫所处的时代正是俄国思想文化界各种思想流派激烈交锋的时代，索洛维约夫的政治思想是资产阶级自由主义的，他在自己的著作中赋予了自己的政治理想。即国家本身是一个独立的主体，它独立于君主体制，也独立于社会各种政治力量，国家有能力进行"自上而下"的改革和调整。索洛维约夫实际上是从统治阶级的立场证明了专制制度自上而下

① 涅奇金娜主编：《苏联史》第2卷第1分册，三联书店1957年版，第316页。

废除农奴制度的合理性。

从19世纪下半期开始，妇女登上了俄国学术研究的神坛。六七十年代，沙皇政府仍然禁止妇女上大学，但允许设立“高等女子讲习班”和“女子医科讲习班”，使部分贵族出身的女子受到高等教育，最有名的是在彼得堡由阿·尼·别斯图热夫—留明主办的别斯图热夫女子讲习班。到19世纪末，俄国的女大学生为1300名。另外，越来越多的妇女走出国门，到西欧接受高等教育。著名数学家索·瓦·柯瓦列夫斯卡娅（1850—1891年）在国外获得了博士学位，但她无法回国从事科学研究，她只好留在国外，在斯德哥尔摩大学任教。1888年她撰写的《关于刚体在重力作用下绕定点的转动》获得了法国科学院颁发的鲍罗丁奖金。随后，彼得堡科学院才破例推选她为通讯院士，成为俄国偏微分方程研究领域的学术带头人。

三、白银时代

1890—1917年，被称为俄国思想文化史上的“白银时代”。在短短的近三十年间，在哲学、文学、艺术以及其他人文社会科学方面都涌现出一大批能与19世纪初的俄国思想文化史的“黄金时代”相媲美的作品与著作。“白银时代”的宗教哲学家尼·阿·别尔嘉耶夫曾经回忆说：“这是俄国文化史上最辉煌的时刻之一”，“我沉醉于20世纪初俄罗斯文化复兴的导演紧张浓烈的气氛之中。……这是在俄罗斯唤起独立的哲学思维的时代，诗的繁荣的时代，美的感受敏锐的时代，宗教不安与寻觅的时代”。[①]

象征主义

白银时代最为繁荣和引人注目的是名目繁多的文学流派，如象征主义、颓废主义、前阿克梅主义、阿克梅主义、自我未来主义、未来主义、立体未来主义等。

① 别尔嘉耶夫：《自我认识——哲学自传经验》，莫斯科1990年版，第129页。

象征主义是19世纪末在俄国出现的最有影响的文学流派，梅列日科夫斯基在1892年所作的讲演《当代俄国文学衰落的原因及新流派》中奠定了俄国象征主义流派的理论基础。象征主义派把创作过程中构想世界的思想与在艺术中认识世界的传统思想对立起来。他们认为创作高于认识。象征主义派别主要活动于莫斯科和彼得堡两大文化都市。莫斯科的象征派的人物是诗人瓦·勃留索夫，他们宣布自己的美学原则是“为艺术而艺术”。勃留索夫认为艺术是“通过非理智的途径来阐释世界”。彼得堡的象征派的领袖人物是文学评论家梅列日科夫斯基和他的妻子、女诗人吉皮乌斯，他们认为自己才是真正的象征派，把莫斯科的象征派称作“颓废派”，强调自己的美学原则是在象征主义中着重进行宗教哲学的探索。象征派人物维·伊万诺夫认为“象征只有在无穷的意义时才是真正的象征”。费·索洛古勃认为“象征是朝向无穷的窗户”。根据象征派的看法，象征是把无限的含义集中到个别上，它以压缩的形式反映对统一生活的理解。俄国象征派诗人受德国哲学家尼采和法国象征派影响，认为音乐是创作的最高形式，因为它给予创作者自我表现的最大自由，相应地也给予听众理解的最大自由。象征派试图建立新的文化哲学，在经历着重新评价艺术价值的痛苦时期同时，力求制定出新的通用的世界观。为了克服个人主义和主观主义的极端性，象征派在20世纪初提出了艺术家的社会责任和社会作用问题。象征主义尽管在表面上表现出唯美主义和形式主义，但它善于在实践中用具有新内容的艺术形式来充实作品，目的在于使艺术变得更具个性和人性。

德·谢·梅列日科夫斯基（1866—1941年）是白银时代的俄国作家、文学评论家和哲学家。他出生于宫廷官吏家庭，毕业于彼得堡大学历史—语文系。从19世纪80年代初开始发表诗作。1892年发表《当代俄国文学衰落的原因及新流派》，提出“新艺术的三要素”，即“神秘的内容、象征、艺术感染力的扩大”。他著有长篇小说三部曲《基督和反基督》，他强调宗教精神的统一是作品的核心思想。当代俄罗斯学者评价，“这部三部曲的主题是反映历史——全世界的历史，即所有世纪、所有民族与文化的历史，团结一切历史上的基督思想（或者更确切地说，是圣三位一体的宗教思想，因为基督思想只是这一宗教的一个阶段）”。[①]

齐·吉皮乌斯（1869—1945年），最著名的象征主义派诗人。她于1869年11月20日出生于图拉省的别列夫。吉皮乌斯从小没有受过系统的教育，但天资

① 阿格诺索夫：《白银时代俄国文学》，译林出版社2001年版，第19页。

聪慧，读过同龄人未曾读过的书。1888 年开始发表作品，同年结识了青年诗人梅列日科夫斯基，第二年与他结婚，她的创作活动进入新的阶段。她的主要作品有文学评论集《文学日记》、长篇小说《鬼洋娃娃》，两卷本《诗集》、《近年诗抄》等。她的作品揭示了 20 世纪初社会大变动过程中人的复杂矛盾的情感，上帝与魔鬼、灵魂与肉体、禁欲与狂欢、自由与禁锢、痛苦与欢乐、死亡与新生是她作品的主题。她的作品用词、用韵、句法和诗格极为讲究，作品给人一种空灵和神秘的感觉。俄国著名诗人亚·勃洛克（1880—1921 年）评价她的诗歌“在俄国诗歌中是独树一帜的”。著名阿克梅派诗人伊·安年斯基评价“在她的诗歌中总是透露出一种惶恐不安，或是言犹未尽的意思，或是心中摆锤的痛苦的摇摆”。但批评家认为她的作品过于理性，雕琢痕迹明显，人物性格矫揉造作，一味图解作者自己内心感受和哲学思想。

阿克梅主义产生于 20 世纪第一个十年，它的起源与象征主义密切相关，许多阿克梅派诗人早年在创作风格上接近象征主义。阿克梅是希腊语“最高级”“顶峰”的俄语音译。1906—1907 年，一部分青年诗人成立了“年轻人小组”，批评象征主义派的诗歌创作理论，试图建立自己的风格。1911 年 10 月，同仁间又成立了“诗人行会”，团体名称是按中世纪手工业行会的名称样式取的，表明参加者把诗歌创作看成是纯粹职业活动的态度。在 1912 年的集会上宣布俄国新的诗歌流派——阿克梅主义诞生。这一派的诗人主要有尼·古米廖夫、安·阿赫玛托娃、谢·戈罗杰茨基、奥·曼德尔施塔姆、马·津科维奇等。阿克梅派继承了象征主义的艺术成就，调和了它的某些极端的地方。古米廖夫的文章《象征主义的遗产和阿克梅主义》被认为是两大文学流派的界标，古米廖夫承认象征主义是阿克梅主义之父，但同时强调新一代诗人形成了另一种“英勇坚定和明确的对生活的看法”。阿克梅主义试图重新发现人生的价值，否认象征主义要认知不可认知的事物的“不明智”的做法。古米廖夫认为现实具有自身的价值，不需要过分地用抽象的形而上学的方式来证明，也不应该把现实作为不可认知的东西来看待。因此应该停止玩弄超验的东西，应该恢复普通的物质世界的名誉。阿克梅派强调丰富多彩的人世间的生活、活生生的现实社会的生活是诗歌创作的主要源泉。

安·阿赫玛托娃（1889—1966 年）是阿克梅派的著名女诗人。她原名安娜·戈伦科，出生于敖德萨一个海军工程师的家庭。曾在彼得堡女子大学学习法律。她的作品主题一般是爱情，因此被称为“歌颂爱情之箭的诗人”。她的诗歌同时具有较重的宗教色彩，诗中经常出现基督教的各种节日，经常使用圣经中的典故的形象。1912 年首次出版诗集《黄昏》，诗歌的主题是别离、舍弃、分手的预感和死亡，这本诗集显示了诗人的风格，对话没有连贯性，诗歌的节奏、人物的对话也忽连忽断，人物的对话在一首诗的末尾会突然中断。诗集出版后立即在俄国文化界得到关注。象征主义诗人米·库兹明为该书作序，称作品是包罗生活万象的“瞬间意识”。1914 年，她出版了第二本诗集《念珠》，再次引起轰动。十月革命后出版《车前草》（1921 年）、《耶稣纪元》（1922 年）。卫国战争期间曾创作一些歌颂爱国主义的诗篇。如《起誓》（1941 年）、《勇敢》（1942 年）、《胜利》（1945 年）。1946 年受到苏联作家协会的批判，50 年代后期恢复名誉。批判家认为阿赫玛托娃过分沉湎个人世界和个人感受，称她是一个远离社会和公民题材的、描写隐私感情的抒情女诗人。

宗教哲学

宗教哲学又称新精神哲学，是白银时代复杂和剧烈的社会变动和思想冲突中出现的文化思潮和学术思潮。宗教哲学家都是有较高文化修养的知识分子，在急剧的社会转型过程中，他们既反对沙皇专制制度，又害怕即将来临时的革命和暴力。他们在世界观上逐渐转向唯心主义和宗教神秘主义。

尼·阿·别尔嘉耶夫（1874—1948 年）是白银时代最著名的宗教哲学家。他于 1874 年 3 月 18 日出生于基辅的一个贵族家庭。按照家庭传统，别尔嘉耶夫于 1884 年进入基辅武备学校学习，但他不喜欢军校的死板教育，非常喜欢哲学，喜欢对生命进行理论思考。因此，他中断了军校的学习，于 1894 年进入基辅的弗拉基米尔大学物理数学系自然部学习，后来又转入该校的法律系。参加了基辅的马克思主义自学小组，在小组成为哲学讲师。他倾向于“合法马克思主义派”①。1898 年因为基辅的“工人阶级解放斗争同盟”案被捕，后被大学开除。两年后根据沙皇政府的命令被流放三年，1900 年第一次在俄国杂志上发表文章《菲·阿·兰格和批评的哲学》，1902 年参加了莫斯科的《唯心主义问题》文集的撰写。从 1903 年开始，他参加自由主义运动，1904 年参加“解放同盟”，担任基辅的“解放同盟”主要领导人。从 1904 年起，别尔嘉耶夫和谢·尼·布尔加科夫一起，成为彼得堡宗教哲学杂志《新路》的实际主编，1922 年因为参加

---

① 19 世纪 90 年代的思想派别，代表人物还有斯图卢威、杜冈—巴拉诺夫斯基。该派借鉴马克思主义的经济学说，分析俄国现实，肯定俄国资本主义的发展，批判民粹派的观点，曾一度与列宁、普列汉诺夫等结盟。

反对苏维埃政权的活动被捕，后移居德国，在柏林参与建立宗教哲学学院。1924年，他移居巴黎，担任基督教青年会出版社编辑，并且领导俄国侨民大学生基督教运动。

别尔嘉耶夫学术思想的核心是宗教哲学，他的研究还包括历史哲学、文化哲学、社会哲学、伦理学和历史等。人及其命运是别尔嘉耶夫最为关注的问题。别尔嘉耶夫研究的人是精神和宗教范畴的人，即精神实体的人，他所关注的是人与社会、神灵、自然和上帝的关系。作为精神实体的人，其固有的本质就是自由，除了自由以外，创造也是人的另一本质。他认为世界是上帝创造的，但人在自然界面前不是无能为力的，人同样是世界的创造者。但是人在创造的同时，也在进行着不必要的破坏，这就是人类的悲剧所在。人只有与上帝结合，才能充分发挥自己的作用。在宗教哲学方面，别尔嘉耶夫最重要的思想是他的神人合一说。他认为上帝将自己的力量投射于人的身上，即赋予人以神性，而人的高尚性、超越性，人的精神价值和追求就与上帝的思想紧密联系在一起了。人在神中诞生，神也在人中诞生。别尔嘉耶夫不是一个循世的哲学家，他将神学的思想引入哲学研究之中不是为了逃避，而是为20世纪初俄国的社会发展辨明方向。1902年以后，他的政治立场已经彻底转向自由主义，对布尔什维克领导的暴力革命和十月革命持批评态度。1909年，他参与《路标》文集的撰写，他在《哲学的真理与知识分子的现实》中谴责了1905年革命，指责知识分子在革命中未能把握时机，及时把人民带出暴力革命的苦难。他认为“知识分子阶层不能公正地对待哲学，因为他们对真理本身抱有偏见。他们之所以需要真理，其目的是为了将后者变成社会变革、民众利益和人类幸福的工具……知识分子阶层的基本道德判断被列入以下公式：如果真理的毁灭能够给民众带来更加美好的生活，人们的生活将更加幸福美满，那么就让它作出牺牲；如果真理妨碍了‘打倒专制揣度’的神圣号召，那么就去打倒它。由此，对人类带有错误倾向的爱扼杀了对上帝的爱。”[①]

① 格尔申宗等：《路标》，云南人民出版社1999年版，第8页。

第四章

现代化的艰难启动

（19世纪初至20世纪初）

19世纪初至20世纪初，是俄国历史上一个重要的转折时期，是俄国旧制度由盛转衰和社会阶级矛盾异常尖锐的时期。19世纪60年代俄国现代化的启动，是以沙皇政府实行的自上而下的农奴制改革为标志的，改革极大地促进了俄国资本主义的发展。

一、衰落与危机

农奴制危机

进入19世纪，俄国农奴制在走过它的鼎盛时期之后，其固有的不合理成分、种种弊端则越来越多地凸显出来了。

在农奴制度之下，土地几乎全部控制在地主贵族手中。19世纪上半期，欧俄部分的十万多个地主占有一亿多俄亩土地，其中只有3570万俄亩作为份地归1070万个农奴使用。国家控制的7900万俄亩土地中，只有3700万俄亩归900万个国家农奴使用，每个农民平均只有3.5—4俄亩土地，而每个地主却平均占有 700 俄亩土地。[1]

农奴制最主要的特点是将广大农民以人身依附形式束缚于土地之上，采取超经济强制的方式无偿地占有农民的一切劳动成果，农民没有人身自由和任何政治权利，农奴主不仅是农奴的主人，而且还是他们的法律裁定者，可以随意决定农奴的生死去留。在这种制度的控制之下，农民的劳动积极性受到极大的压抑，他们不关心土地的收成好坏，更不愿意在农业生产中学习和采取新的技术，甚至故意毁坏农具、践踏庄稼。18 世纪中后期，俄国农业经常歉收，农作物的收获量与种子的比例为 3. 5 ∶ 1，单位面积产量几十年、甚至上百年徘徊不前，1860 年俄国每公顷的粮食产量与比利时、荷兰和英国相比还不到它们的一半。[2]

农民的劳动场景

农奴制是一种典型的自给自足的封建经济形态，在农奴主的庄园内，绝大部分的生产和生活必需品都是由本庄园内部供给，与外界绝少经济交流。19 世纪

① 樊亢、宋则行主编:《外国经济史》第 2 册，人民出版社 1965 年版，第 174 页。

② 布莱克等:《日本和俄国的现代化》，商务印书馆 1984 年版，第 93 页。

以来这种情形发生了巨大的变化。随着俄国资本主义的萌芽，商业经济得以缓慢地发展。由于俄国与欧洲的经济和政治联系越来越密切，许多俄国地主贵族倾慕外国贵族的奢侈生活，他们越来越需要更多的金钱用于享乐。一些地主开始在自己的庄园上设厂开矿，投资手工业和工业企业，大量生产手工艺品和初级工业品，向庄园外出售。黑土地区的地主逐渐把经营的主要目标转向对外粮食出口上，沙皇政府也先后于1762年和1766年颁布法令，宣布对外出口粮食将在6年内得到免税等优惠待遇，以鼓励粮食出口。特别是1846年，英国政府废除了《谷物法》后，更加刺激了俄国的粮食出口。到19世纪40年代，俄国几乎与欧洲所有国家都签订了出口粮食的条约。19世纪50年代末，俄国的谷物出口量占对外贸易总量的30%，有些年份高达50%。[①] 非黑土地区的土地贫瘠，耕种土地实在是无大利可图，因此农奴主宁愿向农奴索取代役金，把大量的劳役租农民转为代役租农民。18世纪末，每个农民每年的代役金平均为5—6卢布，19世纪以后代役金的数额增长较为迅速，到19世纪50年代末，在一些省份农民的代役金达到了16—27卢布，在一些工业中心城市农民的代役金高达400—500卢布。交纳代役金的农民同时获得了一定时期内的出外打工或经商的权利，使农民与农奴主的人身依附关系开始淡薄，封闭的、自给自足的封建自然经济的生产关系逐渐被破坏。一位明智的农奴主认为“甘心情愿比奴役状态好”，他写道：“瞧一瞧劳役制的劳动吧。农民尽可能来得迟些，尽可能常常地、更久地四面观望，而工作尽可能少些，他们觉得没有事干，而在消磨日子”，而自由雇佣方式却较大调动了农民的劳动积极性，“在这里一切都在燃烧，你准备的材料从来都不够用。他们工作的时间比劳役制的农民更少，但是他们制造出来的东西是农奴生产的二倍、三倍。为什么？甘心情愿比奴役状

19世纪乡村教堂

① 梁士琴科：《苏联国民经济史》第1卷，人民出版社1956年版，第561页。

态好。”①

从19世纪上半期起，俄国专制制度也开始显现出危机的迹象。1825年在上层统治阶级的内部爆发了十二月党人革命，给专制制度以极大震动。随后以赫尔岑、别林斯基、车尔尼雪夫斯基等为代表的革命民主主义者在俄国展开了政治宣传，将斗争的目标直指沙皇专制制度和农奴制度。1826—1861年，俄国的农民运动蓬勃发展，1826—1839年的农民起义平均每年达到19次，1845—1854年平均每年达35次，1855—1857年平均每年达63次，1858年达到86次，1859年达到90次，1860年达到126次，1861年达到1176次。② 当时的诗人图特切夫形容：“现在脚底下已经没有先前那样牢固而不可动摇的土壤了……有朝一日，醒来一看，自己已处在远离海岸的冰块上。”③

斯佩兰斯基改革

1796年，叶卡捷琳娜二世病逝，保罗一世继承了皇位。保罗一世登基时已43岁，他极其憎恨自己的母亲叶卡捷琳娜二世，因为她的专权和长寿使他在延迟了34年后才登上沙皇的宝座。因此上台后，他几乎推翻了叶卡捷琳娜二世的所有政策。但是由于保罗一世的个人资质和品行极差，而且他的法令经常是朝令夕改，触动各阶层的利益，很快招致一片反对之声。1801年3月11日，保罗一世死在一场预谋已久的宫廷政变之中，皇太子亚历山大如愿以偿地登上了皇位，是为亚历山大一世（在位1801—1825年）。

斯佩兰斯基改革是亚历山大一世时期的重要政治事件。斯佩兰斯基（1772—1839年）出身于东正教神职人员家庭，自少年时代就熟读欧洲各国政治文献，深受法国启蒙思想家著作的影响，对俄国及欧洲的局势有清醒的认识，拿破仑曾称他是“俄国唯一头脑清醒的人”④。由于头脑敏捷，办事认真，而且富有创见，因此斯佩兰斯基从1802年起奉召入宫，专门为亚历山大一世起草诏书和圣谕，他的工作深得沙皇的赏识。从1802年起，斯佩兰斯基就着手制定关于国家管理体制改革的草案，并于同年发表了《俄国政府和司法机构组织草案》，把国家管理分为警察、军队、法庭、对外关系和国家经济等5个部分。1809年又发表了《国

---

① 涅奇金娜：《苏联史》第2卷第1分册，三联书店1957年版，第27页。
② 达丘克：《苏联史》，莫斯科1960年版，第210页。
③ 涅奇金娜：《苏联史》第2卷第2分册，三联书店1957年版，第10页。
④ 斯特利：《俄国简史》，伦敦1964年版，第116页。

家法典草案》等重要改革文件。根据他的方案，未来的俄国将是一个君主立宪制的国家，实行立法、行政和司法的三权分立和中央、省、州和乡的 4 级管理。最高立法机构是国家杜马，国家杜马拥有立法权和法律监督权，规定“任何法律不经国家杜马通过不得生效”。凡拥有不动产或相当数量资金的公民即拥有选举权和被选举权，省、州、乡分设省杜马、州杜马和乡杜马，目的在于扩大参政权。

在他的改革方案中，沙皇是国家最高的行政首脑，由沙皇任命大臣委员会成员，中央机构设 8 个部（1811 年增加了内务部、交通部和国家监督部）。在各部大臣之下设立大臣会议。各部大臣和官员首先向国家负责而不是向沙皇负责，法律为衡量各级官员德勤业绩的唯一标准。

枢密院作为最高的司法机关，下设最高刑事法院，负责审理涉及高官和重大的案件，其他案件由省、州、乡等各级法院审理。

国家杜马是最高立法机构。凡拥有不动产或相当数量的财富的市民拥有选举权和被选举权。国家杜马每三年一届，拥有立法权和法律监督权，国家遵照“任何法律未经国家杜马的批准不得生效”① 的原则。省设省杜马，州设州杜马，乡设乡杜马。

按照这个方案从形式上看，俄国国家管理体制是三权分立了，但是沙皇仍然是俄国的最高统治者，仍然在立法、行政、人员任免等方面拥有最终裁决权。

然而，斯佩兰斯基方案，远远超出了沙皇及俄国统治阶级的接受限度。

由于亚历山大一世的宠爱，在 1809—1811 年间，斯佩兰斯基成了宫廷中最显赫的官员，他的影响仅次于沙皇。因此他的地位自然受到其他官员和贵族的嫉妒，而且斯佩兰斯基的改革目的是建立有效的行政、立法、司法分立制衡的国家管理体制，与沙皇制度和亚历山大一世本人的利益都是相悖的。他的改革遭到了宫廷内外顽固派贵族的强烈反对，甚至指责他是法国的奸细。在压力之下，沙皇亚历山大一世放弃了对斯佩兰斯基改革的支持，于 1812 年 3 月将他流放到彼尔姆。随着斯佩兰斯基的改革失败，亚历山大一世的自由主义改革也随之结束。

1825 年 11 月 19 日（公历 12 月 1 日），在南俄塔甘罗格巡视的沙皇亚历山大一世因患重疾而去世。

---

① 斯佩兰斯基:《草案与笔记》, 莫斯科—列宁格勒 1961 年版, 第 227 页。

二、农奴制废除

克里木战争

1855—1856年，沙皇政府与西欧资本主义国家之间发生了克里木战争。战争的起因是俄国与英国、法国争夺黑海和巴尔干的控制权。19世纪中叶，昔时不可一世的奥斯曼土耳其帝国变成了欧洲列强竞相分割的对象，各国列强因分割不均而发生了一系列的冲突，即所谓的“东方问题”。1853年1月，沙皇政府向英国和奥地利提出瓜分土耳其，遭到拒绝，又于同年2月提出要求土耳其政府承认俄国对土耳其统治下的东正教教徒有保护权，均遭拒绝。2月23日，俄国的“雷鸣”号军舰驶入博斯普鲁斯海峡，并且示威性地在土耳其最高统治者的宫殿——苏丹宫殿的附近抛了锚，土耳其苏丹政府于10月向俄国宣战，俄土战争爆发。战争初期，俄国军队大获胜利。俄国军队在1853年11月30日的锡诺普海战大败土耳其，从此使英国、法国与俄国的矛盾进一步尖锐化。1854年1月，英国和法国组织的联合舰队驶入黑海，3月英法向俄国宣战。6月奥地利向俄国宣战。英法联军从1854年9月开始，派出六万余人，装备有各种武器，形成对俄国黑海舰队的所在地塞瓦斯托波尔的包围。塞瓦斯托波尔的俄国军队和当地老百姓开始了长达11个月的塞瓦斯托波尔保卫战。

1855年2月，英法联军加强了对塞瓦斯托波尔的进攻，已经坚持半年多的塞瓦斯托波尔面临全线崩溃的威胁，前线俄军节节败退的消息接连不断地传到彼得堡，传到沙皇尼古拉一世的耳中。2月18日，心力交瘁的尼古拉一世终于不堪重负而服毒自尽，当日，皇位继承人亚历山大匆匆忙忙被枢密院宣布为新沙皇，史称亚历山大二世。

战争仍然在进行着。从1855年9月起，英法联军开始向塞瓦斯托波尔发起总攻，英法联军从海陆两方面轰击塞瓦斯托波尔，动用了700门大炮，法军军队从陆上突袭塞瓦斯托波尔的外围地区——马拉霍夫丘陵，随着马拉霍夫丘陵的失守，塞瓦斯托波尔被攻陷已是大局已定，这样俄国守军才决定放弃塞瓦斯托波尔。1855年9月5日，塞瓦斯托波尔陷落。

1855年12月中旬，奥地利向俄国提交一份照会，要求俄国放弃对土耳其苏丹属下的东正教教徒的保护权，确立多瑙河口的航行自由，不准任何国家的舰队通过博斯普鲁斯海峡与达达尼尔海峡，禁止俄国在黑海拥有舰队，禁止俄国政府在黑海沿岸建立兵工厂和军事设施，俄国还应该交出比萨拉比亚等。此外，还提出各参战国拥有向俄国提出新条件的权力。

这份最后通牒式的照会使新沙皇亚历山大二世非常紧张，他在1856年的第一天——元旦就把前朝的一些老臣召到冬宫，向他们提出一个问题："是否继续进行战争？"大多数的回答是否定的。1856年2月25日，在巴黎举行了国际会议，讨论有关国家缔结和约问题。1856年3月30日，俄国与英国、法国、奥地利一方在巴黎签订了和约。根据和约，俄国被迫让出多瑙河三角洲，把比萨拉比亚南部归还给摩尔多瓦；取消俄国对土耳其属下的东正教臣民的保护；黑海中立化，禁止外国军舰通过海峡；禁止俄国在黑海保有海军；俄国把卡尔斯交还给土耳其以换取塞瓦斯托波尔和其他被占领的城市。

俄国在克里木战争中的惨败是俄国在经济、政治和军事等方面落后的结果，充分暴露了俄国专制制度和农奴制度的腐败。不仅俄国军队在武器装备、军事训练、作战方针方面大大落后于英法联军，而且它落后的经济状态拖了俄国军队的后腿。战争时期，俄国因为缺少铁路，调动军队和给养都要花上数月的时间。在塞瓦斯托波尔保卫战中，俄国海军只能以木帆船对阵英法的铁甲舰。

亚历山大二世改革

克里木战争的失败不仅加剧了俄国专制制度的统治危机，《现代人》杂志上的一篇文章指出："克里木战争暴露了农奴制俄罗斯的腐败和衰弱。俄罗斯好像从睡梦中醒了过来……人人都感觉有一根神经破裂了，回到旧时代的道路已经封锁。这是……由几个世纪所造成的历史时机之一，而且这些时机像山中的雪崩，像赤道附近的骤雨是一样不可避免的……人人都觉醒了，人人都开始思索，人人都充满着批判精神。"①

沙皇政府中的一些有识之士承认：俄国的农奴制度"几乎过时了一个世纪"。自由派人士康·德·卡维林指责农奴制"使整个国家陷于不正常状态，并使国民经济中产生危害国家机体的人为现象"，他认为农奴制的腐败是农民起义的根源所在，因此应该立即废除之。"如果这个制度原封不动，那么，几十年以后，它

① 奚静之：《俄国巡回展览画派》，商务印书馆1986年版，第6页。

就会把整个国家毁灭。”①

亚历山大二世在少年和青年时代，曾经从他的老师茹科夫斯基和斯佩兰斯基那里接受了一些欧洲的自由主义思想，后来又游历了欧洲一些实行资产阶级政治制度的国家，青少年时代的思想印迹为他执政后的改革打下了一定的基础。还是在 1846 年当皇太子时，亚历山大二世就担任了枢密委员会主席的职务，该委员会专门研究农民问题。

“解放者沙皇”——亚历山大二世

1856 年 4 月 11 日，亚历山大二世应莫斯科省省长扎克列夫斯基的请求，向莫斯科贵族代表发表了演说。他半遮半掩地承认：“到处在谣传，我要给农民自由，这是不正确的，你们也可以把这一点向周围所有的人说。我不想对你们说，我完全反对这样做。我们生活在这样一个世纪里，所有这些事还是将最终发生的。但是，遗憾的是，农民和他们的地主之间存在着敌对情绪，并因此发生了许多不服地主管束的事情。本人深信，迟早我们会解决这种状况。我想，诸位同我的意见是一致的，那就是从上面解决要比由下面来解决好得多。”②

1857 年 1 月 28 日，由亚历山大二世主持，在宫廷中成立了一个秘密委员会——农民事务总委员会，专门调查各地的农民生活和生产情况，草拟改革措施。

1861 年 2 月 1 日，亚历山大在其主持的国务会议开幕式上强调说：“再拖延下去，只会更加激起狂怒，并且一般情况下只会给整个国家，特别是给地主造成有害的、灾难性的后果。”接着他宣布：“诸位请相信，凡是为了保障地主的利益能够做的一切，都已经做到了。”

1861 年 2 月 19 日（公历 3 月 3 日），是亚历山大二世登基一周年纪念日，他签署了《关于农民摆脱农奴制依附地位的总法令》（其中包括《关于赎买法令》、

① 德米特列耶夫：《苏联简史（1861—1904）》，莫斯科 1960 年版，第 21 页。
② 扎依翁契可夫斯基：《俄国农奴制度的废除》，科学出版社 1957 年版，第 70 页。

《地方法令》等法令)。它宣布自法令颁布之日起获得人身自由，农民可以以自己的名字拥有动产和不动产，可以自由迁徙、择业、婚配，可以缔结任何合同、进行诉讼。地主必须尊重农民的人身自由和人格权利，不得随意处置、买卖农民。

“农奴制改革法令”颁布后，亚历山大二世在陆军大臣德·阿·米留金等人的建议下，还进行了国家机关改革、军事改革。1863 年颁布了新的大学法令，授予大学广泛的自治权。1864 年进行了省和县地方自治改革，建立了地方自治局[①]和城市杜马。同年还进行了司法改革，建立了资产阶级性质的司法制度和诉讼程序。这一年还进行了初等教育制度的改革。1870 年颁布了城市自治法，军事改革的准备一直拖到 1874 年，才迈出俄国军事现代化重要的步子。

农奴制改革是一场资产阶级性质的改良运动，加速了俄国资本主义经济的发展。农奴制的废除是俄国现代化进程中的重大里程碑，它直接地影响到俄国历史的发展。19 世纪以来，封建农奴制生产关系开始瓦解，商品经济得以发展，农村中代役租形式和雇佣生产方式出现，资本主义生产关系在农村中萌芽，先进的生产技术得以逐渐应用，专制制度的统治也显现了危机的迹象。所有这些都表明，长期统治俄国的封建农奴制经济形态已经没有任何进步意义了，封建的生产关系已经成为资本主义经济发展的严重阻碍，也就是说生产力与生产关系的矛盾已经达到异常激化的程度。俄国社会要想进步，经济要想发展，就必须冲破封建农奴制的阻碍和影响，必须以一种新的、资本主义生产关系代表旧的、封建的农奴制生产关系。因此，1861 年的农奴制改革是一场“自上而下”的资产阶级改良运动。称其为资产阶级性质，是因为这场改革的客观作用在于部分否定封建制度，部分肯定资本主义制度；称其为改良，是因为它是一场由封建统治阶级“自上而下”所推行的运动，主观目的在于维护专制制度的统治，而且改革在极大程度上保留了农奴制的残余。农奴制改革为俄国资本主义工业的发展提供了大量的劳动力、广阔的市场，使俄国农民走上普鲁士式的资本主义农业发展道路。

亚历山大二世的改革是彼得一世以后，俄国统治阶级改革传统的延续和体现。俄国专制制度具有一定的独立性和灵活性。俄国沙皇及其政府不仅是地主贵族阶级利益的体现者，它们本身也是一个拥有自己利益和目的的政治集团，在特定的历史时期，这个政治集团具有一定的自由主义倾向。为了保证自己的统治长治久安，俄国的统治阶级往往在一定时期，利用自身的政治独立性，推行一些社

---

① 地方自治局内占支配地位的是地主、商人、僧侣和富农等，也有少量的刚刚获得人身自由的下层农民。

会改良措施，以期顺应历史发展趋势。亚历山大二世因此获得了“解放者沙皇”的称号。

上层的反动

1861年的农奴制改革是一项极其保守的改革，在“解放农奴宣言”的开头就写着：“在为农奴们开辟新生活前景之际，他们将会理解，并以感激之情领受高尚贵族为改善农奴生活所作的重大的牺牲。”然而，广大的俄国农民对于这种剥夺式的改革并不满意，改革并不能平息各地声势越来越大的农民暴动。面临国内紧迫的政治形势，亚历山大二世像他的父亲尼古拉一世一样，重新捡起了大棒，试图以血腥的镇压平息革命风潮。从1866年开始，亚历山大二世逐渐走向反动。亚历山大二世曾经对到彼得堡请愿的农民说：“你们是我的儿子，而我对于你们来说则是你们的父亲和上帝使者”。早在1861年9月10日，亚历山大二世在接见了普鲁士驻俄公使奥托·冯·俾斯麦时就表示：“人民把君主看成是上帝的公使、自己的父亲和全能的主人。这种想法几乎就是一种宗教式的感情，他们认为自己的命运与我密不可分。我经常深思，我有没有错误。皇冠给了我权力感，如果皇冠失去了，那将是我的人民和民族的灾难。自古以来，我们的人民就对自己的沙皇有着深厚的敬意，这些感情是无法消除的。我始终尽力去减轻政府人员的霸道行为，上帝作证，我总是关心农民和地主的事情。”① 主张改革的陆军大臣米留金给亚历山大二世写了“关于虚无主义及其制止其所必需的措施”，米留金表示只有继续改革才能制止俄国的革命运动。但是亚历山大二世将米留金的建议弃于一边，倾向于保守和顽固力量，米留金开始受到沙皇的贬黜，保守派人物如德·阿·托尔斯泰被任命为国民教育大臣，科·伊·巴林被任命为司法大臣，阿·阿·基马舍夫被任命为内务大臣，俄国“上层的反动”加剧了。

1866年，主要由大学生组成的莫斯科青年组织的成员季·弗·卡拉科佐夫在彼得堡刺杀亚历山大二世未遂，他被亚历山大二世下令处以绞刑。1880年2月20日，亚历山大二世召开了专门会议，策划反对日益高涨的革命运动的措施。2月24日，成立了维护国家秩序和社会安全的最高治安委员会，由洛里斯—梅里尼科夫伯爵担任主席。亚历山大二世在指示中强调这个委员会的任务是“制止近来不断发生的歹徒以谋杀手段扰乱国家和社会秩序的行为”。军事法庭判处大

① 扎哈罗娃：《亚历山大二世传》，载《历史问题》，莫斯科1992年第6—7期，第73页。

批革命者和进步人士死刑或流放。

亚历山大二世在1866年5月26日写给大臣委员会主席波·波·加加林的圣旨中解释自己的使命是“保护俄国人民免于那些处于萌芽状态的有害邪说的影响，这些邪说随着时间的推移有可能酿成社会灾难。”在亚历山大二世走向反动之后，这位“解放者沙皇”身上的光亮暗淡了，民粹主义者的恐怖组织“民意党”将沙皇列为暗杀的目标。1881年3月1日，民意党终于将不可一世的亚历山大二世炸死在彼得堡的大街上。

同日，亚历山大三世匆忙宣布继承皇位。3月12日，民意党同时即发表致新沙皇亚历山大三世的公开信，宣布：“我们抛开一切成见，抑制由于政府多年来的行动造成的不信任，给您写了这封信……我们把您当做一个公民和一个诚实的人而给您写这封信。我们希望，您的狂怒不致压制您对自己责任的意识和想要认识真理的愿望。您失去了父亲。我们则不仅失去了父亲，还失去了兄弟、妻子、儿女和好友。但是只要俄罗斯的幸福需要，我们就准备抑制个人的感情。我们所期望您也会这样。”[①] 然而，亚历山大三世以反革命的恐怖回答民意党的请求，民意党的领袖陆续被捕、被处死或被流放。5月11日，亚历山大三世宣布：专制制度是俄罗斯的“国之基石”，永远不得动摇，他将按照祖先的遗训统治俄国。8月，沙皇政府颁布《保护国家安全和社会治安条例》，规定在紧急情况下，任何地方当局有权宣布当地处于“紧急状态”。

亚历山大三世上台后推行了比其父亚历山大二世更加专制和残暴的统治，因担心被刺杀，他经常居住在彼得堡的加特契纳行宫，在行宫周围几俄里之内昼夜都有士兵站岗放哨，任何人未经批准都不得擅自进入这块“禁地”，因此亚历山大三世有了“加特契纳囚徒”之称。1888年10月29日，沙皇的专列在哈尔科夫车站停靠时发生了爆炸，列车冲出轨道，所幸亚历山大三世及皇室成员安然无恙，但是这加剧了亚历山大三世的恐慌心理。1894年10月19日，亚历山大三世病逝，其长子尼古拉继承皇位，史称尼古拉二世。

亚历山大二世及其继任者对内推行反革命恐怖政策，对外实行侵略扩张，使得19世纪中期至19世纪末成为俄国对外扩张和殖民的重要阶段。沙皇政府由于在争夺欧洲霸权中连连受挫，不得不暂时调整其对外扩张和殖民政策，将殖民扩张的重点转向东方。在这个时期，在俄国国内出现了一个“东方人派”，他们极

---

① 切尔诺夫：《亚历山大三世传》，载《历史问题》，莫斯科1992年第11—12期，第53页。

力鼓吹向东方各国实施扩张和殖民，其理论是："亚洲——我们一直是属于它的。我们同它生活相通，利害与共。通过我们，东方才逐渐了解自己，才逐渐达到一种高尚的生活……我们没有什么需要征服的东西。亚洲各个种族的人民，从血统上、从传统上、从思想上，都觉得和我们很亲切，觉得是属于我们的。我们只需要更加靠近他们就行了。这个伟大而神秘的东方很容易就会成为我们的"，"俄国文化与东方文化的关系要比它和欧洲文化和关系更为密切，并且觉得把东方合并到俄罗斯帝国里，使两者融合起来，是俄国的历史使命。"① 沙皇政府制定了详细的征服中亚的计划，陆军部将军齐麦尔曼毫不掩饰地说："人们说，俄国夺取了中亚邻国的土地，从而使自己触犯了这些邻国，激起他们的反抗……假如人们在伊凡四世沙皇时期这样说：俄罗斯太大了，它不应当再扩展了，那么伏尔加河如今就会仍然留在穆斯林手中，我们的祖国即使能够保得住独立的话，也只不过是一个小小的莫斯科公国而已"，"对浩瀚的大规模远征，俄国贸易必将繁荣兴盛起来，正如英法经过对北京的远征之后贸易繁荣兴盛起来一样。"② 1868年，沙俄军队攻占撒马尔罕城，布哈拉汗国沦陷，1873年希瓦汗国沦陷，浩罕汗国也随之于1875年沦陷。到19世纪90年代，中亚地区395万平方公里的土地成为沙皇俄国的最后一块殖民地。到19世纪末，俄罗斯国家的版图最终确立。经过长达350年的血腥兼并和殖民扩张，俄国由东北罗斯一隅的"弹丸小国"——莫斯科公国扩大成横跨欧亚的大帝国，它的版图由280万平方公里扩展为2280万平方公里（其中殖民地面积为1740万平方公里）面积的殖民帝国③。

三、资本主义发展

近代工业化

自19世纪60年代俄国踏上资本主义发展道路以来，经济增长便出现了前所未有的趋势，开始了俄国近代的工业化历程。概括地讲，到第一次世界大战爆发

① 马洛泽莫夫：《俄国的远东政策》，商务印书馆1977年版，第49页。

② 北京大学历史系：《沙皇俄国侵略扩张史》下卷，人民出版社1980年版，第103页。

③ 波诺马廖夫：《苏联史》第2卷，莫斯科1966年版，第142页。

前，俄国的工业化经历了三个阶段。

第一阶段，从 19 世纪 80 年代到 1900 年。这是俄国工业化的初期阶段，也是现代工厂制度和经营管理方式在俄国最初的发展时期，同时也是垄断组织在俄国产生和发展时期。

自 19 世纪初以来，农奴制经济严重衰落，资本主义因素萌芽，加之国际争霸的失利和专制统治的危机，终于使沙皇政府认识到，必须在尽可能短的时间内加速发展国内经济来支撑其对外政策的目标。

在沙皇政府的推动下，俄国工业的发展在 90 年代出现了持续高涨的局面。1887—1897 年间，工厂企业的数目增加 26.3%，生产总值增长 112%。而“70—90 年代的工业高涨和企业滥设”则直接成为“俄国资本积累和集聚的良好源泉”①，1876 年俄国出现了第一个具有垄断性质的铁钉和铁丝业组合机构——卡特尔。到 90 年代末，俄国工业各部门中已有较大的私人垄断企业 50 个②。

俄国垄断经济开始以重工业作为它的征服对象。早在 90 年代，南俄顿涅茨煤炭公司的煤炭产量已垄断该地区产量的 2/3 以上，巴库油田的石油产量垄断了全俄总产量的 95% 以上。

在这一阶段内，俄国工业化已经迈出它最初的步伐，与军事工业有关的重工业部门，如石油、煤炭、冶金、机械制造业的基础已经基本确立。

第二阶段，从 1900 年至 1910 年。在此期间沙皇政府虽继续执行国家干预经济的方针，但在政策上转而鼓励和扶持垄断工业的发展。在这一阶段里，垄断组织和垄断资产阶级的势力日益渗透到国家的各个重要的经济部门。

1900 年爆发的世界性经济危机同样波及经济已完全纳入资本主义轨道的俄国，标志着俄国的政治和经济发展进入了一个新的历史时期——帝国主义时代。经济危机给俄国的打击是巨大的，三年间（1900—1903 年）生铁的产量减少了 15%，轧制钢轨的产量减少 32%，在此期间共有 3000 家企业倒闭。③ 垄断资产阶级控制的报刊连续发表文章，要求政府给予垄断组织的发展以特别的支持。彼得堡企业家马·尼·特里波夫托夫呼吁：“辛迪加这是最现实的，他们是工业发展的必然因素……任何一个国家都不可能逃避工业的辛迪加。”④ 沙皇政府内的某些

① 梁士琴科：《苏联国民经济史》第 2 卷，人民出版社 1956 年版，第 29 页。

② 拉维雷切夫：《俄国革命前国家与垄断》，莫斯科 1982 年版，第 12 页。

③ 切尔明斯基：《帝国主义时代苏联史》，莫斯科 1975 年版，第 21 页。

④ 里弗申：《俄国经济中的垄断》，莫斯科 1961 年版，第 266 页。

有识人士也看到了工业化和资本主义经济的发展已成为一股不可抑制的趋势，只有顺应这个趋势，集中有限的资金和物力用于少数企业的发展，才是俄国经济的出路。财政大臣谢·尤·维特向沙皇尼古拉二世建议："发展普遍的、前景可人的各门类工业，关税法在其中不起决定作用，而自然竞争的先进大法则给予国家工业的现代化以保障。"① 工商大臣斯·伊·基马舍夫也表示：在"需要大量资金和企业协调行动"的前提条件下，工业联合就是"不可避免和必然的"，因为"分散造成削弱，联合产生动力"。②

1901 年 11 月，南俄资产阶级企业家上书财政大臣维特，请求批准在南俄建立工业垄断组织。维特的答复是：对于"在销售价格不超过契约和不违背法令的条件下"，他对垄断组织的建立是投赞同票的，他建议全俄冶金业成立强大的联盟。在 1901 年的第二十六届南俄矿业家代表大会上通过了建立金属辛迪加的决议。1902 年 5 月，俄国最大的辛迪加机构"俄罗斯金属工业产品销售总公司"成立，1910 年该公司的生铁产量占全俄总产量的 83%，拥有固定资金 1. 74 亿卢布。③ 1905 年 5 月 24 日，大臣会议批准了顿涅茨企业家们要求建立煤炭辛迪加的申请书，沙皇尼古拉二世本人也在申请书上签了字。"顿涅茨煤炭销售总公司"是俄国最大的煤炭辛迪加，该公司联合了顿涅茨 24 个煤炭公司，产量占南俄煤炭总产量的 2/ 3，拥有固定资金 1 亿卢布④。

沙皇政府扶植垄断企业最有效的办法是增加官方订货的数额。1902 年由财政部、交通部、土地和国家财产部的代表联合组成"铁路订货分配委员会"，负责征订为期 3 年的订货计划。该委员会首先提高了铁轨订货的价格，由 1900 年的每普特 1. 12 卢布提高到 1903 年的 1. 25 卢布。该委员会所掌握的订货仅在 11 个企业中分配，而其中 5 个企业都隶属于"俄罗斯金属制品销售总公司"，因此该委员会的订货实际上被"俄罗斯金属制品销售总公司"所垄断。如 1897—1901 年铁轨订货为 2. 111 亿普特，而"俄罗斯金属制品销售总公司"就从中获得了 1. 67 亿普特。⑤ 政府还提供其他的优惠，这些企业在完成铁轨订货的同时还获得了政府额外发放的补贴金 850 万卢布。在石油方面，官方订货占全部开采量

① 《红色档案》，莫斯科 1931 年第 3 期，第 69 页。

② 里弗申：《俄国经济中的垄断》，莫斯科 1961 年版，第 268 页。

③ 梁士琴科：《苏联国民经济史》第 2 卷，人民出版社 1956 年版，第 405 页。

④ 里弗申：《俄国经济中的垄断》，莫斯科 1961 年版，第 26 页；梁士琴科：《苏联国民经济史》第 2 卷，人民出版社 1956 年版，第 450 页。

⑤ 斯波梁斯基：《南俄煤炭金属业的垄断》，莫斯科 1953 年版，第 60、61 页。

的 1/3，在煤炭方面，官方订货占全部开采量的 1/2。

垄断经济的迅速发展，给濒临崩溃的俄国国民经济带来了新的生机。同业企业的联合，便利了有限资金的集中使用，便利了辛迪加成员间的分工协作和技术交流。经济危机以优胜劣汰的方式保留下在生产和资金方面居优势地位的企业，垄断的发展扩大了生产的社会化。到 1906 年，俄国经济出现了复苏的迹象，一些行业的生产指标陆续地在恢复，到 1908 年开始了新的工业高涨。俄国的石油产量在 1904 年为 1.28 亿普特，1910 年恢复到 5.7 亿普特。顿涅茨的煤炭产量在 1902 年为 6.42 亿普特，1908 年已恢复到 9.569 亿普特。南俄的生铁产量在 1900 年为 8340 万普特，1911 年恢复到 1.477 亿普特。在 1900 年以后工业经济的恢复过程中，在 1908—1910 年的工业高涨过程中，资产阶级经营的企业以及各类垄断组织已初步显示其重要作用。

涅瓦河上的冰嬉（勃戈留波夫画于 1854 年）

第三阶段，从 1910 年至 1914 年。在这一阶段里，俄国垄断资本主义迅速发展，使工业经济逐渐摆脱政府的控制，沿着资本主义固有的经济规律轨道前进，最终垄断资产阶级在工业领域占支配地位。

到第一次世界大战前，俄国共有150个各种类型的垄断组织遍及工业各个重要部门，垄断资产阶级已经全面地控制了国家的经济命脉。沙皇政府越来越需要依靠资产阶级的帮助来进行战争的准备，越来越在经济上依赖于垄断资产阶级。南俄工商业代表大会理事斯·马·索科洛夫斯基在1913年的《工商业》杂志上宣称："我们的辛迪加现在已经把第一重要的商品大部分控制在手中，除了煤、铁轨、马口铁、水泥、家具、印花布、碱、盐、硬脂蜡烛、橡胶产品、线、胶水、淀粉生产已经辛迪加化外，其余的生产也都辛迪加化了。"① 该时期垄断资产阶级在政治上也逐渐趋向成熟，出现了一批垄断资产阶级的代表人物。如南俄工商界领袖尼·斯·阿夫达科夫、尤·古庸，莫斯科工商界领袖弗·巴·梁布申斯基，德·斯·莫洛佐夫、斯·马·特列基亚科夫、彼得堡企业家领袖阿·普梯洛夫、乌·茹科夫斯基等。当时的报刊是这样形容"顿涅茨煤炭销售总公司"的经理阿夫达科夫的，即"他把千百万人和资金拉到自己的周围，在资本的钢铁王国里，他就是国王，资本家、商人和工程师加在一起就是他的大军。他同别的国王一道构成了笼罩全俄国的辛迪加的灵魂"。② 垄断资产阶级在20世纪的政治改革后取得了参与国家管理和决策的权利，古庸和阿夫达科夫成为政府的"上院"——国务会议的成员，普梯洛夫担任财政副大臣职务，伏尔加—卡马银行的经理彼·巴尔克担任了工商副大臣的职务，俄国对外贸易银行理事尼·尼·波克洛夫斯基担任了外交大臣的重要职务。

普鲁士道路

沙皇政府的1861年农奴制改革法令是以奥地利1848年农奴制改革法令为蓝本，改革是以大量保留农奴制残余和对农民的强制剥夺为特点的。正如沙皇亚历山大二世在签署法令前所下的保证一样："凡是为了保障地主的利益能够做的一切，都已经做到了"，"2月19日法令"对地主贵族阶级利益的保护倾向是非常明显的。法令规定农民获得解放的同时拥有一块份地，而且在最初的9年内，农民无权拒绝份地，目的在于在短时期内将农民束缚在土地上，以保证地主土地所需的劳动力。农民为获得完全的人身自由和份地必须向地主交纳赎金并负有临时义务，只有与地主订立土地赎买契约之后，农民的临时义务才能解除，在此之前

① 拉维雷切夫：《俄国革命前的国家和垄断》，莫斯科1974年版，第14页。

② 里弗申：《俄国经济中的垄断》，莫斯科1961年版，第236—237页。

农民被视为"暂时义务农"。获得人身自由的农民由村社统一管理，村社负责农民的税收和派设劳役，未经村社允许，农民不得离乡迁居。

改革后农村的地主土地所有制依然存在，而且通过割地（"2 月 19 日法令"规定地主有权将农民原有份地的 3/ 4 划归已有）使地主占据大量的好地。农民必须向地主或国家交纳高额的赎金以取得完全的人身自由，为保证地主的利益，国家给农民贷款，以便一次付清所需的份地赎金。农民在与地主订立赎买契约时一次支付赎金的 20%—25%，其余部分由国家代为支付。按法令规定农民向国家偿清赎金贷款的期限为 49 年，每年偿还 6%，到 1906 年沙皇宣布停止偿还赎金贷款时，农民已经向国家交纳15. 74亿卢布，超过改革前土地价格的2倍[①]。这样一来，广大农民不仅失去大量土地，而且由于交纳了巨额的赎金，又背上了沉重的贷款包袱，尽管农民从地主那里获得了人身自由，但是又变成了国家的奴隶。

工役制是俄国农奴制改革遗留下来的最明显的封建残余。在农奴制统治下，农民每月要有 2/ 3 以上的时间用自己的农具在地主的土地上劳动，劳动收获悉数归地主所有，这是农奴制体制下地主剥削农民的最为常见的形式，即劳役制。尽管 19 世纪以后，具有资本主义性质的代役制出现了，但是劳役制仍然是俄国封建经济的主要劳动形式。农奴制改革后，农民没有足够的土地，他们的份地与地主的割地纵横交错，地主仍然占有森林、草地、水源、牧场。没有这些土地，农民无法独立经营，许多农民被迫向地主租种土地维持生活，按照与地主的约定，农民仍然要用自己的农具和牲畜为地主耕种土地，以抵付地租、欠款或收成的一部分。农民除去为地主种地，还必须为地主服运输、修房等各种劳役，还必须把自家生产的牲畜产品无偿送给地主。在工役制下，农民虽然拥有人身自由，但农民变成了地主的暂时义务农，必须服从地主的驱使，这与劳役制下的农民的地位极为相似。从性质上看，工役制实际上是劳役制的翻版，它仍然是将农民在短时期内束缚在土地上，并且要服各种名目的劳役，超经济强制的成分仍然存在。因此，工役制即是封建主义的劳役制生产方式向资本主义的雇佣劳动方式过渡的一种途径，也是对资本主义生产方式的一种反动。另外还存在劳役制的另一个变种——"对分制"，即农民将所租种土地的收获的一半交给地主。

列宁在分析俄国农奴制改革后农业经济的发展道路时，曾经指出：农奴制消灭的过程可能走地主经济的道路，也可走消灭大地主大土地所有制的道路，即可

① 梁士琴科：《苏联国民经济史》第 2 卷，人民出版社 1956 年版，第 646 页。

以走改良的道路，也可以走革命的道路。列宁将这两条道路分别称之为“普鲁士式”和“美国式”道路，区别在于前者是“农奴制地主经济缓慢地转为资产阶级的容克的经济，同时分化出为数很少的‘大农’，使农民在几十年内遭受最痛苦的剥夺和盘剥”，后者即“地主经济已不再存在，或者已被没收和被粉碎封建领地的革命所捣毁了。”俄国资本主义农业经济的发展走的是“普鲁士式”的道路。①

到20世纪初，地主大土地所有制仍然占据统治地位。欧俄部分的1000多万户农民，拥有土地7500万俄亩，每户平均仅拥有7俄亩，30万户地主占有7000万俄亩土地，每户平均占有233俄亩。②封建的大土地所有制保护了地主贵族的经济利益，限制农民的分化，延缓一部分富裕农民的出现，也难以形成规模式的资本主义大农场。

斯托雷平改革

帕·阿·斯托雷平（1862—1911年）是20世纪初俄国政坛上的重要人物，他曾担任内务大臣和大臣会议主席（即内阁总理大臣），他在自己的任期内推行了土地改革和村社改革，对俄国农业现代化的发展产生了重大的影响。

改革俄国村社制度是斯托雷平经过深思熟虑后提出的方案，当1904年他还在萨拉托夫省长的任上就曾给沙皇尼古拉二世写信，提出：“村社制度在人民心目中已经根深蒂固，不能说人民喜欢这个制度，他们只是不了解其他制度，认为采用其他制度是不可能的。同时，俄国农民很喜欢大家一律平等，使大家达到一个水平。但因为不能使群众都提高到最能干和最聪明的人的水平，所以优秀人物势必屈从于最坏的和最懒惰的大多数人的见解和意愿……个人私有制是对村社制度的一个自然的平衡力量。它也是秩序得以维护的保证，因为小私有制是国家赖以稳定的秩序的细胞。”③斯托雷平坚信：“维护从自身利益出发的平均主义是毫无必要的，强化仅仅暂时有利的土地制度也是毫无必要的。在上述方面的所作所为，阉割了俄国农民的积极性，这些有害的感情导致更多的愚蠢和贫穷。而在我看来，贫穷要比奴隶地位更可怕。对这些人谈论自由则是可笑的。”④在斯托雷平看来，村社制度是限制俄国农民富裕起来的枷锁，贫穷就谈不上政治，贫穷只能

① 《列宁全集》第15卷，人民出版社1988年版，第205页。
② 樊亢：《外国经济史》第2册，人民出版社1965年版，第184页。
③ 布哈诺夫等：《20世纪俄国史》，莫斯科1997年版，第88页。
④ 格舒斯基、罗扎斯基：《俄国的民主经验》，莫斯科1998年版，第56页。

产生谣言和偏激，造成俄国社会的不稳定。

斯托雷平的改革方案得到了国家杜马两大党团立宪民主党和十月党的支持。十月党人尼·斯·阿夫达科夫认为："土地和工业应该倾向于同一个轨道前进。"[①]土地改革方案却遭到顽固派贵族地主的反对，黑帮分子亚·阿·乌沙科夫在杜马中发言：土地改革将"使我们固有的俄国生活制度和我们所有的古典风尚都消失殆尽"。[②]但是在1906年11月的第三届国家杜马上，由于大资产阶级政党的支持，通过了土地改革法令《关于农民土地所有制和土地使用现行法若干规定的补充法令》。该法令在1910年正式实施。

土地改革的内容包括：允许农民自由和随时退出村社。将村社分成两种：一种是在不实行定期重分的土地的村社中，将土地直接归农民所有；另一种是在实行定期重分的土地的村社中，任何农户都可以把重分土地时所有应划归他的土地确定为私人所有。当农户占有土地超过应分限额时，超额部分只要向村社支付1861年的赎地价格即可确定为原耕种者所有。当分得的地段零散时，农户有权提出要求，让村社将划给他的土地尽可能集中在一起。所有划归农民私有的土地，都可以自由买卖和抵押。原村社的公共产业，如草地、森林、水源仍为公有。

法令还规定：在村社中除去划分给个人的土地外，其余土地只要村社全体农民的大多数投票赞成，即允许把其余土地卖给个人所有。这一条对鼓励大农场主的出现无疑起到了促进作用。

斯托雷平的土地改革是1861年农奴制改革后，沙皇政府在农业方面的第二次重大改革，它加速了俄国农业资本主义的发展，为俄国工业的发展提供了巨大的市场和后备劳动力大军。这项改革打破了村社制度长期以来对农民的束缚，极大地加速了农村社会关系的分化。通过土地的转让，出现了一大批失去土地的自由职业者，也出现了为数不少的富农和大农场主。列宁评价："这项法律所遵循的是资本主义演进的路线，它促进和推动这一演进，加速对农民的剥夺，加速村社的瓦解，使农民资产阶级更快地形成。从科学的经济学来讲，这项法律无疑是进步的。"[③]

从19世纪60年代起，直至1913年，俄国国民生产总值的年增长率保持了

① 里弗申：《俄国经济中的垄断》，莫斯科1961年版，第249页。

② 嘉金：《1907—1911年的专制制度、资产阶级和贵族》，列宁格勒1978年版，第134页。

③ 《列宁全集》第16卷，人民出版社1988年版，第209页。

2.5%的速度，这在俄国历史上是前所未有的，而且由于俄国的农业走的是普鲁士式的缓慢发展的道路，因此工业生产总值的增长应该在这一时期整个的国民生产总值中占有较大比重的。经过近半个世纪的发展，俄国的工业化基础已经建立，在一定程度上缩短了与欧美发达资本主义国家的差距。但是也不应该过高估计俄国资本主义的发展水平和俄国工业化的程度，由于农奴制残余势力和沙皇专制制度的腐朽统治，阻碍了俄国资本主义经济的发展，第一次世界大战又打断了俄国工业化的进程，到1917年2月革命前，俄国仍然是一个农业国，是一个尚未完成经济现代化的国家。

第五章

专制制度的覆亡

（1905年至1917年）

俄国是一个具有三百多年专制制度统治历史的国家。俄国不仅在经济发展上长期落后于欧美各国，在政治发展上亦同样如此。由于专制主义和农奴制度等沉重的历史包袱的拖累，俄国的政治现代化起步甚晚，而且走着一条艰难的发展道路。直至20世纪初，沙皇专制制度仍然不愿意退出历史舞台，它所被迫进行的点滴改革也未能挽救自己败亡的命运，它最终被自下而上的革命浪潮所淹没。

一、新兴力量的产生

“第四代资产阶级”

1861年的农奴制改革加速了资本主义生产关系的发展，也加速了俄国社会结构的分化和重新组合。一大批贵族出身的人成为资本主义工场的经营者，加入了资产阶级的行列。19世纪70年代以后，在中央工业区、乌拉尔工业区和南俄工业区，新型的工业资产阶级产生了，他们被苏联学者梁士琴科称为“第四代资产阶级”，以区别于直接脱胎于旧式社会关系的工商业资本家。他们一般居住在莫斯科、彼得堡、下诺夫哥罗德等大都市或商业中心，很多人接受过资本主义文明的熏陶，同时与外国资本家和金融机构有着密切的联系。资产阶级代表人物莫罗佐夫在1869年6月的《工业学报》上为亚历山大二世的农奴制改革喝彩，称改革是“伟大的变革”，他强调：“由于农奴阶层的解放，工业和商业所获得的利益，这在现在和将来都是难以估计的。”1886年7月6日出版的《伏尔加里报》声称：“我们的企业家作为俄国工业的推动力起了多么大的作用……我们认为，并且还将认为，俄国有知识的企业家是推动俄国工业和商业强盛发达的支柱。”①“第四代资产阶级”的崛起，改变了俄国资产阶级的整体构成，他们在经济实力和社会活动能力方面胜过商人、贵族、地主和农民等阶层出身的企业家。这一批资产阶级掌握着各种企业家组织、商人协会以及资产阶级政治团体的领导工作，他们的言行直接代表着全俄工商业资产阶级的愿望和利益。

1882年，在莫斯科成立了全俄工商业代表大会，它联合了全俄各地区和城市的资产阶级。在这个组织中，莫斯科的资产阶级占据领导地位。主席是维·阿·多尔戈鲁科夫公爵，副主席由莫斯科企业家阿·波·别尔、斯·马·特列基亚科夫、德·尼·莫罗佐夫担任。该组织定期召开会议，确定对政府有关铁路运费、关税、官方订货价格的意见，协调全俄企业家的关系。全俄工商业代表大会号召全俄资产阶级积极涉足沙皇政府的地方自治机构，为其经济活动创造条件。在资产阶级政党未建立之前，这个组织成为全俄资产阶级最有影响的组织。该组织定期出版的《工商业》杂志在俄国的影响也比较大。

随后，“南俄矿业家代表大会”、“石油工业家代表大会”、“南俄煤矿业代表大会”等组织也纷纷建立。各种企业家组织的建立，表明羽翼渐丰的资产阶级已认识到联合起来的重要意义，开始通过各种组织来维护自身利益，

救济所的失业工人

① 拉维雷切夫：《俄国改革后的大资产阶级》，莫斯科1974年版，第68、136页。

巩固其经济地位，并表明俄国资产阶级在组织意识方面已逐渐成熟。

在1861年农奴制改革后，沙皇政府又进行了城市自治改革，设立了城市自治局，管理城市的行政、文化、教育等事务。城市自治局的官员由城市显贵和富豪自己推选出来，从而使一些财产殷实而有知识水平的工商业资产阶级人物担任了重要的职务。到19世纪末，俄国资产阶级作为一个阶级已经形成，俄国资产阶级在国家经济中的重要地位已初步确立。俄国资产阶级全国性经济团体为其独立政党的建立创造了条件。

沙皇政府对资产阶级的扶持，造成俄国资产阶级对专制政府较大的依赖性。农奴制改革后，资产阶级和沙皇政府都把发展经济作为首要任务，两者就此结成了密切的经济关系。这种经济关系是互补互济式的，即资产阶级需要专制政府通过国家手段保护和鼓励其发展，而专制政府也需要靠资产阶级的资助，以增强国势和稳定统治。这种关系使两者在俄国资本主义发展初期拥有了更多的一致性，从而助长了资产阶级发财致富的积极性，阻碍了资产阶级的政治觉悟和政治水平的提高。这一特点是造成俄国资产阶级政治主张一贯保守的重要因素，同时也是1907年斯托雷平的"六·三政变"后资产阶级与沙皇政府最终结成政治联盟的基础。

这个时期的俄国资产阶级在政治和经济方面基本上还是一个未完全成熟的阶级，还是一个松散的、发展不充分的、未能给社会生活造成重大影响的阶级。

俄国无产阶级

1861年的农奴制改革加速了俄国资本主义经济的发展，为俄国产业工人阶级——无产阶级的发展和形成提供了极其重要的条件。首先，农奴制改革加速了农民的分化。农奴制改革是以对广大农民的强制剥夺为特点的，通过改革，大量的好地被地主和贵族以割地的形式占有，从而使一些农民失去了土地和生产资料，另外一些农民由于无力耕种自己的那一块份地，而不得不以低价出让给地主。这些失去土地和生产资料的农民作为真正的无产者、自由职业者，可以自由地外出打工以求生存，其中相当一部分获得人身自由的贫苦农民涌入了城市，投入雇佣劳动力市场，加入到了产业工人的大军之中。被允许外出打工的农民的数目每年增长迅速，据统计，1861—1870年外出谋生的男女农民的数目为129.13万人，1881—1890年为494.66万人，1891—1900年为713.66万人。[①] 其次，农

① 孙成木等：《俄国通史简编》下卷，人民出版社1986年版，第135页。

奴制改革后，俄国资产阶级工业的迅速发展极大提高了对劳动力的需求。从70年代起，俄国开始了"工业狂建"浪潮，新的工业中心形成，新的工业企业建立，从而需要大量的劳动力。到80年代初，俄国的工业革命基本完成，随着新的生产技术和工艺的采用，旧的手工工场制度被现代工厂制度所代替。1877年以后，俄国工业发展进入高涨阶段，1877—1882年，铁产量增加20%，煤炭开采量增加一倍多。1876—1878年，机器制造业和金属加工产品产量增长32%。① 工业的迅速发展提供了大量的就业机会，从而吸引了大批获得人身自由的农民加入到产业工人的行列之中。

到19世纪90年代初，俄国产业无产阶级作为一个独立的阶级已经形成。它突出地表现在数量上和组织上。1865—1890年的25年间，仅在大工厂和铁路工作的工人人数就由70.6万人增加到143.3万人。到90年代末，大工厂、矿山和铁路等重工业部门的工人人数增加到279.2万人。90年代初，在俄国9大工业区（彼得堡、维尔诺、彼得罗科夫、华沙、莫斯科、弗拉基米尔、哈尔科夫、基辅、沃罗涅什）的固定工人的人数已占工人总数的71.75%。到20世纪初，俄国的工人阶级人数已超2200万人（包括家属），约占全俄人口的18%，其中产业工人的人数为300万人。②

俄国无产阶级在其产生和发展过程中形成了较为明显的特点。

第一，就其阶级构成而言，俄国工人阶级的队伍比较纯洁。破产的农民是俄国无产阶级的主要社会来源，来自破产的手工业者和城市贫民的工人在俄国工人阶级的构成中仅占少数，使得熟练工人阶层在俄国工人阶级中的基数偏小，不易于形成工人贵族阶层。

第二，俄国无产阶级身受的政治压迫和经济剥削极其深重。俄国工人的劳动条件和生活条件极其恶劣，劳动待遇和工资收入极其低下。19世纪七八十年代，俄国工人的日工作时间平均达12小时，在纺织业中甚至达到14—15小时。根本没有劳动保护和人身保险，每年伤亡的工人人数达工人总数的25%—30%。俄国资本家大量使用童工，在工人中大约有2/3的人是在未满14岁以前就开始在工厂做工，而且他们中间的许多人在进入工厂时还不到10岁，只有1/3的工人是在15岁以后开始在工厂做工的。俄国工人的工资在当时是欧洲各国最低的，工

① 梁士琴科：《苏联国民经济史》第2卷，人民出版社1956年版，第140、210页。

② 诺索夫主编：《苏联简史》第1卷下册，三联书店1977年版，第398页。

上流社会的豪奢生活

人一个月的收入仅仅是13—20卢布，并且被资本家以各种手段克扣掉大部分。例如莫斯科波洛柯洛夫工厂主规定：“无礼貌的行为——罚款50戈比，未得管理部门允许而在家留宿——罚款50戈比，不走正门——罚款50戈比，不请假外出——罚款50戈比，起床过迟——罚款50戈比。”① 据俄国社会学家弗列罗夫斯基统计：工人被克扣的工资占总收入的1/4。工人的生活条件极其恶劣，绝大部分人居住在空气潮湿、疾病流行的工人棚户区，1897年彼得堡的卫生视察员对俄国5个工业区的调查结果证实：每个房间平均住10—20个人，平均每人仅占0.3平方米的铺位。因此，俄国工人阶级的政治觉悟较高，革命性最强，革命的要求最坚决、最彻底。

第三，俄国工人阶级集中程度高。俄国资本主义工业的发展是在较短时间内从自由竞争过渡到垄断阶段，不仅资本积聚和生产集中表现相当广泛，而且工人在大型企业和重工业中的集中程度也比欧美国家高得多。19世纪90年代末期，全俄的大型工厂、矿山和铁路的工人数量超过了300万人。其中半数以上的工人都集中在500人以上的大企业中。1910年，俄国有占总数53.4%的工人集中在500人以上的大企业中，而同期号称“托拉斯帝国”的美国同类企业中工人人数

① 茨维特阔夫：《苏联工人阶级》，工人出版社1951年版，第28页。

仅占其总数的33%。而且就部门分布而言，俄国工人大多集中在机械制造、石油、煤炭、冶金、铁路等部门的工业企业中。就地区分布而言，俄国工人在彼得堡、莫斯科、里加、巴库、敖德萨、沃罗涅什等工业中心城市相对集中。

列宁主义诞生

1875年5月，俄国第一个工人组织“南俄工人协会”在南方的工业中心城市敖德萨成立，组织者是叶·奥·扎斯拉夫斯基。“南俄工人协会”将第一国际的章程作为该组织革命活动的纲领，主张将工人阶级“从资本和特权阶级压迫下”解放出来，将斗争的目标定为反对现存的经济和政治制度。但是该组织仅存在8个月即被沙皇政府所破坏。1878年，“北方工人协会”在彼得堡成立，领导人是弗·奥尔诺夫斯基和斯·哈尔土林。该组织的主张和纲领具有较鲜明的政治意义，它宣布该组织的宗旨是“推翻国内现存的政治经济制度，因为它是极不公平的制度”，将在工人中进行革命宣传和鼓动作为其重要任务，并且创办了《工人曙光报》。该协会较之“南俄工人协会”，在政治上和组织上都前进了一步。但是它们的共同弱点是未能完全与工人运动的实际结合，更重要的是缺少马克思主义理论和无产阶级政党的指导。

列宁像（1887年）

这一时期的俄国工人运动除了深受民粹主义的影响外，还深受一些小资产阶级、机会主义和非马克思主义思想的影响。俄国无产阶级的革命家普列汉诺夫曾经说过：“在巴枯宁的影响下，我们的思想曾经陷入矛盾的迷宫，而马克思的理论就像引路之线一样把我们从这个迷宫中引导出来。”① 列宁也曾经说过：“布尔什维主义是1903年在最坚固的马克思主义理论基础上产生的。而这个——也只有这个——革命理论的正确性，不仅为整

① 约夫楚克、库尔巴托娃：《普列汉诺夫传》，三联书店1980年版，第86页。

个19世纪全世界的经验所证实，尤其为俄国革命思想界的徘徊和动摇、错误和失望的经验所证实。在将近半个世纪里，大约从上一世纪40年代至90年代，俄国进步的思想界在空前野蛮和反动的沙皇制度的压迫之下，曾如饥似渴地寻求正确的革命理论，专心致志地、密切地注视着欧美在这方面的每一种'最新成就'。俄国在半个世纪里，经受了闻所未闻的痛苦和牺牲，表现了空前未有的革命英雄气概，以难以置信的毅力和舍身忘我的精神去探索、学习和实验，它经受了失望，进行了验证，参照了欧洲的经验，真正饱经苦难才找到了马克思主义这个惟一正确的革命理论。"[①]

弗拉基米尔·伊里奇·列宁（乌里扬诺夫）[②]（1870—1924年）于1870年4月10日出生于辛比尔斯克一个具有民主主义思想的知识分子家庭。1887年进喀山大学法律系学习，同年因参加学生运动而被捕，沙皇政府密探在审讯时曾警告他："年轻人，你要放明白些，要知道，伟大的沙皇制度在你面前是一堵墙。"列宁回答："是的，是一堵墙，不过，只要轻轻一推，它就将倒塌。"列宁后来被流放而失去读大学的机会，但是他在1891年以校外自读生的身份通过了彼得堡大学法律系全部课程的国家考试。在流放期间，他认真研究了马克思的《资本论》和普列汉诺夫的著作。1895年，列宁第一次与普列汉诺夫相识，开始筹建马克思主义组织。

19世纪90年代俄国工业发展出现了高涨的局面，与此同时俄国工人运动的高潮也随之到来。1895—1899年间，俄国平均每年发生罢工147次，参加工人数超过12万人。在罢工过程中，工人们已经提出了一些政治要求，表明俄国工人运动的发展水平。1891年一批先进的彼得堡工人参加了革命民主主义者尼·瓦·舍尔古诺夫的葬礼，在葬礼上提出了反对专制制度，争取民主权利的要求。同年5月，彼得堡的工人自发地组织了俄国历史上第一次纪念"五一"国际劳动节的活动，并且将其变成一场在首都彼得堡产生重大影响的政治示威活动。列宁称赞这一时期的俄国工人运动说："为了正确评价革命的日子，应当总观一下我国工人运动最近的历史。在将近20年以前，在1885年，中部工业区、莫罗佐夫工厂和其他一些地方发生了最初的大规模的工人罢工。当时，卡特柯夫曾写文章谈到俄罗斯已出现了工人问题。无产阶级从经济斗争转到政治示威，从示威转到革命冲击，其发展速度真是惊人！我们不妨回顾一下已经走过的道路上的几个主要里程碑。

① 《列宁全集》第39卷，人民出版社1986年版，第5—6页。

② 列宁原姓乌里扬诺夫，列宁为其从事革命活动后的化名，据说该姓出自俄国北方大河——勒拿河（Лена）的音译。

1885 年，发生了广泛的罢工，当时，社会主义者是完全单独行动的，没有结成任何组织，他们参加这些罢工的寥寥无几。……1891 年，彼得堡工人参加了为舍尔古诺夫送葬举行的游行示威，在彼得堡的五一游行示威中有人发表了政治演说。这是先进工人在没有群众运动的情况下所进行的社会民主主义的游行示威。”①

1895 年 12 月，列宁同其他马克思主义者将彼得堡的二十余个社会主义小组和马克思主义小组联合组成“工人阶级解放斗争协会”，标志着俄国工人运动进入到了一个新的阶段。“工人阶级解放斗争协会”将工人阶级为改善劳动条件、增加工资等经济要求与反对沙皇专制制度的政治要求结合起来，积极在广大工人中间开展宣传鼓动工作，唤醒工人的革命觉悟和斗争意识，号召工人阶级团结起来，从而开始了马克思主义理论与俄国工人运动的具体实践相结合的历史。

1898 年俄国社会民主工党成立，它是工人阶级参加的第一个政党，但是它还是一个成员复杂、政治纲领不明确的政党。列宁决定从内部改造这个政党，使它真正成为无产阶级的政党。1900 年 12 月，列宁所创办的《火星报》在国外出版，在报头下印有十二月党人奥多耶夫斯基答谢普希金的著名诗句：“行看星星之火，燃成燎原之势”，《火星报》作为工人阶级的喉舌，在工人中间拥有重大的影响。在 1903 年 7 月的俄国社会民主工党第二次代表大会上，列宁所领导的“火星派”与“经济派”等机会主义派别在无产阶级专政、民族自决权、农民问题等问题上产生分歧。最后在社会民主工党的中央组织机构选举时，拥护列矛主张的人在大会选举中获得了多数票，因此被称为布尔什维克（即“多数派”，是俄文 Большевики 的音译），拥护“经济派”马尔托夫的人在选举中仅获得少数票，被称为孟什维克（即“少数派”，是俄文 Меньшевики 的音译）。

二、君主立宪改革

1905 年革命

俄国伟大的革命家和思想家普列汉诺夫 1901 年发表在《火星报》第二期上

① 《列宁全集》第 9 卷，人民出版社 1987 年版，第 232 页。

的《跨进 20 世纪的时候》展望了俄国未来的社会发展形势：“20 世纪在我们面前提出这样的政治任务——这个任务在西方已经或多或少或充分地解决了。在我们这里，西欧的人们只是根据传闻才知道的那个专制制度正在欣欣向荣”，“政治自由将是 20 世纪俄国第一个巨大的文化成就。”[①] 到 20 世纪初，沙皇俄国这座欧洲专制制度的堡垒也终于发生了动摇。

沙皇尼古拉二世的一家

亚历山大三世于 1894 年病逝，皇太子尼古拉二世继承皇位。1896 年 5 月 18 日，俄国宫廷按传统在莫斯科为尼古拉二世举行加冕典礼，因谣传沙皇将赏赐丰厚的礼物，使数十万群众聚集在莫斯科的霍登广场，因拥挤而互相践踏，造成三千余人伤亡，史称“霍登惨案”。自此，尼古拉二世在民间就有“血腥沙皇”之称。

1904—1905 年的日俄战争成为俄国第一次民主革命和政治现代化的催化剂。

这场战争，在政治上加剧了 20 世纪初俄国专制制度的统治危机，进一步降低了沙皇政府可怜的威信。沙皇政府原本希望用“一场小规模的战争”来激起国内各界群众的民族情绪和凝聚力，但是俄国军队在日俄战争中的惨败却使绝大多数俄国人看清了沙皇制度的弱点及本质。资产阶级对沙皇政府表示了不信任的态度，莫斯科企业家弗·巴·梁布申斯基公开表示：“我们的政府是无能的，如果继续发展下去，那么广大的民众要丢掉对政权的尊敬和信任，这将是可怕的，这是不能想象的，那将导致令人绝望的后果。”[②] 但是尼古拉二世和俄国统治阶级不能冷静地面对国内日趋高涨的革命形势，仍然坚持实行残暴的专制统治。尼古拉二世提出“维护国基”，压制一切有悖于专制主义的言论和行动，取缔一切政治团体。连一贯主张“勿以暴力抗恶”的俄国大文豪列夫·托尔斯泰也在沙皇的授意下被革除了东正教教籍，列宁等一大批革命家相继被捕或流放。

① 普列汉诺夫：《跨进 20 世纪的时候》，东方出版社 1998 年版，第 4—5 页。
② 里弗申：《俄国经济中的垄断》，莫斯科 1961 年版，第 260 页。

在全民政治浪潮的推动下，资产阶级也行动起来，以各种方式向沙皇政府呼吁进行政治改革。从 1903 年起，资产阶级和自由派贵族发起了较大规模的立宪运动。其标志即是，1903 年在莫斯科成立了“地方自治局立宪派同盟”。1904 年 1 月，俄国资产阶级的第一个政治组织“解放同盟”成立，代表了中小资产阶级的利益，成为资产阶级自由派的政治中心。解放同盟于 1904 年 11 月在彼得堡等地组织了千人集会，呼吁沙皇政府实施立宪改革，赋予人民普选权，在当时产生了很大影响。1904 年 11 月召开的“地方自治局全国代表大会”通过了一项内容广泛的决议，要求沙皇政府立即实施宪政、普选权，吸收各界人士参加内阁，放弃政治高压和军事独裁。1904 年底，彼得堡工业界人士举行宴会，与会者 59 人一致要求俄国实行立宪，认为没有宪法工业就没有保证。1905 年 1 月 9 日，数万名彼得堡的工人和家属前往冬宫广场上请愿，尼古拉二世命令早已埋伏好的军警向手无寸铁的人群开枪，当场打死 1000 多人，制造了“流血星期日”事件。工人阶级终于放弃了最后一点对沙皇本人以及沙皇政府的幻想，俄国历史上第一次资产阶级民主革命由此而爆发了。在罢工运动中，产生了工人阶级政治组织——工人代表苏维埃。1905 年 6 月，俄国海军“波将金”号装甲舰的水兵发动起义。1905 年 10 月的政治总罢工极大地推动了全俄革命形势的迅速发展，在布尔什维克和工人代表苏维埃的领导下，同年 12 月在莫斯科的勃列斯尼亚工人区爆发了工人阶级的武装起义，将 1905 年革命推向了高潮。

1905 年 1 月 9 日的“流血星期日”事件后，“解放同盟”的左翼分子公开抨击了沙皇政府的残暴行为，要求惩办凶手，立即召开立宪会议，这一行动明显地标志资产阶级自由派开始倾向于民主派阵营，标志着资产阶级“所迈过去的界线，因为谁也不再期待尼古拉赐给人民宪法了，谁也不相信这种宪法了”。[①] 6 月的“波将金号”军舰起义事件推动了资产阶级自由派政治态度的转变和政治要求的升级，“解放同盟”的领袖斯图卢威表示：“俄国每一个诚实和有理智的自由派都要求革命。”莫斯科工商业资产阶级递交了联名请愿书：要求言论、出版和集会自由，认为没有宪法，工业就没有保证，自由派人物伊·伊·彼得龙克维奇的话代表了这一时期资产阶级的心声：“在此之前，我们一直希望从上面实行改革，而从现在起我们的惟一的希望就是人民，我们必须用简单明了的语言把真实情况告诉人民，是政府的无能和无力引起了革命……我们现在必须勇敢地走向人民，而

① 波克罗夫斯基：《俄国历史概要》下册，三联书店 1978 年版，第 577 页。

不是走向沙皇。"[①] 1905 年 1 月底，以莫洛佐夫为首的莫斯科工厂主向政府递交了请愿书，要求言论、出版、集会和结社自由。莫洛佐夫单独会见了大臣会议主席维特，向他提出："必须结束独裁，建立议会制，举行直接普选和其他选举等。"[②] 在 1905 年召开的城市杜马代表大会上，资产阶级公开要求实行立宪改革和吸收社会活动家参加政府机构。

不情愿的改革

1903 年 8 月，维特被免去任期长达 11 年之久的财政大臣职务，被安置在无所作为的大臣会议主席的职位上。1905 年沙皇尼古拉二世任命维特为对日本和谈俄方首席全权代表，率俄国政府代表团前往美国谈判。会谈结束后，当他途经巴黎和柏林回到俄国时，正是俄国革命风暴席卷全国之际。

维特首先明智地分析了俄国当时面临的政治局势，他看到："革命似脱缰的野马，奔腾得越来越猛，席卷了居民的所有阶层"，"整个俄国都对现状，即对政府的现存制度不满。大家都在不同程度上自觉地，甚至是不自觉地要求变革"。实行普遍选举制，扩大政治民主和参与，建立代议制机构，限制专制权力，已成为各阶层的普遍要求。而"如果政府一再拒绝这种要求，那么人民就会认为现政权不可能满足他们的需要，那就要诱发革命。"维特也看到在紧迫的国内形势压力下，以"俄罗斯人民联盟"、"黑色百人团"为代表的顽固派分子的反动活动。该组织得到了沙皇尼古拉二世和皇后亚历山德拉的支持，沙皇曾公开接受了"俄罗斯人民联盟"的徽章，表示他加入这个组织。维特认为这一行动"表明专制独裁皇帝政治思想极度贫乏，表明了他灵魂上的病态。"[③]

维特认为摆在沙皇政府面前的选择只有两个：或者继续独裁，或者改行立宪。前者即是顽固维护专制——警察体制，以血腥镇压对付革命和窒息各阶层的民主呼声；后者即是灵活和变通地对专制统治加以功能性改造和结构性调整，缓和尖锐的阶级矛盾的做法。维特因此强调："必须明智地限制独裁，必须在康庄大道上筑起几堵限制独裁之墙，除此之外，别无其他出路，这看来是当今世界人类发展不可抗拒的历史规律。"[④]

① 波克罗夫斯基：《俄国历史概要》下册，三联书店 1978 年版，第 601 页。

② 维特：《俄国末代沙皇尼古拉二世》续集，新华出版社 1990 年版，第 151 页。

③ 维特：《俄国末代沙皇尼古拉二世》，新华出版社 1990 年版，第 194、263、217 页。

④ 维特：《俄国末代沙皇尼古拉二世》，新华出版社 1990 年版，第 245 页。

代议制机构——国家杜马被资产阶级看成是民主的重要内容和国家政治生活民主化的重要标志。他们期待具有立法权力的国家杜马能够成为限制沙皇独裁权力、弹劾政府和参与国家管理的重要机构。1905年8月6日，沙皇政府颁布的《建立国家杜马法令》和内务大臣布里根起草的国家杜马选举法，曾一度振奋了资产阶级的精神。但是资产阶级在欣喜之余，发现这个机构的职能实际上只限于“预先研究和讨论通过国务会议提交专制政权符合根本法的议案”。[①] 因此在各界人士的抵制下，这个咨议性的国家杜马未经召开便已流产。这一现象提醒维特必须下决心做更大范围的让步，进行更大范围的政治改革，才能达到平息愈演愈烈的政治风潮的目的。

1905年10月8日，维特上书沙皇尼古拉二世，劝说沙皇同意设立立法杜马和实行宪政。他在奏折中指出：“历史的进步是不可阻挡的，公民自由的思想一定获得胜利，不是走改良的道路，就是走革命的道路。”[②] 沙皇尼古拉二世赞同有限度的改革，他责成维特制定一份详细的政体改革方案供他参考。维特和他的助手奥德连斯基用了7天时间草拟出《整顿国家秩序宣言》，在10月15日面呈尼古拉二世。维特再次进言：“在当前的形势下，只有两条道路，要么宣布军事独裁，镇压一切；要么让步，实行立宪改革。”[③] 10月17日晨，沙皇尼古拉二世哀叹：“与其在不久的将来被迫做些微小的让步而结果仍是如此，那么还不如现在就立即这样做的好”[④]，沙皇终于在《整顿国家秩序宣言》上签字，同日该宣言立即以诏书的形式发布全国，因此该文件又称为《十月十七日宣言》。

《整顿国家秩序宣言》宣布：“依据确保人身不受侵犯、信仰自由、言论自由、集会自由、结社自由诸原则，恩赐平民以公民自由之坚实基础”，“任何法律未经国家杜马认可不得生效；民选机构得以确实参与监督朕所授予之权力执行是否合法”。[⑤]

在发表这项宣言的同时，沙皇尼古拉二世于10月19日还公布了《加强大臣与总局活动一致之措施》，规定了国家的最高行政机构——大臣会议的职责，它宣布：“政府当务之急应为：立即实行法治之基本原则，实现出版、信仰、集会、

① 卡尔内切夫：《俄国国家杜马》，莫斯科1957年版，第32页。
② 《红色档案》，莫斯科1925年第4—5期，第55页。
③ 维特：《俄国末代沙皇尼古拉二世》续集，新华出版社1990年版，第21页。
④ 阿南尼契：《俄国专制制度的危机（1895—1917）》，列宁格勒1984年版，第237页。
⑤ 维特：《俄国末代沙皇尼古拉二世》续集，新华出版社1990年版，第1—2页。

结社及人身不受侵犯之自由，尔后将此原则提交国家杜马立法裁决。应通过正常立法研讨加强此类社会政治生活之重要原则，并解决俄国全体臣民不分信仰与民族在法律面前一律平等的问题。”①

资产阶级对此是一片欢呼之声，资产阶级的各政治党团随之纷纷成立。

1905 年 10 月，“立宪民主党”（又称“人民自由党”）成立，该党代表了中下层资产阶级的利益，律师、学者、大学生、教师等知识分子构成其主要的社会成分。历史学家帕·尼·米留科夫、“解放同盟”的领导人彼·伯·斯图卢威、社会活动家彼得龙克维奇是该党的领导人。该党反对专制制度，主张实行君主立宪，将俄国改造成“立宪的和议会的君主国”，《言论报》为该党的机关报。

1905 年 11 月初，莫斯科城市杜马代表阿·伊·古契科夫和地方自治代表大会主席德·尼·希波夫商议成立自己的政党。希波夫谈到：“在出现引导社会走向新生活的《十月十七日宣言》（《整顿国家秩序宣言》）的同时，不可避免地促成社会成员建立政治组织，我们认为自己的责任是推动属于地方自治代表大会和城市活动家的那部分人的联合。”② 同年 11 月 10 日，“十月十七日同盟”（又称十月党）成立，领导人是阿·伊·古契科夫、德·尼·希波夫，它的机关刊物是《言论》和《莫斯科呼声报》。十月党是垄断资产阶级的政党，它的社会基础是全俄工商业资产阶级巨头们。

资产阶级政党的建立和资产阶级在全国范围内的政治联合，标志着俄国资产阶级“第一次开始形成为一个阶级，形成一支统一的和自觉的政治力量”③，也标志着俄国的资产阶级逐渐走向成熟，逐渐趋于联合。

1905 年 8 月 6 日沙皇政府颁布的布里根杜马选举法曾经一度振奋了资产阶级的精神，但当俄国的事态发展到 10 月 17 日以后，该选举法显然是不适应政治形势的需要了。古契科夫参加了杜马选举法的修改工作，在其中起到较大的作用。1905 年 12 月，古契科夫参加了尼古拉二世在皇宫召开的改革选举法会议。在会上，古契科夫要求实行普遍选举制。他向沙皇尼古拉二世表示：“不应该害怕人民群众，吸收他们参加国家的政治生活将导致最巩固的安定。赐予普遍选举制是无可避免的，如果现在不实行，在最近的将来也终归要被迫实行。”④ 实行普

① 维特：《俄国末代沙皇尼古拉二世》续集，新华出版社 1990 年版，第 3—4 页。

② 斯塔尔采夫：《1905—1917 年俄国资产阶级和专制制度》，列宁格勒 1977 年版，第 18 页。

③ 《列宁全集》第 16 卷，人民出版社 1988 年版，第 116 页。

④ 波克罗夫斯基：《俄国历史概要》下册，三联书店 1978 年版，第 745 页。

选制，从来就是资产阶级国家自我标榜的民主特征，古契科夫坚持实行普选制，表明了俄国资产阶级对民主生活的渴望和把争取普选权作为资产阶级民主生活的起点。此时，正是莫斯科十二月起义枪声最激烈的时刻，古契科夫的讲话明显地表现出资产阶级“想利用失败和正在增长的革命，迫使惊慌失措的君主政府让步，而同资产阶级分掌政权”。①

《整顿国家秩序宣言》颁布后的第三天（10 月 19 日），维特提议由著名企业家、十月党领袖古契科夫担任工商大臣，希波夫担任国家监察使，立宪民主党人叶·尼·特鲁别兹科依担任国民教育大臣。后来古契科夫在自己的回忆录中透露：“我们原则上表示同意，但我们互相提议，通过一个条件，即在加入政府的同时，政府应该确定最近改革的总纲。”② 但是在讨论内务大臣的人选时，维特与这些资产阶级代表人物发生了严重分歧。内务大臣是国家的警察事务总管，在俄国这样专制制度国家中，该职务的重要性是显而易见的，而且特别是在国内政局不稳定时其作用是尤其重要的，因而资产阶级和维特都非常重视这个大臣的人选。维特提出：“很自然，这种状况要求全帝国的警察首长具有丰富的经验，特别是因为近几年来警察到处都处于涣散状态……因此我越想越觉得必须让彼·尼·杜尔诺沃担任内务大臣。”但是古契科夫等人坚决表示：“如果杜尔诺沃任内务大臣，他们将不参加内阁。”③ 为了解决持续两个星期的“内阁危机”，维特坚持推举杜尔诺沃为内务大臣，一些资产阶级代表人物宣布不与杜尔诺沃同流合污，而失去了直接参加政府内阁的机会。

但资产阶级在被列宁称为“上院”的国务会议的组成中占据了一定的席位，从前该机构的成员都是由沙皇亲自任命的贵族担任的。企业家、十月党人哥·阿·克列斯托夫尼科夫、德·尼·莫洛佐夫和尼·斯·阿夫达科夫等人都成为国务会议的成员，在统治阶级制定政策时直接反映垄断资产阶级的利益和呼声。改革后的国务会议是与国家杜马具有同样职能的立法机构。

维特作为大臣会议主席又主持了修改《国家根本法》，在具体的条文上作了部分的修改。在开始这一工作时，维特便委托大臣会议办公厅主任诺尔德将德国、奥匈帝国、日本、英国这些君主制国家的宪法作了比较，指示借用其中“有益的

① 《列宁全集》第 27 卷，人民出版社 1990 年版，第 33 页。

② 斯塔尔采夫：《1905—1917 年俄国资产阶级和专制制度》，列宁格勒 1977 年版，第 15 页。

③ 维特：《俄国末代沙皇尼古拉二世》续集，新华出版社 1990 年版，第 95、98 页。

保守原则”[①]。1906 年 4 月颁布的《国家根本法》中规定“整个俄罗斯国家的行政权全部归属沙皇”，在关于“全俄罗斯皇帝是无限专制的君主”的条文中删去了“无限”一词，同时规定“任何新的法律，未经国务会议和国家杜马的批准不得产生，未经沙皇批准不得生效”，“沙皇与国务会议和国家杜马共同实现立法权”。[②]

三、专制统治垮台

危机的加剧

1905 年的十二月工人起义被镇压后，俄国民主革命走向低潮。有“俄国的俾斯麦”之称的彼·阿·斯托雷平担任了内务大臣的职务，他将行刑队和战地军事法庭派往俄国各地，大肆逮捕和屠杀进步人士，行刑队的绞索被戏称为“斯托雷平的领带”，革命力量和进步势力遭受沉重打击。

第一届国家杜马于 1906 年 5 月 10 日召开，在杜马中，资产阶级代表与戈列梅金政府在农民土地问题和政治自由化问题上发生了冲突，最后是沙皇政府的军队开进了国家杜马的所在地——塔夫利达宫，第一届国家杜马仅仅存在 42 天就招致被解散的命运。

在革命高潮低落的情况下，布尔什维克党在 1907 年 5 月召开的俄国社会民主工党第五次代表大会上提出要利用一切合法的斗争机会，特别是要利用国家杜马合法讲坛，联合小资产阶级政党，反对沙皇专制制度，揭露大资产阶级叛变革命的本质。

1907 年 2 月，第二届国家杜马召开，由于布尔什维克提出了广泛利用国家杜马“合法讲坛”，放弃抵制国家杜马选举的作法，积极参加杜马的选举，并且与在国家杜马中占据优势席位的劳动派以及社会革命党、劳动人民社会主义党联合成“左派联盟”，使这届国家杜马的左翼力量大大加强，使得顽固派、黑帮和资产阶级保守派大为恐慌。

① 阿南尼契:《俄国专制制度的危机（1895—1917)》，列宁格勒 1984 年版，第 284 页。
② 卡尔内切夫:《俄国国家杜马》，莫斯科 1957 年版，第 41、49、52 页。

1907年6月3日，新任大臣会议主席斯托雷平借口第二届国家杜马中的社会民主党议会党团密谋发动“弑君夺权”的政变，再次解散国家杜马并大肆逮捕社会民主党人，在全国范围内实行恐怖统治，镇压工农运动，被称为“六·三政变”。作为一个资深的政治家和专制制度的卫道者，斯托雷平也看清了俄国资产阶级的软弱本质，他认识到在武力镇压的同时，还必须对资产阶级，特别是大资产阶级进行安抚，满足大资产阶级的部分政治和经济要求，保证大资产阶级在国家杜马和政府的地位，把资产阶级从民主派营垒中分化出来，作为沙皇政府统治新的社会基础。而且斯托雷平所推行的一些政策也需要立法机构——国家杜马的支持，更确切地说，需要地主和大资产阶级的支持。因此，沙皇政府公布了新的选举法。新选举法的目的在于保证政治上保守的农民、地主和资产阶级在各省的国家杜马代表选举中的优势地位，第三届国家杜马选出的复选代表中地主和大资产阶级就占据了50%的席位，农民占22%的席位，工人仅占2%的席位。[①] 在第三届国家杜马中出现了两个多数：其一是代表大资产阶级利益的十月党在选举中获胜，成为杜马中占据多数席位的议会党团，十月党领袖古契科夫担任了国家杜马主席的职务，俄国资产阶级的政治影响达到了顶峰；其二是极右派——黑帮集团也在第三届国家杜马中占据了优势席位，这个黑帮集团是由“俄罗斯人民协会”、“俄罗斯同盟”等种族主义和反犹主义组织组成，大资产阶级与斯托雷平，与极端反动的黑帮集团结成了政治同盟，这种政治格局被称为“六·三体制”。

国家杜马中两个多数派局面的出现，正符合斯托雷平的原则：国家政权应当为强者所掌握。他可以以超阶级、超政党的面目出现，巧妙地利用十月党和黑帮集团的矛盾，利用资产阶级政党内部的矛盾，推行有利于沙皇政府的政策。

在第一届和第二届国家杜马中，土地问题一直是各界代表争论不休的中心议题。斯托雷平懂得，必须使国家统治适应阶级结构的变化。他准备在政治最保守的农村，破坏中世纪的村社制，扶植农村资产阶级，作为稳定国家统治的社会基础。但是土地改革的方案遭到了守旧贵族地主的反对。黑帮分子亚·阿·乌沙科夫在国家杜马的发言中认为：土地改革“使我们固有的俄国生活制度和我们所有的古典风尚都消失殆尽”。[②] 然而，斯托雷平土地改革的方案得到了大资产阶级的支持。十月党人尼·斯·阿夫达科夫说：“土地和工业应该倾向于同一个轨道

① 诺索夫主编：《苏联简史》第1卷下册，三联书店1977年版，第433页。

② 嘉金：《1907—1911年的专制制度、资产阶级和贵族》，列宁格勒1978年版，第134页。

前进。”[①] 土地改革的方案最终在国家杜马中通过。

随着俄国的政治形势及各种政治力量的对比的变化，资产阶级与沙皇政府之间的矛盾也逐渐加大。当时俄国上层的具体情况是，一方面资产阶级在国家政治生活中的地位不是降低，而是不断提高，大资产阶级在国家杜马中的势力越来越大，表现为不仅要过问一般的立法议案，而且试图干涉国防预算和大臣任免。国家杜马主席古契科夫同时兼任国防委员会主席，他数次批评俄国总参谋部和试图影响海军部各机构的人员组成。另一方面是斯托雷平与十月党的分歧越来越大，越来越感到国家杜马已成为他实现个人野心的绊脚石。因此，资产阶级与地主贵族阶级及沙皇政府的矛盾再度加剧，最终上升为首要矛盾。

1911 年初，斯托雷平为了扶植西部诸省地方势力和增加他在国务会议中的影响，提议由各省自治会选举一名代表参加国务会议，这个方案被两立法机构——国家杜马和国务会议否决，斯托雷平决定依据《国家根本法》越过国务会议和国家杜马两大立法机构，强行实施他的议案。1906 年颁布的《国家根本法》第八十七条规定：在国家杜马和国务会议两立法机构解散期间，政府首脑有权执行未被立法机构审议并批准的政府议案。斯托雷平就此决定解散国家杜马和国务会议，沙皇尼古拉二世批准了他的请求，国家杜马和国务会议被关闭三天。这实际上是公然蔑视代议制，因而这件事在整个俄国掀起了轩然大波，国家杜马和国务会议都表示反对。1911 年 3 月，十月党召开中央会议，代表们表示：“这个先例（即解散国家杜马）是对代议制的极大威胁和把立法机关降低到协商会议的地位。”古契科夫表示：“我们不能做任何让步，在上述情况下与政府的斗争是不可避免的，如果我们不对此提出抗议，那么我们的作用就是要化为零了。”他还写信给斯托雷平，指责其行为是“公然地破坏国家根本法的灵魂和条文”。[②] 这封信公开发表在 1911 年 3 月 15 日的《莫斯科呼声报》上。古契科夫还宣布辞去了国家杜马主席的职务。斯托雷平与资产阶级的分歧从表面上看是集中在国家杜马职能“兴”与“废”上，实质上却是民主与反动的交锋，斯托雷平把国家杜马看作是实现他个人野心的工具，因而弃之如草芥；资产阶级则把国家杜马看作是长期奋斗的成果，因而要维护它。在这个问题上，资产阶级与沙皇政府的矛盾加剧了，“六・三体制”内部出现了危机。

1911 年 9 月斯托雷平在基辅遇刺后，保守派官僚科科夫采夫继任了大臣会议

① 里弗申：《俄国经济中的垄断》，莫斯科 1961 年版，第 249 页。

② 嘉金：《1907—1911 年的专制制度、资产阶级和贵族》，列宁格勒 1978 年版，第 223 页。

主席职务，他在国家杜马中继续把极右派黑帮和顽固派贵族作为依靠的政治力量，因而加剧了俄国的社会矛盾和上层统治危机。十月党和立宪民主党越来越多地在国家杜马中指责沙皇政府的腐败，揭露国务会议成员对宫廷神秘人物拉斯普丁的趋炎附势，警告拉斯普丁的个人势力对俄国上层统治的威胁。格里高里·拉斯普丁原是俄国西部的农民，后来自称得道，自命为“长老”，他主张神秘主义，并博得皇后亚历山德拉的信任，而进入宫廷。在第一次世界大战期间，拉斯普丁通过皇后直接干涉朝中大臣的人选和前线的军事行动。1916 年拉斯普丁终于被自由派青年军官刺杀，他的得势和遇刺是沙皇政府腐败统治和上层危机的标志。

宫廷神秘人物——拉斯普丁

“路标派”

1909 年 3 月，在莫斯科根据哲学家米·奥·格尔申宗的建议出版了《路标——论俄罗斯知识分子文集》，别尔嘉耶夫、布尔加科夫、格尔申宗、阿·谢·伊兹哥谢夫、巴·阿·基斯江科夫斯基、斯图卢威和弗兰科是其作者。

文集的前言中强调，“路标派”最重要的任务是对俄国知识分子提出警告，“以巨大的震动唤起知识分子”麻木的神经，重新思考自己的现时责任和历史使命。因此他们采取了一种极端的、完全令知识分子各阶层难以接受的、近乎于彻底否定俄国知识分子作用的方式来表达自己的思想。

“路标派”认为俄国知识分子的劣根性和最大缺点表现为无忍耐性，好大喜功，好走极端，对人民、对民族、对国家缺乏责任感。“俄国知识分子阶层对国家的背叛和疏离以及对国家的敌视是他们唯一的思想形式。”而“理解我们已经经历过的、正在经历的革命的关键在于，俄国知识分子阶层对国家抱有非宗教的背叛态度。”① 原因在于，国家对知识分子长期采取一种不信任的态度，长期将知

① 格尔申宗等:《路标》，云南人民出版社 1999 年版，第 145、148 页；格尔申宗等:《路标 / 来自深处》，莫斯科 1991 年版，第 143 页。

识分子排除在政权管理阶层之外，并且专制制度在思想上对知识分子施以高强度的压制，这种积怨由来已久。布尔加科夫称："知识分子在国家的孤立地位，他们与土地的隔离，他们面临严酷的历史环境，他们严肃知识和历史经验的缺乏，所有这一切都激发了英雄主义的心理。知识分子经常（尤其是在特定情形下）歇斯底里般地陷入英雄主义狂欢的状态。"① 对于广大的下层社会的农民和工人来说，他们始终处于社会的最底层，不仅没有什么政治权利，就是生存权利也基本被剥夺干净，在他们的意识中最拥护背叛国家式的革命。结果是，在1905年革命中，"知识分子思想中的政治激进主义与民众本能的社会激进主义，以惊人的速度完成了嫁接"。"知识分子阶层将疯狂的仇恨、致命的直线结论和过程，带进了与俄国历史的国家体制和'资产者'的社会制度所进行的斗争中；但同时他们却根本没有将宗教思想带进这种斗争。"② 格尔申宗的观点最消极，他把知识分子与人民对立起来，要求知识分子在革命的关键时刻与政府站在一起，"我们是什么人？我们不仅不应幻想与人民结合，反而应该害怕他甚于害怕政府的刑罚。应该感谢这个政权用刺刀和监狱使我们免受人民的疯狂之害"。③

在"路标派"看来，只图一时之快的激进知识分子不是及时地体察已经迫近的政治危机，及时向人民作出解释和教育工作，而是最大限度地把自己和人民体内的破坏基因和野兽本能释放出来。因此，由于知识分子的"轻率"、"冒进"和"不负责任"以及缺乏"道德感"、"法律意识"，而误导了人民，对政府施加了过多的压力，使得一场原本很有希望的改革失败了。

《路标》文集的出版是俄国思想文化史上的一个重大事件，立即在俄国思想文化界引起了巨大的反响，立即吸引了知识界各个派别，包括艺术家和作家，包括从极左到极右的政治团体和个人的广泛讨论。讨论最初集中在对《路标》作者观点的评价方面，随后迅速地扩大到俄国知识分子道德和品质、使命和责任、地位和影响等方面。在莫斯科、彼得堡等大城市出现了有关的集会，寻找俄国社会发展的"路标"一下子成为最为广泛的社会性的话题。

二月革命

第一次世界大战爆发后，沙皇政府迅速地参加了这场帝国主义战争。十月

① 格尔申宗等：《路标》，云南人民出版社1999年版，第34页。

② 格尔申宗等：《路标》，云南人民出版社1999年版，第150、153页。

③ 格尔申宗等：《路标／来自深处》，莫斯科1991年版，第82、141、176页。

党、立宪民主党以及其他的资产阶级政党站在民族主义和沙文主义立场上，在国家杜马中一致投票支持沙皇政府的战争政策。立宪民主党代表表示："只有战争才能彻底解决我们若干世纪以来的限制我们民族发展的阻碍，取得通向自由海洋的出海口。"① 但是俄国军队在战场上的接连失败再一次暴露了专制制度的极端腐朽性和反动性，在战争爆发的头两年内，俄国军队就损失了350万人。战争的失败引起了俄国国内严重的社会危机、经济危机和政治危机，特别是引发了"上层统治危机"，资产阶级与沙皇政府间的矛盾逐渐激化。资产阶级屡屡弹劾沙皇政府，要求建立所谓的"责任内阁"。1917年2月初，资产阶级要求沙皇抛弃"同人民代议制经常扩大分歧的政府"，建立"人民信任的政府"。但是沙皇政府再次宣布解散国家杜马以作为回答，使两者原已十分紧张的关系再度雪上加霜，但是资产阶级害怕革命，仍试图保住本来就先天不足的君主立宪统治。立宪民主党领袖马克拉诺夫说："如果后代诅咒这场革命，他们将会责备我们没有能够及时地发动一场自上而下的革命来阻止它。"② 一些资产阶级代表人物和自由派贵族开始密谋发动宫廷政变，废黜尼古拉二世，另立新的沙皇。

然而无论是沙皇尼古拉二世，还是密谋政变的资产阶级，都没有想到来自社会下层的无产阶级的行动会有如此的迅速。当资产阶级还喋喋不休地在国家杜马中与沙皇政府讨价还价时，布尔什维克彼得格勒（1914年彼得堡改名为彼得格勒）委员会早已向全体工人发出了"公开斗争的胜利时刻到来了，彻底推翻沙皇专制政府"、"人人都起来斗争，人人都上街去"的号召。1917年2月25日（公历3月10日），彼得格勒数十万工人发动了总罢工，很快总罢工转变成武装起义。

二月革命的爆发，促使资产阶级与沙皇政府分道扬镳。2月27日资产阶级成立国家杜马临时委员会，在《告人民书》中宣布由于政府拒绝改革而导致国内局势混乱，临时委员会"有责任承担起恢复国家和社会秩序"的使命。米·弗·罗将科以临时委员会主席的名义致电沙皇：原沙皇政府的"一切机构都不再起作用，它的职能由临时委员会取代"。米留科夫劝说高级军官"大家应当听从唯一的政权，就是国家杜马临时委员会的命令"。资产阶级的言行在一定程度上加速了沙皇统治的国家机器——军事警察机构瓦解，仅3月1日和2日就先后有3500名中高级军官宣布"一致承认国家杜马临时委员会的权力"，脱离顽固派阵营。

---

① 切尔明斯基：《帝国主义时期苏联史》，莫斯科1974年版，第358页。

② 阿宁：《克伦斯基等目睹的俄国1917年革命》，三联书店1984年版，第233页。

沙皇尼古拉二世面临众叛亲离，他在1917年3月2日的日记中写道："每个人都发来了回电。核心内容是，为了挽救俄国和保持前线部队的安定，我必须退位。我同意了。凌晨1点，我带着一颗因痛苦而沉重的心离开了普斯科夫。我周围到处都是背叛、懦弱和欺骗！"这就是俄国的末代沙皇在退位前发出的哀鸣。

3月2日凌晨3时，尼古拉二世像往常一样，用单调的、丝毫不流露自己真情的声音冷冷地说："我决定退位，在今天凌晨3点以前，我曾想让位给我的儿子阿列克谢，但我无法与他分开，……现在我作出决定，让位给我的弟弟米哈伊尔……"① 然而，米哈伊尔也不敢接受这个烫手的皇位，他急匆匆地于当日下午宣布退位。

尼古拉二世签署退位书

于3月2日成立的资产阶级临时政府第一次内阁会议决定将尼古拉二世及其家人驱逐出俄国边界。而彼得格勒苏维埃执行委员会在3月3日立即作出了自己的决定：逮捕沙皇及其家属，使之处于革命军队的监视之中。临时政府被迫在3月7日作出了剥夺沙皇尼古拉二世及其配偶亚历山德拉皇后的公民权，并将沙皇一家流放。从3月21日开始，沙皇一家最初被囚禁在皇村的亚历山大罗夫斯基宫中，克伦斯基政府曾试图保护尼古拉二世，克伦斯基本人曾多次到彼得格勒的皇村去看望被囚禁的沙皇一家。尼古拉二世也对他寄予了很大的希望，尼古拉二世在7月8日的日记中写道："政府人员有了变化，李沃夫公爵辞职，克伦斯基将担任内阁总理，并仍兼任陆海军部长，同时还接管商工部。这个人在他现任的岗位上发挥了积极的作用；他的权力越大，事情就会越好。"7月25日的日记写道："成立了以克伦斯基为首的新的临时政府。我们看看

① 陈之骅主编：《俄国沙皇列传》，东方出版社1999年版，第283页。

他是否能干得更好。当然，最首要的就是要加强军队的纪律性，提高士气，让俄国国内有点秩序!”甚至在尼古拉二世被迁往西伯利亚的托博尔斯克，都是由克伦斯基亲自来安排的。这一切使尼古拉二世对前途充满了希望，他在日记中写道：“克伦斯基终于露面了，他说我们可以出发了。太阳，正在冉冉升起，景色很美……”① 由于革命形势的发展，临时政府决定把他们转移到西伯利亚的托博尔斯克。1918 年 4 月，沙皇一家被转移到叶卡捷琳堡,7 月 16 日沙皇全家被处决。

俄国民主革命胜利的取得，是俄国反对沙皇专制制度的各种政治力量“合力”的结果。早在 1917 年 2 月革命之后，列宁就曾指出：“革命所以那样迅速，而且从表面上乍一看是那样的彻底，只是因为在当时那种异常奇特的历史形势下有两个完全不同的潮流，两种完全异样的阶级利益，两种完全相反的政治社会倾向汇合起来了，并且是十分‘和谐地’汇合起来了。”② 除了布尔什维克领导的来自最下层的广大人民群众的武装斗争和革命行动之外，资产阶级在上层的政治活动也对革命运动的发展起到了推动作用。20 世纪初的俄国，存在着无产阶级革命民主派、资产阶级自由派和地主贵族阶级顽固派三种政治力量，三种力量的分合较量决定着俄国社会的前途、决定着俄国专制制度的命运。从总体上看，资产阶级在两次民主革命中充当了专制制度的政治反对派，长时期倾向于民主派阵营，为争取立宪改革及民主权利进行了长期的努力。列宁认为：“这次革命的第一阶段首先向我们表明，当时有两种力量共同打击沙皇制度：一方面是俄国整个资产阶级和地主连同他们的不自觉的追随者，再加上他们所有自觉的领导者，即英法两国的大使和资本家；另一方面是已经开始在吸收士兵和农民代表参加的工人代表苏维埃。”③

① 《尼古拉二世日记》，莫斯科 1991 年版，第 87、96 页。

② 《列宁全集》第 29 卷，人民出版社 1985 年版，第 15 页。

③ 《列宁全集》第 29 卷，人民出版社 1985 年版，第 12 页。

第六章

十月革命的胜利

(1917年至1924年)

从1917年十月革命胜利到1924年列宁去世的这段历史时期是苏维埃政权初期。在这一时期里，苏维埃政权面临极其严峻的国内和国外环境，它首要的任务是打击各种反苏和反共势力，稳定新政权，同时包括克服重重困难进行政治、经济、外交、社会和文化教育等方面的建设。

一、历史的再次选择

两个政权并存

二月革命之后，在短时间内，俄国国内出现了政治真空状态。二月革命时，布尔什维克仅有两万余人，而且列宁和他的战友们，或者流亡国外，或者流放西伯利亚，或者被关进监狱，国内的无产阶级力量严重不足。相反，资产阶级拥有财富和政治经验，并且拥有一些合法活动的阵地，他们利用大量报纸、刊物等宣传工具，把大量的农民和小资产阶级市民吸引到自己一方，这使得资产阶级具有极大的政治优势。

1917年3月2日（公历3月15日）[①]，资产阶级临时政府成立。参加这个政府的大多数是资产阶级和资产阶级化的地主的代表人物。大地主出身的格·叶·李沃夫任临时政府主席兼内务部长，立宪民主党领袖米留科夫任外交部长，十月党领袖古契科夫任陆海军部长，莫斯科大资本家科诺瓦洛夫任工商部长，糖业资本家捷列申科任财政部长，社会革命党人亚·弗·克伦斯基任司法部长，立宪民主党人马努伊洛夫任教育部长，立宪民主党人涅克拉索夫任交通部长，农业部长是立宪民主党人盛加略夫，国家总监察是十月党人戈德涅夫。

资产阶级的临时政府作为“合法政府”立即得到了英国、法国、意大利和美国等国政府和舆论界的支持。

临时政府成立时发表宣言，声称它将实行政治大赦和宗教大赦，允许言论、出版、集会、罢工自由，废除等级的、宗教的、民族的限制，用民警代替警察，召开立宪会议等。尽管他们隔三差五地颁布了一些改革法令，但却是雷声大、雨点小，很少兑现对人民群众的承诺，但是对于继续进行战争，其热情丝毫不逊于沙皇政府。它在3月1日（公历3月14日）发表的《告公民书》中声明将神圣地执行沙皇政府同英法帝国主义国家签订的密约，把战争进行到胜利结束。4月18日（公历5月1日），临时政府外交部长向协约国发出照会，宣布“全体人民将世界大战进行到底并获得最终胜利的愿望，因为体验到全体和每个人的共同责任而加强了”。[②]

一届届号称“代表”人民的政府频繁换马，但是却不让真正的人民代表参与选举和政府组成。俄罗斯人民厌恶战争、厌恶政客，渴望和平、面包、土地，但是资产阶级临时政府不能带给人民这些。

与此同时，在资产阶级临时政府之外还诞生了一个“非法”的政权——工兵代表苏维埃。在罢工和起义过程中，彼得格勒工人和士兵根据1905年革命的经验，建立了新的革命政权——工兵代表苏维埃。

彼得格勒苏维埃第一次会议于公历的3月2日（公历3月15日）晚21时在塔夫利达宫开幕。参加会议的代表约50人，布尔什维克只有少数代表。孟什维

---

① 18世纪初彼得一世改革历法，采用俄历（儒略历），从1700年1月1日起实行。俄历与公历（格里高里历）有所差别。20世纪俄历比公历晚13天。1918年1月26日，苏俄政府宣布废除俄历，从2月14日（俄历1月31日）起改行公历。本书前五章所涉及时间均为俄历，本章在1918年2月14日前的时间俄历与公历同标，2月14日后均为公历。

② 《1917年4月的俄国革命运动·四月危机（文件资料集）》，莫斯科1958年版，第725页。

克代表齐赫泽被选为苏维埃执行委员会主席，社会革命党人代表克伦斯基和孟什维克代表斯科别列夫当选为副主席。参加执行委员会的有 11 名代表，其中孟什维克和社会革命党仍居多数，布尔什维克只有 3 名代表。

在布尔什维克代表和广大群众的影响下，彼得格勒工兵代表苏维埃采取一些维护革命利益的措施，宣布成立军事委员会，成立粮食委员会，建立工人民警队，在士兵中建立苏维埃。

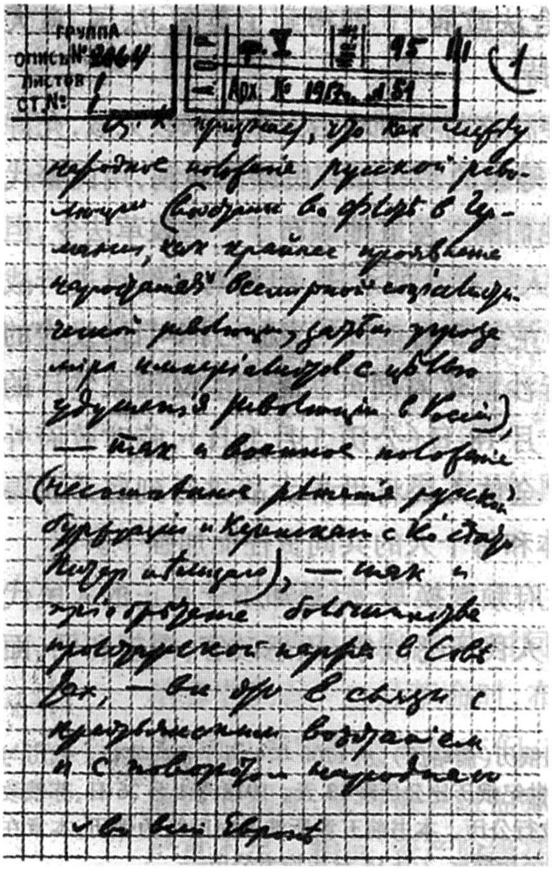

列宁起草的武装起义决议手稿

继彼得格勒苏维埃建立之后，在俄国大多数城市都建立了同样的权力机关。工人、农民、士兵的先进代表在苏维埃的旗帜下联合起来了。据统计，1917 年 3 月，全俄产生了 600 个工人、农民、士兵和水兵代表苏维埃，在 90 个城市建立了统一的工兵代表苏维埃。在全俄苏维埃成立以前，由彼得格勒工兵代表苏维埃行使它的职权。

列宁是这样看待两个政权并存的局面的，即“一个是主要的、真正的、实际的、掌握全部政权机关的资产阶级政府，即李沃夫之流的‘临时政府’；另一个是补充的、附加的、‘监督性的’政府，即彼得格勒[①] 工兵代表苏维埃，它没有掌握国家政权机关。但是

① 即彼得堡，因“堡”（俄文“бург”）接近于德国城市通常的尾音“堡”（德文为“burg”），有明显的日耳曼风格影响。1914 年第一次世界大战爆发后，德国于 8 月 1 日向俄国正式宣战，沙皇政府便将彼得堡改名为彼得格勒，город 是俄语“城市”意，并常作俄国城市名的合成词。

它直接依靠显然是绝大多数的人民，依靠武装的工人和士兵。”①

但是，资产阶级临时政府只是在形式上统治着全俄，所依靠的仅仅是在二月革命中一部分“反水”的旧俄军队及数千名乳臭未干的军校士官生。彼得格勒工兵代表苏维埃则拥有在二月革命中武装起来的几十万工人和起义的士兵。因此这个并存从一开始就不是平等意义上的共存，资产阶级临时政府从一开始就在人心向背和军事实力上处于劣势。

历史选择了布尔什维克

4月3日（公历4月16日）晚，彼得格勒的芬兰车站聚集了成千上万的工人和士兵，他们怀着急切的心情等待着自己领袖的归国。23时10分，列宁出现在列车车门边，全场欢声雷动。工人代表向列宁献上鲜花，乐队奏起激昂的《马赛曲》，勇敢的科琅施塔德水兵组成仪仗队。列宁登上装甲车，向彼得格勒的工人、士兵和水兵发表了演说，号召他们为实现社会主义革命而斗争，最后列宁以“社会主义革命万岁”的口号结束了自己的演说。

4月4日（公历4月17日），列宁在塔夫利达宫举行的布尔什维克党代表会议上，作了《论无产阶级在这次革命中的任务》的报告，即著名的《四月提纲》。列宁指出：“俄国当前形势的特点是从革命的第一阶段向革命的第二阶段过渡，第一阶段由于无产阶级的觉悟性和组织程度不够，政权落到了资产阶级手中，第二阶段则应当使政权转到无产阶级和贫苦农民手中。”②

为了实现这一革命转变，列宁在《四月提纲》中提出“不给临时政府任何支持”和“全部政权归苏维埃”的口号，这是列宁为布尔什维克党制定的革命和发展方针。其主要作法包括：首先，布尔什维克党要揭露、批判临时政府的资产阶级性质和所进行战争的帝国主义实质，揭露它欺骗群众的谎言，不给它任何支持。其次，要耐心地、经常地、坚持不懈地宣传、教育、组织群众，使他们摆脱资产阶级的影响，从实践经验中纠正自己策略的错误，认清苏维埃是革命政府唯一可能的形式，组织群众为实现“全部政权归苏维埃”而斗争。最后，扩大和增加布尔什维克党在苏维埃中的影响，剥夺孟什维克和社会革命党所窃取的权力，使苏维埃完全置于布尔什维克党的领导之下。

---

① 《列宁选集》第3卷，人民出版社1995年版，第40页。

② 《列宁全集》第29卷，人民出版社1987年版，第114页。

1917 年 4 月 18 日（公历 5 月 1 日），俄国劳动人民第一次公开地庆祝国际劳动节。布尔什维克党印发传单、召开群众大会、组织示威游行，号召无产阶级加强国际主义团结、反对帝国主义战争。当天，列宁在练马场的群众大会上发表演说，与全场听众一起高呼："打倒战争！""和平与争取社会主义共和国的斗争万岁！"

同一日，临时政府向协约国发出一个照会，声明临时政府将遵守沙皇政府签订的各种条约，把战争进行到底。消息传来，群情激愤。群众和士兵纷纷自发上街示威游行，临时政府的统治出现危机。

6 月 3—24 日（公历 6 月 16 日至 7 月 7 日），在彼得格勒召开了全俄工兵苏维埃第一次代表大会，出席大会的代表共 822 名，其中布尔什维克代表为 105 名，社会革命党代表 285 名，孟什维克代表 248 名。从代表人数的分布来看，列宁所领导的布尔什维克处于劣势，是少数派。因此孟什维克控制了全俄苏维埃中央执行委员会的领导权，孟什维克代表齐赫泽担任执委会主席，策列铁里担任了副主席职务，列宁当选中央执委会委员，只有布尔什维克代表加米涅夫一人被选进中央执委会主席团。

7 月 4 日（公历 7 月 17 日），50 多万士兵、工人走上街头，要求苏维埃中央执行委员会逮捕 10 个资本家部长，口号是"全部政权归苏维埃"。临时政府从前线调回军队镇压示威群众，打死 56 人，打伤 650 人，大肆逮捕和迫害布尔什维克。

列宁被迫秘密转移到靠近芬兰的拉兹里夫湖畔，他居住在一间用树枝架起来的草棚里。列宁曾幽默地把这个草棚称之为"我的绿色办公室"。在这里，他写成了极其重要的著作《国家与革命》，阐明了无产阶级只有通过武装斗争的形式打碎旧的国家机器，建立无产阶级专政的必要性。他写道："资产阶级国家由无产阶级国家（无产阶级专政）代替，不能通过'自行消亡'，根据一般规律，只能通过暴力革命。"①

7 月危机之后，资产阶级临时政府再次进行了改组。原政府中的"左翼"、社会革命党人克伦斯基担任总理兼陆海军部长，但是无论是克伦斯基本人，还是临时政府的立场都没有任何改变。

8 月下旬，反动的旧俄政府的将军科尔尼洛夫发动叛乱，克伦斯基被迫向彼

① 《列宁选集》第 3 卷，人民出版社 1995 年版，第 127 页。

得格勒工兵代表苏维埃求援，与布尔什维克结成反对科尔尼洛夫的联盟，在苏维埃的帮助下，才平息了科尔尼洛夫的叛乱。

在这次政治事件中，充分显示了布尔什维克和人民群众的力量，从侧面显示了临时政府的无能和软弱。资产阶级临时政府的统治危机越来越深，克伦斯基于8月30日（公历9月12日）宣布自任最高总司令。9月1日（公历9月14日），临时政府宣布俄国为共和国。同一天，克伦斯基宣布成立以他为首的5人执政内阁。

十月革命一声炮响

9月，列宁从芬兰给布尔什维克党中央连续写了《布尔什维克必须夺取政权》、《马克思主义和起义》两封信，提出把夺取政权和推翻临时政府统治的问题提到议事日程上来。

10月7日（公历10月20日），列宁由布尔什维克的交通员爱诺·拉海亚护送，经过化装，戴着假发，乘着一辆煤水车，秘密回到彼得格勒。10月10日(公历10月23日)，布尔什维克党中央召开紧急会议，讨论起义问题，列宁、季诺维也夫、加米涅夫、托洛茨基、斯大林、斯维尔德洛夫等参加会议。最后以绝对多数票（10票赞成，2票反对。季诺维也夫和加米涅夫投反对票）通过了列宁起草的决议，并且成立了彼得格勒革命军事委员会。10月16日(公历10月29日)，布尔什维克召开扩大会议，通过了关于武装起义的决议。

革命武装力量已经集结完毕，起义的基本武装力量是工人赤卫队，全国有二十多万，全部由产业工人组成，他们大多数都经历过1905年革命和二月革命的考验。准备参加彼得格勒武装起义的另外两支重要力量是波罗的海舰队和彼得格勒卫戍部队的革命士兵。

与此同时，克伦斯基和资产阶级政府也在手忙脚乱地筹划着镇压即将到来的革命运动。1917年10月24日（公历11月6日）黎明，临时政府的士官生部队突然袭击布尔什维克党中央机关报《工人之路报》和中央军事组织的《士兵报》印刷厂，妄图夺走工人手中的重要舆论阵地。当日上午，士官生占领了电报局。

根据列宁的指示，革命军事委员会号召彼得格勒居民保持镇静，提高警惕。同时，要求赤卫队总司令部动员所有力量和调动所有运输工具，配合革命士兵，保卫工厂，占领首都各区要地和政府机关，并立即派出1500—2000人的赤卫队，到斯莫尔尼宫加强护卫。

斯莫尔尼宫又称斯莫尔尼女子学院，它位于距市中心较远的郊区，旁临宽阔的涅瓦河，它原是沙俄时代的一座有名的女子修道院。亲身经历了十月革命的美国记者约翰·里德在他的著名的《震撼世界的十天》中记载："在斯莫尔尼学院，在门口和里门上都站着严密的岗哨，要求每一个人出示通行证。那些委员会的办公室里整天整夜都发出嗡嗡嘤嘤的嘈杂声，成百上千的士兵和工人只要能找到空地方，随即躺在地板上睡觉。楼上那间宏伟的大厅里挤满上千的人，在参加那喧声震天的彼得格勒苏维埃的大会……"①

当日下午 17 时，工人赤卫队和革命士兵占领了中央电报局，几个小时后，又占领了电报通讯社。

当日晚 23 时，列宁化装来到斯莫尔尼官，亲自指挥起义。斯莫尔尼宫彻夜不眠，彼得格勒通宵战斗。自 10 月 24 日（公历 11 月 6 日）深夜到 10 月 25 日（公历 11 月 7 日）早 8 点，塔夫利达宫、邮电总局、电话总局、尼古拉耶夫车站、波罗的海车站、华沙车站、发电站、米海洛夫练马场、卡拉瓦军事技术学校、阿斯托里亚军人旅馆以及许多重要的战略据点、国家机关和重要企业，均被起义队伍占领。到 10 月 25 日（公历 11 月 7 日）早晨，彼得格勒已经基本上掌握在起义队伍手中。

当日上午 10 时左右，临时政府总理克伦斯基男扮女装，爬进插着美国国旗的汽车躲进美国驻俄大使馆，仓皇逃出彼得格勒。

资产阶级临时政府龟缩在最后的据点冬宫里，准备作最后的抵抗。

当日下午 17 时，起义队伍从彼得格勒各处向冬宫聚集。到 18 时，起义队伍已将冬宫围得水泄不通。起义队伍已经准备就绪，革命军事委员会以训练较好的赤卫队和忠于革命的士兵组成强有力的突击队，并配备装甲车部队和炮兵部队。"阿芙乐尔"号巡洋舰停泊在离冬宫不远的尼古拉耶夫桥边，准备发出进攻的信号。起义士兵和工人在 18 时向冬宫的守军和临时政府的大员们发出最后通牒，命令他们在 20 分钟内投降。临时政府以先要同大本营协商为借口拖延时间，并声称要把权力交给立宪会议。

10 月 25 日（公历 11 月 7 日）晚 21 时 40 分，与冬宫隔涅瓦河相望的彼得—保罗要塞的大炮开始向冬宫开炮，停泊距冬宫不远的涅瓦河上的"阿芙乐尔"号巡洋舰也响起了大炮的轰鸣。从要塞打来的炮弹中有一颗击中了临时政府大员们

① 约翰·里德：《震撼世界的十天》，人民出版社 1980 年版，第 18 页。

的隔壁房间，吓得他们魂不附体。炮声即是起义信号，赤卫队员和革命士兵英勇地发起进攻，深夜1时，起义队伍终于攻破冬宫大门，高呼“乌拉”，如排山倒海般地冲入冬宫。起义队伍与拒绝投降的反动军队在冬宫里进行了短兵相接的战斗，工人赤卫队负责人安东诺夫—奥弗申柯站在惊慌失措的临时政府的部长们面前宣布：“以彼得格勒苏维埃军事革命委员会名义宣布临时政府被推翻了。”10月26日（公历11月8日）凌晨2时10分，夺取冬宫的任务胜利完成。

当日清晨，当人们醒来，惊讶地在街头看到这样的彼得格勒工兵代表苏维埃军事革命委员会的布告：“临时政府已被推翻。国家政权已经转到彼得格勒工兵代表苏维埃机关，即领导彼得格勒无产阶级和卫戍部队的革命军事委员会手中。立即提出民主的和约，废除地主土地所有制，实行工人监督生产，成立苏维埃政府，所有这一切人民为之奋斗的事业都有了保证。工人、士兵、农民的革命万岁！”①

Къ Гражданамъ Россіи.

Временное Правительство низложено. Государственная власть перешла въ руки органа Петроградскаго Совѣта Рабочихъ и Солдатскихъ Депутатовъ Военно-Революціоннаго Комитета, стоящаго во главѣ Петроградскаго пролетаріата и гарнизона.

Дѣло, за которое боролся народъ: немедленное предложеніе демократическаго мира, отмѣна помѣщичьей собственности на землю, рабочій контроль надъ производствомъ, созданіе Совѣтскаго Правительства — это дѣло обезпечено.

ДА ЗДРАВСТВУЕТЪ РЕВОЛЮЦІЯ РАБОЧИХЪ, СОЛДАТЪ И КРЕСТЬЯНЪ!

《告俄国公民书》

就在起义者攻打冬宫之际，10月25日（公历11月7日）晚，数千工人、士兵、农民的代表聚集在彼得格勒的斯莫尔尼宫，第二次全俄工兵苏维埃代表大会召开。出席会议的有625人，其中布尔什维克代表390名，左派社会革命党代表179名，乌克兰社会革命党代表21名，孟什维克联合派国际主义分子代表35名。它表明布尔什维克的政治力量和影响已经由第一次全俄工兵苏维埃代表大会的“少数派”成为具有重要影响和控制力的政治力量，并且和与布尔什维克在政治主张上接近的左派社会革命党组成了联盟。

会上通过了列宁起草的《告工人、士兵和农民书》，颁布了人民渴望已久的《和平法令》和《土地法令》，成立了以列宁为首的工农临时政府——人民委员会，新政府成员全部都是布尔什维克，列宁担任人民委员会主席职务，托洛茨基担任外交人民委员，安东诺夫—奥弗申柯、克勒连柯和德宾科担任陆海军人民委员，李可夫担任内务人民委员，斯大林担任民族

① 《列宁全集》第33卷，人民出版社1985年版，第1页。

事务人民委员。

会议选举产生了第二次全俄工兵苏维埃代表大会中央执行委员会，在101名委员中，布尔什维克占62名，左派社会革命党占29名，孟什维克国际主义分子占6名，乌克兰社会主义者占3名，社会革命党最高纲领派分子占1名，布尔什维克委员加米涅夫担任执委会主席职务。

布尔什维克所承诺的立宪会议于1918年1月5日（公历1月18日）召开，但因其与苏维埃政权不合作的态度而在1月9日（公历1月22日）被勒令解散。旧的统治机构及其附属物全部被摧毁了，随着公开和隐藏的政治反对派逐渐被清除，苏维埃政权在全国开始它的“凯歌行进”。

二、稳定新生政权

帝国主义武装干涉

布尔什维克夺取政权的最初日子里，美国并没有急于对俄国局势的剧变发表看法，美国也曾幻想将列宁和他的政党拉到美国一边，但是美国很快就失望了。

1917年12月10日（公历12月23日），美国国务卿蓝辛向总统威尔逊提交了一份关于如何对待俄国事件的长篇报告。他建议在俄国建立以旧俄将军为首的军人独裁政权，并且向他们提供巨额贷款。美国总统威尔逊亲自签署命令，抽调军队参加多国联军，以武力干涉俄国事务。1918年3月9日(以后均为公历)，英、法、美干涉军以保卫协约国的军事仓库为名先后占领了俄国北方的摩尔曼斯克和阿尔汉格尔斯克地区，支持布尔什维克的敌人——人民革命党人尼古拉·柴科夫斯基在阿尔汉格尔斯克建立“北方政府”。到1918年夏天，入侵摩尔曼斯克的外国干涉军达到一万余人。1918年4月，美国军队最先在俄国的海参崴登陆，并支持俄国内的反苏势力建立“西伯利亚自治临时政府”。

第一次世界大战中，俄国军队俘虏了大量的敌国军队——奥匈帝国军队中的捷克人和斯洛伐克人，并将这些战俘组成捷克斯洛伐克军团遣返，在经西伯利亚回国的途中这个军团发动了叛乱。1918年6月8日，叛乱军团占领了萨马拉，推翻当地苏维埃政权，在鄂木斯克成立了“西伯利亚政府”，在叶卡捷琳堡成立了“自治政府”。

1918 年 11 月，旧俄的将军高尔察克在协约国的支持下在鄂木斯克发动叛乱，向布尔什维克发起猛烈进攻，推翻了当地的苏维埃政权，建立了军事独裁政权，自称“俄国最高执政”。

苏维埃政权遭受了最严峻的挑战，新生的政权处于在军事和财力上都数十倍于苏维埃政权的帝国主义的重重包围之中，最重要的能源、燃料、粮食产地和最重要的交通线大都控制在帝国主义手中，全俄 3/ 4 版图被反苏势力所占领。

从 1919 年 5 月开始，刚刚从第一次世界大战中挣脱出来的协约国军队组织了第二次武装干涉，参加的国家有 14 个之多。这次进攻的主要战场在南方，主力是旧俄将军邓尼金的军队。1919 年夏，在协约国的支持下，邓尼金军队疯狂反扑，占据了整个乌克兰和奥廖尔城，从南方进军莫斯科，进而直逼莫斯科的南大门——图拉，直接威胁到苏维埃政权的安全，因为从 1918 年 3 月 11 日起，莫斯科成为同年 1 月 25 日成立的俄罗斯苏维埃联邦社会主义共和国的首都，俄共(布)① 中央和人民委员会也迁到莫斯科办公。

10 月 15 日，俄共（布）中央政治局召开会议，决定采取一切措施反击邓尼金军队的进攻，保卫莫斯科。列宁向全体党员和工人发出了“大家都去同邓尼金斗争”的号召，在反击中布琼尼指挥的第一骑兵军发挥了关键作用。从 12 月起发起总攻，陆续解放了乌克兰和南方的重要城市哈尔科夫、基辅、察里津、新切尔卡斯克和顿河畔罗斯托夫。在南部战线上红军节节胜利的同时，西北战线上红军也粉碎了前沙皇政府步兵上将尤登尼奇叛军对彼得格勒的进攻。在东部战线，红军解放了高尔察克军队长期盘踞的鄂木斯克和克拉斯诺雅尔斯克，高尔察克军队被歼灭，高尔察克本人由鄂木斯克逃往伊尔库茨克，他于 1920 年 1 月被捕，同年 2 月 7 日被苏维埃政权处决。协约国联合俄国国内的反苏反共势力发起的第二次武装干涉最终失败。

外交上的胜利

1918 年 3 月 3 日苏俄政府与德国、奥匈帝国、保加利亚及土耳其等同盟国在俄国西部边界布列斯特—里托夫斯克签订了结束彼此间战争状态的《布列斯特

① 随着俄国国内政治形势的变化和俄罗斯苏维埃联邦社会主义共和国的成立，将 1903 年 7 月俄国社会民主工党第二次代表大会上产生的布尔什维克更名为“俄共（布）”。

和约》。主要内容包括交战各方结束战争状态，彼此放弃对战争费用的赔偿要求。俄国放弃双方划定界线之西的领土主权，放弃对约100万平方公里领土的主权。俄国立即复员全部军队，并立即撤出土耳其、芬兰、爱沙尼亚和乌克兰等地。德国撤出双方划定界线之东领土。缔约各方恢复外交和军事关系。同年8月27日，苏俄政府与德国政府签订了《关于若干政治问题的附加条约》、《财政协定》，其中规定俄国应赔偿德国60亿马克。1918年11月13日，在协约国同德国签订停战协定的第二天，全俄中央执行委员会宣布废除《布列斯特和约》。

1919年1月，苏维埃政权任命当时侨居美国的老布尔什维克路·卡·马尔滕斯为俄罗斯苏维埃联邦社会主义共和国驻美国代表，但是美国政府不承认苏维埃政府，也不承认它的外交代表。1921年1月22日，马尔滕斯奉命回国，苏俄驻美代表处随即关闭。

1919年1月18日，结束第一次世界大战的和平会议在巴黎的凡尔赛宫召开，一共有32个国家参加，但作为参战国重要一方的俄国却没有被邀请。苏维埃政府外交人民委员齐切林于同年10月24日起草了致美国总统威尔逊的照会书，这份文件直截了当地称威尔逊所倡议建立的国际联盟是帝国主义联合统治世界的工具。

1921年10月28日，苏维埃政权向英、法、意、日、美等5国递交了照会，表示苏俄政府“愿意承担1914年以前沙皇政府所欠各国政府及其国民的外债，但必须给予苏俄政府优惠的条件，以保证它有力量偿还所欠债务”。[①] 条件是：立即召开国际会议，各国政府与苏俄政府缔结和平条约，并且宣布承认苏维埃政权。这一建议在帝国主义国家引起了强烈的反响。

1922年1月7日，意大利首相博诺米代表协约国正式邀请苏俄政府派代表团到热那亚参加国际会议。苏俄政府认为这是苏维埃政权自建立以来打破帝国主义国家的外交封锁，通过外交手段解决苏俄政府与西方国家政治和经济关系的一个重大突破，也是外交上的一个重大胜利。1月8日，外交人民委员齐切林回电意大利外交部，表示苏俄政府接受邀请，并立即组成代表团赴热那亚。列宁担任了代表团团长职务，副团长是有着丰富的外交经历和政治斗争经验的外交人民委员齐切林。列宁因工作繁忙未能亲自参加会议，但是他为苏俄政府代表团制定了机动灵活又不失原则的行动规则，即代表团成员“不是以共产党人的身份，而是以商人的身份去热那亚”，他强调要善于利用帝国主义国家的矛盾，分化敌人，

① 《苏联对外政策文件集》第4卷，莫斯科1960年版，第446—447页。

用和平主义瓦解西方国家结成的反苏阵营，要“做有利于我们的生意”，“如果我们那些对话者很识时务，不过分固执，那就通过热那亚会议达到这一点，如果他们要固执到底，那就绕过热那亚会议。”①

1922年4月10日至5月19日，国际会议在意大利热那亚的圣乔治宫举行，除苏俄政府代表团外，参加会议有28个国家的代表，美国派观察员列席会议。西方国家要求苏俄政府偿还沙皇政府和临时政府所欠全部外债180亿卢布，归还被没收的外国人的企业和财产，要求苏俄政府取消外贸垄断，并且将国家财政交由协约国管理。齐切林曾针锋相对提出了反赔偿要求，要求西方国家赔偿因武装干涉和经济封锁苏俄所造成的390多亿金卢布的巨额损失，并且主动地提出各国普遍裁减军队和军备以抵制新的战争威胁。

4月20日，苏俄政府代表团副团长齐切林向协约国发出照会，再次重申只有在协约国承认苏俄政府并且向苏俄提供足够的财政援助的前提条件下，苏俄政府才可能承担债务和偿还外国资本家的财产。

5月19日，热那亚会议不欢而散，在闭幕式上，英国首相劳合—乔治把会议无果而终的责任全部推到苏俄代表团身上。齐切林立即作了回应，他说：“英国首相冲着我说，邻人借给我钱，我必须偿还给他。好，为息事宁人计，在这种特定情况下我同意这么办。可是我应当补充一点，若是这个邻居闯进我的房子，打死了我的孩子，捣毁了我的家具，而且把房子一把火烧了。我想，他至少得先赔偿我的损失才是讲道理的吧？”②

持续40天的热那亚会议没有达成任何协议，但对于苏维埃政权来说是一场外交上的胜利，在正式会议及各种场合，苏俄代表团广泛地宣传了苏维埃政权的新经济政策，向世界表达了俄国人民和苏俄政府渴望和平发展的愿望，同时利用西方国家的矛盾，达到了分化和利用的目的。作为战败国的德国在第一次世界大战结束后，被迫签定了“屈辱”的赔款和放弃殖民地的条约，使得它与协约国之间存在着较大的矛盾。德国迫切希望打开外交上的被动局面，为恢复经济迫切需要苏俄的原料和市场。早在热那亚会议召开之前，苏俄代表团途经柏林时，就已经与德国政府代表进行了会晤。热那亚会议期间，两国代表再度进行了多次秘密接触，协约国代表的不合作的态度和利己主义的做法扩大了德国与协约国之

① 《列宁全集》第43卷，人民出版社1987年版，第70—71页。

② 《热那亚会议材料，速记全文》，莫斯科1922年版，第451页。

间的矛盾，苏俄代表团在一些重大问题上对德国也采取较为灵活的策略。4 月 16 日，苏俄代表团副团长、外交人民委员齐切林和德国外交部长拉特瑙在热那亚郊外的拉巴洛签定了《俄罗斯苏维埃联邦社会主义共和国和德国协定》(简称《拉巴洛协定》)，协定的主要内容包括双方彼此放弃对军费支出以及在战争期间给各自国民造成的一切损失的赔偿。双方彼此放弃偿还战争费用的要求，德国放弃它因在俄国的公私财产被苏维埃政权收归国有而提出的偿还要求，条件是苏俄不得满足其他国家类似的要求。协定宣布两国间的外交和领事关系立即恢复，两国根据最惠国待遇原则发展彼此的贸易和经济关系。它表明德国放弃了《布列斯特和约》的全部条款，而苏俄放弃了《凡尔赛条约》第 116 条应从德国获得的赔款。这是苏维埃政权充分利用帝国主义战胜国——协约国和战败国——同盟国之间的矛盾，在平等互利基础上取得第一个资本主义大国承认并签订了第一个条约，从而打破了帝国主义的反苏联盟，创造了社会主义国家与资本主义国家和平共处的先例。

经过苏俄政府的努力，苏维埃政权在外交上取得了重大的进展。

从 1921 年 2 月起，伊朗、阿富汗、英国、土耳其、蒙古、意大利等国相继承认苏俄政权，1924 年被国际新闻界称为“承认苏联年”。

就在美国政府下令对苏俄实现经济封锁的时候，23 岁的美国百万富翁阿曼德·哈默于 1921 年 8 月带着价值 10 万美元的医疗设备来到了俄国。列宁亲自起草了给在美国的外交代表马尔滕斯的电报，询问：“我们从叶卡捷琳堡电报局的来电中得知，一个年轻的美国人要船运粮食解决乌拉尔地区的饥荒问题，是否属实。”马尔滕斯立即回电，回答是肯定的。列宁接见了这位大胆的美国人，列宁建议说：“你为什么不买下来阿拉帕耶夫斯克石棉矿的开采特许权呢?”10 月 28 日，第一份给予美国人以特许权的合同在苏联外交部正式签署。后来，哈默索性把他在美国的全部企业和产业变卖，将他的家迁到苏联，在这里投资建厂、经商置业。

三、社会主义的“凯歌行进”

行政体制建设

苏维埃（Совет）是在 1905 年革命中，在工人阶级中自发出现的政治机构。

最早建立的苏维埃是乌拉尔地区的阿拉帕耶夫斯克工厂的工人代表苏维埃，随后在伊万诺沃——沃兹涅先斯克、彼得堡等地都建立了工人代表苏维埃、农民代表苏维埃和士兵代表苏维埃。1918 年 1 月 10 日（公历 1 月 23 日），在彼得格勒召开了全俄工人士兵代表苏维埃第三次代表大会上，1 月 13 日（公历 1 月 26 日）同时召开了全俄农民代表苏维埃第三次代表大会，并且在这一天宣布将两会合并，使全俄工人士兵代表苏维埃与全俄农民代表苏维埃实现了联合。在这次会议上通过了《被剥削劳动人民权利宣言》和《关于俄罗斯共和国联邦制度》等法令，宣布俄国为工兵农代表苏维埃共和国，是建立自由民族的自愿联盟基础上的各苏维埃民族共和国的联邦。

1918 年 7 月 4 日至 10 日召开的全俄工人、农民、红军和哥萨克代表苏维埃第五次代表大会上通过了《俄罗斯苏维埃联邦社会主义共和国宪法》，正式从法律上确定了苏维埃体制。

1920 年 12 月 22 日至 29 日，在莫斯科召开了全俄工人、农民、红军和哥萨克代表苏维埃第八次代表大会，这次大会的中心议题是讨论和通过国家电气化计划。列宁提出了“共产主义就是苏维埃政权加全国电气化”这一著名的公式，并称它为“第二个党纲”。大会号召苏维埃国家的全体劳动人民为恢复国民经济而忘我工作，并规定了为奖励劳动战线成绩优异者颁发国家最高奖章——劳动红旗勋章。

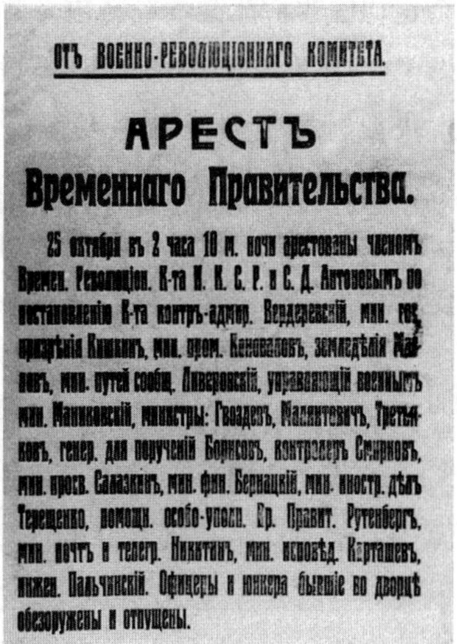
ОТЪ ВОЕННО-РЕВОЛЮЦIОННАГО КОМИТЕТА.

АРЕСТЪ
Временнаго Правительства.

25 октября въ 2 часа 10 м. ночи арестованы членомъ Времен. Революцiон. К-та И. К. С. Р. и С. Д. Антоновымъ по постановленiю К-та контръ-адмир. Вердеревскiй, мин. гос. призрѣнiя Кишкинъ, мин. пром. Коноваловъ, земледѣлiя Масловъ, мин. путей сообщ. Ливеровскiй, управляющiй военнымъ мин. Маниковскiй, министры: Гвоздевъ, Малянтовичъ, Третьяковъ, генер. для порученiй Борисовъ, контролеръ Смирновъ, мин. просв. Салазкинъ, мин. фин. Бернацкiй, мин. иностр. дѣлъ Терещенко, помощн. особо-уполн. Вр. Правит. Рутенбергъ, мин. почтъ и телегр. Никитинъ, мин. исповѣд. Карташевъ, инжен. Пальчинскiй. Офицеры и юнкера бывшiе во дворцѣ обезоружены и отпущены.

军事革命委员会签署《逮捕临时政府命令》

1922 年 12 月，苏联成立后，苏维埃体制也随之扩大，包括全苏苏维埃代表大会、加盟共和国和自治共和国苏维埃代表大会、省县乡苏维埃代表大会、市村镇苏维埃。

1924 年 1 月全苏苏维埃第二次代表大会通过了《苏维埃社会主义共和国联盟宪法（根本法）》，它明确规定苏维埃代表大会实行三级制，各级苏维埃代表大会为各级国家权力机关。全苏苏维埃代表大会是苏联最高的国家权力机关，代表大会休会期间的最高权力机构是由民族苏维埃（民族院）和联盟苏维埃（联盟院）组成的两院制的苏联中央执行委员会，中央执行委员会休会期间的最高立法机关和执法机关是对它负责的苏联中央执行委员会主席团。

1917年十月革命胜利后，苏俄管理国家的最高行政机构是全俄工人士兵代表苏维埃第二次代表大会上成立的人民委员会。列宁担任了第一届人民委员会主席职务，下设内务、外交、农业、劳动、财政、司法、工商业、粮食、教育等12个部和1个陆海军人民委员会。根据这次代表大会颁布的《关于成立工农政府的法令》的规定，政府权力属于人民委员会，即工农政府。工农政府管理国家，人民委员会各部分工负责国家生活的各具体部门。人民委员会有权颁发一切法令、指令和训令，为维护国家的经济和安全可采取一切措施。人民委员会对全俄工兵代表苏维埃负责，后者拥有对人民委员会的监督权及撤换权。以人民委员会为核心的工农政府在这时虽然还不很完善，但它是人类历史上第一个社会主义性质的政府，也是一个新型的政府。

1922年12月30日，苏维埃社会主义共和国联盟正式成立，苏俄人民委员会也相应改称苏维埃社会主义共和国联盟人民委员会，简称苏联人民委员会。根据1924年颁布的苏联宪法，苏联人民委员会是中央执行委员会的执行机关，对中央执行委员会及其主席团负责。全苏人民委员会设主席1人，首任主席是阿·伊·李可夫。设副主席若干人，下设外交、陆海军、对外贸易、交通、邮电、工农检查、劳动、财政、司法等人民委员会，各人民委员会最高管理者称人民委员，设国民经济最高委员会，最高管理者为主席。

武装力量建设

1918年1月15日和29日（公历1月28日和2月13日），苏俄人民委员会颁布了组建红军和红海军的法令。法令中有关条文规定："工农红军由劳动群众中最有觉悟和有组织的分子"按照自愿的原则组成，自愿参军者"必须有部队委员会或拥护苏维埃的社会民主组织，或党和工会组织（至少有这些组织的两名成员）的介绍"方可入伍。1918年1月15日（公历1月28日），人民委员会同时颁布了《关于成立组建工农红军全俄委员会的法令》，委员会受军事人民委员部领导。工农红军第一旅于1918年2月组建，人数为2500人，这是工农红军的第一支部队。到1918年5月，红军人数达到30万人。

1918年8月2日，全俄中央执行委员会通过决议建立工农红海军和工农空军。到1919年初，工农红海军有各式作战舰船近六十余艘，工农空军拥有战斗机435架，飞行员269名。

1921 年 1 月 12 日俄共（布）中央发出通知，常备工农红军是苏俄的武装力量的基础。特别指出："军队应当保留，其战斗能力应当提高。我们削弱自己的力量之时，就是遭到新的进攻之时。如果我们忘记了这一点，就是对革命的犯罪。"①

1918 年 3 月 4 日，根据人民委员会的决定成立了最高军事委员会，负责领导全国各个军事机构和指挥全军的战斗行动。首任负责人是米·德·邦契—布鲁耶维奇。3 月 19 日，托洛茨基接任最高军事委员会主席职务。9 月 2 日，人民委员会宣布撤销最高军事委员会，成立共和国革命军事委员会作为全国武装力量的最高领导机构，主席是托洛茨基。同时设立共和国武装力量总司令职务，负责指挥全军作战部队，部署各方面军的战斗行动，约·约·瓦采齐斯被任命为总司令。

在国内战争期间，苏俄逐渐形成了自己的中央军事指挥体制。劳动与国防会议对国防和武装力量实施总的领导。共和国革命军事委员会制定并贯彻国防计划，直接领导陆海军，通过方面军、独立集团军、军区和共和国武装力量总司令部指挥军事行动。方面军、独立集团军、舰队和分舰队司令员在作战方面隶属于总司令。革命军事委员会野战参谋部、共和国预备集团军直接隶属于总司令。野战参谋部负责制定战略计划、训令和指派方面军的战役任务，负责保障军队指挥，向军队下达总司令的号令，收集和处理情报。全俄参谋本部负责解决军队的组织、动员、新兵补充、兵员补充、指挥干部的培训等工作，完成总参谋部的某些职能。共和国海军司令员通过总司令隶属于共和国革命军事委员会，他和海军政委一起指挥所有的海上武装力量。总供给主任领导后勤机构，军事经济总局、军事工程总局、通信总局、装甲兵力总局、空军总局在供给问题上隶属于总供给主任。红军供给总局与粮食人民部协同负责供应粮食和饲料。所有其他物资的供给、国防产品的生产及在前后方的分配，由劳动与国防会议下属的负责红军和红海军供给的非常全权局的管辖。

这样一个庞大的军事指挥和管理体系是在紧张的战争中逐渐形成的，许多机构常常是因时和因事设立的，缺乏彼此间的协调和沟通，同一个职能往往由几个部门完成，因此造成指挥和管理效率不高。因此在 1921 年 1 月，俄共（布）中央研究了中央军事指挥机构的改组问题，颁布了《关于加强工农红军的决议》，

① 别尔辛:《苏联的军事改革（1924—1925）》，莫斯科 1958 年版，第 35 页。

这个决议的要点是精简和改组军事指挥机构的中央环节。此前，中央机构有大约1.1万工作人员和9000多服务人员，并通过总司令接受陆海军人民委员的指挥。通过两个参谋部的合并，局和处的数量减少了一半，工作中的重复劳动减少了，各机构的职能明确了。

为向世界表示苏俄政府维护世界和平的决心，同时为了减轻巨额的经济负担，苏维埃政权从1920年底开始，大幅度裁减军队。国内战争结束时，红军共有530万人。1920年12月召开的全俄苏维埃第八次代表大会作出决定，裁减军队，大量和有步骤地复员军人。从1920年12月至1921年12月，红军从530万人减至160万人。从1922年5月至10月，从160万人减到80万人。1923年1月至2月，从80万人减到60万人。从1924年6月开始，红军人数最后减至56万人。这样，通过持续3年半的大幅度减员，与1920年底相比，红军人数减少了90%。

1924年，工农红军有58个步兵师，总人数为56万人。在1924—1926年间，工农红海军作战能力重新得到加强，海军总吨位由1920年的8.2万吨增加到13.9万吨。1926年，工农空军有24个大队和40个支队。

军事共产主义

军事共产主义① 是苏维埃政权在1918年夏至1921年春实行一系列非常措施和政策的统称。十月革命后，苏维埃政权面临的困难是多方面的，在政治和军事方面，被迫迎击以英国、法国和美国为首的帝国主义的大规模军事干涉，以邓尼金、高尔察克、尤登尼奇为首的国内武装叛乱。在经济方面所遇到的困难除了工厂严重开工不足、全国交通瘫痪、燃料和能源严重匮乏之外，最严重的威胁是出现了粮食危机。

早在1918年5月9日，苏维埃政权已颁布法令，宣布实施粮食垄断政策，禁止一切私人买卖粮食行为。此后，开始号召贫民委员会及工人征粮队强制剥夺富农的余粮，中农则须按固定价格向国家交售余粮。8月2日，列宁提出征收实物税的建议，即以实物——粮食代替货币税，为的是在货币急速贬值的前提下，能保证征集到必需的粮食，并规定对富农课以重税，而且是累进税，中农征轻

① 俄文为“Военный коммунизм”，其中“Военный”既做“战时”解，也做“军事”解。已往译为“战时共产主义”。近年国内史学界多数学者认为该政策不仅具有“战时性”特点，更为明显地具有苏维埃政权初期，急于过渡，试图毕其功于一役的战略考虑的特点，因此译为“军事共产主义”更为准确。

税，贫农免税。1918 年 10 月 30 日，苏维埃政权宣布废除农业货币税，改行实物税。1919 年 1 月 11 日，人民委员会颁布了《向生产者征集国家分配所需粮食和饲料法令》，宣布实行“新的余粮原则”。它表明苏维埃政权征粮原则和政策的根本性变化，即由粮食垄断制转向“余粮征集制”①，而且国家所需要的粮食数目，就是农民应该交纳的“余粮”数。在 1920 年 9 月俄共（布）中央给各省委的信中说：“下达给乡的征集额，就是余粮额”。② 列宁强调：“余粮征集制是以征集所有的余粮，建立强制性的国家垄断为前提的。当时我们不可能有其他的办法。”③

余粮征集制的效果非常显著。1917 年 11 月到 1918 年 8 月的粮食征集额是 3000 万普特④，1918 年 8 月至 1919 年 8 月的粮食征集额是 1 亿 1 千万普特，1920 年至 1921 年粮食征集额是 4 亿 2 千 3 百万普特。⑤

在工业方面建立中央集权式的总管理局体制。1918 年 6 月 28 日，人民委员会颁布法令，宣布实行全面的工业国有化，即除将全部大企业收归国有之外，还规定把一部分中型企业收归国有。根据这一法令，收归国有的企业，一次达 2000 家之多。到 1918 年底，俄国中部 9542 家大中企业，已有 3300 余家收归国有，约占全部大中企业的 35%。1918 年 12 月举行的全俄第二次国民经济委员会代表大会，宣布工业国有化的任务已基本完成。

为有效地对迅速增加的国有化企业实施有效的领导和管理，最高国民经济委员会建立专业局，对各部门实行集中和垂直领导。它的基本理论依据是列宁在 1918 年春提出的一长制，即在工厂管理中由个别负责人独掌权力，直接到上级单位负责。1918 年 12 月，最高国民经济委员会颁布了《关于加强工业管理中的一长制的决议》。到 1920 年底，最高国民经济委员会已下设 52 个总局。总管理局体制基本形成，它的基本出发点是工业管理的中间环节，使中央的命令迅速和高保真地下传上达，集中有限的人力、物力和财力，调拨有限的资料和产品为战争服务。它的特点是垂直的行政领导方法，管理下属部门和企业。由总局直接向企业派发生产任务，直接调拨企业的人力、物力和财力。企业既没有经营自主权，企业对上级、对企业之间也无需经济核算。

---

① 俄文为 Продовольственная Разверстка，直译为“粮食征集制”，并无“余粮”意，有学者认为恰恰是“军事共产主义”战略的体现。但在此仍采用《列宁全集》中译本的译法。

② 基姆佩尔松：《战时共产主义：政策、实践、意识形态》，莫斯科 1973 年版，第 59 页。

③ 《列宁全集》第 41 卷，人民出版社 1986 年版，第 63 页。

④ 普特（пуд），是俄制度量衡单位，一普特约等于 16.3 公斤。

⑤ 苏联科学院经济研究所编：《苏联国民经济（1921—1925）》，莫斯科 1960 年版，第 239 页。

在流通和分配领域，实行实物分配和交易，禁止商业贸易，实施平均主义的分配原则。由于大规模的企业国有化和国家对产品的垄断、国家对粮食的垄断，必然引起流通领域的相应变化。从 1918 年至 1921 年，苏俄发生了极其严重的通货膨胀，1921 年发行的货币达到 1680 亿卢布。在货币严重贬值的情况下，经济关系走向实物化。具体内容是：1. 调整粮食分配方法，按阶级属性确定居民口粮等级配给制。1919 年按 4 个等级发放粮食配给卡，即重体力劳动工人每月可获得 36 俄磅（1 俄磅等于 409. 51 克）口粮；一般工人每月可获得 25 俄磅口粮；职员每月可获得 18 俄磅口粮；其他居民每月可获得 12 俄磅口粮。1920 年实行劳动口粮配给制，不劳动者无权得到配给卡。2. 单位和企业之间的经济交往无货币结算。3. 免费配给生活必需品及生活服务（水、电、邮政、铁路运输等）。

军事共产主义既是一项政策，又是列宁和苏维埃政权直接向共产主义过渡的一种尝试。它的目的在于试图在国家经济生活（生产、流通、分配、消费领域）实行高度集中的行政管理体制（即工业部门的总管理制、农业部门的工人征粮队及贫民委员会、分配领域的消费公社）。试图最高限度地扩大国家所有制和国家直接管理经济的权限，在工业部门实行全面的国有化，在农业部门剥夺富农财产，国家直接和无偿地支配农产品，鼓励和强制农民走集体化道路。该政策试图实践共产主义理想中的“各尽所能，按需分配”的原则，以平均主义取代商品贸易和价值规模。这一政策在当时起到了巨大的作用，集中了有限的人力、物力和财力，在一定时期内保证了前线的需要。但是它超越了俄国当时的经济发展水平和人民的认识水平，忽视了价值规律和商品规律，幻想无产阶级在夺取政权以后可以直接向共产主义过渡。它所造成的负面影响是巨大的，最终危及苏维埃政权的生存。

新经济政策

军事共产主义是布尔什维克党在急于向社会主义和共产主义过渡的思想影响下的冒进政策。政策实施两年期间，受这项政策冲击最大的是农业和农民阶层，而遇到最大的抵触也正是来自于农民阶层，所遭受的经济损失最严重的部门也是农业。由于政府实行粮食垄断进而实行余粮征集制，使占全国人口绝大多数比例的农民的基本生活受到了较大影响。1921 年春，全国普遍发生了饥荒。忍饥挨饿和生活无着落的农民自发地组织了一些暴乱，将暴乱的目标指向苏维埃政权。暴乱的农民占领苏维埃政权机关，切断铁路和公路交通线，抢劫粮食，杀死运粮队人员。仅西伯利亚的伊施姆一县，参加暴乱的农民就达到六万多人。一些农民还打出“要苏维埃，但是不要布尔什维克参加的苏维埃”的口号。

所有情况表明，在普通的老百姓中间发生了对布尔什维克和苏维埃政权的信任危机。1920 年 10 月，素有光荣革命传统，在 1905 年革命和十月革命中冲锋在前的彼得格勒普梯洛夫工厂的工人举行了大罢工，提出增加工资，增发粮食等要求。1921 年 2 月 28 日，同样是素有光荣革命传统的彼得格勒科琅施塔德军港发生了有 15000 名水兵参加的暴乱，参加暴乱者多数是刚刚穿上军装的农民，他们的口号也是“全部政权归苏维埃，不归布尔什维克”。

列宁认识到：“在经济战线上，由于我们企图过渡到共产主义，到 1921 年春天我们就遭到了严重的失败，这次失败比高尔察克、邓尼金或皮尔苏茨基使我们遭到的任何一次失败都要严重得多，重大得多，危险得多。这次失败表现在：我们上层制定的经济政策同下层脱节，它没有促成生产力的提高，而提高生产力是我们党纲规定的紧迫的基本任务。”①

第一个联邦制国家——俄罗斯社会主义联邦苏维埃共和国宪法

1921 年 3 月，俄共（布）召开第十次代表大会，列宁在会上作了《关于以粮食税代表余粮收集制》的报告。大会根据列宁的报告通过了《关于以实物税代表余粮收集制》决议，决定废除余粮收集制，取而代之实行粮食税。同月，全俄中央执行委员会通过《关于以实物税代替粮食和原料收集制》的法令，其主要内容包括：用粮食税取代余粮收集制；降低粮食税，使其低于上年余粮收集制的数额；农民在完税后可以自由处理余粮，用来交换生活必需品；撤销一切工人征粮队和武装征粮队。从此，开始了从军事共产主

① 《列宁全集》第 42 卷，人民出版社 1987 年版，第 184 页。

义政策向新经济政策的过渡。

政府允许农民将余粮和手工业品拿到市场上自由交换和买卖，就等于恢复国内的自由贸易。1921 年 5 月召开的俄共（布）第 10 次全国紧急代表会议决议强调“商品交换是新经济政策的基本杠杆”。

在工业方面推行国家资本主义的政策，利用国内的民间资本和国外资本发展工业，鼓励私营商业企业的发展。1921 年 5 月 27 日，人民委员会宣布废除 1920 年 11 月 29 日的企业国有化法令。7 月 5 日，全俄中央执行委员会颁布《关于出租最高国民经济委员会所属企业的程序》法令，允许合作社、联合体或私人承租不宜由国家管理的企业，即实行租赁制。国家向出租的企业提取 10%—20% 的利润，承租者有义务优先接受国家订货。

租让制是由列宁提出的最为大胆的改革方案，即将国内企业出租给外国资本家经营，目的是利用国外资本、技术和管理手段。1921 年 3 月召开的俄共（布）十大决议中宣布：“租让在实质上是社会主义共和国在同工业方面比它发达的资本主义国家之间缔结经济协定的一种形式，同时，它也应当成为发展苏维埃共和国的生产力和巩固苏维埃共和国内已经建立的社会主义经济基础的有力手段。”①

新经济政策的实质即是苏维埃政权在采取直接向社会主义过渡的尝试失败后，转而利用市场、商品、外资等方式维护工农联盟，巩固苏维埃政权，向社会主义逐步过渡的措施。列宁所说：新经济政策是一种用“改良主义的办法”和迂回方式建设社会主义。列宁指出：“新经济政策的实质是无产阶级同农民的联盟，是先锋队无产阶级同广大农民群众的结合。”② 新经济政策的实施是苏维埃政权的一次重大转折。它表明，无产阶级执政党的生命力和发展前途不在于照搬马克思主义的理论，社会主义概念需要在实践中不断发展。

1924 年列宁去世后，新经济政策继续实行，到 1926 年工业和农业集体化全面运动铺开后，新经济政策基本停止。

国民经济重建

苏维埃政权面临的是沙皇俄国极其落后的经济基础、遭受第一次世界大战和国内战争重创的国民经济、帝国主义的武装干涉与经济封锁等等极为不利的国内

---

① 《苏联共产党代表大会、代表会议和中央全会决议汇编》第 2 分册，人民出版社 1964 年版，第 110 页。

② 《列宁全集》第 42 卷，人民出版社 1987 年版，第 347 页。

外形势，如何在这样的基础上建设社会主义和发展经济，需要布尔什维克政党的逐步探索。列宁提出应该及时地将党的工作重心转向经济建设，向全党和全体人民提出为恢复和发展国民经济而斗争的口号，他认为完成这一历史任务是真正的社会主义的起点的任务。因为“我们现在落后于而且还将落后于资本主义列强，如果我们不能恢复我国的经济，我们就会被打败”。[①] 俄共（布）中央在1918年5月18日发布的《致俄国共产党各委员会和小组号召书》中提出：“争取对资产阶级进行政治统治的第一个时期如果说基本上已告结束，那么，第二个时期，即根据新的共产主义的原则建设社会的时期还刚刚开始。为了进行这个工作，必须使我们的全部力量都最大限度地紧张起来。”[②] 列宁在1920年的全俄苏维埃第八次代表大会的报告中指出：目前我们正处在从战争过渡到经济建设时期，“经济任务、经济战线现在又作为最主要的、基本的任务和战线提到我们面前来了”。[③] 在列宁的领导下，苏维埃政权及时地调整经济政策，由军事共产主义转向新经济政策，充分发挥社会各界群众的积极性，调动各方面力量，实现社会主义工业化、完成农业集体化和建立各加盟共和国的巩固的民族经济体系。

到1925年苏联国民经济基本恢复，在有利的国际和国内环境的条件下，苏维埃国家的经济发展进入了社会主义经济建设的“凯歌行进”时期。实现社会主义工业化是该时期最为重要和紧迫的任务，成为该时期经济建设的中心，国家工业化的实现将对苏联经济结构和经济体制的形成产生重大的影响。列宁生前十分重视建设社会主义大工业，他认为没有大工业就根本谈不上社会主义，他将实现社会主义工业化、赶上并超过欧美发达资本主义国家经济发展水平作为苏维埃政权未来的经济发展目标，从而奠定了社会主义工业化的理论和政策基础。在1920年的全俄苏维埃第八次代表大会上制定了具有历史性意义的《全俄电气化计划》，它成为苏维埃政权初期全面恢复和发展国民经济的纲领性文件，列宁将其称为“第二个党纲”，因为它在整个俄国面前展示了一个宏伟的蓝图，“表明怎样把俄国转到共产主义所必需的真正经济基础上去的伟大的经济计划。”列宁明确地指出“共产主义就是苏维埃政权加全国电气化”，“只有当国家实现了电气化，为工业、农业和运输业打下了现代大工业的技术基础的时候，我们才能得到最后的胜利。”[④]

① 《列宁选集》第4卷，人民出版社1995年版，第349页。
② 《苏联共产党和苏联政府经济问题决议汇编》第1卷，中国人民大学出版社1984年版，第64页。
③ 《列宁选集》第4卷，人民出版社1995年版，第346页。
④ 《列宁选集》第4卷，人民出版社1995年版，第364页。

四、苏维埃联盟建立

革命后的形势

1917年二月革命和十月革命后，在原俄罗斯帝国的版图内先后出现了近70个大大小小独立的国家或政权。波兰在十月革命前已经宣布独立，随后又有芬兰、爱沙尼亚、拉脱维亚和立陶宛等民族宣布成立民族独立国家。在国内战争期间，特别是在一些边疆地区，又相继有一些民族和地区宣布独立或者朝着分离的方向努力。它们是1918年初成立的涅姆切夫伏尔加沿岸劳动公社，1918年4月30日宣布成立的土尔克斯坦自治共和国，1919年3月23日宣布成立的巴什基尔自治共和国，1919年5月27日宣布成立的鞑靼自治共和国，1920年6月8日宣布成立的卡累利阿劳动公社和楚瓦什自治省，1920年8月26日成立的吉尔吉斯（哈萨克斯坦），1920年成立的还有沃特（乌德穆尔特）自治省、马累和卡尔梅茨自治省、达吉斯坦自治共和国和山区自治共和国，1921年成立了科米自治省、卡巴尔达自治省和克里米亚自治共和国，1922年又有雅库特自治共和国成立。还有一些地区宣布成立自治省和劳动公社。

如何应对少数民族的自治和独立要求，如何应对国内日渐增长的民族分离主义，如何适应国内变化的形势，调整民族政策，在布尔什维克党内的主张是不统一的。相当多的干部反对民族自决，而主张“无产阶级国际主义”和建立统一的国家，他们的口号是“消灭国界！”以布哈林为代表的一部分人则主张“劳动人民的自治”。列宁坚持自己在十月革命前提出的“各民族完全平等”、“各民族有自决权”、“政治上的自由分离”的主张，严厉批评了一些干部的大俄罗斯主义思想。苏维埃政权在其执政初期在处理民族问题上推行了一些重要措施。

第一，迅速并且公开发表重要文件，表明苏维埃政权和俄共（布）在民族问题上的态度。1917年11月2日发表了《俄国各族人民权利宣言》，11月20日发表《告俄国和东方全体穆斯林劳动人民书》，郑重宣布废除民族歧视政策，强调各民族不分大小一律平等。

第二，坚持民族自决和自由分离原则，承认波兰、芬兰、爱沙尼亚、拉脱维亚和立陶宛等国家的独立。列宁特别指示："在俄国有两个民族，由于许多历史条件和生活条件，它们最有文化，最与其他民族隔绝，能够最容易最'自然地'实现自己的分离权。这两个民族就是芬兰和波兰。"① 1917 年 12 月 18 日(农历 12 月 31 日)，苏维埃政权郑重宣布承认芬兰独立。1918 年 8 月，苏维埃政府宣布无条件地承认波兰独立，并且明确宣布"永远废除过去俄罗斯帝国与普鲁士政府、奥匈帝国签署的瓜分波兰的一切条约"。1920 年 2 月至 8 月，苏维埃政府分别宣布承认爱沙尼亚、拉脱维亚和立陶宛的独立。

第三，帮助那些有条件的民族建立民族国家，以壮大苏维埃政权的力量和扩大无产阶级领导的阵地。在俄罗斯苏维埃联邦社会主义共和国成立后，1917 年 12 月 11 日（公历 12 月 24 日），乌克兰苏维埃共和国成立。1918 年 4 月 30 日土尔克斯坦苏维埃社会主义自治共和国成立。1919 年 1 月 1 日，白俄罗斯苏维埃社会主义共和国成立。1920 年 11 月 29 日亚美尼亚苏维埃社会主义共和国成立，1921 年 2 月 25 日格鲁吉亚苏维埃社会主义共和国成立。

在反对帝国主义武装干涉的斗争中和国内战争期间，独立的各共和国互相帮助、互相支援，结成紧密的经济、政治和军事联系。为此，1919 年 6 月 1 日，俄共（布）中央发布了命令，规定各共和国间统一军事指挥，统一各国国民经济委员会，统一财政和铁路管理，统一俄罗斯、乌克兰、白俄罗斯、拉脱维亚、立陶宛等共和国人民委员部，这个命令得到了各共和国的拥护。俄罗斯中央执行委员会欢迎各共和国派代表参加它的组成和共商大事，以促进相互了解和相互信任。1920 年 9 月，俄罗斯同阿塞拜疆共和国缔结了军事—经济同盟条约。1920 年 12 月，俄罗斯与亚美尼亚苏维埃共和国签订了军事—政治同盟协定。1920 年 12 月，俄罗斯同乌克兰苏维埃共和国签订了工农同盟条约。1921 年 5 月，俄罗斯与格鲁吉亚苏维埃共和国签订了同盟条约。1921 年 6 月，俄罗斯与白俄罗斯苏维埃共和国签订了同盟条约。这些双边条约涉及军事、政治、财政、交通、工业、农业、邮电等方面，在各共和国间起协调作用的是设在俄罗斯人民委员部的联合人民委员部，各共和国派代表参加它的组成和运作。这些双边条约既确定和维护了各共和国间独立、平等和互助的兄弟关系，同时也为未来更紧密的统一联盟的建立打下了良好的基础。

各独立共和国间相互支援，互相帮助。俄罗斯和俄共（布）在经济和军事

① 《列宁全集》第 23 卷，人民出版社 1990 年版，第 330 页。

上给予其他共和国不可缺少的帮助，1919 年 4 月至 1920 年 1 月俄罗斯向乌克兰提供了 685 万普特的工业品和原料，俄罗斯也接受了乌克兰 2100 万普特粮食的支援。在国内战争期间，俄罗斯向乌克兰提供了 16.75 亿卢布，向白俄罗斯提供了两亿卢布，向拉脱维亚和立陶宛各提供了 1 亿卢布的财政援助，用于上述国家国民经济的恢复。1920 年 9 月俄罗斯向阿塞拜疆无偿援助 280 万普特食品。各民族共和国之间的经济往来也非常密切，1920 年 5 月亚美尼亚的食品紧缺，亚美尼亚革命委员会成员阿·努里扎疆和斯·穆撒耶梁向阿塞拜疆革命委员会请求帮助，阿塞拜疆革命委员会主席尼·尼·纳里马诺夫下令向亚美尼亚运去 17 车皮食品和 500 万卢布，同年年底阿塞拜疆又向亚美尼亚运去 50 车皮粮食、48 油罐车煤油和 2000 万卢布，并且派出 200 名专家帮助亚美尼亚恢复国民经济。格鲁吉亚革命委员会于 1921 年向伏尔加河流域和克里木运去 33 车皮粮食，提供了 5 亿卢布的资助，收养了来自俄罗斯和乌克兰的 1200 个流浪儿童。1921 年召开的俄共（布）第十次代表大会决议强调俄罗斯有义务和责任帮助那些在沙皇俄国时代长期被剥削和掠夺的边疆地区和民族地区发展工业，帮助它们建立社会主义的经济基础。俄罗斯苏维埃政府决定把俄罗斯中部的一些工厂迁移到外高加索地区和中亚地区等原料基地，以支援那里的民族工业建设。

苏联建立

几年的实践表明，在各共和国间实际上已经形成了以俄共（布）中央为领导核心、以俄罗斯为国家核心的同盟关系。这种广泛的同盟是非常必要的，它在抗击帝国主义武装干涉和消灭邓尼金、尤登尼奇和弗兰格尔匪徒的叛乱方面，在各国的工业和农业建设方面发挥了极其重要的作用。但是，这种同盟关系就其实质来说，仍然是松散的和暂时的。尽管由于各共和国的联合和协作，取得了抗击帝国主义武装干涉和国内战争的巨大胜利，但是各共和国仍然要面对着极其严重的外部环境的威胁。因此，共同面临的现实问题要求各独立共和国结成更加紧密牢固的联盟关系。

1921 年 3 月召开的俄共（布）第十次代表大会决议《关于党在民族问题方面的当前任务》中强调各苏维埃共和国必须结成更加紧密的联盟才能使十月社会主义革命的成果保存下来。决议指出，对于一个历史上是多民族并且已经建立了独立的民族共和国的各国来说，联邦制是一个比较适合十月革命后俄国特点的国家形式。1922 年 3 月，亚美尼亚、阿塞拜疆和格鲁吉亚按照这个指示，组成了南高加索社会主义共和国联邦。

1922 年 8 月 10 日，俄共（布）中央组织局成立了以斯大林为首的委员会，研究和起草各共和国关系法案。同时，要求各共和国党组织和苏维埃政府进行广泛的讨论。

1922 年 12 月 10 日，乌克兰第七次苏维埃代表大会召开，大会向俄罗斯、乌克兰、白俄罗斯、南高加索联邦的无产阶级提出热情的建议，号召迅速缔结苏维埃联盟条约。宣言指出："这样的联盟是以国际无产阶级团结精神解决民族问题的最好形式。"① 在这次大会上，还选出了乌克兰出席苏维埃联盟的乌克兰全权代表团。白俄罗斯、南高加索联邦相继召开了苏维埃代表大会，作出了参加即将成立的苏维埃联盟的决议，并且选出各自的全权代表团。

1922 年 12 月 23 日，俄罗斯第十次苏维埃代表大会召开，大会研究了乌克兰苏维埃代表大会提出的建议，通过了关于俄罗斯同乌克兰、白俄罗斯和南高加索联邦联合发起并成立苏维埃社会主义共和国联盟的决议，并选出了俄联邦全权代表团。

苏维埃共和国联盟的成立过程在紧张有序地进行着，但是在俄共（布）党内在以何种形式建立联盟存在着较大的意见分歧。

1922 年 9 月 10 日，斯大林所领导的民族事务人民委员部提出一个方案，即《关于俄罗斯苏维埃联邦社会主义共和国和各独立的共和国的相互关系》，斯大林坚持他的"自治化"理论。根据这个方案，成立以俄罗斯政府为核心的联邦，而其他共和国则以拥有自治权的身份加入这个联邦。

斯大林的自治化方案送交各共和国党的委员会讨论。亚美尼亚、阿塞拜疆、白俄罗斯批准了这个方案，而格鲁吉亚、乌克兰则坚决表示反对。格鲁吉亚中央委员会在决议中表示："认为按照斯大林同志的方案，各独立共和国加入苏联是不适当的，尽管实行政治、经济的联合是必要的，但必须保存各共和国的独立性。"②

然而，中央组织局专门委员会仍然讨论并通过了斯大林的方案，而且斯大林未经政治局批准，也未向在哥尔克村养病的列宁请示，就以中央书记处的名义把他的方案提交中央委员会全体委员们。

① 苏联科学院民族所编：《苏联的建立（1917—1924 年文件汇编）》，莫斯科—列宁格勒 1940 年版，第 299 页。

② 苏联科学院历史所编：《苏联民族一国家建设史》，莫斯科 1979 年版，第 358 页。

列宁在 9 月底知道了斯大林的“自治化”方案后，立即批评了斯大林的想法。他看到在党内大俄罗斯主义和大国沙文主义的倾向更加严重，特别是在组成苏维埃联盟问题上斯大林的“自治化”方案，以及斯大林支持的奥尔忠尼启则动手打格鲁吉亚中央委员会的干部而引发的“格鲁吉亚事件”，这使他非常痛心和担心。他在病榻上表示了反对大俄罗斯主义和大国沙文主义的决心，他立即给时任人民委员会第一副主席的加米涅夫写信说：“我宣布要同大俄罗斯沙文主义决一死战。我那颗该死的牙齿一治好，我就要用满口好牙吃掉它。要绝对坚持在联盟中央委员会中由俄罗斯、乌克兰人、格鲁吉亚人等等轮流担任主席。绝对！”① 他后来口授了重要的著作《关于民族或“自治化”问题》，对当时的主要危险——大国沙文主义和大俄罗斯主义进行了深刻的批判，再次向全党发出警告。列宁批评斯大林的“自治化”方案是“根本不合时宜的”，他认为“斯大林的急躁和喜欢采取行政措施以及他对有名的‘社会民族主义’的愤恨，在这件事情上起了决定性的作用。”列宁毫不客气地批评说：“俄罗斯化的异族人在表现真正俄罗斯人的情绪方面总是做得过火。”② 列宁就方案的修改提出了原则性意见，即其他共和国以完全平等的身份、拥有理论上的“自由退盟权”加入苏联。1922 年 10 月 6 日，俄共（布）中央委员会批准了新方案，因此所有的民族共和国通过了这个方案。

列宁在 1922 年 9 月 26 日致加米涅夫的信中第一次称未来的联盟国家的名字为“欧亚苏维埃共和国联盟”，后来他又提出应该命名为“欧亚社会主义苏维埃共和国联盟”，最后定名为“苏维埃社会主义共和国联盟”。

1922 年 12 月 30 日，全苏苏维埃第一次代表大会即苏联成立大会在隆重的气氛中开幕，出席大会的正式代表为 2215 名，其中俄罗斯代表为 1727 名，乌克兰代表为 364 人，南高加索联邦代表为 91 人，白俄罗斯代表为 33 人。列宁因病未能出席大会，但被全体代表推选为大会名誉主席。当天，各国代表在广泛讨论和协商后，联合签署《苏维埃社会主义共和国联盟成立条约》，宣布苏维埃社会主义共和国联盟（苏联）成立。

同时，苏联中央政府宣布成立，分设外交、陆海军、对外贸易、交通、邮电、工农检查、劳动、粮食、财政人民委员部和最高国民经济委员会。

---

① 《列宁全集》第 43 卷，人民出版社 1987 年版，第 216 页。

② 《列宁全集》第 43 卷，人民出版社 1987 年版，第 350—351 页。

1922年底，俄共（布）中央委员会着手起草苏联宪法，1923年7月苏联中央执行委员会批准了宪法草案，1924年2月召开的全苏苏维埃第二次代表大会批准了这部宪法。

1924年颁布的苏联宪法以法律的形式明确规定了联盟与各加盟共和国的关系、权利和义务。联盟拥有苏联的最高主权，是苏联对外关系的国际法的主体代表者；联盟的立法机构——中央执行委员会由联盟院和民族院组成；联盟中央政府拥有外交、国防、外贸、交通、邮电方面的权力，批准全苏国家预算，统一货币制度、信贷制度，制定全苏土地、矿藏、森林、水流等自然资源使用立法原则，颁布全苏劳动、国民教育、卫生保健、度量衡和统计立法原则及宣布大赦等。各加盟共和国（包括自治共和国、自治州和边区）等作为联盟的主体，完全平等并享有主权，各加盟共和国有自己的宪法和法律，但不得违背联盟的宪法原则。各加盟共和国享有自由退出联盟的权力。加盟共和国在经济、财政、内务、司法、文化教育、卫生保健、社会保障、检察监督、民族事务等方面享有完全的自主权。宪法还明确规定加盟共和国中央执行委员会或苏维埃主席团有权对违反联盟宪法和加盟共和国法律的中央政府的法令和决定提出不同意见以至停止执行。

随后，从1922年到1940年，在苏维埃联盟国家中陆续建立了14个加盟共和国（俄罗斯联邦建立于1918年），这些共和国基本上是按照联盟国家的政治和经济结构建立了本国的政治和经济体制，即与联盟中央对应的经济、文化、教育、卫生、司法等部门机构。各加盟共和国还建立受苏共中央领导的共产党的组织机构，划分与联盟党中央的隶属关系和独立权限，各加盟共和国的党政关系与分工也是仿效联盟中央的党政关系。

民族文化发展

“民族平等”是列宁和布尔什维克政党在十月革命前后始终坚持的根本原则。在苏维埃政权建立之初，在国内政局尚未稳定，外部面临帝国主义武装干涉的威胁的情况下，列宁和布尔什维克党就非常重视民族文化发展，并拨出大量的财力、物力和人力帮助落后的少数民族发展本民族的文化教育事业。俄共（布）十大的决议中提出：“……党的任务就是帮助非大俄罗斯各族劳动群众赶上走在前面的俄国中部，帮助他们：（1）在他们那里发展和巩固适合他们民族生活条件的苏维埃国家制度；（2）在他们那里发展和巩固使用本族语言的、由熟悉当地居民生活习惯和心理的本地人组成的法院、行政经济和政权机关；(3) 在他们那里发展使用本族语言的报刊、学校、剧院、俱乐部事业以及一般文化机关；(4) 广泛地建立和发展使用本族语言的普通教育性质的和职业技术性质的训练班网和学校网（首先是为吉尔吉斯人、巴什基尔人、土库曼人、乌兹别克人、塔吉克人、阿塞拜疆人、鞑靼人、达格斯坦人建立），以便迅速培养本地的熟练工人，以及培养苏维埃党务工作人员担任各方面的管理工作，首先是教育方面的工作。”①

在苏维埃政权初期，在民族国家划界和民族族系区分过程中，语言是作为民族识别的主要依据之一。在列宁和俄共（布）的正确方针指导下，苏维埃政权在执行“语言平等”政策和发展非俄罗斯民族语言文字方面取得巨大成绩。其中包括：1. 帮助一些长期没有本民族文字的少数民族创造了文字。1922 年根据俄共(布)中央的建议，建立由人民委员会干部、人民教育委员会干部、科学院干部、著名的语言学家、民族学家组成的专门委员会，研究北方民族的语言问题，先后为 52 个民族创造了本民族的文字。诺盖人、卡巴尔达人、车臣人、列兹金人、哈卡斯人有了本民族的文字。1924 年组成北方委员会，为涅涅茨等数十个北方小民族创造了文字。1926 年在北方、西伯利亚和远东的中学开始了埃文基语的教学，到 1929 年用远东各民族语言进行教学。2. 将中亚一些民族和阿塞拜疆民族长期使用的拼写复杂、难写难认的阿拉伯字母改为在欧洲较为通用的拉丁字母。3. 鼓励在少数民族的学校教育中使用本民族语言和文字教学，鼓励在少数民族的社会和文化生活中广泛地使用本民族语言和文字。4. 提倡在少数民族地区工作的俄罗斯族干部和技术人员学习当地民族的语言和文字。俄共（布）和苏联政府在列宁生前直至 20 年代末所执行的文化政策，有力地推动了少数民族语言和文字的繁荣发展。

1919 年 12 月 26 日，俄罗斯联邦人民委员会发布法令《关于扫除俄罗斯联邦苏维埃社会主义共和国内居民间的文盲》，法令规定：扫盲运动的“目的在于提供给共和国全体居民自觉地参加国内政治生活的可能性……共和国全体居民年龄从 8 岁至 50 岁，凡不能读不能写的，必须学习识字。”② 从 20 年代初开始，苏

① 中国社会科学院苏东所、国家民委政策研究室：《苏联民族问题文献汇编》，社会科学文献出版社 1987 年版，第 45 页。

② 苏共中央马克思列宁主义研究院编：《苏共领导下的苏联文化革命》，上海人民出版社 1973 年版，第 65 页。

联政府将扫除文盲作为苏联文化发展和民族文化建设的重要内容，提出了“识字者教不识字者”的口号。1928年开始了争取人民普遍识字的向文化进军运动。苏联欧洲地区的扫盲运动到30年代中期基本完成，中亚和西伯利亚地区的扫盲运动到40年代基本完成。到1937年，苏联全国居民中识字人数比例上升到87.4%。1929—1939年，扫除文盲5000万人，扫除半文盲4000万人。

五、列宁晚年思想

晚年著述

1918年8月30日，列宁在莫斯科米赫尔逊工厂向工人发表演讲时被社会革命党人卡普兰开枪刺伤，列宁身上两处严重创伤。尽管有医生高明的技术以及列宁自身的坚强毅力，使列宁暂时转危为安，并且很快地恢复了工作，但是创伤并没有痊愈。1921年12月底，列宁的健康状况开始恶化，长年的劳累和遇刺后留在体内的两颗子弹将列宁击倒了。1922年5月，他的病第一次发作，导致左边身体瘫痪，说话十分困难，俄共（布）中央政治局决定让他离开莫斯科到哥尔克村休养。

列宁的晚年思想是指列宁晚年生病以后，对俄国这样一个经济文化落后的国家如何进行社会主义建设所作的一系列思考。从1922年12月至1923年3月上旬，列宁口授了《日记摘录》、《论我国革命》、《论合作制》、《宁肯少些，但要好些》、《我们怎样改组工农检查院》等5篇著述。这些文章从不同的侧面论述了一个总的主题——如何在一个农民占多数的落后国家进行建设，逐步实现向社会主义过渡，以及在这一过渡中所要解决的问题。其主要内容如下：

1. 论十月革命的合理性

孟什维克政论家苏汉诺夫在其札记中指责列宁缺少对俄国社会主义“客观前提”即社会经济条件的分析，认为列宁实际上违背了马克思的革命理论。苏汉诺夫认为十月革命不仅是不合理的，而且是不成熟的。列宁在《论我国革命——评苏汉诺夫的札记》中指出：俄国革命是特殊形势下的产物，帝国主义世界大战使俄国革命遇到了千载难逢的大好时机，无产阶级就必须当机立断，及时夺取政权。但是，这不等于说，社会主义不需要物质前提，相反，这是一个“无可争辩的论点”。列宁批评苏汉诺夫不懂得革命的辩证法这一马克思主义中有决定意义的东西，不懂得马克思所说的革命时期要有极大的灵活性，允许变更通常的历史发展顺序。

2. 必须把工作重心转移到文化经济建设上

在德国 1919 年 11 月无产阶级武装起义失败后，列宁原寄托希望的由俄国革命引发的世界革命的高潮没有到来。列宁在《论合作制》中提出了一个重要论点：“我们对社会主义的整个看法根本改变了”，“这种根本的改变表现在：从前我们是把重心放在而且也应该放在政治斗争、革命、夺取政权等方面，而现在重心改变了，转到和平的‘文化’组织工作上去了。如果不是因为国际关系，不是因为必须为我们国际范围内的阵地进行斗争，我真想说，我们的重心转移到文化主义上去了。如果把国际关系撇开不谈，只就国内经济关系来说，那么我们现在的工作重心确在于文化主义。”① 列宁在这里所说的文化主义内涵很丰富，狭义的是指发展教育，扫除文盲，广义的是指经济建设和精神文明建设。

阿芙乐尔号巡洋舰

① 《列宁全集》第 43 卷，人民出版社 1987 年版，第 364 页。

3. 通过合作社组织农民走社会主义道路

俄国是一个传统的农业国，在这样的国家里如何解决农民问题是一个关键问题，而如何引导广大农民在生产上和思想上走上社会主义道路是关键之关键。列宁最初把流通领域里的合作社看作是资本主义经济成分，列宁在1923年1月写作《论合作制》时，他对合作社的看法有了一个根本性的变化，他不再把合作社看作国家资本主义的企业，而把它的发展直接等同于向社会主义的发展。列宁认为，办好合作社的关键是使农民具有“自觉性和诚意”，使合作社成为“确实有真正民众参加的”组织，而农民一开始是不会愿意参加合作社的，因此苏维埃政权就要在引导和鼓励上多下工夫。列宁设想，引导农民通过合作化方式走向社会主义道路将是一个相当长的阶段，“为了通过新经济政策使全体居民人人参加合作社，这就需要整整一个历史时代。在最好的情况下，我们度过这个时代也要一二十年。”①

4. 改善苏维埃国家机关，提高办事效率，反对官僚主义

早在苏维埃政权建立初期，列宁就曾清醒地向全党告诫：要加强全体布尔什维克党员、特别是党的高层领导人的无产阶级思想的修养，自觉抵制帝俄时代遗留下来的封建主义残余思想。要加强苏维埃政权的建设，因为苏维埃的国家机构“在很大程度上是旧事物的残余，极少有重大的改变，这些机关仅仅在表面上稍微粉饰了一下。而从其他方面来看，仍然是一些最典型的旧式国家机关。”②“我们称为自己机关的那个机关，实际上是和我们完全格格不入的，它是资产阶级和沙皇制度的大杂烩。”③

列宁最不满意的是斯大林领导的工农检查院的工作。该机构庞大，有1200多人，又干不了实事，没有能担负起检查、改善和改造国家机关的任务。因此列宁多次建议参加中央委员会的工人，主要的不应该是来自那些做过长期苏维埃工作的工人，因为在这些工人中间已经形成了一定的传统和一定的成见，这种传统和成见正是应该反对的，而要吸收直接来自第一线的工人阶级参加，因为在他们的身上更少有官僚习气和拖拉的工作作风。

① 《列宁全集》第43卷，人民出版社1987年版，第364页。
② 《列宁全集》第43卷，人民出版社1987年版，第373页。
③ 《列宁全集》第43卷，人民出版社1987年版，第350页。

政治遗嘱

从1922年12月下旬到1923年1月上旬，病中的列宁在清醒的时刻口授了《致代表大会的信》等书信，这些长短不一的书信被后人称为列宁的政治遗嘱。

在1922年12月23日的信中，列宁表示："我建议把中央委员人数增加到几十人甚至100人。我想，一旦事态的发展不是对我们十分有利，而我们不能寄希望于十分有利这一点上，假使我们没有实行这种改革，我们的中央委员会就会遭到很大危险。

……至于第一点，即增加中央委员的人数。我想，为了提高中央委员会的威信，为了认真改善我们的机关，为了防止中央一小部分人的冲突对党的整个前途产生过分大的影响，这样做是必要的。

我想，我们党有理由要求工人阶级出50—100个中央委员，而不致使工人阶级太费力。

这种改革会大大加强我们党的巩固性，会有助于在敌对国家中间进行斗争。据我看来，这种斗争在最近几年内，可能而且一定会大大尖锐化。我想，采取了这样的措施，我们党的稳定性将增强千倍。"①

在1922年12月25日的信中，列宁表示："我上面说到的中央委员会的稳定性，是指防止分裂的措施"，而"稳定性的问题基本在于斯大林和托洛茨基这样的中央委员。在我看来，分裂的危险，一大半是由他们之间的关系构成的。而这种分裂是可以避免的，在我看来，避免分裂的办法之一，应该是把中央委员人数增加到50—100人。"

列宁认为："斯大林同志当了总书记，掌握了无限的权力，他能不能永远十分谨慎地使用这一权力，我没有把握。另一方面，托洛茨基同志，正像他在交通人民委员部问题上反对中央的斗争中所证明的那样，不仅具有卓越的才能。他个人大概是现在中央委员会中最有才能的人，但是他又过分自信，过分热衷于事情的纯粹行政方面。现时中央两位卓越领袖的这两种特点会出人意料地造成分裂，如果我们党不采取措施防止，那分裂是会突然来临的。"②

① 《列宁全集》第43卷，人民出版社1987年版，第337—338页。

② 《列宁全集》第43卷，人民出版社1987年版，第339页。

在1917年十月革命前夜的10月18日（公历10月31日），季诺维也夫和加米涅夫在《新生活报》上批评列宁等人的“冒进”主张，而过早暴露武装起义的消息。列宁在这封信中强调季诺维也夫和加米涅夫的十月事件“当然不是偶然的”。① 对于布哈林，列宁的评价是：“布哈林不仅是党的最可贵的和最大理论家，他也应当被认为是全党所喜欢的人物，但是要把他理论观点算作完全马克思主义的，那是很值得怀疑的，因为在他的理论观点里面有一种烦琐哲学的东西（他从来没有学过辩证法，并且我想，他从来不完全了解辩证法）。”列宁认为皮达可夫“他无疑是有坚强意志和杰出才能的人，但是太热衷于行政手段和事情的行政方面，以致在严重的政治问题上是不能指靠他的。”②

在1922年12月26日的补充信中，列宁表示：“把中央委员人数增加到50人甚至100人，依我看，可以达到两重甚至三重目的：中央委员愈多，受到中央工作锻炼的人就愈多，因某种不慎而造成分裂的危险就愈小。吸收很多工人参加中央委员会，会有助于工人改善我们糟透了的机构。我们的机构实质上是从旧制度继承下来的，因为在这样短的时期内，特别是在战争、饥饿等等条件下，要改造它是完全不可能的。”③

9天后，即1923年1月4日，列宁又向秘书口授了记录，作为对1922年12月24日信的重要补充。列宁在长期的考虑和犹豫后最终下定决心，那就是撤换斯大林。

> 斯大林太粗暴，这个缺点在我们中间，在我们共产党人的相互交往中是完全可以容忍的，但是在总书记的职位上便成为不可容忍的了。因此，我建议同志们仔细想个办法把斯大林从这个职位上调开，任命另一个人担任这个职位，这个人在所有其他方面只要有一点强过斯大林同志，这就是较为耐心，较为谦恭，较为礼貌，较能关心同志，而较少任性等等。这一点看来可能是微不足道的小事。但是我想，从防止分裂来看，从我前面所说的斯大林和托洛茨基的相互关系来看，这不是小事，或者说，这是一种可能具有决定性意义的小事。④

列宁让秘书将《致代表大会的信》复制5份，1份留给列宁本人，3份由他

① 《列宁全集》第43卷，人民出版社1987年版，第339页。
② 《列宁全集》第43卷，人民出版社1987年版，第339—340页。
③ 《列宁全集》第43卷，人民出版社1987年版，第341页。
④ 《列宁全集》第43卷，人民出版社1987年版，第340页。

的妻子克鲁普斯卡娅保存，1 份由列宁秘书处保存。列宁指示将这些材料保存在用火漆印封好的信封里，信封上面注明，拆启这些信封的人只能是列宁本人，在他逝世后，只有克鲁普斯卡娅有权拆封。

1924 年 1 月 21 日晚 6 时，列宁的病情再度恶化，6 时 50 分，列宁因脑溢血与世长辞。1 月 22 日，俄共（布）中央委员会向全国、全世界宣布了列宁逝世的消息。1 月 23 日，列宁的灵柩由哥尔克村运到莫斯科，停放在工会大厦圆柱大厅里。在 4 天中，从 1 月 23 日至 27 日，数万名工人、农民、红军士兵和工作人员、西方国家的代表，冒着严寒，到圆柱大厅向苏维埃的领袖告别。列宁去世的当天，中央委员会政治局就作出决定：永久保存列宁的遗体，以激励全世界人民的革命事业。

1 月 27 日上午 9 时，列宁的灵柩从工会大厦运到红场。当天下午 4 时，列宁的灵柩在哀乐声中，在数千工厂的汽笛声和礼炮声中移入了克里姆林宫广场前的陵墓。这一时刻里，国际无产阶级宣布停止一切工作 5 分钟，向苏联的领袖致哀。在以后短短的 4 个月里，苏联有 24 万多人加入了俄共（布），同年彼得格勒改名为列宁格勒。

列宁遗嘱在苏联是绝密的，即使是在党内也只有少数人知道其全部内容。

位于红场上的列宁墓

1936年，西方记者波里斯·苏瓦林在法国和马克斯·伊斯特曼在美国把这份遗嘱公布于世，引起了各国的关注。苏联的宣传工具严词驳斥这是“帝国主义者别有用心的打算”，宣布列宁遗嘱纯属伪造。30年代的大清洗期间，再也没有人敢提列宁的遗嘱之事了，它开始成为年轻党员完全不知道的绝密文件，有极少数的13大、15大代表保留有这份遗嘱，但其中绝大多数人已被清洗掉了。

列宁的晚年思想是在充分总结苏维埃早期的经验和教训的基础上提出的，对苏维埃政权未来发展、党的组织建设、国家的经济建设都具有重大的指导意义。它具有实事求是的特点，其核心是倡导改革与创新。

列宁的晚年思想是对马克思主义的重大发展。纵观苏维埃早期建设的历史，的确有许多不切实际的提法和做法，有列宁等人对社会主义的理想化的认识，也有马克思主义理论中有未经实践检验的东西。列宁结合社会主义革命和建设的实践，不断修正革命理论和方针，从而极大地发展了马克思主义。

但是如果说列宁当年就为社会主义的明天，设计出了一整套经济体制、政治体制的模式，这是无法令人信服的，这就等于否定列宁是一个科学社会主义者了。列宁的有关论述主要是基于处于过渡的社会主义建设方面的实际情况提出。它需要新一代领导人，深入理解和领会列宁重要和光辉晚年思想，结合苏联的实际制定出苏联的方针。毫无疑义，这个历史重任要由斯大林和他的战友们承担。

第七章

社会主义建设成就与斯大林模式

（1924 年至 1953 年）

1924—1953 年，是苏联历史发展最重要的时期之一。在此期间，苏联经历了大规模的社会主义改造和建设，经历了卫国战争的严峻考验，也经历了斯大林长达近三十年的执政。在此期间，具有鲜明特色的苏联社会主义政治和经济体制最终形成。

一、社会主义建设的巨大成就

实现工业化

1925 年 12 月 18 日至 31 日召开了联共（布）第 14 次代表大会，提出苏联社会主义工业任务，宣布国民经济恢复期结束，工业化新时期开始。大会宣布把俄国从一个输入机器和设备的国家变成生产机器和设备的国家，变成由新技术装备起来的现代化工业强国，并且规定将苏联工业化的重点首先放在发展重工业和机器制造业上，以便为工业、农业、交通运输业和邮电事业提供最新设备。这次大会通过了新党章，决定将“俄共（布）”改名为“苏联共产党（布尔什维克）”，简称“联共（布）”。

联共（布）14大之后，斯大林多次发表文章和演说，强调苏联的工业化与资本主义国家的工业化不同，并阐述了苏联社会主义工业化纲领。斯大林认为，苏联处在资本主义包围之中，为了不至于成为资本主义世界的经济附庸，必须建立自己独立完整的社会主义经济体系，即把苏联建设成一个不仅能生产一般消费品，而且能生产各种机器和设备的国家。斯大林坚持认为，经济落后必然要挨打。因此必须高速度发展国民经济。他认为，苏联已建立了无产阶级专政政权，可以依靠行政力量来加快经济发展。因而，他主张用行政命令、指令性计划的办法快速发展经济。具体讲，一是用计划保证优先发展重工业，二是用行政办法扩大内部的资金积累，即“工业化的中心、工业的基础，就是发展重工业”①。

在1927年12月召开的联共（布）中央第15次代表大会上作出了《关于制定国民经济五年计划的指示》，明确规定：“根据国家工业化政策，首先必须加强生产资料的生产，使重工业和轻工业、运输业和农业的发展……基本上能以苏联国内的工业生产来保证。”② 从1925年起，就开始编制发展国民经济的长期规划第一个五年计划（1928—1933年），从1928年开始实施第一个五年计划。

第一个五年计划的基本内容包括：5年内整个国民经济的基本投资为646亿卢布，其中对工业（包括电力）建设的基本投资从过去5年（1922—1927年）的52亿卢布增加到195亿卢布，对运输业的基本投资从过去5年的27亿卢布增加到99亿卢布，对农业的基本投资从过去5年的150亿卢布增加232亿卢布。根据优先发展重工业的方针，对工业部门的投资主要是用于生产生产资料的工业部门，因此在第一个五年计划期间，用于冶金工业和机器制造业方面的投资为40亿卢布。

第一个五年计划于1933年1月，以四年零三个月的时间提前完成了。对此当时的西方报刊也表示惊叹：“五年计划的四年获得了真正卓越的成就，苏联像战时那样紧张地、创造性地建设新生活的基础，国家面貌焕然一新。”③

到1937年，第二个五年计划又以四年零三个月的时间提前完成。在此期间，在斯维尔德洛夫斯克、克拉马托尔斯克、新切尔卡斯克、车里雅宾斯克等地新建了许多的钢铁厂、机器制造厂，扩建了高尔基和莫斯科两大汽车制造厂。此后，

① 《斯大林全集》第7卷，人民出版社1954年版，第294页。

② 《苏联共产党代表大会、代表会议和中央全会决议汇编》第2分册，人民出版社1964年版，第383页。

③ 萨姆诺索夫主编：《苏联简史》第2卷上册，三联书店1976年版，第312页。

苏联基本上停止了外国机器设备的进口，1937 年进口机器的比重仅占苏联需求量的 0.9%。

经过两个五年计划的努力，苏联基本实现了社会主义工业化，已经建立起强大的工业基础，全国形成了较为完备的工业体系。1937 年全国工业总产值在工农业总产值中的比例由 1913 年的 42.1% 上升到 77.4%，生产资料的生产比 1913 年增长了 9 倍，生产资料的生产在工业总产值中所占比例由 1928 年的 39.5% 提高到 57.8%，其中机器制造业和金属加工业增长将近 19 倍，化学工业增长 14.2 倍。[①] 1937 年全苏钢产量为 1770 万吨，煤炭产量为 12800 万吨，石油产量为 2850 万吨，全苏发电量已超过 360 亿度，金属切削机床 485 万台，谷物联合收割机 439 万台，汽车 2 千辆，拖拉机 259 千台，柴油机 159 万马力，生铁产量为 1450万吨[②]，其中拖拉机、联合收割机、汽车和车辆的产量已占世界第一位。1937 年西方主要资本主义国家的工业产量与 1913 年相比增长了 44.3%（其中美国增长 54.3%，英国增长 10.4%，德国增长 19.4%，法国增长 1%），而苏联 1937 年的工业产量则比 1913 年增加了 7.5% 倍，[③] 相比之下，苏联的工业发展速度要比西方主要资本主义国家的工业发展速度快 14.3 倍。1937 年苏联工业总产值在世界工业总产值中所占的比例由战前 1913 年的 2.6% 上升到 10%，全苏的工业生产水平由 1913 年居世界第五位和欧洲第四位变为世界第二位和欧洲第一位[④]。

在工业化取得巨大的成就的同时，也存在着重大的问题。首先是片面发展重工业，造成农轻重经济发展严重失调，使农业和轻工业长期处于落后状态，直接影响到人民生活水平。第二是片面强调产值和产量，造成新产品单调，质量低劣。第三是盲目赶速度和扩大生产，经济粗放发展，生产效率低下，造成国家资源的大量消耗和浪费。

农业集体化

俄国是一个农业国，如何引导农民走上社会主义的现代化道路是一个历史性的任务。其任务的核心是将处于“汪洋大海”中的小农经济组织起来，在自愿和

---

① 江流、陈之骅：《苏联演变的历史思考》，中国社会科学出版社 1994 年版，第 26 页。

② 苏联科学院经济研究所：《苏联社会主义经济史》第 4 卷，三联书店 1981 年版，第 146 页；萨姆诺索夫主编：《苏联简史》第 2 卷上册，三联书店 1976 年版，第 355 页。

③ 《苏联与资本主义国家（统计资料汇编）》，莫斯科 1939 年版，第 127 页。

④ 《苏联国民经济 60 年》，三联书店 1979 年版，第 28 页。

互利的基础上将个体的农民与自然经济合理地纳入社会主义的经济轨道。早在1918年1月27日颁布的《土地社会化法令》已经提出："发展农业中的集体经济，这种经济在节约劳动和产品方面都更为有利，减少个体经济，以便向社会主义经济过渡。"① 在全俄苏维埃第九次代表大会的决议中指出："农业是国民经济的最重要的基础部门。没有农业的振兴，我国工业的恢复、国民财富的增加、工农政权内部和外部实力的加强都是不可想象的。农业的破产意味着全国的贫困，劳动人民政权的削弱。不是在口头上，而是在实际上振兴农业，应当成为我们整个经济建设的首要任务。"② 新经济政策大大地调动了广大农民的积极性，有力地促进了苏联农业生产力的恢复与发展，到1925年，农业总产值超过一战前的7%，畜牧业超过21%，1925年全国播种面积接近战前水平，达到战前的99.3%，1925年的谷物总产量比战前5年的平均产量增加11.2%，1925年全国各类牲畜总头数（马除外）已超过1916年的水平，这是苏联国民经济恢复的重要成就之一。

1927年12月，联共（布）召开了第15次代表大会。斯大林所作的政治报告中谈到绝不能认为目前农业的状况和发展速度是令人满意的。他将农业发展缓慢的原因归结为两点：一是农业技术落后和农民文化水平低下；二是零售和分散式的小农经济阻碍了规模化的现代农业的发展。他提出："出路就在于把分散的小农户转变为以公共耕种制为基础的联合起来的大农庄，就在于转变到以高度的新技术为基础的集体耕种制。出路就在于逐步地，然而不用强迫手段，采用示范和说服的方法，把小的以至最小的农户联合为以公共的互助的集体的耕种制为基础，利用农业机器和拖拉机，采用集约耕作的科学方法的大农庄。别的出路是没有的。"③ 莫洛托夫在《关于农村工作》的报告中回顾了实行新经济政策以后的经验，强调对农民的政策应该是谨慎的，"在农村执行新任务时，我们必须记住在这七年中所学到的东西，在农村社会主义建设中重要的是：谨慎、小心、不慌不忙、逐步推进"④。这次大会是以"集体化的代表大会"载入苏共党史的。

1927—1928年国内出现的越来越严重的粮食收购危机加速了全盘集体化的步伐。1927年1月，国家收购到的粮食仅为4.28亿普特，相当于1926年同期收购量的3/4。1928年1—2月，斯大林到苏联重要的产粮区西伯利亚视察，沿

① 《苏联共产党和苏联政府经济问题决议汇编》第1卷，中国人民大学出版社1984年版，第29页。

② 《苏联共产党和苏联政府经济问题决议汇编》第1卷，中国人民大学出版社1984年版，第292页。

③ 《斯大林全集》第10卷，人民出版社1954年版，第261页。

④ 《真理报》，1927年12月22日。

途他认为造成粮食收购不上来的原因主要是富农分子囤积居奇和肆意破坏，因此他指示必须用暴力剥夺富农，从阶级上消灭富农，加速农村的集体化过程，“使我国各地区毫无例外地布满集体农庄”。斯大林宣布：“从 1929 年夏季起，我们进入了全盘集体化阶段，开始了向消灭富农阶级的政策方面的转变。”① 1929 年 12 月，斯大林再次强调：“我们已经从限制富农剥削趋势的政策过渡到消灭富农阶级的政策”②。从而使富农变成了一个政治概念，富农意味着被剥夺，意味着敌对的阶级关系。最终富农作为一个阶级在苏联被彻底消灭了。

1928 年春苏联国家政治保卫局宣布在顿涅茨矿区的煤矿破获了一起反革命案件，被称为“沙赫特案件”③。这个案件使斯大林得出革命越深入，所取得的胜利越大，阶级斗争就越尖锐和复杂的结论。即：“随着我们的进展，资本主义分子的反抗将加强起来，阶级斗争将更加尖锐。”④

斯大林——永远的胜利者

① 《斯大林全集》第 12 卷，人民出版社 1954 年版，第 156—157 页。

② 《斯大林全集》第 12 卷，人民出版社 1954 年版，第 149 页。

③ 据称从 1922—1923 年起，顿涅茨矿区沙赫特煤矿的俄国和外国企业主和一些反动资产阶级专家就与白俄“巴黎中心”组织联系，接受其指示和经费。他们窃取当地的领导权，唆使工人反对党的领导。1928 年 5 月 18 日至 7 月 6 日对此案进行了审理，在 53 名被告（沙赫特分子）中除 4 人被宣判无罪外，有 11 人被处决，其他的人被判处 1—10 年徒刑。

④ 《斯大林全集》第 12 卷，人民出版社 1954 年版，第 15 页。

因此在联共（布）15大上提出的通过引导和宣传逐步地过渡到集体化的方针发生了巨大的变化。1929年11月，斯大林发表《大转变的一年》，文中强调："过去的一年是社会主义建设的各条战线上发生大转变的一年。这个转变现在仍然是在社会主义向城乡资本主义分子坚决进攻的标志下进行的。"① 对于在集体化方面已经取得的成绩，斯大林表示满意。他认为应该以行政手段加速这一过程，即"目前集体农庄运动中的新现象是什么呢？目前集体农庄运动中具有决定意义的新现象，是整村、整乡、整区，甚至整个专区地加入了"②。以《大转变的一年》发表为标志，在全国上下展开了轰轰烈烈的全盘集体化运动，很快全盘集体化又演变成政治运动。

1930年1月，联共（布）中央政治局通过了《关于集体化的速度和国家帮助集体农庄建设的办法》决议，这份重要文件规定了不同的地区实行集体化的时间表和实现集体化的形式。1930年2月3日出版的《真理报》认为决议所规定的1930—1931年使75%的农村实现集体化并不是最高的指标，这个指标是完全现实和可行的。

斯大林在苏维埃选举投票站

为完成上级规定计划，一些地区出现了以行政命令手段，甚至是使用暴力方式强迫农民加入集体农庄。对不愿加入者，轻则没收财产，重则被捕和流放。相当多的地区是通过召开村民大会，在会上由领导宣布集体加入，然后强迫农民签名。在农民中出现了大量宰杀牲畜、抢先收割未成熟庄稼、破坏农机具、消极怠工等现象。奥托耶夫斯克区的奥科罗夫斯克村的妇女自发地举行了游行，她们打出的口号是"苏维埃政权万岁！不要集体农庄！"③

在全盘集体化过程中暴露出来的严重问题引起了联共（布）中央和斯大林的注意。1930年3月2日，斯大林发表了《胜利冲昏头脑》，在肯定全盘集体化的

① 《斯大林全集》第12卷，人民出版社1954年版，第106页。

② 《斯大林全集》第12卷，人民出版社1954年版，第118页。

③ 《布尔什维克》，莫斯科1930年第6期，第28页。

胜利成果的前提下，批评了集体化运动违反农民自愿的原则，“某些同志被胜利冲昏了头脑，暂时丧失了清醒的理智和冷静的眼光。”[①]

1930 年春夏季，在联共（布）中央的批示下，各地的集体化的步伐有所放缓，一些过火的做法得到了纠正。但是从这一年的秋季，集体化运动又掀起了新的高潮，年底前就有 100 万农户加入集体农庄。1931 年 8 月 2 日，联共（布）中央通过了《关于加快集体化速度和巩固集体农庄的任务》的决议，将 68%—70% 的农民，75%—80% 的土地加入集体农庄列为农业集体化完成的标准。到第一个五年计划完成的 1932 年，加入集体农庄的农户已占总数的 62. 4%，加入集体农庄的土地已达到 80% 以上。到第二个五年计划执行期间的 1937 年，加入集体农庄的农户已占总数的 93%，划归集体农庄的土地已占 99%。集体农庄的固定生产资料总值到 1934 年增加到 66. 2 亿卢布。

1937 年全国播种面积达到 1. 35 亿公顷，不仅大大超过了革命前，而且比 1928 年增加 10. 7%，1937 年全苏农业总产值比战前的 1913 年增长了 34%，其中种植业增长了 50%，畜牧业增长了 9%。苏联在世界主要农产品生产中所占的比重迅速增加，苏联在世界小麦总产量中所占的比重由 1928 年的 21. 3% 上升到 27. 9%（美国从 18. 1% 下降到 17. 6%），在棉花生产方面的比重由 2. 7% 上升到 5. 4%（美国由 51. 6% 下降到 35. 4%），在甜菜方面的比重由 25. 9% 上升到 35. 4%。1937 年苏联的黑麦、小麦、燕麦和亚麻纤维的产量跃居世界第一位，皮棉的产量上升到世界第三位。[②] 实现了农业的集体化和建立起新型的国营农场，从根本上改变了苏联农业的传统经营方式和组织结构，也改变了农民的生活方式和思维方式。

但是，暴风骤雨般的全盘农业集体化为苏联的农业发展和农民的生活带来许多负面的影响。以行政命令方式强迫农民加入集体农庄的作法根本上违背了列宁提出的改造农民的自愿和逐步的原则，在消灭富农阶级过程中更出现了大量的错划现象，使得占苏联居民人口最大比重的农民受到了心灵和肉体上的冲击，大量的农村居民因此饿死和病死。为片面发展工业化，苏联政府用超经济的行政手段将农民视为工业的“贡献者”，在集体化期间，通过行政命令管理体制，把农民束缚在农庄里，使农民失去生产和分配的自主权，甚至连迁徙自由也受到了限

① 《斯大林全集》第 12 卷，人民出版社 1954 年版，第 173 页。
② 《苏联社会主义经济史》第 4 卷，三联书店 1982 年版，第 504 页。

制。根本忽视了农民的物质利益和切身利益，从农民身上拿走太多的资金，从而影响到城乡关系和工农关系，造成农民生产积极性低下，使农业和牧业生产长期停滞落后，严重阻碍了苏联经济的发展。

到 1936 年，斯大林宣布苏联已经完成了传统的工业和农业向社会主义的过渡，苏联建成了社会主义。苏联已经建成强大和完备的工业、农业、国防、科学技术和文化教育体系，在联共（布）第十八次代表大会决议中指出："苏联已变成一个经济独立的国家，它已能供给本国经济和国防所必要的一切技术装备。"①

民族文化教育发展

少数民族教育事业是关系到民族经济和社会长远发展的关键问题。在苏维埃政权建立之初，苏联政府从极为有限的财政预算中拨出大量资金用于发展民族教育事业。

巴什基尔自治共和国 1925 年用于教育的国民投资比 1924 年增加了 4%，马累自治共和国 1937 年用于教育的投资比 1933 年增加了 3. 93%。② 1940 年苏联对哈萨克的教育拨款为 6. 86 亿卢布，到 50 年代则为 13. 6 亿卢布，增长了 1 倍。鉴于本民族教师和本民族语言的教科书的极度缺乏，全俄教育人民委员会委员和吉尔吉斯出版编辑委员会委员阿赫迈德·巴依图尔苏诺夫在 1921 年 1 月 31 日的一次报告中指出："至今为止学校一、二年级没有吉尔吉斯文课本，必须采取措施为一、二年级的学生编写和翻译吉尔吉斯文课本。"③ 1928—1929 年以远东小民族文字印刷的第一批课本公开出版，其中有第一本埃文基识字课本——《通古斯语（埃文基语）阅读课本》，第一本《那乃语阅读课本》。1932 年出版了第一批楚克奇语、科克亚克语、埃文基语、鄂温克语、那乃语、乌德盖依语、尼福赫语书籍。④ 在第一个五年计划（1928—1933 年）期间，各加盟共和国普及了初等义务国民教育，在第三个五年计划（1938—1943 年）期间，各加盟共和国在城市中实现了普及十年制中等教育，在农村实现了普及七年制中等教育。苏共宣布在全苏的城市和乡村中已经实现了十年制普及义务教育。

① 《苏联共产党决议汇编》，莫斯科 1957 年版，第 11 页。
② 里谢茨基：《发达社会主义条件下的苏共民族政策问题》，基什尼廖夫 1977 年版，第 129—130 页。
③ 《哈萨克斯坦历史上的空白点》，阿拉木图 1991 年版，第 165—167 页。
④ 里谢茨基：《发达社会主义条件下的苏共民族政策问题》，基什尼廖夫 1977 年版，第 33 页。

在第一、第二、第三个五年计划期间，民族共和国的高等教育事业发展也非常迅速，初步建立了民族高等教育体系。在中亚的塔什干、阿拉木图、杜尚别和阿塞拜疆、亚美尼亚建立了一大批综合大学、工程技术学院、师范学院和艺术学院。1927—1940 年全苏大学生人数增加 48 倍，其中俄罗斯增加 5 倍，乌克兰增加 7 倍，乌兹别克增加 38 倍，吉尔吉斯和土库曼各增加 30 倍，亚美尼亚增加 3 倍，哈萨克增加 3. 5 倍。①

随着文化教育事业的发展，各民族共和国的科研机构也从无到有，得到迅速发展。在第二个五年计划期间，乌克兰和白俄罗斯都建立科学院，阿塞拜疆、亚美尼亚、格鲁吉亚建立了全苏科学院分院。到 40 年代中期，中亚五国均建立了全苏科学院分院，并初步建立了 195 所科研机构的科学研究网（其中乌兹别克 75 所，哈萨克 46 所，土库曼 35 所，塔吉克 26 所，吉尔吉斯 13 所），科技工作者达 5900 人(乌兹别克 3000 人，哈萨克 1700 人，土库曼 500 人，塔吉克 400 人，吉尔吉斯 300 人)。

在苏维埃政权初期，在“民族平等”政策的有力推动下，民族语言出版事业发展迅速。在苏维埃政权的最初的年代里以少数民族语言出版的报纸不少于 50 种。1918 年在阿拉木图出版维吾尔文报纸《土地者之声》，从 1921 年起在塔什干出版《贫困者之声》，1932 年出版了东干文报纸《东方星火》的创刊号。哈萨克共和国于 1929 年 12 月 2 日在奥连堡建立了以吉尔吉斯共产党中央主席 C. 明杰谢夫为首的联合协商会议，其成员有：阿・巴依图尔苏诺夫、阿・布基哈诺夫、谢・夏多瓦卡索夫、赫・包加莫巴耶夫和尤・埃马乌托夫，由该组织讨论并决定民族语言的出版事宜。首先在哈萨克出版了阿巴依・库纳巴耶夫的诗和阿赫迈德・巴依图尔苏诺夫的吟唱谜语；选择俄语书以备翻译成哈萨克文；与有关编辑哈萨克文教科书的知识分子协商，并将其吸收到俄罗斯联邦国民教育委员会中。翻译了布哈林和普列奥布拉任斯基的《成人看图识字》和《共产主义入门》、波格丹诺夫的《政治经济简明教程》、波克罗夫斯基的《简明俄国历史》、斯图契金的《俄罗斯联邦宪法问答》。乌兹别克在革命前只有一份报纸，1938 年则出版 208 种报纸，其中 129 种以乌兹别克语出版。

总之，在苏维埃政权初期，由于“民族平等”原则的保证和苏联政府得力的政策的推动，以及各民族人民的努力，到第三个五年计划完成的 1943 年，即卫

① 里谢茨基：《发达社会主义条件下的苏共民族政策问题》，基什尼廖夫 1977 年版，第 36 页。

国战争爆发前，一个较为完备的民族文化教育体系基本建立。

美苏建交

经过苏联政府的有效的外交活动，到20世纪30年代初，绝大多数西方国家都与苏联建立了外交关系或官方往来，在政治上承认了苏联政权，而美国政府却长期采取了敌对苏联的态度。

1933年1月，美国45个州的268所大学和中学的800名教师联名给美国总统罗斯福写信，强烈要求美国同苏联建立正常关系。4月份，罗斯福又收到来自马萨诸塞州67.3万名选民签名的请愿书，这些材料说明美国人普遍赞成承认苏联。

1933年10月10日，罗斯福给苏联中央执行委员会主席加里宁写信，在信中他对“百余年来有着对双方有利的、幸福和友好传统的”两大民族之间没有正常关系表示遗憾，他建议举行苏美谈判。加里宁在10月17日的复信中表示：“美苏两国之间没有正常的关系，不仅影响到我们两国的利益，而且也影响到整个国际形势，增加了不安的因素，使巩固普遍和平的过程日趋复杂，鼓励了破坏普遍和平的势力”，他表示苏联政府接受美国的建议。10月20日，美国国务院召见了一直被拒之门外的苏联驻美国首席代表鲍里斯·斯克维尔斯基，正式提出邀请苏联政府派代表团来美国进行恢复外交关系的谈判。

1933年11月初，以外交人民委员马克西姆·李维诺夫为首的苏联代表团抵达华盛顿。11月10日上午10时，李维诺夫作为客人来到了白宫，罗斯福总统笑容可掬地欢迎他。会谈持续了一小时。多年以后，李维诺夫回忆罗斯福的语言“交织着幽默、诚恳、明朗和友好”。罗斯福还邀请李维诺夫于当天晚上9点钟到他家做客，并且声明这次会面完全是“私人的”和“朋友式的”。几乎所有存在于美苏之间16年的问题都解决了，只有原俄国欠美国的债务问题暂时搁置下来。李维诺夫也代表苏联政府宣布放弃对美国的某些要求，包括不再要求美国对在西伯利亚进行武装干涉造成的损失进行赔偿。

11月17日午夜零点46分，李维诺夫和罗斯福在白宫签署美苏之间的多项协议书。当天早晨，美国全国广播公司向全世界播发了美国和苏联正式建立外交关系的新闻。罗斯福兴奋地在这一天的日记里写道：“我希望我们两国人民现已建立起来的关系永远正常，永远友好。为了相互的利益和维护世界和平，我们两国人民将能够一直合作下去”。

二、党内激烈斗争

反“托派”

列宁在世时，俄共（布）中央委员会政治局的排序是列宁、托洛茨基、斯大林、季诺维也夫、加米涅夫、李可夫和托姆斯基，政治局候补委员是加里宁、布哈林和莫洛托夫。

托洛茨基不仅在军队中拥有自己的至高无上的威信，而且在青年中也有相当一批的崇拜者，这一切奠定了他在苏维埃政权中的特殊领导地位。

在列宁生病期间，1923—1924 年加米涅夫不仅主持了人民委员会议，而且还主持了政治局会议。因此列宁在 1922 年称加米涅夫是一匹“骏马”，说他同时拉了两辆车。在列宁去世前，在联共（布）党内就形成了斯大林—季诺维也夫—加米涅夫三人联合、孤立和反对托洛茨基的局面。斯大林和托洛茨基的关系在列宁生前已经十分紧张，列宁曾担心党的团结将在斯大林和托洛茨基两人中间成为较大问题。

斯大林与联共（布）历史（里希茨基画于 1925 年）

1923 年 10 月 8 日，托洛茨基写信给党中央，指责党的机关“官僚化”、“脱离群众”。10 月 15 日，托洛茨基又召集“民主集中派”和“工人反对派”及其他一些人在他家里集会，讨论并通过了致党中央政治局的《46 人声明》，宣布：“目前形势极端严重，……继续执行政治局多数派的政策，将给全党带来严重的危害。”“党内建立的制度是完全不能忍受的，它扼杀党的独立自主精神，以特选的官僚组成的机关来代替党。”实质上就是要求撤换党的机关主要领导人，那就是斯大林。

1924 年 1 月 21 日列宁逝世的消息，

托洛茨基是在去苏呼米疗养的途中听到的。他意识到一场大的风暴即将来临，他立即用直通电报询问列宁葬礼的日期，克里姆林宫电报回答说：列宁葬礼定于星期六举行，鉴于托洛茨基反正赶不上葬礼了，政治局建议他继续去疗养。

斯大林、季诺维也夫和加米涅夫是想利用托洛茨基不在莫斯科的机会，扫除了他的政治影响。中央紧急全会于 1924 年 1 月 21 日召开了，在托洛茨基缺席的情况下推举李可夫继任苏联及俄罗斯联邦人民委员会主席职务，推举加米涅夫继任劳动与国防委员会主席职务。

1924 年 5 月 23 日，俄共（布）第 13 次代表大会召开，这是列宁去世后召开的第一次重要的党的会议，也是斯大林—季诺维也夫—加米涅夫与托洛茨基的第一次正面交锋。会议开幕前，列宁的遗孀克鲁普斯卡娅遵照列宁的嘱托，将列宁《致代表大会的信》提交给大会，并且予以宣读。加米涅夫宣读了列宁遗嘱的部分内容，季诺维也夫在会上表示“伊里奇的这一担心并没有出现”。他建议，选斯大林为总书记，加米涅夫建议当场举手表决，多数人同意斯大林留任，只有托洛茨基等人反对。

早在 1923 年 12 月后半月和 1924 年 1 月上半月，几乎所有的党组织都召集了会议或代表会议，在这些会上大多数党员谴责了托洛茨基及其反对派。报刊也展开了广泛的讨论，《真理报》两次（1923 年 12 月 28 日和 29 日）刊登了托洛茨基关于《新方针》的文章，同时《真理报》也登载了当时大部分领导人反对托洛茨基的文章和讲话（季诺维也夫、加米涅夫、斯大林、布哈林、李可夫、加里宁等）。为了更清楚地看到 1923 年年底党内力量对比的情况，莫斯科各党支部就党内斗争问题进行了表决。莫斯科 413 个工人支部中支持中央的有 346 个（9843 人），支持托洛茨基反对派的有 67 个（2223 人）。高等学校支部支持中央的有 32 个支部（2790 人），支持反对派的有 40 个支部（6594 人）。在苏维埃机关中支持中央的有 181 个支部，支持反对派的有 57 个支部。在军队中支持中央的有 77 个支部，支持反对派的有 27 个支部。这说明托洛茨基在当时还很有威信。

俄共（布）第 13 次代表大会对这次辩论作了总结。谴责托洛茨基反对派是党内小资产阶级倾向，同时又指出这次辩论也有一定的积极成果。这次会议还通过一项决定，将俄共（布）十大关于团结的决议中秘密的第七条公布出来，根据这条决议，中央委员会和中央监察委员会联席会议有权以三分之二的票数把任何一个违反党纪和从事派别活动的中央委员从正式中央委员降为中央候补委员，甚至有权开除他。

1924 年 11 月的全苏工会中央理事会上，斯大林作了题为《托洛茨基主义还是列宁主义?》的报告。1925 年的中央一月全会上解除了托洛茨基的陆海军人民委员和共和国军事委员会主席的职务。

经过 1923—1924 年的尖锐的党内斗争，斯大林在党内的领导阵地大大加强了。身居联共（布）中央总书记位置的斯大林，在很短的时间内使中央书记处的职责范围和权利力量发生了变化，中央书记处虽然表面上从属于政治局，但联共（布）中央实际领导者不是主持政治局会议的加米涅夫，而是总书记斯大林。

“联合反对派”

在 1925 年 4 月召开的联共（布）第 14 次代表大会上，斯大林与季诺维也夫和加米涅夫的矛盾公开化了。以季诺维也夫和加米涅夫为首的新反对派在联共（布）14 大决议中受到严厉的批评，季诺维也夫和加米涅夫虽然保留了政治局委员的职务，但季诺维也夫被解除共产国际执委会主席的职务，加米涅夫被解除劳动国防会议主席和人民委员会副主席的职务。

联共（布）14 大之后，季诺维也夫和加米涅夫开始在政治局内部寻找同盟者。1926 年 4 月，托洛茨基和季诺维也夫、加米涅夫进行了秘密会谈，两个新老“反对派”联合成为“联合反对派”，托洛茨基被推举为“联合反对派”的领袖。

1926 年 7 月中央全会召开，在会上托洛茨基、加米涅夫、季诺维也夫等人对斯大林的经济政策进行了猛烈攻击。当时是最高国民经济委员会主席的捷尔任斯基竭力为斯大林进行辩护，回击反对派，他由于争吵而疲劳过度，以至于虚脱，几个小时后谢世。布哈林作为经济学家也大声为斯大林的经济政策而辩护。由于有布哈林、李可夫和捷尔任斯基等人的帮助，斯大林又一次战胜了对手。这次会议严厉谴责了联合反对派的派别活动和他们的观点，并且把季诺维也夫开除出政治局。

1926 年 10 月 17 日，联合反对派的首领们被迫在《真理报》上发表声明，承认自己的行为是“违反党纪的、越出党所规定的党内思想斗争的范围，走上闹宗派的道路”，并宣布立即“解散所有为维护反对派观点而成立起来的宗派组织”。

为了从理论上彻底击败联合反对派，中央联席会议决定开展全党公开辩论，在《真理报》上开辟争论专栏。经过全党大辩论，联共（布）党内 99% 的党员投票拥护党中央的路线，赞成联合反对派路线的人不到 1%，表明联合反对派在组织上和理论上陷入空前孤立境地。

1927年11月14日，中央委员会和中央监察委员会联席会议决定把托洛茨基、季诺维也夫开除出党。同时将联合反对派的骨干成员加米涅夫、斯米尔加、拉科夫斯基、叶夫多基莫夫、阿夫杰也夫等5人开除出中央委员会，将什克洛夫斯基等6人开除出中央监察委员会。1927年12月召开的联共（布）十五大决议宣布把托洛茨基、季诺维也夫、加米涅夫、阿夫杰也夫、巴拉诺夫、叶夫多基莫夫、皮达可夫、拉狄克、拉科夫斯基、斯米尔加等75名联合反对派成员开除出党。1928年，季诺维也夫和加米涅夫等人宣布与托洛茨基脱离关系，被恢复了党籍。托洛茨基则于1928年被苏联国家保卫总局押送出境，经由土耳其流亡南美。1932年苏联政府宣布剥夺托洛茨基的苏联公民权，取消其苏联国籍。托洛茨基先后侨居土耳其、法国、挪威等国。1937年7月定居于南美洲的墨西哥城郊亚坎。1940年8月20日，托洛茨基在住地遇刺身亡。

与布哈林集团的斗争

在斯大林与托洛茨基反对派，与季诺维也夫、加米涅夫新反对派和托季联合反对派的政治斗争中，布哈林基本上是站在斯大林一边的。1928年以后，布哈林与斯大林之间在如何实现农业集体化及其他经济领域发展方针等问题上出现了越来越大的分歧。

尼·伊·布哈林，1888年9月27日出生于莫斯科，布哈林天资聪慧，4岁半就能读会写，1906年参加了布尔什维克。1912年秋，他初次见到列宁，列宁称赞他的理论水平和飞扬文采，推荐他为《真理报》撰稿。布哈林不仅是个理论家，而且是一个非常具有鼓动能力的演说家。1917年2月，29岁的布哈林就已经是俄共（布）中央委员，成为布尔什维克的主要领导人。

1928—1929年，农业集体化如火如荼般地在苏联大地上展开，不断有“整村、整乡、整区，甚至整个专区”实现集体化的特大喜讯报告上来。然而，在政治局委员、共产国际执委会主席布哈林，政治局委员、苏联人民委员会主席李可夫和政治局委员、全苏工会中央理事会主席托姆斯基的手中却有“整村、整乡”的人饿死的数字，在乌克兰的一些地区，已经出现了人吃人的现象，还有富农被强制迁移西伯利亚，甚至集体屠杀富农及其家属的消息。

作为《真理报》主编的布哈林收到了一些处于绝望之中的农民冒死给中央党报的来信。布哈林、李可夫、托姆斯基在政治局会议上多次建议改革在农村推行集体化的措施，停止一些过火的作法。布哈林给斯大林写信，提出中央的许多措施已变成一条新的路线，而它是不符合联共(布)15大路线和精神的。这一切“使党从思想上迷失了方向”，然而斯大林给他回信，警告布哈林“才真正迷失了方向”。1928年10月，斯大林在联共（布）莫斯科委员会和监察委员会联席会议上意味深长地告诫大家防止联共（布）中央内部出现右倾危险。

布哈林在1928年9月30日的《真理报》上发表了著名的文章《一个经济学家的札记》，在发展经济的方针问题上表示自己与斯大林的不同意见。他认为斯大林发展工业化的主张是“过分集中化了”。中央政治局长时间讨论了布哈林这篇文章。斯大林宣布布哈林是“机会主义者”，要求布哈林“停止自己那条阻碍集体化的路线”。

到1928年11—12月，布哈林感到自己已经逐渐陷于“组织包围”之中。1928年11月，各地党组织纷纷致电俄共（布）中央，宣布“坚持谴责右倾投降派——布哈林、李可夫、托姆斯基”，“坚决要求把他们开除出政治局”。

布哈林在1929年1月29日纪念列宁逝世5周年的莫斯科党组织和苏维埃组织联合大会上，作了题为《列宁的政治遗嘱》的报告，试图唤起人们对列宁遗嘱的重视，他说列宁“给党留下的一个充满热情的、极英明的全部工作计划”，不指名地批评了斯大林的路线，重申应该发挥列宁的“最后的、最周密的指示”。

1929年4月，斯大林主持了中央委员会和监察委员会联席会议，他宣布在党内已经形成了一个“布哈林、李可夫和托姆斯基集团”。斯大林称全苏工会主席托姆斯基是“工联主义政客”，称布哈林“不仅以前是托洛茨基的门徒”，还是一个“狂妄自大，忘乎所以的人”。会议最后决定解除布哈林的《真理报》主编和托姆斯基全苏工会主席的职务，但仍保留他们的政治局委员的职务。

布哈林、李可夫和托姆斯基被迫在1929年11月召开的中央全会上宣读了“三人声明”，承认“总的来说，党取得了很大的良好战果”，“党的成就是无可非议的”，因此“我们认为，我们和中央多数之间的分歧已不复存在了”。但全会最终还是宣布把布哈林开除出政治局，并给李可夫、托姆斯基以警告处分。

大清洗

在战胜托洛茨基、季诺维也夫、加米涅夫、布哈林、李可夫、托姆斯基等反对派后，党政权力逐渐集中于斯大林的手上。

1929年12月21日的《真理报》用整版的篇幅为斯大林庆祝50大寿，标题是“向约·维·斯大林同志——马克思列宁主义事业的忠诚接班人，为马克思列宁的纯洁性，为联共（布）的共产国际队伍钢铁般的统一和为国际无产阶级革命而斗争的领袖，苏维埃国家社会主义工业化和集体化的组织者和领导者，在世界六分之一国土上建设社会主义的无产阶级领袖，《真理报》的老领导，致以战斗的布尔什维克式的敬礼”①。斯大林接受了《真理报》的祝寿辞，并且写了感谢信发表在第二天的《真理报》的第一版上：“我把你们的祝贺看做是对按照自己形象诞生的我和培育我的伟大的工人阶级政党的祝贺，正因为我把这种祝贺看做是对我们光荣的列宁党的祝贺，我才敢于向你们表示布尔什维克式的谢意。”②

法国著名作家罗曼·罗兰在1935年应高尔基的邀请访问了苏联，他在日记中写道：“斯大林对我是一个谜，暂时我还不能解开这个谜：他在所有的行为和言论中都表现出自己是一个纯朴和严肃的人，讨厌赞扬。他怎么会允许在苏联出现围绕他的那种气氛，不停地对他大加颂扬？我不知道，在我们最后一次谈话时，高尔基指的也许正是这一点。……打开任何一张苏联报纸，并阅读任何一篇文章或者在共产国际会议上的发言就已足够，你总是能在文章或发言中找到最后对斯大林的过分颂扬——‘我们伟大的、我们强有力的同志，我们勇敢的领导人，我们不可战胜的英雄’等。这是每一首诗歌必不可少的段落。在大街上，在游行队伍中，当着进行检阅的斯大林的面，他的无数像房屋一般巨大的画像在人群的肩膀上缓缓移动……不过，他毕竟没有达到与在他旁边走过的偶像崇拜者一起对画像欢呼的程度。……他的头脑在想什么？如果他真的感到恼火，他的一句话就足以推翻这种可笑的崇拜，把一切化为笑谈：不是今天就是明天，他的千百万追随者就会考虑，他是怎样的人。”③

1941年3月，斯大林以总书记名义兼任苏联人民委员会主席，同年6月又当选为国防委员会主席，这样斯大林就不仅掌握了党的最高权力，而且集党政军大权于一身。

大清洗作为一场大规模的、有计划的和涉及面广的政治运动起源于1928年，到1934年12月基洛夫遇害后达到高潮，这一高潮一直持续到1938年3月的莫斯科第三次大审判，而卫国战争期间直至1953年斯大林去世则是大清洗的延续时期。

1928年“沙赫特案件”被侦破后，斯大林据此得出了“阶级斗争尖锐化”

---

① 《真理报》，莫斯科1929年12月21日。

② 《真理报》，莫斯科1929年12月22日。

③ 罗兰：《莫斯科日记》，上海人民出版社1995年版，第33页。

的结论，他在1929年4月的中央全会上宣布："现在我们一切工业部门中都有'沙赫特分子'。其中很多人已经落网，但是还远没有捕尽。资产阶级知识分子的暗害活动是抵抗社会主义发展的最危险的形式之一。这种暗害活动所以危险，尤其是因为它和国际资本有联系。资产阶级的暗害活动毫无疑问地证明：资本主义分子还远没有放下武器，他们正在积蓄力量来进行新的反对苏维埃政权的活动。"① 在斯大林的号召下，全国上下开始了大规模的抓"沙赫特分子"运动。

1932年冬至1933年春，全国饥荒严重，开始时是在乌克兰和北高加索蔓延，这时"柳亭反党集团"被揭发出来。瓦·尼·柳亭是著名的苏联党务活动家，1914年就加入了布尔什维克党，曾任伊尔库茨克军区司令、贝加尔湖地区游击队指挥员、伊尔库茨克省党委委员会主席。后来在东西伯利亚、西西伯利亚和达吉斯坦担任领导工作。1927年当选为联共（布）中央候补委员。1929年，柳亭赴西伯利亚考察工作，在那里，他看到了搞集体化运动时的过激措施及其危害。他回到莫斯科后，以一个党员的名义给中央政治局写信，反映他所见的情况，使得斯大林和主管农业的卡冈诺维奇非常恼火，认为他完全是与伟大的集体化运动唱反调。1930年1月，柳亭在他主编的《红星报》上发表文章批评对农民实行的过激行为，认为它是偏离党的十五大路线的，而且也与斯大林的《胜利冲昏头脑》的文章的内容相违背。柳亭在莫斯科组织了一个有18人参加的秘密反对派小组，并且草拟了长达200多页的意见书——《18名布尔什维克的信》，在党内秘密流传。柳亭的主张是放慢工业化的步伐，结束集体化，重回到个体农业状态，恢复党内民主。国家政治保卫总局很快把柳亭逮捕。斯大林在政治局内要求处决柳亭，这是斯大林作为党的总书记第一次要求批准对一名党员处以极刑，但是斯大林的建议被政治局的大多数成员拒绝了。1932年10月，联共（布）中央监察委员会主席团通过决议，把柳亭等18人开除出党并关押。

1934年12月，联共（布）中央政治局委员、中央书记、列宁格勒州委书记基洛夫惨遭暗杀是大清洗运动的直接导火线。谢·米·基洛夫（1886—1934年）是苏联著名的国务活动家，1934年担任联共（布）中央委员会书记。基洛夫曾参与20年代联共（布）党的政治斗争，在重大问题上基本上站在斯大林一边。基洛夫是列宁去世后联共（布）中央优秀领导人之一，他在担任列宁格勒州委第一书记期间，平易近人，了解群众疾苦，善于倾听人民的呼声，不仅使列宁格勒

① 《斯大林全集》第12卷，人民出版社1954年版，第15页。

成为全苏最重要的工业基地，而且使列宁格勒居民的生活水平高于全苏水平，因此他深受人民的拥护。在联共（布）17大上举行的党的领导机构选举中，基洛夫得到了全党的一致拥护，在1225名代表中，基洛夫仅得到3张反对票，这个数字要比斯大林低得多（300张反对票），表明基洛夫在党内拥有的威望。基洛夫与斯大林的个人关系也非常好，他在列宁格勒的工作得到了斯大林的充分支持。1934年12月1日下午4时，基洛夫来到列宁格勒州委机关办公地斯莫尔尼宫。在办公室的走廊里，被尼古拉耶夫开枪打成重伤，不治而死。凶手当场被抓获，广大人民强烈要求对凶手制裁并查清真相。当天，斯大林和其他党政领导人就赶到列宁格勒，亲自处理这一严重的谋杀案件。发案当天，根据斯大林的提议，未经政治局讨论，以苏联中央执行委员会的名义通过了一项决定，对现行刑事诉讼法作了修改，即侦查部门应从快处理被控策划和执行恐怖行动的案件；司法机关不得推迟执行对这类罪行的死刑判决并研究是否给予赦免，因为苏联中央委员会主席团认为作出这样的赦免是不可容许的；一俟对犯有上述罪行的罪犯作出死刑判决，内务人民委员部机关应立即执行。

最初，苏联侦查机关宣布尼古拉耶夫受流亡在西方的自卫组织指使，在全国逮捕和处决了一大批“白卫恐怖分子”。可是在12月22日苏联政府发表的案件通报里，改称尼古拉耶夫受原反对派季诺维也夫领导的“列宁格勒总部”的指使。27日，苏联政府又公布了关于该总部的控告结论，说谋害基洛夫只是这个恐怖组织庞大计划的一个组成部分，其目的是要暗杀斯大林和其他领导。1935年1月15日，苏联最高法庭对原“新反对派”领导人进行第一次开庭审判，被告是季诺维也夫、加米涅夫、叶夫多基莫夫等19人，在审讯中，全部被告严词否决自己与基洛夫遇害一事有联系。最后法庭分别判处“列宁格勒总部”的首领季诺维也夫和加米涅夫10年和5年监禁。

但是由基洛夫遇害引发了全国性的政治大清洗运动。1935年1月18日联共（布）中央向全国各级党组织和执法机构发出密信，要求各级党组织和全体党员“必须铲除机会主义的好心肠，它的根源就是错误地认为随着我们力量的增长，敌人会越来越驯服、善良……布尔什维克绝不应高枕而卧，绝不应马虎从事。我们不要好心肠，而要警惕性，真正布尔什维克的革命警惕性”。①

从1936年下半年开始，大清洗运动进入高潮阶段，其标志是1936年7月

① 《联共（布）党史简明教程》，人民出版社1975年版，第360页。

29日斯大林以联共（布）中央的名义向各地党组织发出的关于托洛茨基——季诺维也夫联盟间谍恐怖活动的密信，信中说：“现在已经证明，托洛茨基——季诺维也夫恶魔在反苏维埃政权的斗争中，把我国劳动者的一切最凶恶的不共戴天的敌人——间谍、内奸、破坏分子、白卫分子、富农等等——都纠集在一起；这些分子同托洛茨基分子、季诺维也夫分子两者之间已没有任何区别，在这种情况下，我们的一切党组织、全体党员都应当了解，共产党员随时随地都必须保持警惕性。在目前条件下，每一个布尔什维克必须具备的品质就是，要善于识别党的敌人，不管他们伪装得如何巧妙。”[①] 这封密信传达到各级党组织后，大清洗运动也随之进入高潮阶段。

大清洗首先是对原反对派的大规模的逮捕、审判和镇压，在1936—1938年间发生了举世关注的莫斯科三次大审判。

第一次大审判发生于1936年8月19—24日，苏联最高法院军事法庭对原新反对派季诺维也夫、加米涅夫、叶夫多基莫夫、斯米尔诺夫等人立案审判，称“托洛茨基—季诺维也夫联合总部案”。审判长瓦西里·乌尔里赫宣布季诺维也夫等人接受托洛茨基的指令，组织“联合总部”，并策划和实施了对基洛夫的暗杀。主要被告人季诺维也夫、加米涅夫、叶夫多基莫夫、斯米尔诺夫等16人被处以死刑。

第二次大审判发生于1937年1月23—30日，案名为“托洛茨基平行总部案”，被告是原“联合反对派”成员皮达科夫、拉狄克、索柯里尼科夫、阿尔诺里特等人，他们在20年代党内斗争时曾支持托洛茨基。苏联最高检察长维辛斯基指控他们“背叛祖国，从事侦查和军事破译工作，实行恐怖和暗杀勾当”。法庭最后宣判皮达可夫等13人死刑，立即执行枪决。拉狄克、索柯里尼科夫、阿尔诺里特被处以10年监禁。

第三次大审判发生于1938年3月2—13日，苏联最高法院军事法庭对布哈林、李可夫、克列斯廷斯基等21人起诉，案名为“右派和托洛茨基反苏联盟”，罪名除了“谋害基洛夫”、“策划谋害斯大林”外，还有“谋害高尔基、古比雪夫、明仁斯基”、“1918年谋害列宁”、“企图使乌克兰、白俄罗斯、远东、外高加索、中亚脱离苏联版图并把这些地方都出卖给帝国主义”，等等。法庭最后宣判布哈林、李可夫、克列斯廷斯基、罗林霍尔德、伊万诺夫、切尔诺夫、格林科、泽连

① 《斯大林文选》上册，人民出版社1962年版，第114页。

斯基、伊克拉莫夫、霍扎耶夫、沙兰戈维奇、祖巴列夫、布拉诺夫、列文、卡扎科夫、马克西莫夫—季科夫斯基、克留奇科夫等19人死刑，并将他们的财产充公，其余的人也被处以10年以上徒刑。

政治清洗是大规模的，在党内几乎涉及了从中央到地方的所有党员，在军队、知识分子、工人、农民、少数民族以及苏联国际友人中间都有不同程度的涉及。

在领导十月革命的29名中央委员和候补委员中，被敌人杀害的有3人（查帕里泽、乌里茨基、邵武勉），自然死亡的5人（列宁、捷尔任斯基、诺根、斯维尔德洛夫、谢尔盖—阿尔乔姆），因政治原因自杀的2人（约费、斯克里普尼克），失宠被贬的有3人（穆拉诺夫、斯塔索娃、柯伦泰），被镇压的15人（别尔津、布哈林、布勃诺夫、季诺维也夫、加米涅夫、基谢廖夫、克列斯廷斯基、洛莫夫、米柳亭、普列奥布拉任斯基、李可夫、斯米尔加、索柯里尼柯夫、托洛茨基、雅科夫列娃）。

首届苏维埃政府的16名成员中，除列宁、诺根、卢那察尔斯基、斯克沃尔佐夫—斯捷潘诺夫等4人在大清洗前死亡外，有12人在大清洗中被枪毙或暗杀（阿维洛夫、迪宾柯、加米涅夫、柯鲍泽夫、克雷连柯、洛莫夫、米柳亭、奥甫谢因柯、李可夫、泰奥多罗维奇、托洛茨基、施略普尼柯夫）。①

从30年代至苏联卫国战争爆发，对军队的清洗更是惊人。据统计：5个元帅中3人被处死，5个一级集团军司令员中3人被处死，12个二级集团军司令员全部被处死，67个军长中60人被处死，199个师长中136人被处死，397个旅长中有221人被处死，456个上校中401个被处死。16个一级和二级集团政治委员全部被处死，15个二级军政治委员全部被处死，28个军政委中25个被处死，97个师政治委员中79个被处死，36名旅政委中35人被处死。军队的损失是惨重的。1941年6月22日苏德战争爆发，初期苏联连连失利，这里除了德国法西斯采用了"闪击战"和斯大林对西线情况判断有误的原因外，其中也包含着苏联军中几无"大将"的原因，一些刚刚从军事学校毕业，甚至尚未毕业，尚无作战经验的军官无法胜任仓促之中授予他们的军衔和职务。

此外，大清洗还牵涉一些国际友人和其他国家的共产党人士。意大利共产党员埃德蒙多·佩鲁扎、帕·罗波蒂，比利时共产党员赫伊洛、维尔捷年，西班牙

① 麦德维杰夫：《让历史来审判——斯大林主义的起源及其后果》，人民出版社1981年版。

共产党员斯捷尔尼—科列别尼等因各种罪名被处死。自1925年起长期滞留苏联的蒋经国（俄文名字为尼古拉·伊里扎罗夫）也因为政治斗争数次被流放。

大清洗是在苏联非常时期，苏联党内和国内政治生活不民主、个人专权独断、权力监督机制完全失效、少数党内的坏分子借机弄权的表现。

三、胜利与冷战

卫国战争的胜利

1941年6月22日凌晨4时，法西斯德国集中了190个师550万人，3500辆坦克，4000架飞机，兵分三路，在苏联西部边境1800公里的战线上，以其惯用的闪电战向苏联发起了全面进攻，闪击苏联的代号为“巴巴罗萨”计划。1941年9月，德国法西斯又制定了进攻莫斯科的“台风”计划，调集75个师，1500架飞机，1700辆坦克于9月30日猛扑苏联的首都——莫斯科。

10月19日，国防委员会号召首都人民要不惜一切代价配合红军，保卫莫斯科。10月20日，《真理报》发表《阻止敌人向莫斯科前进》的社论，号召全市军民把首都变成一座攻不破的钢铁堡垒。

同志们！保卫家园！（巴哈莫夫画于1943年）

11月7日，斯大林在莫斯科克里姆林宫前的红场的列宁墓上举行了传统的阅兵仪式，他发出号召：“苏联在危机中”，“祖国在危机中”。战士们排着方队，走过红场，接受最高统帅的检阅，随后就直接奔赴前线。

莫斯科变成了巨大的堡垒，整个苏联变成了一道道钢铁长城，希特勒军队变成了泥沼里的困兽，沿着1812年拿破仑大军溃败的路线节节败退。法西斯德国的宣传机器《人民观察家报》不得不承认：“俄国士兵视死如归的精神超过了我们西线的敌人。他们沉着镇定，听天由命，只要他们不战死在战壕里，不丧生在刺刀下，他们就一直打到底！”

莫斯科保卫战自1941年9月30日至1942年4月20日，它是第二次世界大战期间最大规模的城市保卫战之一。1942年4月，苏军开始转入大反攻并取得了胜利。德军在战斗中损失官兵五十余万人，其中冻死冻伤十万余人，损失坦克1300辆，火炮2500门，汽车15000辆。莫斯科保卫战不仅粉碎了德国法西斯闪电速胜的企图，给苏联人民极大的鼓舞，坚定了必胜信心，同时也给世界各国反法西斯力量以巨大的鼓舞。

列宁格勒保卫战是苏联卫国战争和第二次世界大战中最为惨烈的一场战役。从1941年9月9日到1944年1月14日，德国法西斯“北方”集团军群实施了对列宁格勒的围攻，整个战役持续900天。在城市被围困期间，苏联军民不屈不挠，经受了饥饿、严寒、炸弹、疾病的严峻考验，全城仅由于饥饿而死亡的军民人数就达64万。作曲家德·德·肖斯塔科维奇在战火中创作了著名的《第七交响曲》，给苏联人民以极大的鼓舞。在艰苦的城市保卫战中，列宁格勒军民不仅牵制了苏德战场上15%—20%的德军和全部芬兰军队，而且在防御和反攻过程中，歼灭德军“北方”集团军群50个师。苏联军民赢得了战役的最后胜利，但是也付出了死亡军民一百多万人的代价。战争结束后，列宁格勒获得了最高苏维埃授予的“英雄城市”的称号。

在第二次世界大战中，苏联是欧洲反法西斯的主战场，苏联军队是世界同盟国的主力军队，苏联人民是世界反法西斯统一战线的重要组成部分。苏联军队和人民抵抗了大约30%的德国法西斯军队。

1942年夏，德军深入苏联领土，希特勒下令两支部队长驱东南部：一支前往高加索油田和里海附近，另一支企图占领斯大林格勒。

1942年8月17日，德军渡过了顿河。8月23日18时整，德军飞机对斯大林格勒进行了狂轰滥炸，同时还出动坦克、摩托化部队在雷诺克地域前出到伏尔加河，从北面向斯大林格勒进攻。8月底，德军从三面包围了斯大林格勒。苏军最高统帅部要求守军“不惜一切代价坚守到最后一个人”。根据斯大林的命令，城外苏军各部队实施局部进攻，牵制德军兵力，迫使德军攻城势头减弱。

9月13日德军向斯大林格勒发动了全面攻势。德军坦克第4集团军第6野战师和几个师的部队在苏军第62集团军正面实施进攻，一些部队已在雷诺克居民区北面和城市南面的库波罗斯诺耶附近延伸到伏尔加河。第62集团军被德军以强大的弧形阵势从正面和两翼挤压到伏尔加河边。

在“1 月 9 日广场”，有一幢 4 层高的普通楼房，苏军中士巴甫洛夫等 24 名战士坚守在那里。德军从此通过，遭到阻击。敌人反复冲击，伤亡惨重，仍不能将楼房攻下。楼房此时已变得千疮百孔了，在这几乎无法生存的地方，苏军战士顽强地坚守了 58 天。为了保卫斯大林格勒，表现出了坚忍不拔的精神和不屈不挠的意志。战后，这幢大楼被命名为“巴甫洛夫大楼”。

1943 年 1 月 11 日上午 8 时，苏军 5000 门火炮一齐发射，著名的“卡秋莎”火炮发射出了复仇的火焰，苏联军民的大反攻开始了。1 月 31 日清晨，刚刚被希特勒升任为元帅的德军司令官鲍卢斯宣布投降。

斯大林格勒战役于 1943 年 2 月 2 日以苏军的胜利而告结束了。这次战役的影响之大，在历史上是不可磨灭的。苏军在这次斯大林格勒会战中的战果是丰硕的。轴心国的 5 个军几乎全部崩溃。这 5 个军是：第 6 集团军全部，第 4 装甲军部分，罗马尼亚第 3 军的 5 个师团，第 4 集团军，意大利第 8 集团军全部。死伤约 150 万人左右，约占其苏德战场总兵力的 1/ 4。苏军方面也有较大的损失。可以说，斯大林格勒战役在第二次世界大战中，是最艰苦的战役，也是最具有决定性的战役之一。这个战役的胜利，不仅根本扭转苏德战场形势，而且也是第二次世界大战历史性转折的主要标志。苏军从此掌握了战略主动权，开始从战略防御转入战略反攻和进攻。

1943 年 7—8 月间，苏德两军在库尔斯克进行大会战，苏军取得历史上规模最大的坦克会战的胜利，彻底扭转了苏德战场的局面。1943 年 9 月，苏军强渡第聂伯河，向乌克兰的首都基辅进军。11 月 6 日，被法西斯占领两年之久的基辅重新回到人民的手中。1944 年 6 月，波罗的海第一方面军、白俄罗斯第一、二、三方面军发起白俄罗斯战役，解放明斯克，随即攻入波兰，将敌人赶回维斯瓦河以西。1945 年 1 月 27 日，朱可夫元帅率领苏联军队渡过奥得河，向德国法西斯发起总攻。两个星期内突进 220 英里，攻入德国本土。4 月 6 日，苏军向柏林发起总攻，10 个步兵师、1 个坦克军、3 个坦克旅和两个机械化旅从四面八方杀向希特勒的巢穴。苏联红军步兵第 79 军于 4 月 30 日 18 时攻入柏林国会大厦，叶戈罗夫中士与坎塔里亚中士把胜利的旗帜插上了国会大厦的顶端。

苏联人民以其英勇牺牲保卫了社会主义政权，也赢得世界人民的赞赏，甚至赢得了西方国家政治家的赞许。20 世纪 20 年代积极组织和参与武装干涉的英国首相丘吉尔在第二次世界大战后承认：“正是俄国军队迫使希特勒的军事机器停止转动。”美国总统罗斯福也说：“毫无疑问，是红军和俄罗斯人民迫使希特勒的武装力量走向彻底失败的道路，从而赢得美国人民衷心的、永远的钦佩”，他在写给斯大林格勒保卫者的一封荣誉状中写道：“你们的光辉胜利，制止了侵略浪潮，成为盟国反侵略战争的转折点”。

经历了战争洗礼的苏联，在综合国力上更加强大了。战争结束时，苏联的军事实力和国际威望空前提高，被公认是世界上的第一流军事强国。战争结束时，苏联红军总人数1140万，作战飞机16000架，主战坦克12000辆，作战摩托车67万辆，火炮1151万门，军舰1702艘。

战争扩大了苏联的版图，也扩大了社会主义的影响。按照雅尔塔体系重新划分的欧洲政治版图，苏联的领土扩大了60万平方公里。波罗的海沿岸国家爱沙尼亚、立陶宛、拉脱维亚加入苏联，波兰东部的西乌克兰和西白俄罗斯并入苏联，罗马尼亚的比萨拉比亚和北布科维纳并入苏联，捷克斯洛伐克的外喀尔巴阡等地区并入苏联，德国的东普鲁士领土的1/3并入苏联。从1944年8月到1945年5月苏联红军相继解放了中东欧地区的罗马尼亚、捷克斯洛伐克、匈牙利、保加利亚、阿尔巴尼亚、南斯拉夫、波兰等国，这些国家大都建立了人民民主政权和选择了社会主义制度，从而在地缘政治上加入了以苏联为主的社会主义营垒。

美苏冷战开始

1941年6月22日，苏德战争爆发。当晚，英国首相丘吉尔发表广播演说，宣布英国将支援苏联和一切反希特勒的国家打败法西斯侵略，“任何和纳粹主义作战的人和国家都将得到我们的援助。任何和希特勒一致行动的人和国家都是我们的敌人”。第二天，美国总统罗斯福也宣布：“凡是抵抗法西斯‘轴心国’的国家，其中包括苏联在内，都将得到美国的援助”。9月底，美国政府代表哈里曼亲赴莫斯科，带来了一份价值40亿美元的援俄计划。斯大林非常高兴，认为他对“美国人说话算数感到十分满意”，他请转告“我的老朋友”——罗斯福，“现在我们一定能打赢这场战争了”。

卫国战争期间，苏联从美国得到总数为110亿美元的租借供应，其中包括409526辆卡车，12160辆坦克和自动火炮，14000架飞机和325784吨炸药，以及420万吨食品和多种物资。

1943年的德黑兰会议上，斯大林和罗斯福终于第一次坐在一张桌子前。罗斯福私下里告诉属下：“坚冰已经打破，我们像伙伴和兄弟那样交谈了。”

1945年4月25日，分别来自东部和西部的美国和苏联军队在德国的易北河会师。8月12日是苏联体育节，斯大林邀请担任欧洲盟军总司令的艾森豪威尔将军访问苏联，并邀请他登上克里姆林宫前列宁墓的检阅台，它标志着美苏之间的合作关系达到了巅峰状态。

在德黑兰会议和波茨坦会议上，罗斯福和斯大林曾设想美国与苏联应该共同主宰世界。但是随着战争的结束，美国和苏联政府，美苏两国首脑们发现：彼此间的共同利益越来越少，彼此间的共同语言越来越少，相互间的冲突越来越多，相互间的不信任感越来越深。

1945年4月12日，美国总统罗斯福病逝，由副总统杜鲁门代理总统。杜鲁门一上台，就改变了美国对苏联的态度。杜鲁门表示："我已厌倦于笼络苏联人，在与苏联政府打交道中，我准备采取坚定态度"，美国对苏联"不应该再作任何妥协"。他认为："除非俄国碰到铁拳和强硬的抗议，另一场世界大战就可能爆发。"

1946年杜鲁门邀请已经下野的英国首相丘吉尔到美国进行私人访问。3月5日，丘吉尔在杜鲁门的老家密苏里州富尔敦的威斯敏斯特学院发表了长篇演说《和平砥柱》。他宣布："从波罗的海的什切青到亚得里亚海边的的里雅斯特，一幅横贯欧洲大陆的铁幕已经降落下来。在这条线的后面，坐落着中欧和东欧古国的都城。华沙、柏林、布拉格、维也纳、布达佩斯、贝尔格莱德和索菲亚——所有这些名城及其居民无一不处在苏联的势力范围之内，不仅以这种或那种形式屈服于苏联的势力影响，而且还受到莫斯科日益增强的高压控制。"① 他呼吁美国对苏联采取措施。

在丘吉尔的演说发表8天后，1946年3月13日斯大林在莫斯科对《真理报》记者发表了谈话，他说："丘吉尔先生现在是站在战争挑拨者的立场上，而且丘吉尔在这里并不是孤独的，他不仅在英国有朋友，而且在美国也有朋友。"②

1947年杜鲁门在美国国会参众两院发表咨文并同时对全国广播。他宣称世界已分为两个敌对的营垒，美国负有领导"自由世界的"责任和使命，他指责苏联是"极权主义"国家，极权主义和任何国家的民族民主革命都威胁着美国的安全。声称美国的政策必须是支持各国"自由人民"抵抗少数武装分子或外来压力

① 齐世荣主编：《当代世界史资料选辑》第一分册，北京师范学院出版社1990年版，第66页。
② 《真理报》，莫斯科1946年3月14日。

所实行的征服活动。

德国投降后，按照波茨坦协议和雅尔塔协定的有关规定，美国、英国、苏联和法国分区占领德国。当苏联与西方三国关系破裂后，各国加速了各自占领区内的政权和经济建设。柏林是德国的首都，它位于苏占区内，波茨坦协定中只规定柏林由美、英、法、苏四方共管，但没有对西方进入柏林的通道作出明确规定。1948 年后，苏联和美、英、法三国采取一系列行动，使柏林分裂为苏联占领的东柏林和西方占领的西柏林，西柏林仍处于苏联占领军的包围中，它只靠一条受苏军控制的通道或者依靠空中运输与英法美西占区保持联系，它实际上成为一块“飞地”。苏联认为，德国的分裂已经势在必行，东德政权一旦建立，西柏林就变成西方势力在东德的前哨阵地，如果美国在这里布置战略武器，东德以及苏联都将处于它的打击范围之内。因此斯大林认为这是绝对不能容忍的，必须拔掉这个钉子。

1948 年 6 月 24 日，苏联发表声明，宣布决定对西方国家进入的柏林的通路实施交通管制，随即动用武装力量封锁西柏林。美英法不惜一切代价，迅速开辟由汉堡、汉诺威、法兰克福飞往西柏林的三条“空中补给线”，昼夜运送生活必需品。美国于 1948 年 3 月至 12 月先后制定过“大热天”、“欢乐”和“烧灼”3 个核打击计划，准备用 34 枚、50 枚和 133 枚原子弹，分别袭击苏联的 24 个、20 个和 70 个目标，彻底摧毁苏联。

9 月 22 日，美英法三国政府分别向苏联政府发出内容基本相同的照会，表示如果苏联不停止对柏林的封锁，就将把此事提交联合国安理会。10 月 3 日，苏联政府拒绝在安理会上讨论柏林危机问题，理由是根据《联合国宪章》第 107 条，该问题应由占领德国的四国政府协商解决。10 月 4 日，美英法代表将柏林问题作为临时议程提交安理会，苏联仍然坚持安理会没有资格讨论此事，拒绝参加有关问题的讨论，并且否决了安理会有关解决柏林危机的提案。最终，还是苏、美、英、法四国政府代表会谈，将此事私了。1949 年 5 月 12 日，四方宣布解除在西柏林的非常军事行动，延续 11 个月的柏林危机结束了。“柏林危机”趋于缓和了，但是德国分裂的局面却是无可挽回了。

西欧一直是美国的全球战略重点，面对西欧经济严重衰落、政局不稳、社会动乱不定的局面，为了稳住西欧资本主义制度，美国必须从经济上和政治上进一步控制西欧，并由此对苏联进行遏制。在杜鲁门的支持下，美国国务卿马歇尔制订了一个解决欧洲问题的建议。

1947 年 6 月，英国向苏联发出邀请，准备在巴黎召开苏、英、法三国外长会议，讨论马歇尔计划的实施细节。《纽约时报》认为，英法的目的就是要在“俄国面前打开一扇华盛顿以为俄国不会进去的大门”，但是苏联政府接受了这一邀请。6 月 27 日会议按期召开，英法苏代表却话不投机。英法代表建议设立一个“指导委员会”，它的任务是制定有关欧洲经济复兴的全面计划，确定某些国家经济发展的水平和方向，以及规定每个国家在美援中所占的份额。委员会制定的计划应由美国政府批准。苏联代表提出，如果实行上述建议，其结果是“欧洲国家各国必将落入被监督国家的地位，并应放弃原有的经济自主和民族独立地位而取悦于少数强国”。

在会议最后一天，苏联宣布拒绝参加马歇尔计划，也命令它的卫星国——东欧各国拒绝参加。苏联代表团还在同年 9 月的第二届联合国大会上指出：“马歇尔计划的实施将意味着把欧洲各国置于美国的经济和政治控制之下以及美国对这些国家的内政的直接干涉……这个计划的一项重要特征就是企图以包括西德在内的西欧国家集团来对付东欧国家。”

在苏联的提议下，1949 年 1 月，保加利亚、匈牙利、波兰、罗马尼亚、苏联、捷克斯洛伐克 6 国政府代表在莫斯科举行经济会议，讨论了 6 国经济合作问题。鉴于美英等西方国家对社会主义国家的经济封锁和禁运政策，会议决定成立经济互助委员会。

1949 年 4 月 4 日，比利时、冰岛、丹麦、加拿大、卢森堡、荷兰、挪威、葡萄牙、意大利、英国、法国和美国的外长在华盛顿签订了北大西洋公约。公约的有效期为 20 年，以美国为首的西方军事联盟——北大西洋公约组织宣告成立。

至此，欧洲进入两大阵营、两种社会制度、两大军事集团对峙的时代，美苏冷战全面铺开。

苏南冲突

第二次世界大战结束后，美国与苏联的关系迅速地陷入低谷。战争中所形成的相互理解和相互协调的关系以及战后保持大国合作关系、维持美国和苏联在国际事务中的特殊地位的设想随之破灭。在愈演愈烈的冷战的背景下，苏联领导人强调要把刚刚获得独立并选择走社会主义道路的东欧国家团结在一起，以对抗西方国家的经济封锁、军事进攻和政治威胁。

匈牙利共产党总书记拉科西在 1946 年 5 月 17 日召开的匈牙利共产党中央会

议最先提出“建立新国际”的建议，立即得到了斯大林和铁托的赞同。斯大林于1946年6月8日在莫斯科会见南斯拉夫共产党领导人铁托和保加利亚共产党领导人季米特洛夫时也谈到了建立新的国际组织的重要性，并强调这个新的组织只是交流信息和经验，并不是要约束各国共产党的行动。

1947年9月22—27日，苏联、南斯拉夫、波兰、捷克斯洛伐克、罗马尼亚、保加利亚、匈牙利、意大利和法国共产党的代表在华沙集会，宣布成立九国欧洲共产党和工人党情报局，其任务是交流经验，互通信息。但实际上，情报局成了苏联控制东欧国家共产党和政府的工具。苏联与南斯拉夫的矛盾就突出地表现在情报局内部。

在第二次世界大战期间，在与南斯拉夫王国流亡政府联合作战、与德国军队交换战俘问题上、承认南斯拉夫解放委员会以及接受国王回国等问题上，铁托与斯大林之间有不同意见，甚至互有不满情绪。二战结束后，苏南矛盾进一步发展。南斯拉夫与意大利就的里雅斯特的领土主权问题长期存在争议。1945年5月1日，南斯拉夫军队进入的里雅斯特，5月2日，英美盟军也开入这一地区，出现了新的国际关系的危机。苏联事先不与南斯拉夫协商，就接受法国提出的方案，同意把的里雅斯特划分为两块，分别由英美盟军和南军占领。苏联这种不尊重独立国家的主权的作法，引起了南斯拉夫领导人和南共联盟的强烈不满。

早在1944年秋天，斯大林会见铁托时曾建议南斯拉夫建立与保加利亚的联邦关系，但铁托最初并不认同斯大林的建议，铁托事后曾表示“搞联邦是不会有什么结果的”。1947年8月，铁托与保加利亚领导人季米特洛夫会谈，双方对建立南保联邦进行了磋商。11月28日，南保领导人签署了为期20年的合作和共同防御条约。双方约定当条件成熟时，南、保、罗、阿、捷、波、匈等国将和希腊人民一起来解决建立巴尔干联邦问题。但是斯大林认为此时建立南保联邦将影响苏联与西欧的关系，他要求南保联邦应该延期建立，并且他对南共和保共领导人在没有得到苏共批准的情况下，擅自决定两国的外交事务大为恼火。1948年1月28日出版的《真理报》公开发表文章强烈反对所谓“靠不住的和臆想出来的联邦或邦联”。随后，南共和保共代表于2月8日被紧急召到莫斯科接受斯大林的训斥，从而引起铁托和南共联盟的强烈不满。3月1日，南共中央政治局召开扩大会议，铁托在会上指出苏联和南斯拉夫的关系已经走进了死胡同，并且特别强调，苏联推迟签订贸易协定是对南斯拉夫施加经济压力，其目的是使南斯拉夫永远处于从属地位。会议一致通过对苏联采取强硬立场的决议。

斯大林和苏共决定迫使南斯拉夫全面屈服。3 月 18 日，苏共通知南共，鉴于南斯拉夫经济委员会违背协议，拒绝向苏联贸易代表提供所需要的经济资料，苏联决定撤回全部在南苏联专家和工作人员。3 月 27 日，斯大林和莫洛托夫派专使向铁托递交一封对南共进行全面指责的信，在信中斯大林把苏南关系恶化的原因完全归结于南共所采取的反苏立场和对马克思列宁主义的背叛。从 3 月 18 日至 5 月 22 日，苏南之间就双方分歧交换了 7 封信件。苏联在信中给南共领导人和南共中央罗列了种种罪名，并鼓动保加利亚、捷克斯洛伐克、匈牙利、波兰、罗马尼亚等东欧国家作出支持苏联立场的决议，对南共施加压力。5 月 18 日，苏共中央书记苏斯洛夫致信铁托，正式通知：联共（布）中央建议在 6 月 8—10 日召开九国共产党和工人党情报局会议，讨论南共的现状问题，并点名要铁托参加，南共决定拒绝与会。5 月 22 日，由斯大林和莫洛托夫署名的致南共中央的信告知，会议改在 6 月下旬召开，信中强调“无论南共中央的代表是否出席”，会议都将举行，而“拒绝出席会议”则意味着南共中央走上了“脱离人民民主国家与苏联的社会主义统一阵线的道路”。①

1948 年 6 月 28 日，在布加勒斯特召开了欧洲共产党和工人党情报局会议，联共（布）中央主管意识形态和对外关系的政治局委员日丹诺夫宣布：“近来南斯拉夫共产党在国内外政策的主要问题上执行的一条错误路线，是脱离马克思主义和列宁主义的路线”，“南共领导正在实行一条对苏联和联共（布）不友好的政策。”② 会议根据联共（布）3 月 27 日的信件通过了《关于南斯拉夫共产党情况》的决议，谴责南共在对内对外政策中执行了一条背离马克思主义的错误路线，它已经把自己“置身于统一的共产党阵营之外”。决议呼吁南斯拉夫的“健康力量”对他们的现领导实行纪律制裁，或者用一个“新的国际主义的领导”来取代他们。第二天，南共中央发表声明，对苏联授意的指控进行了尖锐的批驳，宣布中央委员会和铁托是团结一致的。

1949 年 11 月，情报局又通过“南共是刽子手和特务当权”的决议，宣布把铁托和南共联盟的斗争规定为各国党的“国际职责”，要求各国共产党立即行动揭发本国隐藏在党的各级领导机构中的“铁托分子”和“民族主义分子”。

1949 年，东欧国家听从苏联的指挥，几乎断绝与南斯拉夫的一切经济贸易

① 《历史问题》，莫斯科 1992 年第 10 期，第 154—155 页。
② 沈志华：《斯大林与铁托》，广西师范大学出版社 2002 年版，第 2 页。

联系，铁托和南斯拉夫政府不得不向西方国家谋求援助，而这又被用来作为新的证据说明铁托与西方国家密切勾结，并将“自己出卖给西方资本主义”。东欧各国国内开始大规模地逮捕和审判“铁托分子”，匈牙利共产党领导人拉伊克、保加利亚共产党领导人科斯托夫、波兰统一工人党领导人哥穆尔卡等人被清洗掉。

苏南冲突是在冷战的大背景下，东欧国家的共产党成为执政党后，社会主义阵营的第一次大分裂，其焦点在于独立后的东欧社会主义国家走什么样道路的问题。斯大林与苏联共产党更多地从维护苏联安全利益和苏共政治利益的立场出发，试图将各国社会主义都纳入统一的斯大林模式。而铁托与南共联盟所坚持的则是马克思主义的建党原则、建国原则，把对苏联社会主义经验的借鉴与南斯拉夫的实际情况结合起来，不完全照搬斯大林模式。苏南冲突对以后几十年苏联、东欧以及其他社会主义国家的发展道路都产生了巨大的影响。

四、斯大林模式形成

高度集中的政治体制

苏联政治体制（也称斯大林模式）萌芽于20世纪20年代，它起源于军事共产主义时期。俄国十月革命后，布尔什维克党实行了军事共产主义政策，军事共产主义不仅仅是一种经济政策，而且在当时是一种居绝对统治地位的政治思潮。在当时特殊的历史条件下，高度集中是政治突破的一个主要武器。列宁在提交俄共（布）第7次代表大会的党纲草案中提出了通过建立一个高度集中的、有计划的、严格的国家组织，最终过渡到社会主义是完全必要的。在军事共产主义政治思潮的支配下，高度集权的政治体制的雏形已经形成。它主要表现为：

1. 由“全部政权归苏维埃”与“人民自治”向党对苏维埃实行“监督”、最后向党政合一的政权管理方式转变。十月革命后，列宁在他亲自起草的《被剥削劳动人民权利宣言》中宣布：“中央和地方全部政权属于苏维埃。”“政权应完全地、绝对地属于劳动群众和他们的全权代表机关——工兵农代表苏维埃。”[①] 列宁曾经

① 《列宁全集》第33卷，人民出版社1985年版，第224、228页。

设想将苏维埃变成“觉悟的工人应该进行领导，并且他们也能够吸引真正的被压迫劳动群众来从事管理”的机构①。1918年7月颁布的《苏维埃宪法》明文规定全俄苏维埃代表大会为最高权力机关，但是在1919年召开的俄共（布）第八次代表大会上，将“俄国共产党应该在苏维埃中取得政治上的绝对统治地位，并对苏维埃的全部工作进行实际的监督”写入了党的决议中。② 国内战争的胜利提高了俄共（布）的威信，同时国家权力日益集中于党。俄共（布）十一大决议强调“国家政权全部政治经济工作都由工人阶级的觉悟的先锋队——共产党领导”③。俄共（布）十二大决议再次重申“必须保证党对苏维埃共和国一切苏维埃机关以及经济机关的实际领导”④。在这个前提条件下，俄共的领导机构与苏维埃政权的职能机构逐渐融合为一。

2. 由苏维埃民主制向缺乏民主的高度集权体制的转变。列宁在规划未来的新型政权时曾强调：“无产阶级民主比任何资产阶级民主要民主百万倍，苏维埃政权比最民主的资产阶级共和国要民主百万倍。”⑤ 列宁设想在广大的人民群众中间实行直接民主制，“让群众自下而上地直接参加整个国家生活的民主建设”。同时，在现存的各种政治力量中实行多党联合执政的方针，即苏维埃作为议、政合一的政体，其权力和职能高于各政党（包括布尔什维克党），参加苏维埃的各政党和平竞争、友好相处、相互制衡、彼此监督，由人民自主地从中选择执政党。列宁还强调党内生活应该民主化，允许党内存在不同的派别，允许就苏维埃政权建设、党的组织建设和经济建设等问题发表不同意见，并在党内定期出版“争论专号”。在这里列宁精心设计了一个多党联合参政、议政、执政，以苏维埃为最高权力机构，以党内民主促进国家政治民主的新政权蓝图。但由于俄国历史的特点、当时特殊的条件和俄共领导人认识上的偏差，列宁所设想的苏维埃民主未能实现，最终建立的是布尔什维克一党掌权、党政合一的体制。1918年初，立宪会议的解散既打击了小资产阶级的猖狂进攻，稳定了布尔什维克在苏维埃政权中的领导地位，同时也阻塞了各阶级、政党参政的渠道。到列宁逝世前，苏共对苏维埃的“监督”职能已经转变成对苏维埃的绝对领导职能。

---

① 《列宁全集》第32卷，人民出版社1985年版，第308页。
② 《苏联共产党决议汇编》第1分册，莫斯科1957年版，第571页。
③ 《苏联共产党决议汇编》第2分册，莫斯科1957年版，第159页。
④ 《苏联共产党决议汇编》第2分册，莫斯科1957年版，第254页。
⑤ 《列宁全集》第35卷，人民出版社1985年版，第249页。

斯大林在20年代中期至40年代初有关政治体制和党的建设的思想总的特点是强调权力集中和思想集中。他这一时期的理论都是建立在他所虚拟的“阶级斗争愈来愈尖锐化”的基础之上的，他在理论上论证了实行高度集权的必要性。他认为社会主义愈发展，阶级斗争则愈激烈，“我们的进展愈大，胜利愈多，被击溃的残余敌人也会愈加凶恶，阶级斗争就会愈尖锐”①。而苏共党内必然有阶级敌人的代理人，党内“脱离列宁路线的倾向”的即是“垂死阶级反抗的反映”，因此要采用“连根拔除和粉碎的办法”②。斯大林将民主集中制思想推向极端，他强调不应该把党内民主问题绝对化，广泛的民主、完全的民主是不存在的，为了打击各方面敌人的进攻，就必须强化无产阶级专政，强化党对国家政治和经济生活以至社会生活的控制，斯大林理解的“无产阶级专政是党的指示加上无产阶级群众组织对这些指示的实行，再加上居民对这些指示的实行”。③

20年代中期到40年代初，苏联高度集中政治体制最终形成。其主要标志是：第一，限制以至取消党内民主。从20年代中期开始，斯大林以党内“无情斗争”和全社会“肃反大清洗”的方式不断剪除异己和政治上的反对派，从而巩固了自己的绝对地位。第二，强化苏共对国家政治、经济、文化、思想的绝对控制。以苏共中央取代中央政府职能，在苏共内增设经济、财政和文化管理机构，使权力进一步向苏共集中，强调“党是无产阶级组织的最高形式，高于无产阶级的其他各种组织形式（工会、合作社、国家组织），它的使命是综合和指导这些组织的工作”，“无产阶级专政只有通过作为无产阶级专政的力量的党才能实现”，“无产阶级专政只有由一个党，由共产党来领导，才能成为完全的专政，共产党不和而且不应当和其他政党分掌

苏联宪法缔造者的荣誉属于伟大的斯大林

① 《斯大林文选》上册，人民出版社1962年版，第128—129页。
② 《斯大林文选》上册，人民出版社1962年版，第127页。
③ 《斯大林全集》第8卷，人民出版社1954年版，第38页。

领导”，“如果党内没有铁的纪律，无产阶级专政所担负的镇压剥削者以及把阶级社会改造为社会主义社会的任务就不能实现”①，因此而削弱了中央监察委员会的职能，撤销群众监督机构——工农检察院，限制加盟共和国的权限。在苏联的第二部宪法（1936年宪法）中强化了中央集权制，使行政区划权、立法权和经济管理权进一步向联盟政府、向苏共中央集中。第三，总书记个人专权政治模式的建立。扩大总书记的职权范围，在国家权力进一步向苏共集中的同时，权力向苏共的最高领袖个人手中集中，使总书记变成全党的最高领袖和国家的首脑，总书记独揽党政军大权，不受任何组织和法律的限制而可以随意决定重大国务，将书记处变成直接向总书记负责的党内特权机构。1936年苏联宪法的颁布以法律的形式确立了苏联高度集权的政治体制和总书记个人专权的政治模式，标志着苏联高度集中的政治体制最终形成。

高度集中的经济体制

斯大林执政初期，苏联继续实行新经济政策。直到1926年，苏联领导人仍然把反集中倾向作为经济政策的重点。

但是在联共（布）十四大和之后，斯大林已经多次提出在工业化过程中必须采取行政手段管理工业的建议，1926年12月斯大林提出了“社会主义经济是最统一最集中的经济”的思想。② 1927年12月，斯大林又提出了“指令性计划经济”的思想。布哈林则坚持继续执行列宁的新经济政策，强调在经济领域必须遵循经济发展的自身规律，提出“少一点压制，多一点周转自由。少一点行政影响，多一点经济斗争，更多地发展经济周转”的主张。③

在1926年12月召开的联共（布）十五大上通过的《关于国家经济状况和党的任务》决议中强调“苏联国民经济已进入新的发展时期——在新的更高技术基础上改革经济时期”，因此旧的“生产组织体制”已经不适应“正在变化的环境和新的任务”，决议提出必须“重新审查经济管理机构的整个体制”和“改进生产组织和工业管理是各有关国家机关和经济机关的最重要的任务”④。

① 《斯大林全集》第10卷，人民出版社1954年版，第90—91页。

② 《斯大林全集》第9卷，人民出版社1954年版，第122页。

③ 《布哈林文选》上册，人民出版社1978年版，第35页。

④ 《苏联共产党和苏联政府关于经济问题决议汇编》第1卷，中国人民大学出版社1984年版，第602—606页。

从1927年开始，苏联政府在经济管理方面加大了行政干预和国家计划的力度。在工业方面苏联政府越来越广泛地控制了新建企业的审批权，某些商品的出厂价格由国家控制。在农业方面实行农产品合同预购制，1928年上半年又两次采取非常措施，用行政命令手段强制收购农村余粮。

从1928年开始，随着工业化和全盘集体化的快速推进，新经济政策完全停止。在1929—1932年间，随着第一个五年计划的实施，进行了大规模的工业改组。改组的目标就是由地方和行业自主经营向中央集权制过渡，加大中央政府和各级行政机构自上而下对经济的控制和管理。

20世纪30年代以前苏联的经济领导层次较复杂，最高管理机构是最高国民经济委员会，下设各部门的总管理局，以下是各行业的托拉斯和辛迪加。尽管采取的是集中统一管理，但托拉斯和辛迪加拥有相对的自主权。根据1929年的改组决议，撤销了总管理局和辛迪加，成立实行经济核算的各个联合公司，统一管理企业的生产和销售。再由最高国民经济委员会直接领导联合公司，由原来的最高国民经济委员会→总管理局→托拉斯（企业）→辛迪加（企业）的四级管理模式变成最高国民经济委员会→联合公司（后改为总管理局）→托拉斯（企业）的三级管理模式。后来总管理局又从最高国民经济委员会中分出，成立专业化的中央经济管理部门，最高国民经济委员会主要负责宏观调控和计划的制定。1934年联共（布）中央决议又撤销托拉斯一级，规定企业直属中央部门管理，这样又形成了中央专业管理部门→企业的二级管理模式，原来属于地方管理的一大批企业收归中央专业管理部门。例如，从1933年初至1935年初，苏联重工业部所直接管理的企业就由32个扩大到335个。1936年全国工业总产值中央管理的工业占90%，地方管理的工业仅占10%。[①] 大部分企业（重工业和机器制造企业）实行二级管理（即中央→企业），一部分企业（冶金、燃料工业企业）实行三级管理（即中央→托拉斯→企业）。中央经济管理部门直接控制企业的人力、物力、财力和供应、生产和销售的大权。企业的厂长由中央委派，企业的财政收支要经中央批准，企业的物资供应要由中央统一调拨。

高度集中的经济体制的另一个重要内容和特点是采取了指令性计划经济的管理方式。斯大林曾经说："我们的计划不是臆想的计划，不是想当然的计划，而是指令性计划。这种计划各领导机关都必须执行。这种计划能决定我国经济在全

① 刘克明、金挥主编：《苏联政治经济体制70年》，中国社会科学出版社1990年版，第351页。

国范围内将来发展的方向。”① 中央部门事无巨细地规定企业的年度计划、季度计划甚至月度计划。对于中央的计划，企业必须执行，企业如果妨碍计划任务，政府可追究行政责任直至法律责任。与指令性计划的特点相联系和相适应，行政命令手段成为高度集中的经济体制的主要管理方法。政府主要通过发布各种命令、决议和行政措施，与各级各类经济组织、企业发生关系，组织全国的生活，而忽视或放弃价格、利润、奖金、财政等纯经济的手段来管理国家经济。

苏联高度集中的经济体制是与高度集中的政治体制相适应的，它最大的优点就是可以在短时间内以行政命令手段迅速地调动全国的人力、物力、财力和技术力量集中于某一部门或某一重大项目。苏联第一个五年计划和第二个五年计划顺利并提前完成，苏联的工业化和全盘农业集体化顺利完成，以及卫国战争前苏联在极短的时间内完成了军事和军备的全国总动员都足以证明这个体制的高效率。

但是这种体制过分强调行政命令和计划经济，根本忽视商品价值规律，严重超越苏联社会的经济发展水平和人们的思想认识水平，使中央与地方、企业与个人的关系长期处于极度不正常的状态。在苏联历史发展过程中，这种体制的种种弊端就愈加充分显示出来了。

斯大林执政晚期

在伟大的卫国战争中，苏联政府动员了全体人民参加战争，苏联人民为此付出巨大的牺牲。战后，苏联政府立即着手恢复经济和正常的社会秩序。1945 年 6 月，苏联最高苏维埃宣布取消战时紧急状态，恢复正常的政治和社会生活。1946 年 2 月，举行全苏最高苏维埃选举，什维尔尼克当选全苏最高苏维埃主席团主席。3 月，苏联人民委员会改名为部长会议，斯大林担任部长会议主席一职。

1952 年 10 月 5 日，苏联共产党举行第 19 次代表大会。在会上，莫洛托夫致开幕词，马林科夫作政治报告，赫鲁晓夫作修改党章的报告，伏罗希洛夫致闭幕词，斯大林发表了简短讲话。在这次大会上，斯大林辞去了总书记的职务。大会宣布由苏共中央主席团代替中央政治局，主持日常工作的主席团常务委员会由 9 人（斯大林、马林科夫、贝利亚、赫鲁晓夫、伏罗希洛夫、卡冈诺维奇、萨布罗夫、别尔乌辛和布尔加宁）组成。这次代表大会的另一项重要议程是将党的名称改为苏联共产党（简称“苏共”），取消“布尔什维克”的名称。

---

① 《斯大林全集》第 10 卷，人民出版社 1954 年版，第 280 页。

卫国战争结束后，斯大林的个人威信在苏联共产党内和国内达到了巅峰状态，他身上的巨大而神圣的光环，为对他的个人迷信和个人崇拜的加剧创造了条件。从卫国战争结束开始，党内、新闻出版界、文化艺术界对斯大林的颂扬越来越无止境。几乎每天的苏联的主要报刊上都要在显著位置刊登斯大林的大幅照片。“亲爱的领袖和导师”、“敬爱的慈父”、“有史以来全人类最伟大的领袖”、“我们星球上最伟大的人物”等颂扬之词逐步升级，已达到无以复加的地步。甚至在最高苏维埃批准的新国歌中也加入了“斯大林培育我们，让我们忠于人民，热爱劳动，鼓励我们去建立功勋”的词句。

1949 年 12 月 21 日，是斯大林的 70 岁生日，从中央到地方纷纷以各种形式为他祝寿。《真理报》第一版用整版的篇幅写道：“向伟大的、我们敬爱的、苏维埃政权的缔造者、卫国战争的领袖……斯大林同志祝贺 70 岁寿辰。”① 政治局的委员们每个人都极尽一切赞美之词，以表达自己对斯大林的忠心。

随着斯大林个人威信的极度攀升，党内的组织生活和国内的政治生活变得越来越不正常了。按苏共党章规定，每三年召开一次党代表大会，然而从 1939 年联共（布）18 大后，直至 1952 年才召开苏共 19 大。而党章规定的每四个月召开一次的中央全会，从 1947 年 2 月以来实际上就没有召开过，中央政治局也极少召开会议，许多重大问题都是在克里姆林宫斯大林的办公室和莫斯科郊外的孔策沃别墅斯大林的私人宴会上决定的。

宴会通常从晚上 10 点钟开始，持续到第二天凌晨四五点钟。在这种宴会上，与会者从每日新闻、凡人琐事、生活趣闻到严肃的政治问题、外交问题无话不谈，而党和国家的方针、政策也在这里决定下来。特别是斯大林进入晚年后，身体健康状况越来越差，性格变得越来越固执，听不得任何不同意见，而且在心理上也变得愈加多疑。孔策沃别墅宴会上谁近来被邀请的次数少了或不被邀请，坐的距离与斯大林远近都暗示一个人地位和前途。在孔策沃宴会上，甚至每一道菜都必须先由别人尝过，斯大林才能吃。

斯大林的个人专权和党内政治生活的极度不正常必然导致社会上的政治生活的失衡，造成在党内和社会上继续进行无情斗争，以至少数的政治野心家大行其道。中央政治局委员、主管意识形态的中央书记安·亚·日丹诺夫于 1946—1947 年发表了一系列关于意识形态问题的讲话，夸大文化艺术界有一股反对社

① 《真理报》，莫斯科 1949 年 12 月 21 日。

会主义和崇洋媚外的倾向，在全国掀起一场文化批判运动。

著名的苏联作家左琴科和阿赫玛托娃被开除出苏联作家协会，著名作家波·帕斯捷尔纳克、伊·穆拉杰里，著名作曲家普罗科菲耶夫、哈恰图良和波果金、谢利文斯基等一些苏联文化艺术界的知名人士遭到带有偏见的批判。

1946 年 8 月联共（布）中央通过《关于〈星〉和〈列宁格勒〉两杂志》、《关于话剧剧目及其改进办法》两个决议，将一些学术问题和艺术问题当成政治问题看待，批评一些杂志上丑化社会主义和唯美主义的作品，批判一些剧院上演“下流低级”的外国剧本。在卫国战争中创作了《第七交响曲》的著名作曲家肖斯塔科维奇被当作“反民主”的典型而受到严厉的批判，学术界、文艺界到处在抓“卑躬屈节者”、“世界主义者”、“蜕化变质分子”，大批剧目被禁演，一批杂志被查封，逮捕并处死了一些无辜的人。

1948 年和 1950 年在全苏列宁农业科学院和医学科学院的会议之后，苏联医学、生物学界遭到前所未有的触动。在遭受不公正的迫害的人中，有苏联科学院院士奥尔别利、巴林、杜比宁，著名科学家扎沃多夫斯基、什马里加乌津、康斯坦丁诺夫、别利达什维里等人。由于多年的迫害，苏联自然科学界的代表人物、植物生理学家萨比宁自杀身亡。

肖斯塔科维奇参加俄联邦最高苏维埃代表选举

1946 年日丹诺夫政治地位突然跃升，他将在列宁格勒工作时的老部下提拔到中央工作，尼·沃兹涅先斯基担任了政治局委员、部长会议副主席和国家计委主席重要职务，米·罗吉奥诺夫担任了俄罗斯联邦最高苏维埃主席职务，阿·库兹涅佐夫担任了列宁格勒党组第一书记职务。1948 年日丹诺夫突然去世，贝利亚等人开始清除异己。他向斯大林诬告沃兹涅先斯基、库兹涅佐夫等人建议把俄罗斯联邦政府迁到列宁格勒，目的在于另立中央，反对党中央的领导。随即，沃兹涅先斯基、库兹涅佐夫、罗吉奥诺夫等人被捕，1950 年 9—10 月，上述人员因“叛国罪”被苏联最高法院军事法庭判处死刑。这个案件被称为“列宁格勒案”。

1953年1月13日，《真理报》公布一起惊人的消息：苏联内务部破获了克里姆林宫内的一个阴谋团体，这个消息震惊了世界。克里姆林宫医院的放射科医生雷吉娅·季马舒克密报，宣称克里姆林宫医院的许多有名医生“妄图通过有害的治疗来缩短苏联积极活动家的生命”，并说他们已杀害了日丹诺夫和政治局委员谢尔巴托夫，并打算谋害华西里耶夫元帅、戈沃罗夫元帅、什捷缅科将军和海军上将列夫琴科等苏联高级将领。季马舒克因此被斯大林亲自授予了列宁勋章。国家安全部门侦查的结果“表明”，这些医生（许多是犹太人）与外国的特务机构——国际犹太人恐怖组织“犹太联合救济委员会”有联系，直接接受该组织的指挥，专门从事残害党和国家领导人的工作，为美帝国主义服务，随后在苏联掀起一股反犹的波澜。不仅从医疗机构、研究所、医院，而且作为预防措施还从其他许多科学研究院和高等院校中赶走了成千上万的犹太专家。许多教研室、医院、实验室都减少了近半数的人员。从出版社的选题计划中撤掉了许多犹太作家所写的书。甚至由被捕的犹太医生研制出来的药品也遭到禁止，虽然这些药品的疗效早已得到公认。此案不仅在国内影响巨大，在国际上也引起了各方的关注。当时的世界和平理事会的领导人弗·若·居里和保罗·罗伯逊曾专程来莫斯科要求会见斯大林，希望斯大林能够宽恕这些著名的犹太人，但斯大林拒绝接见这两位国际社会活动家。

1953年3月1日晚，孔策沃别墅的警卫人员发现斯大林没有按惯例按电铃通知送晚饭，这使得警卫人员非常着急，但是他们不敢打开斯大林房间的那扇大门。几个小时后，实在沉不住气的警卫人员终于打开了铁皮紧封着的大门，看到斯大林已经中风倒在地上。3月2日晨，医生赶来为斯大林诊治。3月5日晚9时50分，斯大林的心脏停止了跳动，终年74岁。第二天，莫斯科广播电台以多种语言向全世界宣布斯大林去世的消息。

第八章

赫鲁晓夫的改革与冒进

（1953年至1964年）

斯大林去世后，苏联的历史发展进入了一个重大的转折阶段，即从长达29年（1924—1953年）的战时状态和非常时期向和平时期的过渡。在此关键时期，新的苏共领导人赫鲁晓夫发挥了重要的作用，他顶住来自党内和党外、国内和国外的重重压力，坚决和果断地推行了政治和经济改革，在思想文化、民族关系和对外政策等方面进行了重大的调整，对斯大林执政时期所形成的高度集中的苏联政治经济体制和教条主义理论形成了较大的冲击。但是，由于苏共领导集团对改革的艰巨性和复杂性认识不足，特别是赫鲁晓夫本人在指导思想上的错误倾向、具体方针政策上的主观随意性和改革进程中表现出的急躁冒进，使得轰轰烈烈的改革终究失败。

一、权力的过渡

清除贝利亚

1953年3月5日晚9时50分，斯大林病逝。在斯大林弥留之际，即当晚8时至8时40分，苏共中央、苏联部长会议和苏联最高苏维埃主席团紧急召开了联席会议。在这次会议上，组成了新的党中央主席团，委员由原来的25人减为10人，他们的排序是马林科夫、贝利亚、莫洛托夫、伏罗希洛夫、赫鲁晓夫、布尔加宁、卡冈诺维奇、米高扬、萨布罗夫和别尔乌辛。3月15日召开了最高苏维埃主席团会议，以决定新的政府机构管理人选。根据贝利亚的提议，任命马林科夫为部长会议主席，贝利亚、莫洛托夫、布尔加宁和卡冈诺维奇为部长会议副主席，贝利亚兼任内务部长，莫洛托夫兼任外交部长，布尔加宁兼任国防部长，米高扬为国内和国外贸易部长，萨布罗夫为机器制造工业部长，别尔乌辛为电站和电力工业部长，伏罗希罗夫担任了最高苏维埃主席团主席的职务。给赫鲁晓夫任命的职务是苏共中央书记，职责是负责党中央日常的组织工作，因为当时没有设立第一书记或总书记，因此赫鲁晓夫实际上处于党中央第一书记的地位。

新的领导集团面临的重大问题是稳定国内政治和社会局势。斯大林的突然去世对苏联的国内政治局势的稳定造成了一定程度的冲击，在乌克兰和波罗的海地区相继发生了一些反苏和反共的民族主义暴乱。国外和国内的乌克兰民族主义组织，特别是国内的“乌克兰起义军”的活动都较之过去明显活跃，第聂伯河沿岸的乌克兰地区发生了一系列的暴乱。为了稳定政治和社会局势，新的领导集团进行了一些政策的调整。

在斯大林逝世的最初日子里，在苏共中央和政府的领导人的权力分配方面出现了一种平衡状态。几位主要领导人都主张实行集体领导、集体决策的领导方式，并且还以不同方式表现了反对个人崇拜的决心。马林科夫是当时苏联的最高领导人，他非常注意自己的政治形象。1953年3月10日，《真理报》上发表了一幅拼凑起来的假照片，题目是《斯大林、毛泽东和马林科夫同志在一起》，意在指高马林科夫的地位。马林科夫严厉地批评了负责宣传、意识形态工作的书记苏斯洛夫、波斯别洛夫和《真理报》主编谢皮洛夫。马林科夫认为：“在我们这里有极不正常的情况，许多事都是按个人崇拜的路线进行的”，他表示：“我们认为，应该停止执行个人崇拜政策”。5月27日，《共产党人》发表社论，题为《苏共——苏联社会的领导力量》，强调中央委员会是“党的智慧，党的巨大经验的体现。由党的代表大会选举的党中央委员会，是由党、国家、经济、文化、社会、军事活动各个领域中具有渊博知识和领导经验的党员组成的。中央委员会通过的决议是协同一致工作的结果。这些决定是由集体讨论和作出的。”①

① 《共产党人》，莫斯科1953年第6期。

在新的领导集团中，贝利亚是一个特殊人物，也是一个地地道道的政治野心家。斯大林在世的时候，他在党内的位置已经居于斯大林之后了，他的权力和影响甚至引起了斯大林的怀疑和反感。斯大林的突然去世，一下子在苏联领导层中留下了一个权力真空，为贝利亚夺取权力创造了机会。为了实现自己的政治野心，贝利亚在斯大林去世后试图一改自己原来遭人恐惧和厌烦的政治形象。尽管他居心图谋最高领导权，但是在联席会议上和最高苏维埃主席团会议上都首先提名马林科夫担任部长会议主席的职务。但是他的这个举动还是引起了党内其他领导人的怀疑，因为在斯大林执政期间，贝利亚亲手制造了无数起冤假错案，但在斯大林去世后，贝利亚却首先提出大赦犯人和平反冤假错案的建议。3 月 27 日，最高苏维埃主席团颁布大赦令，有约 100 万人获得自由。4 月 4 日，贝利亚控制的内务部又宣布为“医生谋杀案”的涉案人员平反。

在新的苏共领导集团中，贝利亚的地位仅次于马林科夫而位居第二，同时他通过自己把持的内务部实际控制了莫斯科的行政和警务大权。贝利亚把内务部队的几个师调到莫斯科，名义是“维持秩序”。他极为反常的行为引起党中央其他领导人的注意，马林科夫和赫鲁晓夫等人认为贝利亚的目的在于阴谋夺权，准备采取措施。但是他们知道，此事绝不可轻举妄动。因为贝利亚的亲信不仅在中央委员会和中央主席团成员的办公室里安装上了窃听器，就连马林科夫等领导人的住宅、别墅和私人汽车里也可能有窃听器。

清除贝利亚的行动是由苏共中央书记赫鲁晓夫主持的，赫鲁晓夫得到了国防部长布尔加宁的支持，赫鲁晓夫、米高扬与布尔加宁一刻不停地在环绕莫斯科行驶的汽车内达成了对付贝利亚的口头协议。布尔加宁以国防部长的名义把贝利亚的亲信、莫斯科军区司令阿尔捷米耶夫调离莫斯科去斯摩棱斯克指挥军事演习。马林科夫负责做最高苏维埃主席伏罗希洛夫的工作。最终将逮捕贝利亚的时间定在 1953 年 6 月 26 日。

6 月 26 日晚，赫鲁晓夫打电话通知贝利亚到克里姆林宫开中央主席团会议。贝利亚落座之后问道：“今天的议题是什么？”赫鲁晓夫回答：“只有一个议题，讨论拉甫连季·贝利亚的问题。”然后由马林科夫做了批评贝利亚的讲话，约 15 分钟后响起了两声长长的铃声，行动小组成员冲进大厅，将贝利亚团团包围。马林科夫宣布：“贝利亚不仅仅是国内的敌人，也是国际的敌人。建议立即将他逮捕并交给这几位同志。”贝利亚没有做任何反抗，只是呆呆地坐在自己的座位上，神经质地用铅笔在纸上反复涂写“警报”两个字。当晚，苏共中央主席团通过了

《关于立案侦查贝利亚反党和反国家罪行》的决议。7月2日至7日，召开了苏共中央全会，宣布贝利亚是“共产党和苏维埃人民的敌人”，他的反党活动“旨在为了外国资本和利益破坏苏维埃国家和居心险恶地试图将苏联内务部置于苏联政府和共产党之上”，宣布将其开除党籍，解除其党内外一切职务，将其交由特别法庭审判。马林科夫在会上作了报告，他强调要从贝利亚事件中吸取教训，并提出四点要求：第一，必须加强党的领导。第二，内务部必须处于党的绝对监督之下。第三，要防止革命队伍中的叛徒和野心家。第四，要加强对全体党员的教育工作。赫鲁晓夫也作了重要讲话，他强调：“要有集体领导，真正的党的领导”。在这次中央全会上有两个值得注意的现象，一是马林科夫在全会上点名批评了斯大林，认为“斯大林同志的个人崇拜在日常的领导工作中已具有了病态的形式和规模，工作中的集体领导方法被抛弃了。”① 二是赫鲁晓夫作为苏共中央书记自始至终主持了清除贝利亚的行动，并且在全会上代表党中央发表了重要讲话，他在中央里的地位实际上已经从第五位升至第二位。

最高苏维埃宣布解散内务部，将其部分职能划归刚刚成立的隶属于部长会议的国家安全委员会。

对贝利亚的审讯持续了半年时间。文件、证词、审讯记录共有19本，贝利亚给赫鲁晓夫写信请求党的宽恕，表示可以去从事任何苦役以赎清自己的罪行。由苏联总检查长鲁坚科宣读了长达100页的起诉书，以人民敌人罪宣布判处贝利亚死刑，并于12月23日执行。

清除贝利亚事件是斯大林去世后苏共最高领导层内部第一次激烈的政治斗争，其目的是为了维护国家的政治稳定和党的团结。从另一方面看，也是一场权力斗争，因为贝利亚专权和争夺权力已经危及赫鲁晓夫、马林科夫等人地位的稳定。

秘密报告

贝利亚被清洗掉后，马林科夫与赫鲁晓夫的矛盾逐渐激化起来。马林科夫长期在中央工作，长期在斯大林身边扮演高级幕僚的角色，既缺乏基层工作的实际经验，在党内又缺乏威信。马林科夫之所以当上部长会议主席，是因为斯大林在苏共第19次代表大会提名他作政治报告，后来贝利亚提名他当部长会议主席。

① 《苏共中央通报》，莫斯科1991年第2期，第195页。

莫洛托夫曾这样评价马林科夫：“他是一个很好的执行人，一个接电话的人（我们就是这样称呼他的）。他总是坐在电话机旁，了解什么地方有什么事情，他擅长此道。按照组织和行政事务来分配干部——这就是马林科夫。……他从来没有领导过一个党组织，这和赫鲁晓夫不同……”[①]

在清除共同的敌人贝利亚后，作为名义上的苏联最高领导人的马林科夫对待权力问题还是很谨慎的，他在七月中央全会上曾表示：“同志们，在这里的中央全会上，谈及斯大林同志的接班人问题是不谨慎的，并且明显是不正确的，我认为有责任对这一发言作出回答。并声明如下：没有一个人能够、应该，并且去追求继承人的角色。”[②]

1953年9月，赫鲁晓夫在苏共中央全会上被选为苏共中央第一书记。在赫鲁晓夫政治地位的不断上升的同时，马林科夫、卡冈诺维奇和莫洛托夫等人的政治地位和影响却在不断下降。1954年4月，在一些党员的强烈要求下，苏联最高法院开始审理“列宁格勒案”，发现该案件纯属伪造，而且调查结果表明马林科夫间接参与了冤案的制造，他本人应负有一定的道义责任。12月29日，苏联最高法院军事法庭作出判决，判处制造这起错案的前国家安全部的阿莫库莫夫、列昂诺夫、科马罗夫、利哈乔夫死刑，宣布为“列宁格勒案”涉案人员平反。尽管法庭没有对马林科夫提出指控，但马林科夫与大清洗期间一系列案件的关系暴露出来了，马林科夫的声誉因此而骤降。

1954年8—9月，赫鲁晓夫分别会见米高扬、布尔加宁等主要党和国家的领导人，表示要结束赫鲁晓夫—马林科夫共掌最高权力的局面，得到了这些人的支持。1955年1月25日，在苏共中央全会上，赫鲁晓夫在报告中不指名地批评：“有些同志在我国重工业和轻工业的发展速度问题上糊涂了。这些可怜的理论家们错误地理解社会主义的基本经济规律并把它作了庸俗化的解释，他们企图引用这个规律来证明，到了社会主义建设的某一个阶段，发展重工业好像不再是主要任务，而轻工业则可以而且必须比其他一切工业部门优先发展。这是一种极端错误的，反马克思列宁主义的见解。这种见解只不过是对党的诽谤。这是右倾的复活，这是与列宁主义敌对的观点的复活，当年李可夫和布哈林那一伙人就曾宣传过这种观点。”[③] 赫鲁晓夫还通报了马林科夫与列宁格勒案件的关系，强调马林科

① 丘耶夫：《与莫洛托夫的140次谈话》，莫斯科1991年版，第344—346页。

② 《苏共中央通报》，莫斯科1991年第2期，第197页。

③ 赫鲁晓夫：《在苏联建设共产党和发展农业》第1卷，莫斯科1962年版，第422—423页。

夫对此案负有道义上的责任。莫洛托夫、卡冈诺维奇也在发言中批评马林科夫在个人能力和政治素质方面的问题，严厉地批判他在经济方面，特别是在农业方面犯下的一系列错误。最后，中央全会同意解除马林科夫部长会议主席的职务。

1955 年 2 月 9 日，在苏联最高苏维埃联盟院和民族院联席会议上。马林科夫宣读了请求辞去苏联部长会议主席职务的申请书。承认自己“缺乏行政经验”和“对农业生产管理不善负有责任”。苏联最高苏维埃接受马林科夫的辞职请求，同时免去了马林科夫的苏共中央委员会主席团主席的职务，改任命他为苏联电站部部长职务，同时兼任部长会议副主席。布尔加宁接替了部长会议主席职务。

1956 年 2 月 14 日，苏共 20 大在克里姆林宫隆重召开。大会主席台上没有像历次大会一样悬挂斯大林的画像，只有列宁的雕像。赫鲁晓夫作了工作报告，他在报告中强调战争不是不可避免的，他认为：“我们时代的主要特点是社会主义已越出了一国的范围，成为一种世界体系。资本主义已无力阻挡这种具有世界历史意义的进程。两种相对抗的世界经济体系——按照不同的规律和相反的方向发展的资本主义和社会主义的体系的同时存在已成为不容置疑的事实”。他因此提出了“和平共处”、“和平竞赛”和“和平过渡”的论点，主张实行缓和世界局势的对外政策。在报告中，赫鲁晓夫重申了党的集体领导原则和反对个人崇拜的提法。全体代表选举赫鲁晓夫为苏共中央第一书记。

还是在苏共 20 大的筹备过程中，赫鲁晓夫就准备在大会上公开批评斯大林，他认为不公开批评斯大林，苏联的一些重大的历史问题就无法彻底解决。为此，他命令主管苏共意识形态的波斯别洛夫秘密准备一个报告。但是当报告准备好后，是否公开在全体代表前点出斯大林的名字，并批评斯大林所犯的错误，在党内引起激烈争论。赫鲁晓夫后来在回忆录中谈到：“虽然大会在顺利地进行，我的报告也得到了表示赞同的良好反应，可是我还是不满足。我为这样一个思想所苦恼：‘大会将要结束，也将通过一些决议，所有这一切都是形式上的事情。可是往后又是什么呢?’……波斯别洛夫委员会揭露出来的事实沉重地压在我的心上。”[①] 当这个报告拿到苏共中央主席团讨论时，莫洛托夫、马林科夫、卡冈诺维奇等人持反对意见，他们的理由是当时自己也在斯大林身边工作，这样做无异于引火烧身。但是在赫鲁晓夫的坚持下，苏共中央全会通过决议：由赫鲁晓夫召开大会的内部会议，在会上作《关于个人崇拜及后果》的报告。

① 赫鲁晓夫：《赫鲁晓夫回忆录》，东方出版社 1988 年版，第 504 页。

2月24日苏共20大宣布闭幕，准备返程的代表突然在2月24日子夜时分被召集在一起，同时还有100多名已恢复名誉和获释的党员参加了这个会议。赫鲁晓夫作了题为《关于个人崇拜及其后果》报告（被称为“秘密报告”）。在洋洋四万余字、历时四个多小时的报告中，赫鲁晓夫揭露了斯大林的严重错误。

赫鲁晓夫在报告中强调斯大林是一个“心胸狭窄、残忍和滥用职权的人。他不是去证明自己在政治上的正确性，不是去动员群众而是常常不仅对真正的敌人而且对那些党和苏联政府中毫无罪行的人进行镇压并加以肉体消灭。这是没有一点道理的，有的是对于伊·列宁感到震惊的残忍暴力的炫耀”[①]。

赫鲁晓夫认为斯大林破坏法制，为了个人的私欲，无端搞起大清洗运动，重用叶若夫、贝利亚等坏人，批准大规模逮捕、处死大批无辜者，制造大量的冤假错案。赫鲁晓夫谴责说：“斯大林提出了‘人民敌人’这一说法，有了这种说法，自然也就无须再去证明参加争论的某个人或是某些人在思想意识上的错误。此外，利用这种说法至少可以违反一切革命法则和制度法则，对那些与斯大林抱有敌对意图的人，以至于那些印象不好的人进行最为残酷的镇压。……这是公然违背革命法制秩序的作法，事情发展到使以前捍卫党的方针的完全无辜的人们也成了牺牲品。”赫鲁晓夫强调：“斯大林这一猜疑心被贝利亚巧妙地加以利用了。”而贝利亚“是一个卑鄙的挑衅分子，一个恶毒的敌人。”[②]

赫鲁晓夫认为斯大林应该对基洛夫之死负有重要责任，而且“时至今日，在基洛夫事件中仍隐藏着许多无法说明、无法理解的地方”。[③]

赫鲁晓夫认为斯大林在苏德战争前怀有“失败主义情绪”，应对苏军初期战争的失利负直接责任。因为“据现在发表的文件，丘吉尔在1941年3月通过英国驻苏联大使，直接向斯大林发出警告：德国为了进攻苏联而重新编制军队。……尽管有这个重大的警告，但斯大林并没有采取必要措施来加强苏联的防卫以免遭到突然袭击”，甚至“在希特勒军队侵入苏联的前夜，一个德国公民越过边境报告说：他们已经接到命令在6月22日凌晨2时发动对苏联的进攻，这件事马上被告知斯大林，但他对这一警告也加以漠视”。[④]

赫鲁晓夫在报告中说：“在战争期间，斯大林为了抬高自己作为伟大领袖的

① 《苏共中央通报》，莫斯科1989年第3期。
② 《苏共中央通报》，莫斯科1989年第3期。
③ 《苏共中央通报》，莫斯科1989年第3期。
④ 《苏共中央通报》，莫斯科1989年第3期。

威信，而进行了非常的努力。他用各种各样的方法向人民灌输这样的想法：苏联在卫国战争中的胜利是由于斯大林的勇气、果断和天才，其他任何人都不在话下。”“使伟大的卫国战争取得胜利的并非斯大林，而是整个党，苏联政府，我们英雄的军队——它的天才指挥员和勇敢的士兵，以及全体苏联人民。”①

赫鲁晓夫揭露斯大林在民族问题上犯有严重的错误。卫国战争期间，斯大林和苏联政府以一些民族与“法西斯合作”为名，对这些民族进行处罚，强行将整个民族迁离故乡，流放到中亚或西伯利亚。报告说：“不要说马克思列宁主义者，只要有一些常识的人，谁也不能设想这种行为，怎么能够说整个民族要为对敌行为负责呢？怎么能够针对整个民族，包括妇女、儿童、老人、共产党员、共青团员在内进行镇压呢？怎么能够要他们为个别人或某些组织的敌对行为去遭受苦难呢？”②

赫鲁晓夫在报告中认为斯大林应对苏联和南斯拉夫的冲突负有主要责任。

在报告中，赫鲁晓夫提出了肃清个人崇拜的三项措施：第一，在思想领域肃清个人崇拜造成的错误观点的恶劣影响。第二，党政机关要严格遵守党的集体领导的重要原则。第三，必须彻底恢复社会主义法制。

“秘密报告”在代表中引起极大的震惊和反响，同时也得到在场的绝大多数代表的拥护，从在场代表热烈的掌声中即可略见一斑。2 月 25 日，苏共 20 大继续开会，与会代表们一致通过了《苏共 20 大关于赫鲁晓夫同志的〈关于个人崇拜及其后果〉报告的决议》，责成党中央继续采取措施保证完全克服与马克思列宁主义格格不入的个人崇拜，恢复党的生活准则和集体领导原则。

《关于个人崇拜及其后果》在当时还局限在苏共中央委员和代表的小范围内，因此被称为“秘密报告”。会议结束后，这一报告的副本曾送给东欧的执政的共产党国家。作为苏联的冷战对手的美国对于苏联国内的一切风吹草动都是非常注意的。美国中央情报局于大会结束当天就了解到了这一报告的一些内容，它立即下令动用驻莫斯科和东欧的所有情报人员收集这份报告。3 月 10 日，美国驻苏联大使波伦就已经得到了报告的文本，并且以最快的速度报告了美国国务院。6 月 5 日，美国《纽约时报》全文刊登了这个文本，并且使用了《赫鲁晓夫的秘密报告》的名称。6 月 14 日，波伦曾就这一文本的准确性询问马林科夫和莫洛托夫，

① 《苏共中央通报》，莫斯科 1989 年第 3 期。

② 《苏共中央通报》，莫斯科 1989 年第 3 期。

他们的回答是："在国外流传的那个文本很不准确"，这等于从侧面承认了确实有"秘密报告"的存在。6月15日，波伦又询问赫鲁晓夫。赫鲁晓夫回答说："在国外刊登的那些译文不符合实际，不过我还没有看过（美国）国务院公布的那个译文，因为翻译成俄文要做大量的工作。"

但是从前面的介绍可以看出，"秘密报告"实际上并不秘密。

首先，它事先在苏共高层中经过了讨论，并由中央主席团决定后才由赫鲁晓夫作报告的。多年后，莫洛托夫曾回忆："关于赫鲁晓夫要在20大上作这样一个报告的事，我们是知道的。报告没有在中央委员会上讨论过，但其主要内容是知道的。"①

其次，这个报告在苏共20大之后，苏共中央曾有目的和有选择地向苏共党内和兄弟党作了必要的介绍。《关于个人崇拜及其后果》最初是作为绝密文件发到苏共中央主席团的委员、中央委员和候补中央委员以及中央书记处的。1956年3月5日，苏共中央主席团通过了《关于介绍赫鲁晓夫同志在苏共20大上的〈关于个人崇拜及其后果〉的报告》的决议，建议各加盟共和国党中央、各州委、各边区委员会向所有共产党员和共青团员、工人、职员和集体农庄庄员中的积极分子传达这一报告。

苏共20大后，苏共中央就向出席大会的各兄弟党代表团团长介绍了报告的内容。波兰统一工人党总书记贝鲁特、保加利亚共产党中央委员会总书记契尔文科夫、匈牙利劳动人民党中央委员会第一书记拉科西、德国统一社会党中央委员会第一书记乌布利希都拿到了完整的报告文本。法国共产党中央委员会总书记多列士、意大利共产党中央委员会总书记陶里亚蒂、西班牙共产党中央委员会总书记伊巴露丽、奥地利共产党中央委员会主席科普勒尼希拿到了报告的摘要。

同年3月初，赫鲁晓夫特意参加了为南斯拉夫驻苏联大使维季齐离任举行的欢送招待会。当酒酣耳热之时，赫鲁晓夫走到维季齐面前，突然从上衣口袋里取出了一本小册子送给维季齐，并且说："请把这个转交给铁托同志，他会感兴趣读完它的。我想，你们南斯拉夫人不会写得更好了。"3月20日，南斯拉夫共产主义者联盟中央的机关刊物《共产党人》简要发表了"秘密报告"。半个月后，新任驻莫斯科大使米丘诺维奇到莫斯科上任。4月2日，赫鲁晓夫接见了他。米丘诺维奇说，铁托表示非常感谢赫鲁晓夫对他的信任，这一报告已在南斯拉夫共

① 丘耶夫：《和莫洛托夫的140次谈话》，莫斯科1991年版，第349页。

产主义者联盟中央报告委员会上宣读，委员会一致支持赫鲁晓夫这一举动。

但是苏共中央第一次正式和全文公布《关于个人崇拜及其后果》是在《苏共中央通报》1989 年第 3 期上。

权力斗争

在苏共党内，马林科夫、卡冈诺维奇和莫洛托夫等人反对赫鲁晓夫的做法，认为赫鲁晓夫是用“平反”来“收买”人心，莫洛托夫称赫鲁晓夫是放出了严重危害社会的野兽，认为“有人称之为人道主义，而实际上是市侩作风”。因此他们联合起来，准备将赫鲁晓夫赶下台。马林科夫更是感觉到自己的地位岌岌可危，他对他的亲信说：“应当采取行动，如果我们不撤了他们，他们就会搞掉我们了。”

1957 年 6 月 5—14 日，赫鲁晓夫和部长会议主席布尔加宁对芬兰进行正式访问。他们将在国外逗留一周。赫鲁晓夫不在莫斯科主政，就为马林科夫、莫洛托夫、卡冈诺维奇夺取权力提供了良机，他们积极筹备召开主席团会议。6 月 18 日晨，主席团特别会议在克里姆林宫召开，会议开了三天，而且加强了克里姆林宫的警卫工作。会议一开始，马林科夫就提出中央主席团会议不应由赫鲁晓夫来主持，说这是违反列宁的传统的，应该由部长会议主席布尔加宁主持。投票结果是：除赫鲁晓夫当然表示反对外，只有米高扬反对马林科夫的提议，因此赫鲁晓夫只好少数服从多数，从大会主席的位子换了下来，坐在了一边。事后，莫洛托夫曾得意地说：“1957 年，赫鲁晓夫被撤职三天。”

马林科夫提出了免去赫鲁晓夫党中央第一书记职务的建议。赫鲁晓夫一方面给自己的所作所为进行了激烈的辩解，另一方面在考虑如何摆脱在这次会议上人单力孤的境地。赫鲁晓夫提出他的党中央第一书记是在中央全会上选出来的，因此只有中央全会才有资格决定他的去留。马林科夫等人给赫鲁晓夫三天时间，将符合法定人数的中央委员从各地召来开会。马林科夫等人认为这几乎是不可能做到的事情，结果他们完全低估了赫鲁晓夫的能力。赫鲁晓夫命令国防部长朱可夫元帅动用军用飞机，以最快的速度把住在全国各地的中央委员接到莫斯科。到 6 月 21 日，来到莫斯科的中央委员已有 80 多人，加上主席团的中央委员，总数已达到 107 人，按照规定召开中央全会的法定人数已经达到。

6 月 22 日下午 2 时，苏共中央非常全会召开，有 121 名中央委员（总数为 130 名）、94 名候补中央委员（总数为 122 名）出席会议。

在赫鲁晓夫的安排下，朱可夫率先发言，他直截了当地指出马林科夫、莫洛托夫和卡冈诺维奇等人在斯大林的大清洗期间所扮演的极其不光彩的角色，并且出示了中央档案馆中保存的当年处决“人民敌人”时的判决书，那上面在主要负责人和领导人的审批签名中，除了斯大林、叶若夫、贝利亚外，就是莫洛托夫、卡冈诺维奇等人的签名。

朱可夫警告马林科夫：“你们必须放弃自己的立场，否则我们就向军队和人民呼吁。”马林科夫责问：“难道你想用坦克来对付我们吗？”朱可夫咄咄逼人地回答：“只要我下命令，坦克就会出动。”①

朱可夫的发言及其与马林科夫的交锋，一下子就扭转了大会的导向，马林科夫、莫洛托夫和卡冈诺维奇等人从“原告”变成了“被告”。

赫鲁晓夫的发言此时非同一般，他指责马林科夫等人阻碍彻底清算斯大林的错误，阻碍苏联社会主义沿健康的轨道发展，并且强调马林科夫、卡冈诺维奇、莫洛托夫等人实际上已经结成了一个居心不良的集团，以图“反党”和“反社会主义”。

马林科夫、卡冈诺维奇和莫洛托夫初时还为自己的行为声辩，后来发觉会议风向不对，只好承认自己的错误。与会者有六十多人发言激烈地批判马林科夫等人，最后于 6 月 29 日通过了《关于反对马林科夫、卡冈诺维奇和莫洛托夫反党集团的决定》，宣布：“马林科夫、卡冈诺维奇、莫洛托夫同志顽固反对中央委员会和我们全党消除个人崇拜后果、消除当时所发生的对革命法制的破坏以及为在今后不再发生这类事件创造条件方面所采取的措施。”认为他们在一切重要问题上“反对中央委员会的列宁主义路线”，反对苏共 20 大“消除个人迷信的错误和后果的决议”，而“走上反对党的领导和派别斗争道路”②，宣布将马林科夫、卡冈诺维奇、莫洛托夫等人开除出中央主席团和中央委员会。

值得注意的是，这一次苏共党内的重大斗争，不是像斯大林时代一样，以政治消灭和肉体消灭为结束的。赫鲁晓夫没有将他的对手处死，而只是将他们赶出中央委员会，甚至也没有开除他们出党。在行政职务上，莫洛托夫去职后被任命为苏联驻蒙古大使，卡冈诺维奇的新职务是彼尔姆州索利卡姆斯克的乌拉尔钾矿联合企业总经理，马林科夫的新职务是哈萨克的乌斯基卡缅诺戈尔斯克州水电站

---

① 雅科夫列夫：《朱可夫传》，莫斯科 1992 年版，第 446—447 页。

② 《赫鲁晓夫时期苏共中央全会文件汇编》（1953 年 3 月—1964 年 10 月），商务印书馆 1976 年版，第 258—265 页。

站长。从某种意义上说，虽然他们新的职务与从前相比当然不值一提，但在经济收入上却还是比较实惠的。

在6月份发生的赫鲁晓夫的权力危机，朱可夫是一个扭转局势的关键人物，他应该是赫鲁晓夫的“大救星”。但是当赫鲁晓夫彻底战胜了马林科夫、莫洛托夫和卡冈诺维奇之后，他发现手中握有军权的国防部长朱可夫元帅已经介入苏联的政治，朱可夫成了他的心病。赫鲁晓夫认为：朱可夫是拿破仑式的人物，谁也不敢保证他不会在苏联搞一个“雾月政变”。

1957年10月，身在乌克兰、正在指挥基辅军区军事演习的朱可夫突然收到莫斯科的通知，要他立即返回莫斯科，准备率团访问南斯拉夫和阿尔巴尼亚。大惑不解的朱可夫还是遵从安排出国访问。与此同时，赫鲁晓夫却来到了乌克兰，他个别地找了军队的一些最有影响力的高级将帅谈话，动员他们与朱可夫脱离关系。

10月25日，《真理报》《苏维埃俄罗斯》等苏联大报突然停止了对朱可夫国事访问行程的报道。这一天，赫鲁晓夫主持了中央主席团会议，赫鲁晓夫毫不隐讳地谈到朱可夫的威胁，建议关注朱可夫的“波拿巴主义危险”。结果在朱可夫缺席的情况下，主席团决定撤销朱可夫苏共中央主席团委员和苏共中央委员的职务，同时解除他的苏联国防部长的职务。

10月27日，《真理报》报道苏联最高苏维埃主席团任命马利诺夫斯基元帅为国防部长，同时解除朱可夫元帅国防部长职务的消息。

至此，斯大林去世后，长达五年的权力过渡期间结束，随着赫鲁晓夫被任命为苏联武装部队最高统帅，作为苏共中央第一书记、苏联部长会议主席的赫鲁晓夫已将党、政、军大权集于一身。

二、全面推行改革

“解冻”

苏共20大之后，在赫鲁晓夫的主持下，在全国范围内展开了大规模的平反昭雪工作，释放无辜人员和批判个人崇拜，社会政治生活出现了巨大的转折，政治空气空前地活跃起来。1954 年，苏联犹太作家伊·格·爱伦堡出版了中篇小说《解冻》，小说不仅鲜明地反映了这一新文艺思潮的社会内容，而且“解冻”这一书名也较为贴切地反映了苏联当时的社会政治生活情绪，因此“解冻”一词被广泛地引用。人们普遍地希望改变长期以来的政治高压的紧张气氛，希望政府调整政策实施政治改革，希望生活安定富足。

1956 年 3 月 28 日，《真理报》发表题为《为什么个人崇拜和马克思列宁主义精神格格不入?》，这是在党外第一次公开批判斯大林的个人崇拜。6 月，苏共中央通过《关于克服个人崇拜及其后果的决议》。从此在全苏开始了非斯大林化的运动。随后苏联在哲学、政治经济学、文学、艺术、历史等领域逐步展开对个人崇拜的批判。同时进行大规模的平反活动，在苏共 20 大后的几个月内就有八九千人得到平反。苏共 20 大及其以后的非斯大林化，在苏联党内、社会内和国际上引起强烈反响。

1961 年 10 月 17 日至 31 日，苏共 22 大召开，西方媒体称这次大会是“赫鲁晓夫的大会”，因为赫鲁晓夫一人几乎包办了从主持会议、致开幕词、作《政治报告》、作总结报告、致闭幕词等会议所有的仪式。它表明了赫鲁晓夫在全党的地位和威望，也是赫鲁晓夫向一切被击败的政治对手的总示威。

赫鲁晓夫强调本次大会“将作为共产主义建设者的代表大会，作为审查和通过人类历史上第一个共产主义社会的伟大纲领的代表大会载入史册”。新党纲继续坚持苏共 20 大上的提法，强调资本主义正处于总危机阶段，而社会主义在世界范围内必将获得胜利，但争取社会主义的胜利不必完全通过革命和战争的形式，以民主的、议会式的和其他和平方式的实行社会主义也是目前争取社会主义全面胜利的重要途径。新党纲宣布苏联共产党已经变成全民党，即：“由于社会主义在苏联的胜利，由于苏维埃社会的一致性的加强，工人阶级的共产党已经变成了苏联人民的先锋队，成了全体人民的党。”新党纲提出了一个 20 年内在苏联基本建成共产主义的计划。其中在 1961—1970 年的第一个 10 年里，苏联在建立共产主义的物质技术基础上，在按人口平均计算的产量方面将超过最强大最富裕的资本主义国家——美国。劳动者的物质福利和文化技术水平将大大提高，人人都将在物质和精神上提到最大限度的满足。在 1971—1981 年的第二个 10 年中，将建立起共产主义的物质技术基础，以保证全体居民得到富裕的物质和文化的享受。苏联社会将逐渐过渡到马克思主义经典作家设想的“各尽所能，按需分配”的阶段，苏联的经济体制和结构也将逐渐过渡到单一的全民所有制，最终实现基本建成共产主义社会的历史任务。

大会闭幕前夕，列宁格勒、莫斯科、格鲁吉亚和乌克兰代表团要求将装有斯大林遗体的水晶棺搬出列宁墓，建议得到与会绝大多数代表的赞同。大会为此通过一项特别决议："鉴于斯大林严重违背了列宁的遗嘱，滥用权力，对忠诚正直的苏联公民进行广泛镇压，再将斯大林的水晶棺保存在列宁墓里是不合适的。斯大林在个人迷信时期的这些和其他许多行为已使得自己的棺木继续存在于列宁墓不再可能。"① 决议的内容还包括：把克里姆林宫墙外红场上建造的原安葬列宁和斯大林的陵墓命名为"列宁墓"，即把斯大林的名字从列宁墓上去掉。决议是 10 月 30 日上午通过，而迁移斯大林的水晶棺的工作是 10 月 31 日夜间进行的。

随后，全国掀起了公开批判斯大林的浪潮，全国各地成百上千个以斯大林名字命名的城市、街道、广场、工厂、农庄都重新命名，1925 年命名为斯大林格勒的察里津，被改名为伏尔加格勒，伏尔加—顿河运河上的巨大的斯大林青铜纪念碑也被拉倒熔解。

苏共 20 大后，苏联开始大规模的平反冤假错案。

在这一背景下，苏联共产党和政府陆续进行了一系列的政治改革。

1. 扩大苏维埃权力，提高苏维埃作用和地位。鉴于长期以来以党代政，苏维埃机构职能和地位都极为有限的局面，苏联政府通过一系列法令，加强苏维埃立法权以及对执行机关的监督权，扩大地方苏维埃在经济文化建设方面的权力等。

2. 提高社会团体的地位和作用。1961 年赫鲁晓夫在苏共 22 大上系统地提出了全民国家的理论，他指出："在社会主义取得了胜利和我国进入全面展开共产主义建设时期的情况下，苏联的工人阶级，从建立共产主义的任务出发，主动把自己专政的国家变为全民的国家"。他强调国家某些机关的职能要逐步过渡到社会团体手中，如对居民的文化服务、医疗卫生、体育运动、保障社会秩序等，都可全部或部分转归各类社会团体。

3. 提高群众地位，加强群众监督。赫鲁晓夫主张要相信群众，扩大群众参政范围，让劳动者参加各级监督机关，听取群众意见。

4. 实行干部轮换制，废除领导职务终身制。加强各级干部队伍的知识化和专业化。苏共 22 大党纲明确规定党政组织机关按比例定期更换（中央委员会及主

---

① 赫鲁晓夫：《赫鲁晓夫回忆录》，东方出版社 1988 年版，第 513 页。

席团每年更换四分之一，主席团成员最多任三届）。

5. 强调党政分工，将党组织分成农业党和工业党。1962 年 11 月苏共中央决定把边疆区和州一级党组织，划分为工业党组织和农业党组织两个独立的系统，并分别成立工业党委会和农业党委会两个独立的领导机关。工会、青年团、妇女组织也相应分为农业和工业两套班子。

6. 实行集体领导。赫鲁晓夫执政前期，坚持集体领导。1952—1957 年苏共中央主席团定期开会，每周至少一次，一切重大问题都要经过主席团集体讨论决定，如有分歧，少数服从多数。在斯大林时期，1923—1929 年每年开 3 次中央全会，1937—1952 年每年不到一次。

赫鲁晓夫的政治改革是第二次世界大战后，苏联进行的第一次大规模改革，也是对斯大林模式发起的第一次冲击。改革正确地和全面地反映了苏联社会的要求，活跃了社会气氛，促进了苏联社会的稳定和发展。改革在较深的层次上触及了斯大林模式中的一些根本问题，为以后苏联政府的改革创造了必要的前提条件。

全面改革

赫鲁晓夫素以农业专家自居。在斯大林去世前几年，苏联农业发展非常缓慢，单位面积产量始终没有恢复到第一次世界大战前的水平，粮食产量从 1913—1953 年基本没有提高。赫鲁晓夫在农业上进行改革，所采取的措施有：

发动垦荒运动。赫鲁晓夫多次向全国人民，特别是共青团员们提出了“开垦、开垦、再开垦”的口号。1954 年 2 月，赫鲁晓夫在苏共中央全会上作了《关于进一步扩大苏联的谷物生产和开垦生荒地和熟荒地的报告》。3 月，苏共中央就赫鲁晓夫的报告通过了决议。规定 1954—1955 年至少开垦 1300 万公顷荒地，要从这些土地上收获 11—12 亿普特粮食，其中要有 8—9 亿普特商品粮。以后这个数字又上升到 1500 万公顷，甚至 3000 万公顷，尽管有卡冈诺维奇、马林科夫的阻挠，但由于赫鲁晓夫等人的大力倡导，以及相当一部分干部群众的支持，垦荒最初还是取得了很大的成果：1954—1956 年，苏联的播种面积增加了 29%，与 1949—1953 年的 4 年相比，1954—1958 年粮食每年平均收购量增长 37. 6%，其中 1956 年来自垦荒地区的谷物产量占全国谷物总产量的 51%。从 1954 年开始，农产品的商品率在上升，基本保持在 45% 上下。

改革农业计划管理制度，扩大农业企业制订计划的自主权。原来对农业生产规定非常细致，规定播种面积、播种时间、技术措施、收割期限，1955 年 3 月通过《关于改变农业计划工作》的决议，废除国家下达的指标，扩大农庄的经营自主权。

1958 年 6 月 17 日，赫鲁晓夫在苏共中央全会上作了取消义务交售制的报告。6 月 30 日，苏联部长会议通过决议：从 1958 年 7 月 1 日起，取消集体农庄向国家义务交售粮食、油料、马铃薯、蔬菜、肉、奶、蛋、羊毛、饲草的制度，同时取消向机器拖拉机站、技术修理站、专业站缴纳实物报酬的制度。从同日起，国家实行统一的农产品收购办法。

义务交售制的废除能够使农庄庄员立即受益，因而得到广泛的支持。这项措施有利于建立国家和农民之间、工农之间、城乡之间的正确的关系，比较能代表农业改革的方向。

为了鼓励农业生产，国家调整农业部门收购制度，提高农产品收购价格；鼓励农庄庄员和职工发展个人副业；改革农庄计划制度，扩大农庄、农场的自主权；合并集体农庄，将力量薄弱的农庄变成国营农场。

为了扩大集体农庄的自主权，赫鲁晓夫决定改组机器拖拉机站，消灭“一块土地两个主人”的现象。机器拖拉机站是全民所有制企业，耕种的却是集体农庄的土地。主要的生产工具由机器拖拉机站掌握，生产活动成果的责任则完全由集体农庄承担，两者之间的矛盾越来越大，严重地影响了集体农庄生产的积极性和农业生产效率的提高。1958 年 4 月 18 日，苏共中央和苏联部长会议通过决定：自 1958 年起，把农业机械卖给集体农庄，农庄可分 2—3 年还清贷款。

工业和建筑业的改革与调整是经济改革的最重要、最有影响和意义深远的组成部分。对它们的管理进行了改组，权力下放给地方，废弃部门管理体制，改行经济行政区管理体制。按照资源优化组合的原则，在全国设立 105 个经济行政区，下设国民经济委员会，工业和建筑业由国民经济委员会去管理。与此相适应，也改革了国家计划、物资技术供应。调整了中央国家管理机构，撤销了汽车工业部、机器制造部、自动化工具部等 7 个全联盟部；撤销造纸和木材加工工业部、城乡建设部、轻工业部等 15 个联盟兼共和国部；撤销了相应的各加盟共和国的联盟兼共和国部；保留了航空工业部、国防工业部、无线电工业部、造船工业部、化学工业部和电站部等 6 个全联盟部。另外，还合并了一些部。但是下放权力立即引发了严重的地方主义和保守主义，最终又将下放的权力收回中央。

利别尔曼是哈尔科夫工程经济学院的经济学教授，他在 1962 年 9 月 9 日的

《真理报》发表《计划·利润·奖金》的文章，提出要以经济手段（利润、奖金、价格、货币）代替“行政手段”来刺激企业的生产，把奖金直接同企业的利润和赢利联系起来，根据赢利多少来评估企业管理者的业绩和企业的发展前途。

《真理报》特意为这篇文章加了编者按，提出“利别尔曼建议提出了重要的原则性问题”，并“具有巨大的意义”。随后，在经济学界和相关经济部门对“利别尔曼的建议”展开了广泛的讨论。赫鲁晓夫对利别尔曼建议引发的大讨论表示了支持，他在1962年11月19日的苏共中央全会的报告中说：“近来《真理报》《消息报》《经济报》对广泛的经济问题展开了认真的讨论，应该委托计划机关、苏联科学院经济研究所仔细地研究这些建议，利用所有有条理的、明智的建议来改进计划工作。”①

改革使农民生产积极性提高，生活水平改善，到1958年为止，农业生产有了根本性的好转。粮食产量1953年为8000万吨，到1956年就上升到为1亿3千万吨。1953年每户农民收入150美元，1958年上升为600美元。1956、1958年农业大丰收，也使赫鲁晓夫名利双收，获得了列宁勋章。

可惜好景不长，农业发展的良好势头也只维持到1958年。从1959年开始，苏联农业开始走下坡路，并且首次需要从国外进口粮食和动用储备粮。其主要原因是：定下的指标不切实际，许下难以兑现的诺言，助长了浮夸风。由于1958年的粮食大丰收，赫鲁晓夫被胜利冲昏了头脑，提出了苏联在“3—4年内在人均肉类、牛奶和黄油产量方面赶上美国”。其实，当时美国人均每年消费肉类约130公斤，苏联只有36公斤，差得还很远。一些地方领导为了讨好赫鲁晓夫，采取虚报、浮夸等办法，助长了浮夸风。有的地区为了完成该计划，一是杀种畜，二是花钱从外地买，然后再以1/3或1/4的价格卖给国家，严重地破坏了当地的生产力。1960年当地农业生产一筹莫展，新的保证成为泡影。

改组农业机器拖拉机站本是件好事，但一窝蜂起，操之过急，产生了不少消极后果。各个集体农庄技术力量不同，财力不同，一刀切地把机器卖给集体农庄，造成了机器的荒废和财力薄弱农庄的债上加债。一些集体农庄在购进这些机器设备时，实际所付的费用比改组法令所规定的要高出很多。一些农庄维修力量不足，许多技术员和驾驶员回城工作，结果机器设备利用率不足，浪费、积压、损坏现象普遍存在。

---

① 《真理报》，莫斯科1962年11月20日。

总之，在破除经济的高度集中的体制方面，赫鲁晓夫在农业方面取得的成绩比工业方面大，但工业方面提出的设想却比农业方面的措施更为深刻地触动了斯大林模式。

调整与西方关系

赫鲁晓夫对斯大林时期与美国的全面对抗战略进行了调整。他主张在核威慑的危险下，应以对话取代对抗。赫鲁晓夫提出了“三和”路线，即和平共处、和平竞赛、和平过渡，采取与美国对话与缓和的态势，谋求苏美两家共同主宰世界。为此，苏联采取了一系列缓和措施。

1955 年 5 月 9 日，联邦德国正式加入北大西洋条约组织。苏联立即联合阿尔巴尼亚、保加利亚、波兰、罗马尼亚、捷克斯洛伐克、匈牙利政府在 5 月 14 日缔结了针对北约的《友好合作互助条约》(即《华沙条约》)，宣布“如果发生任何国家或国家集团对一个或几个缔约国的武装进攻”，其他缔约国可采取“一切必要方式”给予援助，以苏联为首的东方军事集团——“华沙条约”组织建立。

1956 年 4 月，赫鲁晓夫访问了英国。在与艾登首相会谈后，发表了《关于进一步发展苏联与联合王国的联系的宣言》。其中表示两国将共同努力结束世界军备竞赛，缓和国际冲突和国际紧张局势，并进行两国间的科技文化交流。1956 年 5 月，苏联政府邀请法国政府首脑访问莫斯科，两国发表了与苏英公报内容大致相同的公报。虽然 1956 年底的苏伊士运河事件中，苏联对英法发出了严厉的警告，但没有从根本上损害当时苏联对英、法的和解政策。

作为缓和政策的高潮，赫鲁晓夫于 1959 年 9 月应邀访问了美国，与美国领导人直接会晤。由美苏两个大国主宰世界是赫鲁晓夫一贯的想法。赫鲁晓夫上台后，通过各种渠道不断向美国政府发出信息，要求举行两国首脑会谈。直到 1959 年夏，赫鲁晓夫才接到美国总统艾森豪威尔的正式邀请。赫鲁晓夫访美之前，苏联发射了登月火箭“月球三号”，以增加谈判的资本。9 月

1959 年赫鲁晓夫在联合国大会发言

15日出版的《真理报》还登载了一幅漫画，画的是在登月火箭和核动力“列宁号”破冰船的衬托下，展示了图—114飞机，在飞机的侧面写着“莫斯科—华盛顿”和“赫鲁晓夫今天起程访问美国”的大字标语。9月15日，赫鲁晓夫一行飞抵华盛顿，这是苏联最高领导人第一次访问美国，因此双方都非常重视。美国总统艾森豪威尔总统和新任国务卿克里斯琴·赫脱亲赴机场迎接赫鲁晓夫，赫鲁晓夫送给艾森豪威尔一份插在月球表面上的三角旗的复制件。

赫鲁晓夫访问了华盛顿和美国其他大城市。9月27—28日赫鲁晓夫同艾森豪威尔在美国总统的休养地马里兰州的戴维营进行会谈，苏美双方领导人会谈的议题主要包括柏林问题、裁军问题和禁止核试验的问题。艾森豪威尔提出，如果赫鲁晓夫不收回他限在6个月内解决柏林问题的最后通牒，他绝不参加苏联建议的四大国最高级会议。眼看会谈将要失败，赫鲁晓夫被迫退让，向美国总统保证取消他将在一定期限内同民主德国缔结和约的建议。在裁军问题上，赫鲁晓夫提出双方从其他国家撤走军队，拆除在外国领土上的军事基地。这一建议意味着解散“北约”和“华约”组织，美军被赶出西欧。美国当然不肯放弃它在西欧的既得利益。艾森豪威尔针锋相对地提议，美苏两国不再继续进行核试验，并为此建立国际监督机制，这等于冻结两国核武器水平，使美国永远保持核优势，这当然是苏联不能接受的。戴维营会谈并没有取得重大的进展，但它使一触即发的柏林紧张局势缓和下来，美国同意召开四大国最高级会议，苏联正式邀请艾森豪威尔访苏，美苏关系也有所改善。美苏两国首脑会晤没有取得实际内容，但两国首脑都大大地称赞所谓的“戴维营精神”。艾森豪威尔原定在出席巴黎四国最高级会议之后，于1960年6月10—19日访问苏联。但5月1日发生美国一架U—2高空侦察机侵入苏联领空而被苏联导弹击落事件。艾森豪威尔拒绝赫鲁晓夫提出的公开道歉的要求，最高级会议和预定的访苏计划都流产了，美苏关系又趋向紧张。

德国问题是战后欧洲问题的焦点，而柏林问题又是冷战时期德国问题的焦点。由于西柏林的“飞地”性质，使民主德国和苏联时常感觉到西方势力对自身安全的威胁，力图采取各种手段尽快解决这个问题，赫鲁晓夫一直要解决西柏林这个“恶性肿瘤”，重申西方必须从西柏林撤军的6个月期限。1958年7月初，赫鲁晓夫宣布暂停军队复员，增加军费1/3。苏联国防部长马利诺夫斯基亲自指挥华约军队在民主德国举行演习。8月3—5日，华约各国党第一书记在莫斯科开会。会议发表声明说，如果西方国家不愿缔结对德和约，“华约”国家决定单方面与德意志民主共和国缔结和约，并给予柏林以“自由城市”的地位。8 月 13 日，民主德国沿着东西柏林的分界线筑起“柏林墙”，即在围绕西柏林 154 公里长的四周建筑一道只留一些固定通道的钢筋水泥屏障封锁通道，切断了东西柏林人员的来往。

美国总统肯尼迪立即作出强硬反应。他在 7 月 25 日晚的电视讲话中声明：我们不能，也决不允许苏联通过武力把我们赶出柏林。他宣布追加预算，征募部分后备役人员和国民警卫队，增派西欧驻军，加强导弹部署。美国空降部队调往西德参加军事演习，50% 的 B—52 和 B—47 轰炸机处于戒备状态，柏林危机达到顶点。

在这种情况下，1959 年 5 月苏美英法 4 国在日内瓦召开外长会议讨论这一问题。尽管这次外长会议毫无结果，但由于双方各有所得而使矛盾暂时有所缓和：西方 3 国使苏联放弃了 6 个月的期限，以及单独与民主德国签订和约的意图；而苏联则迫使西方承认民主德国在解决柏林问题上与联邦德国享有同等地位，以及西柏林不属于联邦德国。

1960 年 9 月初，联邦德国打算在西柏林召开德国难民组织大会。民主德国对此反应强烈，并部分封锁了西柏林与外界的交通。这就导致了苏美新一轮措辞强硬的照会战。1961 年 6 月，苏美两国领导人在维也纳举行了会晤。苏联方面提出，美国如不愿意与两个德国签订一个和约，可以签订两个和约；苏联再次提出 6 个月的期限，表示在此之后，苏将与愿意缔约的国家缔结和约，并规定“西柏林的自由城市地位”。

1961 年 10 月 17 日，赫鲁晓夫在苏共 22 大上说：我们将不坚持要在 1961 年 12 月 31 日前缔结和约。他还取消了要美英法三国军队撤出西柏林的期限。

1959 年卡斯特罗领导的推翻独裁者的古巴革命取得了胜利。在击败了美国支持的雇佣军的颠覆活动以后，古巴开始寻求苏联的大力援助，赫鲁晓夫也企图借此改变两大阵营之间的全球力量对比。1962 年 7—8 月间，有 3000—5000 名苏联军事技术人员到达古巴，并且苏联已作出向古巴运送中程核导弹、轰炸机和防空导弹的决定。8 月底，美国的高空侦察机已注意到古巴各地区在修筑某些新设施。10 月 15 日晚美国情报部门终于发现在古巴领土上已经布置了能够攻击美国本土的中程和中短程进攻性核武器。10 月 22 日晚，美国总统肯尼迪发表电视演说，要苏联在联合国观察员的监视下，迅速拆除和撤退在古巴的进攻性武器。肯尼迪下令 90 艘不同种类的作战船只在 68 个空军中队和 8 艘航空母舰的护卫下，封锁了古巴海岸，强行核查过往船只，在临近古巴的佛罗里达和其邻近各州，集结登陆部队，核潜艇进入阵地。世界各地美军进入战备状态，战争有一触即发之势。同时，赫鲁晓夫和肯尼迪每天互致信函，阐明本国立场。起初，双方都措辞激烈地指责对方企图挑起一场核战争。经过一系列公开的和秘密的谈判和协商，10 月 28 日，苏美就苏搬出导弹、美解除封锁达成协议。11 月中旬，在未与古巴商量的情况下，苏联撤走了 42 枚中程导弹。12 月初又撤走了 42 架伊尔—28 轰炸机，而未经古巴同意，单方面决定让联合国派人到古巴进行现场监督和核实。与此同时，美国解除了对古巴的封锁，也没有再采取其他军事行动。柏林危机和古巴导弹危机充分反映了赫鲁晓夫时期苏联对外政策中存在的急于求成和急躁冒进的倾向，在对古巴的关系上也暴露了不尊重别国主权的大国主义。

古巴导弹危机是美国、苏联之间的核赌博。这场危机使两国都认识到核战争的威胁性和危险性，即“核战争中没有胜者”。在危机结束后，双方都认识到今后要设法避免用核讹诈的方法处理彼此间的关系。1963 年 7 月 15 日，美、英、苏在莫斯科恢复谈判，达成协议。8 月 5 日签署《禁止在大气层、外层空间和水下进行核武器试验条约》。条约于同年 10 月 10 日生效。条约规定：缔约国保证在大气层、外层空间或水下禁止、防止并且不进行任何核武器试验爆炸或任何其他核爆炸。这个条约的目的实际上是肯定美苏两国的核大国地位，并达到限制其他国家发展核武器的目的。

与社会主义国家关系的调整

赫鲁晓夫在苏共 20 大的“秘密报告”中也批评了斯大林在苏南冲突上所犯的错误。1955 年 5—6 月间，赫鲁晓夫以苏共中央第一书记的身份正式访问了南斯拉夫，承认苏联在导致两国关系恶化方面“犯了严重的错误”。双方在会谈后签订了由南斯拉夫起草的《苏联和南斯拉夫两国的政府宣言》（《贝尔格莱德宣言》），宣布今后双方确定“尊重主权、独立和领土完整，尊重两国相互关系中以及与其他国家的关系中的平等地位”，“互相尊重，不以任何（无论是经济、政治或意识形态性质的）理由干涉他国内政，因为国内的政治结构问题、不同的社会制度问题以及发展社会主义不同的具体形式问题完全是各国人民自己的事情”。① 1956 年 4 月，在苏南冲突起了很坏作用的欧洲共产党和工人党情报局

① 《新华月报》1955 年第 7 期，第 109 页。

宣布解散。同年6月，南斯拉夫总统铁托访问了苏联，苏南双方再次发表联合声明，宣布："在不同的国度和不同的条件下，社会主义的发展道路是不同的，社会主义发展的多样形式有助于社会主义的加强，并且认为任何一方都不得强迫对方接受它的关于社会主义发展道路和形式的见解的任何倾向。"①

但是在赫鲁晓夫执政时期，在对待与其他社会主义国家和兄弟党的关系方面，大国沙文主义、大党主义和老子党作风仍然是苏共及其领导人的主要做法。

在苏共20大上，赫鲁晓夫公开批评斯大林，给东欧国家极大震动。1956年6月28日，波兰发生"波兹南事件"。在波兰南部的波兹南市斯大林机车制造厂有16000名工人上街游行要求增加工资和民主权利，遭到波兰保安部队的武装镇压。"波兹南事件"发生后，苏共立即发表声明，认为事件是帝国主义分子策划的反社会主义和反革命的活动。但波兰统一工人党在当年7月召开七中全会，则作出了截然不同的结论，认为波兹南事件的"极大部分责任要归中央和地方领导的官僚主义和愚昧无知"。全会要求立即采取措施改善人民生活，实行政治民主化。8月，波兰统一工人党恢复了哥穆尔卡的党籍。10月19日，波兰统一工人党召开八中全会，会议刚宣布推荐哥穆尔卡参加中央委员会，就传来了赫鲁晓夫为首的苏共代表团到达波兰机场的消息。于是会议暂时中断，波兰统一工人党政治局委员去同苏共代表团进行谈判。此时，苏军向苏波边境调动。华沙工人开始走上街头，电台播放波兰是个独立国家的公报。由于波兰国防部长是苏联元帅罗科索夫斯基，军队受他控制，波兰政府只能调动保安部队和民兵来保卫华沙。赫鲁晓夫指责波兰统一工人党有反苏情绪，没有事先将波兰统一工人党的人事变动及时通知苏共。哥穆尔卡则坚决地表示，除非苏军立即撤退，否则将不进行谈判，而且他要通过广播电台向全体波兰人民说明事实真相。波兰统一工人党坚持独立立场，如实地向苏共反映了情况，表示波共有能力解决目前的问题。赫鲁晓夫只得命令苏军停止前进，两天后苏共代表团回国，波兰统一工人党八中全会继续召开，哥穆尔卡以全票当选为波兰统一工人党第一书记。哥穆尔卡在报告中强调波兹南工人"抗议的不是人民波兰，不是社会主义，他们抗议的是在我们社会制度中广泛蔓延的并使他们感到切肤之痛的弊病，抗议的是对于他们所理想的社会主义基本原则的否定歪曲"。哥穆尔卡同时主张在平等、互助的基础上改善苏

① 《人民日报》1956年6月22日。

波关系。

苏共20大的消息传到匈牙利，社会政治情绪活跃起来，知识分子发表讲演抨击苏共对匈牙利内政的干涉和匈牙利共产党的错误，各种报刊上评论时政的文章比比皆是，有的文章或言论要求恢复纳吉的领导职务。多年来，以拉科西为首的匈牙利共产党领导集团在建设社会主义过程中，不顾国情，照搬斯大林模式，致使群众意见很大。拉科西提出："谁不和我们在一起，谁就是反对我们"，"在错误后面必须寻找敌人"等口号。1953年6月，具有强烈改革精神的纳吉出任部长会议主席职务。他进行了部分改革，招致苏共不满。1955年3月，拉科西召开匈牙利共产党中央全会，指责纳吉是修正主义者和搞派别活动，纳吉被撤销党内外一切职务。

1956年7月，拉科西被解除总书记职务，由格罗继任。10月6日，匈牙利首都布达佩斯举行了20万人参加的活动，为拉伊克① 举行国葬。在波兰哥穆尔卡重新执政的消息传来，更将匈牙利的政治风波推向高潮。1956年10月23日，布达佩斯的大学生为声援波兰举行示威游行，提出了16点要求，期间包括撤走苏联驻军，实行政治生活民主化，恢复纳吉的领导职务，改善学生和人民生活等。10月24日，纳吉出任总理，发表《告全国人民书》，呼吁停止流血冲突，并请苏联出兵恢复布达佩斯的秩序。苏驻军应邀出兵，使问题和事态升级，工人、市民和学生与苏军发生了流血冲突。10月27日，纳吉要求苏军撤退首都。10月30日，苏军撤出布达佩斯，武装分子在布达佩斯进行了大规模的骚乱活动，苏军重新入境。11月1日，纳吉就苏军重新入境问题向苏联驻匈牙利大使提出抗议并宣布匈牙利退出华沙条约组织。11月3日，卡达尔以新政府首脑的名义请求苏联派兵帮助匈牙利恢复正常秩序。11月4日，苏军再次武装入境。11月15日，布达佩斯的风波和暴乱被苏军平定。11月底，纳吉等人被送到罗马尼亚，后被遣返回国，1958年6月16日纳吉被判处死刑。1957年3月，卡达尔访问苏联，在3月28日发表的联合公报中，双方强调苏军出兵匈牙利是防御帝国主义者侵略阴谋的"决定性因素"，要"用一切形式巩固和发展两国友好、合作关系"。

① 拉伊克·拉斯洛是匈牙利共产党创始人，曾任匈南友好协会主席，匈共中央政治局委员。1948年被指控为"铁托分子"而被处死。

三、民族政策的调整

为部分民族恢复名誉

卫国战争期间，苏联政府以一些非俄罗斯民族中的少数人“背叛祖国并且与德国法西斯合作”为理由，借口维护“国家安全”，对有关民族实行严厉的惩罚。其主要措施是将整个民族从它们的传统居地强制迁移到其他地区，同时撤销原来的自治共和国和自治州的建制。从1941至1944年间，先后被强制迁移的民族有10个，它们是伏尔加流域日耳曼族、卡拉恰耶族、卡尔梅克族、车臣族、印古什族、巴尔卡尔族、克里米亚鞑靼族、希腊族、麦斯赫特土耳其族和库尔德族。这些民族被强行迁出自己的家园，来到遥远的中亚和西伯利亚地区。它们的人数，连同另外一些被部分强行迁移的少数民族在内，总共达500余万。① 这些移民的新居地被称为“特殊居住区”；在这里，被流放的民族不仅完全丧失了民族自治权，而且丧失了公民权和人身自由。苏联政府禁止他们返回原籍，并且责成内务部和当地政府对他们实行特殊管制。除了上述民族被流放外，在波罗的海沿岸三国于1940年被并入苏联版图以后，也有数以百万计的当地居民被强迫迁移到苏联其他地区。

1957年1月9日，苏联最高苏维埃主席团通过了《关于改组卡巴尔达苏维埃社会主义自治共和国为卡巴尔达—巴尔卡尔苏维埃社会主义自治共和国》、《关于在俄罗斯苏维埃联邦社会主义共和国建立卡尔梅克自治州》、《关于在俄罗斯苏维埃联邦社会主义共和国恢复车臣—印古什苏维埃社会主义自治共和国》和《关于改组契尔尼克斯自治州为卡拉恰耶—契尔尼克斯自治州》四个决议。这些决议为赫鲁晓夫在“秘密报告”中提到的5个少数民族恢复了名誉，允许他们重返家园，并且恢复他们原来的自治共和国和自治州的建制。根据这些决议，俄罗斯联邦最高苏维埃通过了相应的法令并组成了有被强迫迁移的民族代表参加的筹备委员会商议有关自治共和国和自治州的改组和接收被迁移的人员返回故乡等问题。

---

① 麦德维杰夫:《让历史来审判》下册，人民出版社1981年版，第842页。另据苏联学者布加伊估计为320万。见《民族译丛》1990年第4期，第11页。据哈萨克斯坦学者克里格尔和福利津估计为450万人。见《哈萨克斯坦历史上的空白点》，阿拉木图1991年版，第230页。

在为巴尔卡尔、车臣、印古什、卡尔梅克和卡拉恰耶5个被流放的民族恢复名誉之后，在卫国战争爆发之初就被强制迁移到哈萨克的伏尔加河流域日耳曼民族的生活状况和政治地位也有所改善。哈萨克各地的日耳曼人“特殊居住地”被撤销，一小部分人也被允许返回原籍。苏联政府还批准在哈萨克公开出版日耳曼人的报纸和杂志，建立民族剧团，并在一些处女地和休耕地建起了日耳曼人的聚居地。但是直至1964年8月29日伏尔加河地区日耳曼族被流放到中亚13周年之际，苏联最高苏维埃主席团才彻底为伏尔加河流域日耳曼族平反，发布了《关于对苏联最高苏维埃主席团1941年8月28日〈关于迁徙伏尔加河地区日耳曼人命令〉的修改》的决议，宣布撤销1941年8月29日命令中对整个伏尔加河地区日耳曼族的指控。在决议中指出斯大林和苏联政府当年对伏尔加河地区日耳曼人的“不分青红皂白的指责是毫无根据的”。①

大俄罗斯主义

赫鲁晓夫执政以后，一方面是出于批判斯大林的政治上的需要，另一方面是迫于地方民族主义的压力，在公开场合比较注意强调既反对大俄罗斯主义，又反对地方民族主义。

尽管如此，在赫鲁晓夫的一些言行中仍然反映着大俄罗斯主义思想。他在1957年8月所作的报告《文学艺术要同人民生活保持密切的联系》中过分强调俄罗斯民族在苏联历史上的作用，认为“无论是在和平建设时期或是在困难的战争时期，俄罗斯人民作出的伟大而高尚的事业使该民族理应受到苏联其他民族的热烈的感激和尊敬”，因此俄罗斯民族有理由被苏联其他民族称为“俄罗斯母亲”。② 他于1963年11月21日在南斯拉夫参观当地工厂时说：“俄罗斯灭亡了，那么其他一切斯拉夫人也要灭亡，谁反对俄罗斯人，谁就是反对斯拉夫人。”③

大俄罗斯主义的表现还反映在理论界的一些言论和著述中。1962年12月召开的全苏历史科学会议提出将“各族人民归并俄国的进步意义”作为编写历史学著作和历史教科书的一项重要任务。同年，《历史问题》杂志编辑部召开会议，要求苏联的历史学工作者在自己的学术研究中重视历史上俄罗斯民族在帮助其他

---

① 中国社科院苏联东欧研究所和国家民委政策研究室编译：《苏联民族问题文献选编》，社会科学文献出版社1987年版，第278—279页。

② 《真理报》，莫斯科1957年8月28日。

③ 阮西湖等：《苏联民族问题的历史与现状》，三联书店1979年版，第120页。

民族解放方面起到的"伟大作用"，于是沙皇政府对其他民族的残暴压迫和掠夺不再提了，沙皇政府的"血腥吞并"变成了少数民族的"自愿归附"。如1943年出版的一本有关哈萨克历史的著作中明明写着："哈萨克沦为殖民地标志着哈萨克民族独立生存的结束和纳入军事封建的剥削体系，这一体系是沙皇为其统治'民族监狱'里的一切被压迫民族而建立的。"① 而在1957年出版的哈萨克历史著作中则改为："俄罗斯兼并哈萨克对哈萨克人民在关键时候的历史命运有着进步的意义……它使哈萨克人民从准葛尔封建头子的奴役下得到解放。"② 1943年出版的著作中认为哈萨克历史上的克涅萨里·卡里莫夫起义是"以前历次运动的综合，就其范围和意义而言是在沙皇俄国整个殖民政策时期内哈萨克人民最大的一次起义。哈萨克人民用他们热爱自由和战斗的精神有力地、明确地表达他们不会轻易地放弃民族独立的决心"③；而在1957年的版本中则认为卡里莫夫起义"具有反动的、封建的和君主的色彩，其目的是阻止哈萨克人民前进，强化封建制度和家长制，隔绝哈萨克与俄罗斯人民的关系"。④

这一时期苏联政府强制推广俄语也是大俄罗斯主义的一种表现。1958年苏共中央和政府部长会议颁布《关于加强学校同生活的联系和进一步发展苏联国民教育制度的提纲》中强调："各加盟共和国和各自治共和国的中学也要认真学习俄语，因为俄语是族际间交流的强有力的工具，也是加强苏联各族人民友谊、使各族人民享受俄罗斯文化和世界文化宝库的工具。"赫鲁晓夫在苏共22大上再次强调："……俄语实际上已成为苏联各族人民的第二母语，成为各民族相互交往、每个大小民族吸收苏联各族人民文化成就和世界文化的工具。"⑤

民族理论的失误

赫鲁晓夫在1961年举行的苏共22大上所作的关于党纲的报告中就苏联的民族问题提出了三个论断：第一，宣布"党解决了人类世世代代所关心的，而资本主义世界直到今天仍然是尖锐的一个极其复杂的问题，即各民族间的相互关系问题"。第二，随着苏联各加盟共和国的经济和文化的进一步繁荣，"在无产阶级

① 《哈萨克苏维埃社会主义共和国史》，阿拉木图1943年版，第307—308页。

② 《哈萨克苏维埃社会主义共和国史》，阿拉木图1943年版，第244—245页。

③ 《哈萨克苏维埃社会主义共和国史》，阿拉木图1943年版，第220页。

④ 《哈萨克苏维埃社会主义共和国史》，阿拉木图1943年版，第321页。

⑤ 中国社科院苏联东欧研究所和国家民委政策研究室编译：《苏联民族问题文献选编》，社会科学文献出版社1987年版，第241页。

国际主义旗帜下各社会主义民族越来越接近，他们的相互影响和互相丰富在加强。”第三，在苏联已经形成了“具有共同特征的不同民族人们的新的历史性共同体——苏联人民”。[1]

在“新的历史性人民共同体”理论的指导下，苏联政府采取了各种加速各民族接近和融合的措施，其中包括加紧，有时甚至是强制性地推广俄语，鼓励移民和不同民族之间通婚等等。这些措施在少数民族中造成了一种逆反心理，从而加剧了民族之间的矛盾，导致了地方民族主义的增长。

50 年代中期至 60 年代初也是苏联的地方民族主义的上升时期。为了与地方民族主义进行斗争，苏共中央曾多次作出决议，表示要“毫不妥协地反对民族主义的任何表现，即主张反对推行地方主义、鼓动民族狭隘特殊性、把闭塞的东西理想化、赞扬反动的传统和风尚等”，并且强调“民族主义就其本质来说是敌视社会主义、马克思列宁主义世界观和各民族友谊的，是同社会主义各民族的发展和接近的客观进程相抵触的”[2]。

这一时期，地方民族主义在政治、经济和文化等各方面都有所增长；而在某些时间、某些地区或某些民族中，由于国际、国内某些因素的诱发，这种地方民族主义还往往呈爆发状态。

赫鲁晓夫在苏共 20 大上所作的“秘密报告”激起了格鲁吉亚人民强烈的民族主义情绪。1956 年 3 月，第比利斯的大学生、中学生、教师和其他的知识分子决定隆重纪念斯大林逝世三周年，以此抗议对斯大林的批判。3 月 5 日，第比利斯的知识分子和群众在斯大林纪念碑下举行了盛大的集会，会后举行了大规模游行示威，一些过激分子试图占领第比利斯中央电报大楼和格鲁吉亚共产党中央委员会的办公大楼。第比利斯的局势一度失控。最后苏联政府派出军队开入第比利斯，对示威者进行镇压，死伤数百人。随着首府动乱的爆发，格鲁吉亚其他地区也陆续发生一些小规模的民族骚乱。原定赫鲁晓夫 1957 年对格鲁吉亚的访问被迫取消。

60 年代初期，乌克兰曾经出现“六十年代集团”、“乌克兰工农同盟”、“乌克兰民族委员会”等民族主义组织。这些组织与国外流亡的乌克兰民族主义者和乌克兰侨民组织都有密切的联系。1961 年 12 月 16—23 日，苏联政府在立沃夫

---

① 《苏联共产党第二十二次代表大会主要文件》，人民出版社 1961 年版，第 286—237 页。

② 《苏共中央关于当前党的思想工作任务的决议》，载《真理报》，莫斯科 1963 年 6 月 22 日。

举行对“乌克兰民族委员会”成员的审判，对一些为首分子判了重刑。1963年夏，乌克兰的港口城市敖德萨发生大规模的罢工，其他地区也出现了示威游行活动。乌克兰军区的一些官兵拒绝执行派他们前去镇压的命令，迫使苏联政府匆忙抽调其他军区的部队前去完成这一任务。

四、赫鲁晓夫的下台

不情愿的“退休”

赫鲁晓夫是以反个人崇拜和个人迷信赢得干部和群众拥护的。但到了他执政的后期，他也逐渐地欣赏起别人对他的吹捧和歌颂了。赫鲁晓夫被称为“火箭之父”、“红军缔造者”、“工人良师”、“庄员的知心朋友”，在莫斯科和列宁格勒的大街上竖起了巨幅的赫鲁晓夫挥手致意的画像。

1958年以前，作为苏共第一书记的赫鲁晓夫坚持集体领导的作风，苏共中央主席团定期开会，每周至少一次，一切重大问题都要经过主席团集体讨论决定。但是当党政大权集中于他一身后，赫鲁晓夫就逐渐地听不得不同意见，开始独断专行。赫鲁晓夫大搞任人唯亲，他的女婿阿朱别依仅仅因为拍摄他的照片而获得列宁奖章，并跃升《消息报》主编，最后成为赫鲁晓夫的私人外交特使。赫鲁晓夫的文化水平和理论修养都不高，他的决策和行事往往凭的是他的直觉，有很大的随意性，经常是朝令夕改，使政令和改革缺乏科学性和全局性。

赫鲁晓夫是靠在乌克兰管理农业有功而跃升中央的，但是1961年以来因气候的原因，几百万公顷的新垦地被风“刮走了”，产量急剧下降，西部地区的玉米产量很低。迫使赫鲁晓夫一面恢复配给制，一面动用黄金向国外购买粮食和食品，在苏联最高领导层和国内各阶层招致了普遍的不满。

1964年4月17日是赫鲁晓夫的70岁生日，全国各地、各个行业都给他送来贺寿的礼物，从庞大的工业品和农产品模型和宣传画到衬衫、袜子应有尽有，赫鲁晓夫也模仿斯大林，在克里姆林宫特意为这些礼物举办了一个展览会。苏共中央发给他的贺词中称：“在尼·谢·赫鲁晓夫的领导下，党使我国的经济、国防和思想政治实力得到了空前的加强，在提高人民物质生活水平方面取得了巨大成就。”[①] 上午9时，在赫鲁晓夫的家中，苏联最高苏维埃主席团主席勃列日涅夫代表苏共中央和最高苏维埃宣读了致赫鲁晓夫的贺信，表示向“最亲密的朋友和同志，表示特殊的敬意”，并且说赫鲁晓夫“才度过了自己一生的一半岁月，希望他起码再活70年”。[②] 春风满面的赫鲁晓夫接受了勃列日涅夫的祝贺，并且与热泪盈眶的勃列日涅夫紧紧拥抱在一起，第二天苏联的各大重要报刊在头版都以最大的篇幅发表了这一照片。随后，祝寿活动又移师克里姆林宫，这是有苏联党、政、军、共青团、妇女、工会和各界代表，以及外国使节的正式庆祝活动。勃列日涅夫代表党和政府给赫鲁晓夫颁发了第四枚金星勋章，并亲吻了他三次。

长此以往，赫鲁晓夫专横的工作作风和改革中的一些严重失误，使党内和社会上对他的不满之声越来越多。从1964年7月开始，以苏共中央第二书记勃列日涅夫为首的密谋活动已经在紧张地进行着。

1964年10月11日，赫鲁晓夫在米高扬的陪同下离开莫斯科去黑海度假，而克里姆林宫几乎天天在开秘密会议。有人相继提出了在食物中投毒、在赫鲁晓夫必经之路埋炸弹、在赫鲁晓夫的专机上制造飞行事故等方案，最后均被与会者否决。大多数人主张通过“文明”方式“请”赫鲁晓夫下台。最后决定立即通知全体中央委员赶到莫斯科，召开中央特别全会。10月12日，苏共中央第二书记勃列日涅夫召开会议，与会者在撤销赫鲁晓夫职务问题上取得了一致意见。当晚勃列日涅夫给正在黑海休养的赫鲁晓夫发去电报，请他迅速返回莫斯科，主持讨论农业问题的中央全会。10月13日早晨，赫鲁晓夫在米高扬的陪同下乘飞机返回莫斯科。

在苏共中央主席团会议上，主席团委员和候补委员都对赫鲁晓夫进行了猛烈的抨击。这些抨击几乎都集中在赫鲁晓夫的工作作风和个人品质上，主要包括：破坏集体领导的原则，把个人意见强加于他人，不理睬其他领导人意见，在干部问题上独断专行，不能克制自己，作风粗暴，自我标榜和吹嘘等。

赫鲁晓夫为自己作了辩解，他说：“包括我自己在内，我们大家都是党培养起来的。我们能有今天的政治地位，全都是她的功劳，党的功劳。我和你们的政治与思想基础是一样的，我不能同你们斗争。我愿意让位，我不会斗争的。我若是过去让谁受了委屈，对谁态度粗暴的话，再次请求原谅。工作中什么事都可

① 《真理报》，莫斯科1964年4月17日。

② 赫鲁晓夫：《赫鲁晓夫下台内幕及晚年生活》，中央编译出版社1994年版，第44页。

能发生，不过我想说，对我提出的许多指控都是绝对不能接受的。”他强调：“我的主要缺点和毛病是善良和轻信，也许还有一点，就是我自己发现不了自己的缺点。不过就连你们，今天在座的各位，也从来没有公开地诚实地指出过我的任何缺点，总是随声附和，对我的所有建议都统统支持。你们也缺乏原则性和勇气。你们指控我同时兼任中央第一书记和部长会议主席。不过客观地说，我本人并没有力争这样的兼任。回想一下吧，问题是集体决定的，而且你们当中许多人，包括勃列日涅夫同志在内，都坚持要我兼任嘛。也许我的错误就是我没有反对这个决定，可是你们全都说为了对事业有利必须这样做。现在你们却在指控我兼任两个职务了。”①

在会上，为赫鲁晓夫说话的只有米高扬一人，他强调说：“赫鲁晓夫同志的活动是党的政治资本，党无权如此轻率地把他抛弃。”但是没有人支持他，其他与会者一致要求赫鲁晓夫“自动退休”，赫鲁晓夫表示不同意。

赫鲁晓夫的儿子谢尔盖·赫鲁晓夫回忆，会后赫鲁晓夫回到家中，他没有吃饭，在自己的办公室里深思了两个多小时，然后给在主席团会议上唯一为他开脱的米高扬打了电话，告诉他：“既然他们不想要我了，就这样算了。我不会反抗的……。我已经老了，疲惫了。现在一切都听从自然吧。主要的事情我已做过了。我们之间的关系、领导作风都已从根本上改变了。难道有谁能够设想，我们能向斯大林说：我们不想要他，并建议他辞职吗？那我们会死无葬身之地的。现在一切都不同了。恐惧消失了，谈话可以在平等基础上进行。不要忘记，所有这一切都是我的功绩。”② 第二天早晨，赫鲁晓夫在事先准备好的退休声明上签了字。

风光一时的赫鲁晓夫

10 月 14 日下午中央全会召开，最后苏共中央主席团通过决议，宣布“鉴于因赫鲁晓夫同志破坏列宁主义的集体领导原则而出现的错误和不正确的行为，最近一个时期在中央主席

① 赫鲁晓夫：《赫鲁晓夫下台内幕及晚年生活》，中央编译出版社 1994 年版，第 153—155 页。
② 赫鲁晓夫：《赫鲁晓夫下台内幕及晚年生活》，中央编译出版社 1994 年版，第 156 页。

团内形成了十分不正常的局面，妨碍了中央主席团的委员们去履行领导党和国家的职责”，苏共中央主席团决定，“满足赫鲁晓夫同志鉴于年迈和健康状况恶化，而解除党的第一书记，中央主席团委员和苏联部长会议主席的请求”。

然后由苏共中央第二书记勃列日涅夫提议选出新的领导人，大家以当场提议并举手表决的简单方式推选勃列日涅夫为苏共中央第一书记，推选柯西金为苏联部长会议主席。10月16日出版的《真理报》发表了简短的公报：“苏共中央满足了尼·谢·赫鲁晓夫同志鉴于年迈和健康状况恶化解除他苏共中央第一书记、苏共中央主席团委员和苏联部长会议主席职务的请求。苏共中央全会选举列·伊·勃列日涅夫同志为苏共中央第一书记。”

赫鲁晓夫从此退出苏联政治舞台，成为苏联人民特殊养老金领取者，每月的养老金为500卢布。他在苦闷寂寞之余，用老式钢丝录音机口述自己的回忆录，经过整理后送到国外出版，因此受到苏联政府的批评，他被迫发表声明，宣布回忆录是假的。

1971年9月11日，赫鲁晓夫病逝，《真理报》发表一则简单的消息：“苏共中央委员会和苏联部长会议沉痛宣告，原苏共中央第一书记、苏联部长会议主席、退休金领取者尼基塔·谢尔盖耶维奇·赫鲁晓夫因患重病医治无效，于1971年9月11日逝世，终年78岁。”赫鲁晓夫的遗体安葬在莫斯科的新圣母公墓，赫鲁晓夫的墓碑是由雕刻家恩斯特·涅伊兹维斯特内设计，用黑白两种颜色的大理石搭配而成，极具特色。

“白”与“黑”

赫鲁晓夫推行的各方面的改革是第二次世界大战后，苏联进行的第一次大规模改革，也是对斯大林模式发起的第一次全面的冲击。改革正确和全面地反映了苏联社会的要求，活跃了社会气氛，促进了苏联社会的稳定和发展。改革在较深的层次上触及了斯大林模式中的一些根本问题，为以后苏联政府的改革创造了必要的前提条件。

苏共20大和“秘密报告”对于打破斯大林的迷信和推行全面改革起到了巨大的促进作用。苏共20大的召开和“秘密报告”的出现是斯大林去世后苏联共产党拨乱反正的继续，也是广大干部和群众要求进一步批判斯大林的个人崇拜，恢复党、国家和社会的正常的政治生活的结果。特别是“秘密报告”公开批评了斯大林的错误思想和行为，有胆识地、及时地打破斯大林的神话和迷信，有利于让全体党员和人民群众认识斯大林主义的危害，对当时的平反工作和以后苏联政治体制的改革起到了巨大的推动作用。但是“秘密报告”的内容不甚科学和严密，赫鲁晓夫只列出了问题，并没有对斯大林的错误的根源和危害作出科学的论述。而且突然抛出“秘密报告”，不仅反映了赫鲁晓夫的个人工作风格，也是赫鲁晓夫为在党内权力斗争中战胜对手而采取的手段。

斯大林去世后，很快在苏共高层发生了权力斗争，赫鲁晓夫无疑是最后的胜利者，而且为战胜对手他也采取了一切手段。但是，这个阶段激烈的党内权力斗争，不仅仅是赫鲁晓夫、马林科夫、莫洛托夫等人彼此间的争权夺利和个人之间的矛盾，而且也是改革斯大林模式和反改革的一场旷日持久的较量。赫鲁晓夫清醒地看到了斯大林模式的种种弊端，克服重重阻力，坚持推行改革，因而顺应了当时全体党员和全国人民的切身要求，因此他自然在一次次党内斗争中获胜。相反，马林科夫等人因循守旧，瞻前顾后，拖延改革，甚至反对改革，最终不仅成为赫鲁晓夫的政治对手，而且也成了苏联历史发展潮流的对立面。

如果以 1961 年苏共 22 大召开为界，将赫鲁晓夫执政的 10 年划分为前期和后期的话，前期是他政治生活中的闪光时期。在此阶段，他锐意推行改革、大规模平反昭雪、进行工业和农业改革、调整与其他社会主义的关系、调整与美国的关系。这些改革和调整为苏联历史发展所造成的积极影响是长远的和不可估量的。因此可以说，在他执政的前期，成绩是显著的，也是主要的。在他工作的后期，当权力完全集中于他一人手中后，他越来越专横跋扈，越来越缺乏自我批评精神，听不进去任何不同意见，最终并没有逃脱对绝对权力和阿谀奉承的喜爱，甚至当有人在联合国大会上得罪了他之后，他便不顾一切地脱下皮鞋大敲桌子，以示抗议，败坏了苏共领导人的形象。

赫鲁晓夫是一位有经验的鼓动家和演说家，他能够在没有任何准备的情况下轻易地发表长篇大论。他认为写作是一件困难的事情，而且可以从他起草的一些决议和文件中发现一些拼写错误。如果他必须起草讲话，他总要招来一名速记员，口授一个大概的提纲，再由他的助手们根据需要进行编写。但是，当他登上讲台后，经常脱离讲话稿，即席发挥，而他的即席发挥常常是他讲话和报告中最引人注意的地方。但是赫鲁晓夫的文化水平和理论修养都不高，他的决策和行事往往凭的是他的直觉，有很大的随意性，经常是朝令夕改，使改革缺乏科学性和全局性。

或许苏联著名艺术家、赫鲁晓夫半黑半白的墓碑设计者涅伊兹维斯特内在评价自己这件特殊作品时说过的话，更为贴切些，他认为墓碑上半黑半白的对比之中“其中包含着永恒的矛盾，光明的进步的因素同反动的因素之间的斗争。用现实的、照相式的描绘可怎么表达呢？那样使我们的思想偏离方向，流于俗套。这里很需要一种抽象的主题思想，以反映画家奔放的见解。在这种情况下就是在彼此斗争中相互咬合的白与黑。”①

因此，从一定意义上说，赫鲁晓夫既是斯大林模式的掘墓人，但最终还是扮演了斯大林模式守墓人的角色。

① 赫鲁晓夫:《赫鲁晓夫下台内幕及晚年生活》，中央编译出版社 1994 年版，第 358 页。

第九章

发展与停滞时期

（1964 年至 1982 年）

勃列日涅夫执政的 18 年占据了整个苏联历史的 1/4。在此期间，苏联经济的发展经历了大起大落的波折。20 世纪 70 年代中期以前，苏联经济迅速发展，经济实力跃居世界第二位，仅次于美国，人民的物质和文化生活水平比其他各个时期都要高，苏联的综合国力达到顶峰。然而，到 70 年代中期以后，经济增长率逐年下降，各项经济指标则增长缓慢，到 80 年代初，经济增长甚至出现了停滞的迹象。

在政治方面，勃列日涅夫执政时期是苏联历史上最为稳定的时期。它表现为外部的国际环境相对和平，世界范围内没有发生大的战争，苏联与美国的对抗一度达到“均势”的状态。国内方面的社会秩序和社会情绪比较稳定，苏维埃联盟体制相对巩固。但是这些稳定和巩固都是以社会发展迟缓直至停滞的代价换来的。在中央高度集权和勃列日涅夫个人专权的背景下，苏联政府加强了对苏联各族人民思想和行动的控制，内务部和克格勃的情报人员遍及各个地区和各个部门，国内的政治生活缺乏民主和自由的气氛，思想文化界几乎是一潭死水，整个苏联社会缺乏活力和发展动力。

70 年代中期是苏联在综合国力、国际地位与影响、军事实力、社会发展水平、政治与社会稳定方面由盛转衰的临界点，老大“帝国”的衰朽之象已经触目可见。此后，苏联的政治、经济和社会发展进入困境，进入了“停滞”时期。苏联社会主义模式已经成为束缚社会生产力和整个国家进一步发展的沉重桎梏，进行根本性改革已刻不容缓，而且进行改革的客观条件比以往任何时期都更为成熟。但是，以勃列日涅夫为首的苏联领导人错过了有利的时机，未能将自赫鲁晓夫时期已经开始的改革坚持下去，而是回避改革，拖延改革，从而根本性地丧失了苏联历史上最好的改革和调整的时机。

一、新的领导集体

"三套马车"

1964 年 10 月 14 日的苏共中央全会，解除了赫鲁晓夫的苏共中央第一书记职务，随着最高领导人的更换，苏联的政治发展进入一个新的历史时期。同年 11 月 6 日，勃列日涅夫在克里姆林宫庆祝十月革命胜利 47 周年大会上宣布："社会主义在苏联取得了完全和最终的胜利"，苏联正进入"共产主义建设时期"。

1964 年 10 月 14 日召开的苏共中央全会强调从中央到地方各级党组织都要严格地、绝对地遵守集体领导和集体决策的原则，并且宣布今后党中央的第一书记和部长会议主席职务不宜由一人同时兼任。在这次全会上，在选举勃列日涅夫为新的苏共中央第一书记后，柯西金被选举为苏联部长会议主席，1965 年 12 月，波德戈尔内被选举为苏联最高苏维埃主席团主席。这种集体领导体制在 70 年代中期前发挥了比较重要的作用，曾被形象地称为"三套马车体制"，西方媒介也称之为"铁三角"。中央主席团会议定期每周召开一次，会上研究党的对内和对外政策等重大问题，中央书记处每星期举行一次会议。

勃列日涅夫

新的领导集团执政后，首先采取了稳定政治局势和社会情绪的措施。勃列日涅夫多次强调苏共20大、21大和22大的路线是列宁主义的路线，要坚决继续下去。同时，新的领导集团又采取了措施，逐步对因赫鲁晓夫大规模的政治改革而造成的混乱进行调整。

首先，在党政组织体制方面采取措施，加强政治体制的集中与统一，基本上恢复了赫鲁晓夫改革前的中央集权体制。1964年11月，苏共中央全会通过了《关于把州、边疆区工业党和农业党组织合并的决议》，认为这些改革违背了苏共党章所规定的组织原则，削弱了党的生产活动的影响。决定恢复统一的州和边疆区党的组织，苏维埃、工会和共青团等系统也得到统一。苏共23大决议中批评了赫鲁晓夫硬性规定的“干部轮换制”的做法，认为“频繁地改建、改组党、苏维埃和经济机构，这对挑选、提拔和培养干部的工作产生了不良影响”，是“没有道理地调动和更换干部”。宣布废除“干部轮换制”，在新的党章中只规定在选举党的机关时，遵守系统更新其成员和领导继续性的原则。过去落选、撤职、调离的干部回到原工作岗位，或被重新分配工作。

其次，加强党的领导和中央政治局的权力，以突出党在国家政治生活中的重要地位。1966年3月召开了苏共23大，会上决定将苏共中央第一书记改称苏共中央总书记，把苏共中央主席团改为中央政治局，苏共23大决议强调:“政治局是我们一千多万党员的党真正的战斗司令部。恰恰是在这里集中了党的集体智慧和形成了表达整个苏联社会、表达全体共产党员和非党人士利益的党的政策”，①党中央和政府的文件最初都是以“苏共中央委员会、主席团和中央书记处”的名义发布，直至1971年的苏共24大后，才开始出现“以勃列日涅夫为首”的党中央委员会的提法。

最后，鉴于国内外对赫鲁晓夫搞“非斯大林化”的不满，由苏共中央组织有关人员为斯大林“半恢复名誉”。在苏共23大召开前夕，有200名高级军官上书，要求为斯大林恢复名誉。苏共中央决定不再发表揭露三四十年代大清洗内幕的文章和纪念因冤假错案迫害致死的人员的文章。首先由朱可夫、科涅夫等曾经在斯大林身边工作过的元帅们出版回忆录，肯定斯大林是“一名卓越的军事统帅”。接着由中央马列学院发表一组学术文章，肯定斯大林是“党的领袖和列宁的学生”。1965年5月8日，勃列日涅夫在纪念苏德战争胜利20周年的讲话中称苏联是“在斯大林领导下取得战争胜利的”。在1969年斯大林诞辰90周年的

① 《苏联共产党第23次代表大会主要文件汇编》，三联书店1978年版，第215页。

日子里，苏共中央以苏共20大决议为依据，评价了斯大林的社会主义革命、社会主义建设和卫国战争中的功与过。这一年，在克里姆林宫的红墙下的斯大林墓前立起了他的半身像，以示纪念。

上述种种作法被称为“纠偏”，它部分地缓和了社会的不满情绪，也部分地稳定了社会局势，使得勃列日涅夫和新的领导集团的领导得以稳固，也为新的调整和改革创造了条件。

政治微调

赫鲁晓夫时期大规模的改革造成了人们思想的混乱和党内组织机构的涣散，新的领导集体迫于现实情况给予的各方面的压力，在政治方面进行了一些改革和调整。

第一，加强干部队伍的培养。苏共中央注意提高干部的专业知识水平，强调干部的专业化、知识化和技能化。勃列日涅夫在苏共24大上强调：“我们需要的是把高度的政治觉悟同良好的职业训练结合起来、善于内行地解决发展经济和文化的问题、并且掌握了现代化管理方法的人”。在苏共25大上，他再次强调：“提拔有做人的工作经验的、政治成熟的、积极的国民经济专家担任党的工作具有重大意义”，“党根据越来越高的要求来组织干部培养和干部深造的工作……使干部提高自己的理论水平，增长知识，掌握现代科学技术成就以及生产与管理的组织工作”[①]。为了有计划地轮训干部，苏共从中央到地方建立起系统的干部进修体制。苏共中央规定党政领导干部每5年必须轮训一次，技术水平要求较高部门的干部每3年就应该轮训一次。1980年的材料表明，苏中央政治局和书记处成员都受过高等教育，并且是某一方面的行家内手。

第二，加强人民监督机制，扩大人民团体参与社会管理的权利。1965年12月，苏共中央全会决定把赫鲁晓夫时期建立的党和国家监察机关改为人民监察机关，在各级党和政府领导下工作，其职责范围是“经常检查党和政府指示的实际执行情况”。苏共强调人民监察机关是党联系群众的政治机构，应该吸收群众参加监察工作，把国家监察同社会监察结合起来，扩大“监察的社会作用”。苏共中央还强调进一步提高社会团体的作用，认为：“社会团体是苏维埃政治体制不可分割的一部分”。苏共中央和政府将一些卫生、体育和文化等方面的职能由社

① 《勃列日涅夫时期苏共中央主要文件汇编》，人民出版社1983年版，第134、265页。

会团体履行。鉴于20世纪70年代后社会问题的严重状况，广泛建立人民志愿纠察队、同志审判会和社会治安站，强调由劳动者自己管理自己，以“劳动集体”的道德标准来约束其成员。

第三，提高苏维埃的地位和作用，以多种形式吸收人民参加国家管理。1977年通过苏联新宪法，将劳动者代表苏维埃改为人民代表苏维埃。1936年宪法没有明确苏联最高苏维埃的职权，仅规定它与部长会议联合行使的职权。新宪法则规定最高苏维埃有权解决全联盟范围内的一切问题，明确规定通过和修改苏联宪法、接受新共和国加入苏联、批准国家经济和社会发展计划、国家预算及执行情况的职权只归最高苏维埃行使。宪法规定：苏联人民通过人民代表苏维埃行使国家权力，人民代表是人民在国家权力机关的全权代表，参加苏维埃工作，解决国家建设、经济建设和社会文化建设的问题，贯彻苏维埃的决议，对国家机关、企业、机构和组织的工作实行监督。新宪法规定最高苏维埃有立法提案权。但由于中央高度集权的体制没有彻底改革，苏共大包大揽国家一切事务的情况没有根本变化，使得苏维埃民主制度难以充分发挥作用，人民参加国家管理更多的是形式主义的东西，存在的问题还很多。

二、新经济体制

农业改革

勃列日涅夫上台以后，在进行工业体制改革的同时，在农业方面也采取了一系列改革和政策调整措施。1965年3月召开了苏共中央全会，勃列日涅夫在会上批评了赫鲁晓夫执政时期在农业方面的主观主义和瞎指挥作风，大会根据勃列日涅夫所作的报告通过了《关于进一步发展苏联农业的刻不容缓的措施》的决议。接着就陆续出台了调整农业政策的一些决定和法令，其中包括提高农产品收购价格、降低农业税率、放宽宅旁园地限制以及国家每年拨专款补贴农庄庄员养老金等。改变过去每年制定一次农产品收购计划的作法，实行“固定收购，超售奖励”的制度，农产品收购计划5年不变。

从1965至1977年间，曾先后7次大幅度地提高农产品的收购价格，价格指数提高 50%。[1] 此外，从 1966 年起，集体农庄也和国营农场一样，实行有保证的劳动报酬制，即按国营农场相应工种的工资标准，向集体庄员按月发放工资，并在农产品收获期发实物报酬。从而提高集体农庄庄员的待遇，缩小城乡差别。

扩大集体农庄和国营农场的经营自主权。大大缩减生产指标，上级为集体农庄下达的指标只有农产品采购量一项。其他指标由农庄自行制定。为国营农场下达的指标也大大减少。为了扭转国营农场的亏损局面，于 20 世纪 60 年代中期开始在国营农场实行完全经济核算制，即农场靠自有资金支付生产费用和进行扩大再生产，建立经济刺激基金和其他基金，偿还银行贷款等。到 1979 年，苏联所有的国营农场改为完全经济核算制。

增加农业投资，增强发展农业的物质技术基础。1965—1982 年农业投资总额达 4708 亿卢布，在农业机械化、电气化、水利化等方面加大投资和技术改造，重视把最新的科学技术成果运用到农业生产之中。

改善传统农业生产结构，促进农工一体化。随着农业集约化的发展，部分地区已经出现了农业和工业企业联合的趋势，形成了跨部门和行业的企业或联合公司——农工商联合体，主要经营建筑施工、建筑材料生产、农副产品加工等。为此，苏共中央和苏联部长会议于 1976 年 5 月通过决议，鼓励发展农工商联合体。1976 年，全苏的农工商联合体已经达到 7000 多个。

以上这些措施对农业生产的发展起到了较好的促进作用，1964—1969 年是卫国战争后苏联农业生产增长最快的 5 年。但是，勃列日涅夫时期经济改革的重点在工业和建筑业方面，农业政策的部分调整未能从根本上改变农业方面长期运行的计划经济体制，而且在农业技术和农机方面比较落后，勃列日涅夫执政时期的苏联农业仍然是以计划经济为主的、粗放式的农业。

工业改革

赫鲁晓夫工业和建筑业改革的思路将部门管理改为地区管理，在实践过程中出现了极其严重的地方主义和本位主义。1965 年 9 月，苏联政府通过了相应的决议和法令，决定在工业和交通系统重新恢复 4 级管理模式，即全联盟部、加盟共和国部、总管理局和企业。这些部门的企业的 15%—20% 直接由全联盟部管理，80%—85% 由加盟共和国部管理。这样，苏联的工业又基本改回部门管理体

---

① 《经济科学》，莫斯科，1979 年第 5 期，第 36 页。

制，全联盟和各加盟共和国的各专业部成了工业管理的主体。

从1965年开始，由苏联部长会议主席柯西金主持“新经济体制”改革，即采用在1962年引起较大争议和广泛讨论的“利别尔曼建议”，运用利润、奖金、核算等纯经济手段来改革和促进苏联工业的发展。1965年起，就在利沃夫的5个工业企业中试行了“利别尔曼建议”，并且积累了一些成功的经验。1965年苏共中央全会决定从1966年起在国民经济各部门的国营企业中，分期分批地推行改革。同年10月4日，苏共中央和苏联部长会议通过了《关于完善计划工作和加强工业生产的经济刺激》的决议，部长会议还批准了《社会主义国营企业生产条例》，具体规定了各项措施。上述两个文件的核心是对国民经济实行高度集中管理的同时，运用市场机制在经济管理中发挥作用。主要内容包括：在统一计划、统一调拨、统一价格的前提下，扩大企业的经营自主权，减少国家规定的指令性指标，使企业间供求双方直接挂钩。即在重工业企业，国家只下达产量计划和赢利计划，其余各项经济指标由企业自行制定。轻工业企业的产量计划也由企业自行制定。当完成计划后，企业可从利润中提取奖励基金。利润越多，奖励基金就越多。国家以价格、利润、奖金、信贷等经济手段加强对企业的经济刺激。根本的原则就是领导和管理生产由原来的以纯粹的行政手段转向以经济手段为主的管理模式，使企业的经营者、管理者和第一线的生产者从物质利益方面关心企业的最终生产成果，协调国家、集体和个人三者的利益关系，促进生产的发展和人民生活水平的提高。

新经济体制从1966年起，先在704个工业企业中进行试点，占全部工业的1.5%，其产值占全部工业总产值的8%，上缴利润占总利润的12%。到1968年底达到26850个企业，到1975年在全苏全面铺开。其后，又相继采取改进工业组织结构、改进计划管理、科学技术管理、基本建设管理等措施，并进一步加强企业的经济核算，使其更趋完善。

1973年3月，苏共中央和苏联部长会议又通过了《关于进一步完善工业管理的若干措施的决议》，决定在全国范围内改组工业管理机构，使经济改革走上了一个新台阶。其主要内容一是合并企业，建立生产联合公司，二是取消工业部门管理的多级制，撤销各部的总管理局，在建立联合公司的基础上改为2级管理或3级管理体制，以减少管理的环节，使管理接近生产。从1973年起，联合公司在各地和各个部门普遍建立，1973年为1425个，1974年为1715个，1975年为2314个，联合公司的产品占工业产品销售额的47.1%，从业人员占工业生产人员总数的 48. 4%。

1979 年 7 月，苏共中央和苏联部长会议又通过了《关于进一步完善经济机制及党和国家机关的任务》的决议和《关于改进计划工作和加强经济机制对提高生产效率和工作质量的作用》的决议，这些决议对计划工作、基本建设、经济刺激作了较为细致的规定。但是，由于 70 年代中期后苏联经济发展的速度大大放慢，甚至出现“停滞”的迹象，因此“新经济体制”到 70 年代末已经基本结束。

新经济体制改革前后持续十余年，是苏联历史上重要的和大规模经济改革之一。尽管改革没有根本触动斯大林模式，但是在当时对于促进经济发展的确起到了巨大的作用。当时在柯西金领导下工作，在苏联解体前夕担任过苏联部长会议主席的尼古拉·雷日科夫在他 1991 年出版的回忆录中对这次改革作了很高的评价。他写道：“柯西金 1965 年的经济改革明显地推动了原地打转的国民经济。仅在随后的五年，工业生产就增长了 50%，劳动生产率提高了 32%（上一个五年计划期间共提高 23%），消费品（即乙类产品）生产的增长幅度最后终于同过去总是被特别重视的‘甲类’产品生产的增长幅度相等。”雷日科夫在这里提到的一点是很重要的，就是说在第八个五年计划期间，虽然优先发展重工业的方针没有改变，但甲、乙两类工业发展的速度已经十分接近。统计材料表明：1966—1970 年，工业生产总值年平均增长率为 8. 5%，其中甲类产品增长率为 8. 6%，乙类产品增长率为 8. 4%。这种情况在苏联工业发展史上是罕见的。

60 年代后期和 70 年代初期，苏联经济发展迅速。第八个五年计划（1966—1970 年）顺利完成，在此期间社会生产总值的年均增长率达到了 7. 4%，从而使前三个五年计划期间增长速度连续下降的趋势得到了制止。第九个五年计划（1971—1975 年）期间年均增长速度有所下降，但仍达到 6. 4%。全国工业生产总值从 1965 年的 2294 亿卢布，上升到 1970 年的 3473 亿卢布和 1975 年的 5112 亿卢布。农业生产总值则由 1965 年的 883 亿卢布，上升到 1970 年的 1084 亿卢布和 1975 年的 1128 亿卢布。粮食产量明显提高，从赫鲁晓夫执政时期的“七五”计划（1961—1965 年）期间年均产量 1. 303 亿吨增加到“八五”期间的 1. 676 亿吨和“九五”期间的 1. 861 亿吨。单位面积产量 1965 年为每公顷 9. 5 公担，1970 年增加到 15. 6 公担，1978 年又增加到 18. 5 公担，与 1965 年相比几乎翻了一番。生产的发展提高了人民的生活水平，一般都认为，20 世纪 70 年代中期是苏联历史上人民生活最好的时期。生产的发展，使苏联的经济水平与美国的差距逐步缩小。1975 年苏联的工业总产值已达到美国工业总产值的 80% 以上，而农业总产值则达到了85%，从而使苏联成为欧洲第一和世界第二位经济大国。这一时期苏联国力的增强与西伯利亚地区油气田的开发成功也有一定的关系。恰好这时期在国际上石油价格上涨，因而使苏联得以通过出口石油换取来大量外汇，据估计，在这方面的收入共达2700—3000亿美元。

社会生活

20世纪六七十年代苏联社会结构的变化源自于苏维埃社会早期。20世纪二三十年代，随着社会主义改造和建设的发展，苏联社会发生了重大的变化，旧俄时代的资产阶级、地主阶级、富农阶级已经完全被消灭，原来介于这些阶级中的一些社会阶层也随之消失，工人阶级、集体农庄庄员、知识分子、技术干部成为苏联社会新的成员。尤其是在工业化开始以后，苏联的社会结构发生了根本性的变化。数百万的农民涌向城市和工业区，从1926年到1939年，城市居民的数量增加到3000万人。经济和社会结构的变化在1936年通过的宪法中也得到了反映，宪法赋予人民以民主权利，确定了公民的劳动、休息及物质保障等权利。1936年11月25日，在第八次临时苏维埃大会上，斯大林作了《关于苏维埃社会主义共和国联盟构成的构想》的报告，其中说到：“之所以说采用新的宪法的时机已经成熟，是因为在苏维埃，社会主义社会——没有敌对阶级的社会——已经确立了。这个社会是由工人和农民这两个同盟阶级以及作为两者补充的中间层知识分子组成的。”

健康的苏联人民

赫鲁晓夫时期苏联的社会结构进一步发生变化。据统计，从1939年到1959年，工人在全苏居民中所占的比例从32.5%上升到48.2%，其中职员和技术知识分子的比例从17.7%上升到31.4%，同时期集体农庄成员的比例由47.2%下降到31.4%，其中家庭手工业者所占比例由2.6%下降到0.3%。[①] 苏联学者在20

① 里亚布什金、奥西波夫主编：《苏联社会学》，中国社会科学出版社1986年版，第134页。

世纪 80 年代初公布的统计数字表明：在苏联领取最高工资者和最低工资者的人数，各占 10%，他们之间的收入对比在 1956 年为 1∶4，1975 年底则为 1∶3。以 1977 年为例，在每 1000 个主要从事体力劳动的人中，受过高等和中等（完全和不完全）教育的有 700 人，而在每 1000 个主要从事脑力劳动的人中，受过高等或中等教育者则达 970 人。到勃列日涅夫去世的 1982 年，苏联社会结构进一步变化，工人和技术知识分子已占全苏居民的 86.7%，集体农庄庄员和合作社手工业者降到 13.3%。①

20 世纪 60—80 年代苏联城市化速度大大地加快了，人口向城市移动的趋势越来越明显。1965 年初，城市人口占全苏居民的 53%，农村人口占全苏居民的 47%，到 1982 年城市人口已占 64%，农村人口所占比例已降到 36%。从 1965 年到 1982 年，苏联城市人口增长了约 5000 万人，农村人口减少了 1050 万人，而同期全苏人口总数则只增长了 3950 万人。这意味着苏联城市人口的增长是大批农民迁居城市的结果。②

苏联学者认为："共同的劳动，加上在同一个屋檐下生活，在同一个学校里读书，在同一个诊所里看病，以及使用同类社会生活基础设施——这一切使得苏联所有社会集团的生活方式日益接近。"③

新西伯利亚附近的科学城是苏联科学技术、文化教育以及社会生活迅速发展的一个缩影。它是 60 年代中期后为苏联科学院西伯利亚分院而建的一座科学城，这个城市是新的科学—教育—工业—居住综合体，这里既有环境优越的现代化城市的必备设施，又有直接接近大自然的条件，有覆盖着松林的河岸、沙滩和水库。这个城市在土地规模上划分为四个区：居民生活区、科学研究区、公共仓库区和休养娱乐区，科学城在建筑设计上的成果于 1967 年获得了苏联国家大奖。科学城居民的社会结构是由四类基本的社会阶层组成的，第一类包括科学博士和科学副博士，他们居于领导地位，家庭人均月收入 110 卢布或更多些。第二类包括受过高等教育的科学工作者、医生、律师等等，家庭人均月收入 70 卢布以上。第三类是受过完整中等教育的中级技术人员，家庭人均月收入 40 卢布或更多些。第四类是只受过中等以下教育、资历低的工作人员，这类人员家庭人均月收入 40 卢布以下。据苏联社会学家 1969 年所作的一项调查，在以上四类家庭中使用

① 《1922—1982 年苏联国民经济统计年鉴》，莫斯科 1982 年版，第 30 页。

② 《1922—1982 年苏联国民经济统计年鉴》，莫斯科 1982 年版，第 15 页。

③ 里亚布什金、奥西波夫主编：《苏联社会学》，中国社会科学出版社 1986 年版，第 463 页。

文明家庭用品的情况如下：[①]

文明家庭用品	拥有这些物品家庭的百分比
收音机	90.9
缝纫机	82.5
洗衣机	81.1
冰箱	71.3
电视机	68.7
藏书（100 本以上）	52.2
自行车、摩托车或小型摩托车	51.9
吸尘器	30.9
钢琴、手风琴	22.1
汽车或汽艇	11.4

调查结果表明，四类家庭所拥有的现代化家用电器（文明家庭用品）的比例是比较高的，表明他们的生活水平也是比较高的。

20 世纪 70 年代中期前的经济增长水平和综合国力都是苏联历史上最强的时期，同时也是人民生活水平增长最快和最高的时期。职工的月平均工资，1965 年为 96.5 卢布，1981 年增至 172.7 卢布，增长 79%。到 70 年代初，随着越来越多的集体农庄变成了国营农场，集体农庄庄员的身份也由“农民”变成了“工人”，他们也像城市工人一样每月固定领取工资。集体农庄庄员的月平均工资，1965 年为 51.3 卢布，1981 年增至 120.6 卢布，增长 140%。城市里的工人、知识分子和干部居住在政府提供的单元住宅中，而且还从城近郊区分得一块面积相等的田地，作为自己的郊外“别墅”，上述人员平均每年可以获得一次以上的“旅行证”，享受在国内免费旅游和休假。此时期也是苏联历史上人民生活水平最高的时期，普通苏联公民在人均肉、蛋、奶、水果等日常食品的供应方面，在电视机、电冰箱、洗衣机等家用电器和私人汽车拥有量方面，在接受各级各类初等、中等和高等教育方面，都达到历史上的最高水平。

经济停滞

由于新经济体制改革的作用，在 70 年代中期前，苏联的经济形势相当不错。

① 雅诺维奇、费希尔编：《苏联社会阶层的形成与变动》，上海人民出版社 1976 年版，第 79 页。

第八个五年计划（1966—1970 年）顺利完成，社会生产总值的年均增长率达到 7.4%，第九个五年计划（1971—1975 年）期间年均增长速度虽有所下降，但仍然达到了 6.4%。全国工业生产总值从 1965 年的 2294 亿卢布上升到 1970 年的 3473 亿卢布和 1975 年的 5112 亿卢布。同期的农业生产总值由 1965 年的 883 亿卢布上升到 1970 年的 1084 亿卢布和 1975 年的 1128 亿卢布。70 年代中期，被看成是苏联历史上综合国力最强盛的时期。1975 年，苏联的工业总产值已达到美国工业总产值的 80% 以上，而农业总产值也达到了美国的 85%，从而使苏联成为欧洲第一和世界第二位的经济大国。勃列日涅夫在 1976 年召开的苏共 26 大上宣布："我们总共只用了 10 年的时间，就已经使过去几乎半个世纪建立起来的经济实力增加了一倍。"①

但是从 70 年代中期后，苏联经济增长的速度大大减慢。以国民收入为例，1966—1970 年的八五计划期间，年平均增长率为 7.7%，1971—1975 年的九五计划期间，年平均增长率仍维持 5.7%，但 1976—1980 年的十五计划期间，年平均增长率下降到 3.7%。以工业总产值年平均增长率为例，八五计划期间工业总产值增长率为 8.5%，九五计划期间为 7.4%，十五计划期间则下降到 4.4%。②以劳动生产率为例，八五计划期间社会劳动生产率为 6.8%，工业劳动生产率为 5.7%，农业劳动生产率为 5.4%，九五计划期间分别为 4.6%、6.0% 和 4.1%，十五计划期间分别下降为 3.2%、3.2% 和 2.8%。勃列日涅夫执政的最后一年，社会劳动生产率则下降到 2.7%，工业劳动生产率下降到 2.1%。③这种低速度增长与苏联在经济发展、社会保障，特别是军备竞赛上的巨大支出是极其不相符的。而且这种增长是建立在特殊的国外和国内条件之上的，即 70 年代由于国际市场上的石油危机而导致石油高价出售带来的巨额利润，据估计，在 1974—1984 年间，苏联在这方面的收入共达 2700—3000 亿美元。此外低速度的增长还是靠在国内大量销售含酒精饮料达到的，由于农业连年丰收和苏联政府出于财政收入的考虑，放松了对酒类生产和销售的控制，1975 年仅销售伏特加酒一项（果酒和白兰地除外）国家就获得纯利 230 多亿卢布④。所以，勃列日涅夫后期的苏联经济，实际上已处于停滞状态。

---

① 陈之骅主编：《勃列日涅夫时期的苏联》，中国社会科学出版社 1999 年版，第 6 页。

② 陆南泉、张础、陈义初等编：《苏联国民经济发展七十年》，机械工业出版社 1988 年版，第 126 页。

③ 刘克明、金挥主编：《苏联政治经济体制七十年》，中国社会科学出版社 1990 年版，第 597 页。

④ 陈之骅主编：《勃列日涅夫时期的苏联》，中国社会科学出版社 1999 年版，第 171 页。

究其原因，除了斯大林模式的长期影响之外，还包括了勃列日涅夫等苏联领导人错误的经济发展战略所致。自1966年全面推行新经济体制后，苏联政府和有关部门只是在减少计划的指令性指标、扩大企业经营自主权和调整生产劳动积极性方面做做文章，未能突破高度集中的计划经济体制。而且从1971年的苏共24大开始，勃列日涅夫在各种讲话中开始只讲“完善”和“发展”原有体制，否定和讳言“改革”，而所谓的“完善”和“发展”，实际上倾向于加强集中管理。使得新经济体制改革到70年代初就基本停止。直至80年代初，苏联的经济体制仍然没有突破斯大林模式的框框，经济决策权仍然过分地集中在国家，企业的权限很少，领导经济的方法仍然以行政方法为主，国家管理经济的主要办法仍然是靠大量的指令性指标，排斥市场调节的作用。

三、对外政策的调整

“有限主权论”

在对待其他社会主义国家问题上，苏联共产党和政府的理论是“有限主权论”、“社会主义大家庭论”、“国际专政论”。即在社会主义大家庭中，国际主义和国际义务是无限的，而各国的国家主权是有限的，当国家主权与国际义务发生冲突时，国家主权则是无足轻重的。《真理报》发表题为《社会主义国家的主权和国际主义义务》的文章，公开指出：“每个共产党不但对本国人民负责，也要对所有社会主义国家，对整个共产主义运动负责。无论谁忘记了这一点，只强调共产党的独立，就有片面性，他就背离了他的国际主义义务……每个社会主义国家的主权不能同社会主义世界的利益，同世界革命运动的利益对立起来。”① 勃列日涅夫在1968年11月的波兰统一工人党五大的讲话中强调：“存在着社会主义建设的普遍规律，背离了这些普遍规律就可能离开社会主义本身。而当某一社会主义国家内部和国外的敌视社会主义的势力试图使这个国家的发展转向复辟资本主义的时候，当出现危及这个国家社会主义事业的威胁的时候、危及整个社会主

① 《真理报》，莫斯科1968年9月26日。

义大家庭安全的威胁的时候，这就不仅仅是这一国家的人民的问题，而是所有社会主义国家共同的问题和关系的事情了。”① 这种理论被称为勃列日涅夫主义。但实际上，它的真正含义是在社会主义大家庭中，其他国家的主权是有限的，甚至是可有可无的，而苏联的主权和利益却是无限的。谁想放弃或修正苏联模式，都是为苏联所不允许的。

1956年苏共20大后，东欧的社会主义各国普遍出现了政治危机和社会动荡，人们要求改革现状。在这种形势影响下，捷克斯洛伐克政府也进行了改革。捷共中央于1965年1月通过《关于完善国民经济计划管理的主要方针》，在全国110个企业单位进行试验，1967年在全国各行业和各部门铺开。在社会政治生活中，人们要求民主、自由的呼声越来越高。1966年5月1日，在首都布拉格，青年学生举行示威活动。在1967年6月布拉格举行的第四次作家代表大会，有的发言者抨击政府的书报检查制度，要求获得创作自由。

社会上的种种问题和冲突在党内引起强烈反响。1967年10月，捷共中央召开全会，会上发生尖锐的分歧。以党中央第一书记诺沃提尼为代表的一派认为经济改革是“向资本主义倒退”，强调在政治生活中应加强“党的领导作用”。以杜布切克为首的一派批评诺沃提尼思想保守、政治不民主的工作作风，强调坚持改革，并且要加大改革的力度。1968年1月5日，杜布切克取代诺沃提尼担任第一书记。

杜布切克执政后继续进行改革。1968年4月，捷共中央制定了党的《行动纲领》，即对内主张从根本上改变经济体制，扩大企业的权力，建立“工人委员会”，实行民主管理，工会要成为“独立于国家政权之外的独立组织”，充分发挥市场作用。对外主张奉行“独立的”外交政策，“发展同一切国家的互利关系”，主张在“进一步发展”同苏联的“联盟和合作”的同时发展同西方的关系。这个《行动纲领》的公布和实施，得到全国人民，特别是知识分子的拥护，一时间出现了人人过问政治的热潮，布拉格到处都在讨论政治和改革问题，这种现象被西方媒体称为“布拉格之春”。

捷共的主张和改革引起苏联的不安。开始施加压力，进行粗暴干涉。1968年7月14—15日，苏、波、匈、保和民主德国的领导人在华沙开会，联名给捷共写了一封信，批评捷共的《行动纲领》，称捷国内的政治风潮已不再是捷“自

① 《勃列日涅夫言论》第17辑，上海人民出版社1977年版，第105页。

己的事情了”，而是华约国家“共同关心的事情”。7月18日，捷共给有关国家复信，捍卫自己的立场。7月29日至8月1日，苏捷领导人进行会谈。8月3日，苏、波、匈、保、民主德国5国领导人会谈，商讨制裁不听话的捷克斯洛伐克。当时，捷共正集中力量准备9月9日召开的捷共第十四次特别代表大会，完全没有料到苏联的武装干涉。8月20日夜间，一架苏联民用客机飞到布拉格的鲁齐内机场上空，向地面发出信号：由于机器发生故障，要求准许紧急降落。但降落后从机舱里走出来的是手持自动步枪的苏联士兵，他们迅速占领鲁齐内机场。与此同时，苏、波、匈、民主德国的25个师从四面八方越过捷边界，控制战略据点。第二天，整个捷克斯洛伐克已被苏联等国的军队占领。8月21日，苏军以“工农革命政府”的名义逮捕了以杜布切克为首的捷共领导人，将其强制送到莫斯科。1969年4月，在苏联的支持下，胡萨克取代杜布切克任捷党的第一书记，随后开始了清除杜布切克分子的运动，先后有50万捷共党员被清除。

武装干涉捷克斯洛伐克的内政是勃列日涅夫执政时期霸权主义、大国主义和大党主义的集中体现。社会主义国家之间的关系应当是平等和相互支持的，任何国家和政党都没有资格和理由对兄弟党事务和国家内政发号施令，甚至采取出兵主权国家的行动，这是无产阶级国际主义的起码要求。勃列日涅夫时期的苏联在与东欧盟国的关系中违背了这一原则，从而给社会主义事业带来了严重的危害，同时也对苏联本身产生了多方面的消极影响。

在对待东欧其他社会主义国家关系方面，勃列日涅夫和苏共采取的仍然是不折不扣的大国沙文主义和老子党作风。

与美国主动对抗

赫鲁晓夫时期苏联的经济、军事实力同美国相比基本处于弱势，此时的苏联尚不具备同美国全面争夺世界霸权的实力。因此，赫鲁晓夫提出“和平共处”、“和平竞赛”、“和平过渡”的路线，力图通过“美苏合作共同主宰世界”来达到分割美国世界霸权的目的。但直至60年代中期，苏弱美强的实力对比仍未转变，苏联所面临的西部威胁并未消除。基于此，勃列日涅夫上台伊始便向西方表示要继续推进赫鲁晓夫的“三和”路线，以图争取时间壮大自身实力。特别是1962年10月古巴导弹事件爆发的关键时刻，赫鲁晓夫的全面退缩使苏联蒙受了耻辱，也使苏联新领导人更加认清了国际交往中经济、军事实力的重要性。勃列日涅夫因此强调："国防问题在我们一切工作中占第一位。"① 为此，苏联利用60年代中期至70年代中期的苏联与西方关系缓和期，积极壮大经济、军事实力，强化外交后盾。这一时期，苏联继续推行以赶超发达资本主义为目标、以军事赶超为核心的国家发展战略，在推行经济体制改革的同时继续执行重工业优先的国民经济发展方针，大力推进国民经济军事化并相对高速发展军事经济。在此基础上，稳步增加军事投入，不断更新武器装备，全面提升常规军事力量和核军事力量。苏联经济、军事实力膨胀的成果见表一、表二、表三：

表一 苏美主要经济指标对比②

	苏联主要经济指标相当于美国百分比（%）				苏美主要经济指标年均增速对比（%）							
年份	1961—1965	1966—1970	1971—1975	1976—1980	1961—1970		1971—1975		1975—1980		1981—1990	
					苏	美	苏	美	苏	美	苏	美
国民收入	50	60	66	67	7.1	3.9	5.7	1.8	4.2	4.5	4.9	3.1
工业产值	57	64	80	80（强）	8.5	5.0	7.4	1.2	4.4	5.2	5.9	3.2
基建投资	75	87	110	100	6.9	3.7	7.0	0.9	3.4	4.9	5.2	1.8

表二 苏联历年国防费用估计③

年度 / %	1966—1971	1971—1976	1976—1980
历年增速	8.3% 15% 6% 5.5% 2%	53.5% 5.3% 22.6%—27.1% 9.7%—13.8% 2.4%	4.7% 11.3% 11.5% 6.1%
年均增速	7.4%	18.7%—20.4%	8.4%
总年均增速	11.5%—12.1%		

① 夏义善：《苏联外交65年纪事——勃列日涅夫时期（1964—1982年）》，世界知识出版社1987年版，第108页。

② 周荣坤、郭传玲等编：《苏联基本数字手册》，时事出版社1982年版，第389、391页。

③ 周荣坤、郭传玲等编：《苏联基本数字手册》，时事出版社1982年版，第290页。

表三 1972年苏美实有核军事力量对比①

	洲际导弹（枚）	导弹潜艇（艘）	潜射导弹（枚）	可载运核弹头（个）	反导系统（个）
苏联	1618	45	740	2800	一个64部发射架
美国	1054	41	656	5700	三个均未建成

表一中数据表明，苏联经济年均增速一直高于美国，国民经济总量与美国差距逐渐缩小，说明苏联经济实力日益接近美国。

表二中的数据表明，苏联历年年均军费开支增速一直稳定在7%以上，1971—1976年高达18%以上，说明苏联下大力气加大军事投入。

表三中的数据表明，在1972年《苏美关于限制进攻性战略武器的某些措施的临时协定》和《苏美关于限制反弹道导弹系统条约》签署时，苏联在战略核军事力量方面就已经取得了同美国大致均衡的态势，并在数量上略占优势。

表一至表三的统计数据肯定了苏联在与西方主要是美国进行的经济、军事竞赛中所取得的膨胀成果，表明苏美实力对比特别是军事力量对比发生了有利于苏联的变化。再加上20世纪60年代中期开始的，特别是70年代上半期达到高潮的缓和战略的推行，使得西方，主要是西欧大大加强了同苏联的联系。1975年欧洲安全会议的召开及其一系列文件中“欧洲各国边界不得更改”的内容标志着苏联在欧洲的势力范围已经得到美欧的正式承认，苏联西部威胁问题得到部分解决。而70年代正是亚、非、拉民族解放运动持续开展的时期，西方势力在第三世界的削弱和新独立国家所面临的发展道路的选择，为苏联向这些地区的渗透提供了机遇。因此，进入20世纪70年代中期以后，苏联开始全面推行对西方的主动对抗政策，这一政策一直延续到20世纪70年代末期。

这一时期，苏联在已有的军备扩充的基础上，继续开展对美军备竞赛。因为这不仅具有军事意义，还具有更重要、更长远的政治意义。苏联军事力量的大幅度增长是苏联推行强硬对抗外交的最有力的后盾，也是严重威胁美欧国家安全利益的最直接、最有效的手段。因此苏联领导人一直把对美持续军备竞赛，追求对

① 上海国际问题研究所欧洲研究室编：《两大集团的对峙——北约与华约》，上海人民出版社1983年版，第123页。

美军事优势作为既定方针加以推行。这样，在70年代初中期取得战略核武器数量优势的基础上，苏联不断提高其武器质量，至70年代末期，取得苏美战略核武器质量上的真正均势，常规军事力量则有胜出趋势。美国已经丧失了1962年古巴导弹危机时对苏联的压倒性核优势。到1972年5月美国拥有各类战略武器总数2165件，而苏联则有2227件，在数量上已超过美国。特别是以SS—20导弹、“逆火式”轰炸机等为代表的苏联常规和核攻击力量威力巨大，最令美国和欧洲恐惧。这样在苏美军事较量的天平上苏联的砝码明显地加重了（这一时期苏美核军事力量对比见表四；苏、美及华约、北约整体国力主要是军事力量对比见表五）。而苏联军事力量的增长，特别是苏美出现的新的军事平衡，是促使苏联在国际事务中作用扩大的一个明显的因素。常规力量方面，苏联不仅继续保持陆军强国地位，同时针对美国的海军优势，也开始了海军向远洋进攻性战略的转变，苏联海军总司令戈尔什科夫曾夸耀：“我们光荣的海军旗帜现在已在世界各海洋的遥远角落飘扬。”①

表四　70年代末80年代初苏美核军事力量对比

	战略核武器（件）	洲际和潜射导弹（枚）	战区核武器（件）	军事卫星（颗）
苏联	2537	2387	4430	1166
美国	1944	1628	1512	607

表五　70年代末80年代初苏联—美国和华约—北约经济军事力量对比②

	人口（万）	国民生产总值	军费（亿美元）	军队人数（万）	后备队人数（万）	准军事人员（万）
苏联	26550	14010	1850	423.3	520	56
美国	22530	29200	1710	204.9	87.9	5.66
华约	37550	19414	2040.8	534.8	711.8	114.67
北约	61544	59580.3	2819.8	527.57	570.7	82.91

① 黄正柏:《美苏冷战争霸史》，华中师范大学出版社1997年版，第202页。

② 根据上海国际问题研究所欧洲研究室编:《两大集团的对峙——北约与华约》，第45、47页，第37页提供数据整理。

此时的欧洲成为苏美较量的战略重点地区。历史上，欧洲强权曾数次发动对俄罗斯（苏联）的大规模入侵，这使得苏联对于欧洲大陆上任何一个强权的出现都极度敏感。而作为北美大陆国家的美国，乘第一次世界大战和第二次世界大战中欧洲强权损失巨大，国际地位下降之机，大举挺进欧洲。这样，对苏联来说，欧洲既是与美国较量的前沿地带，又是向全球伸展力量的后方地区，战略地位十分重要。因此，苏联在欧洲本土和东欧盟国部署重兵，集结了 140 余万地面部队，30000 余辆坦克，6000 余架作战飞机，700 余艘舰艇，90% 的中程导弹，80% 的远程导弹，使华约核军事力量与北约基本持平，常规军事力量对北约形成数量优势。并且从 1974 年和 1977 年开始部署针对西欧的图—22M“逆火式”轰炸机和 SS—20 中远程导弹，对欧洲形成更大的军事压力。并作全面威胁、南北夹击之态势：于欧洲北部科拉半岛建成世界最大的海军基地，集中了苏海军战略潜艇的 70%，挪威北部海岸附近活动着 400 余艘苏联舰艇，北方舰队活动范围扩展至格陵兰、冰岛和苏格兰一线；波罗的海舰队则伸展至丹麦附近海域，直逼西欧心脏；在欧洲南部常年保持 60 艘左右的舰艇数目，苏地中海舰队与美第六舰队实力相当。并且频繁举行规模巨大，针对性强，实战效果逼真的军事演习。①苏联对欧洲推行的强硬军事威胁策略取得了一定的成功，表现为西欧各国在美国未能夺回在欧对苏军事优势的情况下，纷纷与苏联缓和关系，使得美欧关系在一定程度上被分化。但两大集团在欧洲的对峙仍长期处于僵持状态，苏联未取得根本进展。原因在于军备竞赛中取得的“战略平衡”只是一种“水涨船高”的“向上平衡”，即苏美双方核军事力量近似相等地成长，苏联一直未能取得全面对美核优势。以常规军事力量的优势发动一场对欧战争，势必要冒局部战争升级为全面战争甚至核大战的风险，代价太大。基于此，苏联将注意力逐渐转移到第三世界的广大地区。

20 世纪 70 年代美苏关系的主题是缓和，缓和局面出现的重要原因是在从 70 年代初开始。美国的综合国力已经进入相对衰落的时期，它表现为美国与传统的盟友——西欧和日本之间发生的一系列无法调和的矛盾，美国深陷于越南战争之中，70 年代初美国自第二次世界大战结束以后苦心经营的以美元为中心的布雷顿森林体系瓦解。

与此同时，苏联在 70 年代有了新的发展。对外，东欧各国处于苏联牢牢控

① 数据根据顾关福《战后美苏关系的演变》（时事出版社 1990 年版）第 126 页资料整理。

制之中，解除了与美国竞争时的后顾之忧。政治上，勃列日涅夫给世人的不是积极的改革者形象，而是个善于维护现状的领导人，在他的任内，苏联社会主义模式——斯大林模式已达到最成熟时期，当时社会所反映出的是一派“稳定”的现象。[①]国内经济上，勃列日涅夫上台之初推行的新经济改革取得了一定成效，九五计划时期苏联经济增长率达 6.4%，是苏联历史上经济最强的时期，经济实力跃居世界第二位。苏联国民收入占美国的百分比由 1950 年的 31% 上升到 1970 年的 65%，工业总产值占美国的比重由 1950 年的 30% 上升到 1960 年的 55%—65%，1970 年则上升到 80%。苏美之间经济差距逐步缩小。[②]

针对美苏力量及国际环境的变化，美国认识到世界已非美国独霸的时代，不得不实施战略收缩，出台了“尼克松主义”，提出世界力量五大中心说，要以实力为后盾，以谈判代替对抗，展开均势外交处理对外关系。为了在衰落中求得较宽松的国际环境以恢复美国力量，美国在全球实行有限收缩的同时，对苏关系则强调缓和与谈判。勃列日涅夫对当前的形势的估计也比较现实，一方面对苏联取得的成就志得意满，认为苏联的“防御力量现在比以往任何时候都提高了”，苏联拥有“不可摧毁的经济潜力”，以苏联为首的社会主义大家庭在世界上“越来越具有决定性的作用”。但同时他也清醒地认识到“不是一切都取决于苏联”，也不可能在世界各地“像我们所希望的那样迅速地向预定的目标前进”。此外，双方领导人还在另外一件事上取得了共识，那就是核武器时代没有赢家。基于对国际关系和双方力量的清醒认识，两国都认为美苏之间的缓和是十分必要的，这才有了 70 年代初到 70 年代中缓和高潮的出现。

缓和高潮的表现就是两国领导人之间的频繁互访以及签订的一系列协议，1972 年 5 月，美国总统尼克松访问苏联，与勃列日涅夫会谈期间，每天都要签订一个协定以渲染缓和气氛，其中有《限制反弹道导弹系统条约》,《关于限制进攻性战略武器的某些措施的临时协定》及其议定书，《关于美苏相互关系基本原则的协定》等。这次首脑会谈是美苏缓和进入高潮的标志。1973 年 6 月 18—25 日，勃列日涅夫访问美国，也基本上一天签订一个协定，其中重要的有《关于防止核战争的协定》、《关于进一步限制进攻性战略武器谈判的基本原则》等。1974 年 6 月 27 日到 7 月 3 日，尼克松再次访苏，双方又签署了大小 10 个文件，重要

① 比亚勒:《苏联的稳定与变迁》，新华出版社 1984 年版，第 69 页。

② 陈之骅主编:《勃列日涅夫时期的苏联》，中国社会科学出版社 1998 年版，第 210 页。

1979 年勃列日涅夫与美国总统卡特签署第二阶段限制战略武器条约

的有《限制地下核武器实验条约》及其议定书，《关于限制反弹道导弹防御系统的议定书》等。1974 年 11 月 23—24 日，美国总统福特访苏，与勃列日涅夫在符拉迪沃斯托克举行会谈，主要讨论限制进攻性战略武器谈判问题，尽管有很大争执，双方还是达成了一些妥协，确定以“平等和同等安全原则”为第二阶段限制战略武器谈判的指导原则。1975 年 7—8 月，欧安会期间，福特与勃列日涅夫在赫尔辛基利用开会之便举行了一次会谈，讨论限制战略武器问题，但进展很不顺利，缓和的蜜月已经度完。

70 年代中后期，进入了所谓“苏攻美守”的时期，苏联利用前一段缓和时期从美国及其他西方国家获得的贷款和技术不仅发展了经济，更使军事力量进一步增强，在此基础上全球扩张的野心膨胀，开始与美国争夺第三世界，影响了美国的缓和热情。1976 年 3 月，福特总统修改缓和政策，声明今后不再使用“缓和”一词。并增加军费开支，研制 B－1 轰炸机、中子弹和 MX 机动导弹等新式武器系统，美苏缓和开始降温。1977 年 1 月卡特就任美国总统，对尼克松政府以来的对外政策实行重大修改，鉴于前一段时期苏联对欧洲的缓和攻势，意在离间美欧关系和在第三世界国家进行扩张，卡特政府提出了对外政策的新方针，对苏政策变得较为强硬。卡特时期外交的另一特点是实行人权外交，把对苏贸易最惠国待遇与苏联国内状况、犹太移民政策相挂钩，并召见了流亡美国的苏联持不同政见者。引起了苏联政府的极大不满。但 1979 年 6 月，卡特与勃列日涅夫在维也纳举行会谈，商谈签署第二阶段限制战略武器条约，最后以美国的让步签订了条约。尽管双方都对这一条约高度赞扬，但苏联在第三世界的颠覆活动为美国国会中的强硬派提供了有力的证据，条约成了他们攻击政府对苏政策软弱的焦点。1979 年岁末，苏联武装入侵阿富汗，震惊了世界，条约也不了了之。随后卡特主义出台，它的主要内容是“美国将使用一切必要的手段——包括军事力量在内”打退苏联对“美国利益的进攻”。随之，对苏“新遏制政策”出台。卡特主义的出台，标志着美国对苏政策已由消极回避转为积极应战，美苏关系再度对抗。

从 70 年代美苏关系的基本线索可以看出，两个超级大国追求的缓和并不像他们所吹嘘的那样是为了给世界带来和平，也没有消除两个大国之间的军备竞赛与争夺世界。缓和是有目的有条件的。总之，缓和是当时美苏两国的一种现实的趋利选择。都是想通过缓和的旗帜谋求最大利益，所以，缓和中的让步也罢妥协也罢，都意在舍小利而谋大利。缓和必须服从国家利益原则。整个 70 年代里，尽管双方仍然打着意识形态大旗，但我们可以很明显地看出，意识形态之下还有更深层更实质的东西，那就是美国和苏联各自的根本利益——国家利益，以及各自的霸权主义野心作祟。

勃列日涅夫是个比较现实的领导人，他正是以苏联的本国国家利益为出发点来看待当时的国际环境，判断利益得失，作出对策，因此比较灵活。这才使得当时非意识形态因素较为明显，有些美国学者指出，70 年代苏联人对意识形态的热情明显下降了。① 但苏联并未放弃意识形态。在其综合国力强盛起来，军事上与美国形成均势后，又以意识形态为口号，向资本主义国家“发起历史性进攻”。分析其实质，乃是苏联国家利益的扩张。对于苏联，当时它的首要的利益考虑是国家的安全。在苏联领导人看来，地缘政治上的威胁是对安全的最大冲击。正是由于欧洲是美苏双方利益密集的地方，冒险的行为造成的冲突对双方的利益都是不符合的。

70 年代一些现实的非意识形态因素的确在美苏关系中发挥了重大影响，他

① 欧文主编：《七十年代的美国对外政策》，三联书店 1976 年版，第 161 页。

们之所以能够发挥重大影响，正是因为它们关系到美国和苏联两个国家的国家利益，并且都要服从各自的国家利益，所以美苏之间的缓和必然是有条件有目的的缓和。

此外，勃列日涅夫执政时期，苏联积极在第三世界具有战略价值地带和西方势力薄弱地区（以非洲和西亚地区为重点）进行拓展势力范围的活动，与美国进行地缘政治对抗。苏联通过提供大量军事援助，建立广泛的条约网，大搞结盟活动，宣传第三世界国家走上非资本主义道路等种种手段，取得了向受援国派出军事顾问和作战人员，建立军事基地，甚至直接介入军事冲突的特权，还利用“社会主义旗帜”和条约的形式将自己的扩张活动合法化，并把这些签约国和宣布“走社会主义道路”的国家牢牢拴住，使其为苏联的利益服务。苏联甚至对第三世界国家进行代理人战争或直接军事入侵。1979 年苏联出兵入侵阿富汗，这是苏联第一次对一个不结盟的第三世界国家实行的直接入侵，超出了“华沙条约”原有的势力范围，被西方认为是一个危险的升级。此举使苏联军事力量朝海湾地区的西方石油命脉推进了数百公里，直接扼住了西方的咽喉。这种在边缘地带进行地缘政治扩张的政策使得苏联在第三世界扶植起大批亲苏国家，在两洋结合地带（太平洋、印度洋及东南亚）和亚非结合带（北非、西亚及红海、地中海）获取了许多机场和港口使用权，扩大了自己的势力范围，削弱了美国在全球的势力和影响，进一步使苏美力量的对比朝着有利于苏联的方向转变。

经济关系缓和

经济因素在 70 年代美苏关系中发挥过独特的作用。正如美国当时的国防部长布朗所说，“经济利益和经济需要会影响到对外政策和国防政策的制订”。① 勃列日涅夫早就认识到苏联经济技术落后，需要从西方引进先进的技术，与西方发展贸易关系来促进苏联经济的发展。在 1972 年，由于气候条件恶劣，苏联遭到了百年不遇的歉收，勃列日涅夫面临的困境跟赫鲁晓夫在 1963 年的处境简直毫无差别，他设法从西方资本主义国家购买了 2800 万吨谷物，其中 60% 以上来自美国，估计总值达 2 亿美元，这帮他渡过了危险的难关。也更使他认识到与西方发展经济关系的重要性。正因为此，经济缓和成为勃列日涅夫缓和战略的重要组成部分。“使缓和物质化，这正是问题的实质所在，是一切事情的实质

① 哈罗德·布朗：《美国未来二十年的对外战略》，时事出版社 1986 年版，第 28 页。

所在……”① 美国的一些政策分析家认为，苏联要发展经济，必须得到美国的贷款和技术。他们设想以此为诱饵，要苏联“付出代价”，以此来拖住苏联、套住苏联、制衡苏联，迫使其在国际问题上让步，并进而推动苏联国内的和平演变。尼克松和基辛格也都认为随着苏联对美国和西方经济、技术、贸易和信贷的依赖，会使其在政治上依赖美国，使苏联朝着美国期待的方向走下去。

在这种情况下，美苏之间经济关系迅速发展。以贸易为例，1970 年以前，双方贸易基本处于停滞状态，1971 年贸易额达到 2. 19 亿美元，1972 年猛增至 6. 38 亿美元，1973 年夏更达到 14. 15 亿美元，1975 年又达到 20. 92 亿美元。美国再一次成了苏联在西方世界中仅次于西德的第二大贸易伙伴。苏联还从美国获得不少贷款，购买了大批粮食。

由于双方不同的出发点，美苏经济关系变得非常复杂。尤其是美国，是把它作为一种“经济武器”在运用，倾向于根据美苏政治关系“相当频繁地改变与苏联的经济关系”②，“使经济关系取决于在对美国有重大意义的外交问题上是否取得进展”③。以贸易为条件，以最惠国待遇做诱饵，把它同苏联国内人权状况、移民政策挂钩。这使得《美苏贸易协定》难产。签订之后，在国会中又难以通过。最后终于因为《杰克逊修正案》的通过和 1975 年《贸易改革法案》的批准使苏联无法忍受，而决定废止了《美苏贸易协定》，并将归还美国的约 6. 6 亿美元借贷与给苏联最惠国待遇联系起来。之后，《美苏贸易协定》不能生效。美苏贸易重新陷于停滞。美国失去了诱使苏联推行缓和的“胡萝卜”，也使两国之间正在进行的缓和态势遭到沉重打击。1975 年以后，两国间缓和明显低调，苏联的扩张似乎更加有恃无恐。

缓和高潮期间，每一项重要条约签订后，都会伴随着一系列经济、贸易、技术等协定。如第一阶段限制战略武器条约签订后，苏联就获得了美国的 7. 5 亿美元的信贷，可在三年之内向美国购买粮食；同年 10 月，苏美又签订了一项为期三年的全面贸易协定。1973 年 6 月，勃列日涅夫访美期间签订了《美苏关于防止核战争的协定》伴随着一系列农业运输协定。1974 年 6 月，《苏美限制地下核武器试验条约》伴随着一项为期 10 年的促进经济、工业和技术合作的协定等。苏美之间经济关系与两国关系紧密联系。一方面受到两国关系的影响，同时也对

① 《勃列日涅夫言论集》第 11 辑，上海人民出版社 1977 年版，第 138 页。
② 哈罗德·布朗：《美国未来二十年的对外战略》，时事出版社 1986 年版，第 37 页。
③ 亨利·基辛格：《白宫岁月——基辛格回忆录》第 4 册，世界知识出版社 1980 年版，第 104 页。

两国关系产生了不同的影响。

但是，苏联在70年代后半期大力推行的对西方主动对抗政策至80年代初开始陷于逆境。勃列日涅夫对此时国际形势的评价是："国际地平线上已是阴云密布"[①]，苏联面临重大挑战。1981年里根上台后，推行遏制苏联和排挤苏联势力的战略政策，突出僵硬的两极地缘政治和意识形态对抗，强调大力加强军事实力，重夺霸权。而苏联于70年代后半期推行的扩军备战和全球扩张，损害了美国及苏联周边国家的安全，美国、欧洲各国纷纷采取抵制措施，这使得苏联在国际上开始陷于孤立。更致命的是此时的苏联经济已陷于困境，国民经济军事化及超负荷的军事支出使得经济畸形发展，增速接近停滞。在这样严峻的国际和国内形势下，苏联被迫采取了新的对策：1981年勃列日涅夫在苏共26大上提出"巩固和平、加深缓和、制止军备竞赛"等倡议。[②]希望通过倡导缓和，以减少军备竞赛，赢得喘息时间。但美国不予理睬，继续实施其庞大的扩军计划。面对美国强大的军事压力，为了保住在军备竞赛和对外扩张中所获成果，苏联领导人被迫强调要不顾一切地继续加强军事实力。1982年勃列日涅夫对军队领导人说："为了使军队能够永远胜任自己的职责，人民是一切都在所不惜的……党中央采取措施使你们什么都不缺少。"他还特别强调，在军事技术领域是"不允许落后的"。[③]在第三世界，苏联则进行收缩，力图抵制美国势力的扩张，维持70年代以来的扩张所得。这一时期，苏联对西方的主动对抗政策已转变为被动对抗。

四、政治僵化和社会危机

勃列日涅夫专权

勃列日涅夫执政初期，强调和实行了集体领导，形成了"三套马车体制"的权力运行结构。但是随着勃列日涅夫领导地位的加强，他个人集权的意识就逐渐强化起来。20世纪70年代，勃列日涅夫以苏共总书记身份与美国等西方国家首

① 《勃列日涅夫言论》第17辑，上海人民出版社1977年版，第46页。
② 《勃列日涅夫言论》第17辑，上海人民出版社1977年版，第77页。
③ 《勃列日涅夫言论》第18辑，上海人民出版社1977年版，第279页。

脑签署了一系列重要文件。1977 年 6 月，苏联最高苏维埃宣布解除波德戈尔内最高苏维埃主席的职务，选举勃列日涅夫为最高苏维埃主席。勃列日涅夫在 5 月的苏共中央全会上强调党的总书记兼任国家元首的决议“具有深远的政治意义”，“是党的领导作用不断增长的表现”。他还说：“我这个中央委员会总书记曾不止一次地代表我国进行国与国之间的交往，参加有关加强和平、保障各国人民安全的根本问题的会晤，现在这种作法将得到理所当然的明文规定”①。勃列日涅夫同时又兼任国防委员会主席，连续晋升军衔，直至元帅。这样到 1977 年前后，勃列日涅夫终于完成了将党、政、军大权集于一身的过程。

勃列日涅夫大搞任人唯亲，党同伐异。政治局与书记处中有不同意见的人逐渐被撤换，而与勃列日涅夫关系密切的人的官职升迁则较为迅速，甚至在他的身边出现了一个“第聂伯罗彼得罗夫斯克帮”和“摩尔达维亚帮”。勃列日涅夫出生在乌克兰的第聂伯罗彼得罗夫斯克，并长期在乌克兰工作。勃列日涅夫曾在摩尔达维亚工作过。葛罗米柯曾私下说：“我们的政治局就像神秘的百慕大三角一样：有的人从这里出现，有的人在这里突然消失。”② 勃列日涅夫的儿子当上了苏联对外贸易部副部长，他的女婿丘尔巴诺夫当上了苏联内务部部长，并且借职权之便，大搞贪污腐化之事。

在权力逐渐向勃列日涅夫集中的同时，对他过分歌颂的调门也越来越高。格鲁吉亚第一书记谢瓦尔德纳泽吹捧说：“今天，我不能不谈到一个现代人所景仰的、把亲爱的人民与亲爱的党有机结合在一起的人。昨天，他在最高苏维埃讲坛上，用他那亲切的、充满人情味的声音，以犀利的、感人肺腑的语言向全世界胜利宣告……列宁式的纯朴和博大精深、布尔什维克的坚忍不拔、深刻的国际主义、高度的人道主义、博爱精神、集体主义者、民主主义者和职业革命家，随时准备为人民和党承担最重大的责任，坚定的性格和充满着仁爱之心，这就是我们所敬爱的列昂尼德·伊里奇·勃列日涅夫的高尚品质”③。此外“党和各族人民的领袖”、“苏联人民忠实的儿子”、“党的卓越活动家”、“我们全体人民的领袖”、“我们时代最伟大的人物”、“列宁事业的继承者”等词句经常出现在报刊上。东欧一些国家的共产党也相继授予他一些最高勋章。勃列日涅夫曾经多次获得列宁勋章、社会主义劳动英雄奖章、苏军最高级勋章——胜利勋章。他在世时在其故

① 刘克明、金挥主编：《苏联政治经济体制 70 年》，中国社会科学出版社 1987 年版，第 544 页。

② 阿夫托尔哈诺夫：《勃列日涅夫的力量和弱点》，新华出版社 1981 年版，第 15 页。

③ 《真理报》，莫斯科 1977 年 10 月 6 日。

乡乌克兰的第聂伯罗彼得罗夫斯克就已竖起了他的纪念碑。他出版的回忆录《小地》、《复兴》、《荒地》也获得了苏联文学艺术界的最高奖——列宁文学奖。在纪念十月革命胜利60周年（1977年11月7日）的日子里，勃列日涅夫与列宁的肖像并排而悬挂在莫斯科红场的列宁墓前，而且式样和大小都一样，人们称为“两个伊里奇”像。在勃列日涅夫70岁寿辰前，各加盟共和国、边疆区、州和市都煞费苦心地为他准备了各种各样惊奇的礼物。军工企业送的礼物是刻有他名字的手枪，高加索地区共和国送的是带压花的剑，雅库特自治共和国送的是一些精美的金刚石饰物①。

苏联历史学家、《勃列日涅夫的力量和弱点》的作者阿夫托尔哈诺夫写道：“我们在电视里看到：一个人带着达官贵人的傲慢目光，迈着粗野军人的大步走上了讲台，开始照本宣读：‘中央全会一致选举列昂尼德·伊里奇·勃列日涅夫同志为苏共中央总书记。’训练有素的会场上发出暴风雨般的掌声，然后转为我们从斯大林时期就很熟悉的欢呼声，最后像掀起一阵巨浪：全场5000名代表和包厢里的上千名来宾，顿时像接到命令一样离座而起，拼命高呼：‘乌拉，乌拉，光荣，光荣……’这种欢呼声一个劲儿地持续下去，直到讲台上的报告人用威严的手势向主席台表示‘行了，坐下’为止。这个报告人就是勃列日涅夫本人。”②

勃列日涅夫曾经被美国的《哈泼斯》杂志评为最上镜、衣着最得体的政治家。勃列日涅夫自己对此也深感自豪。在公众场合，他是一个堂堂正正的总书记，威严、高不可测。在私下里，他爱好高级生活方式、贵重的衣服、纯种马等，喜欢在莫斯科的狄纳莫或列宁体育场的包厢里看他喜爱的足球比赛，喜欢打猎以及收集世界名牌猎枪。在他的私人车库里有各国送给他的高级轿车，美国的福特牌、卡迪拉克牌、林肯牌，德国的奔驰牌，英国的罗尔斯—罗伊斯牌，当然也有苏联的海鸥牌、吉姆牌汽车。

党内民主生活极度不正常，最高领导层严重老龄化。70年代中期后，苏联国内政治生活的另一个突出现象是，权力逐渐向少数人手中集中，个人意志取代集体智慧，少数人拍板取代集体决策，政治局和书记处形同虚设。如1979年12月苏联入侵阿富汗的重大决定，就是苏共中央总书记勃列日涅夫、国防部长乌斯季诺夫和部长会议主席柯西金3人作出的，并没有经过苏共中央政治局或是最高

① 《苏联领导人收礼一瞥》，载《参考消息》北京1997年4月4日。

② 阿夫托尔哈诺夫：《勃列日涅夫的力量和弱点》，新华出版社1981年版，第65页。

苏维埃讨论决策。苏联领导人年龄严重老化，身兼数职的勃列日涅夫是 1982 年在职位上病逝的，终年 76 岁，部长会议主席柯西金 1980 年退休时 76 岁，接替他的职务的吉洪诺夫也已经 75 岁，苏共 26 大选出的中央政治局委员的平均年龄超过 70 岁。

民族问题尖锐

赫鲁晓夫在 1961 年的苏共 22 大宣布在苏联民族问题已经“一劳永逸地解决了”，在苏联各民族之间的界限已经不复存在，已经形成了“人们的新的历史性共同体——苏联人民”[①]。勃列日涅夫执政后，继续了这一提法，并且把它写入了 1977 年的苏联新宪法中。但事实上，苏联的民族问题并没有彻底解决，它在勃列日涅夫执政时期表现得更加严重和紧迫。

俄罗斯族是俄罗斯联邦的主体民族，同时也是苏联最大的民族。随着苏联政府推行的移民政策，俄罗斯族大规模地移居其他共和国。在一些加盟共和国中，俄罗斯民族的人口数量大有接近甚至超过该共和国“主体民族”的趋势。据 1979 年苏联人口普查统计资料：在拉脱维亚，俄罗斯人已达其人口总数的 32. 8%。在爱沙尼亚，俄罗斯人已达其人口总数的 27. 9%。在乌克兰，俄罗斯人已达其人口总数的 21. 1%。在吉尔吉斯，俄罗斯人已占其人口总数的 25. 9%。在哈萨克共和国，俄罗斯人占该共和国人口总数的 40. 8%，大大超过了其“主体民族”——哈萨克人所占的人口总数的指标（36. 0%）。一些俄罗斯人在与其他民族交往和相处时，以“老大哥”和“救世主”的身份自居，而视其他民族为“被拯救者”和“小兄弟”，不尊重其他民族的生活习俗和文化传统，甚至处处排挤其他民族。1972 年第 12 期的《知识》杂志上宣称：“中亚各民族只是在和俄罗斯结盟后才算真正成为民族，如果不是俄罗斯的帮助，那里至少还要 4600 年才能扫除文盲。”正如苏联著名的持不同政见者萨哈罗夫在《寄语西方》中所揭露的：“民族优越感存在于某些俄罗斯人当中，……这种优越感是邪恶的，像帝俄时代迫害犹太人那样歇斯底里般狂热，常常可以听到人们发出这样的感叹：‘我们把金钱白白浪费在这些黑猴子（或者是黄猴子）们身上了！我们简直是在养活寄生虫！’”

苏联领导人在一些公开的讲话中，极不恰当地将俄罗斯民族和俄罗斯联邦凌

① 《真理报》，莫斯科 1961 年 10 月 19 日。

驾于其他民族和其他共和国之上，出现了“官方俄罗斯中心论”的论调。勃列日涅夫在 1972 年曾经说过：“这是（指俄罗斯）我们最大的一个共和国，在各个平等的共和国中被我们多民族国家的全体人民恰当地称为老大哥。特殊的历史任务落到了这个共和国的肩上，一方面，她作为最发达的和最大的共和国，她是一些落后共和国发展的支柱，她给了这些共和国无法估量的兄弟般的援助。”①

从 60 年代末开始，苏联思想文化界出现了一个“斯拉夫复兴运动”，民间各界大力挖掘“老沙皇的遗产”，在西方媒体看来，已达到“全国性狂热程度”②。在苏联思想文化界，在 60 年代末 70 年代初，曾就“爱国主义”、“俄罗斯民族性格”和“俄罗斯传统”展开激烈的学术论战，论战最终远远超出了学术范围，在社会各界引起强烈反响，先后有政府要员、工人代表、劳动英雄等阶层人士参与论战。对“爱国主义”和“俄罗斯传统”不同的理解的背后隐藏着“大俄罗斯沙文主义”的阴影。

这一时期大俄罗斯主义的盛行和苏联政府的政策失误加剧了苏联的民族问题，增加了少数民族的不满情绪和离心力，加剧了各种地方民族主义。1969 年 4 月在乌兹别克首府塔什干的一个足球场爆发民族主义骚乱，并蔓延到其他地区，骚乱者喊出了“俄国佬，滚出乌兹别克斯坦!”的口号。乌克兰共产党中央第一书记谢列斯特 1973 年出版了《我们的苏维埃乌克兰》，在书中他表现了较强的维护乌克兰民族利益的情绪。这本书遭到严厉的批判，苏联学术界认为该书“在一定程度上孤立地脱离我国整个发展情况来探讨乌克兰历史上的一系列重要问题……对乌克兰同俄罗斯合并这个对进一步发展两个民族具有重大意义的杰出的历史事件只作为一般的普通的事件而轻描淡写”③，谢列斯特因此而被解除职务。

70 年代中期后，在波罗的海地区出现代表民族主义思想的“合流论”，主张波罗的海三国应该联合起来反对共同的敌人——俄罗斯人的统治和俄罗斯文化的渗透，以争取达到民族独立自主的目的，这一主张在波罗的海三国中得到极为广泛的响应。此外在乌克兰还陆续出现“乌克兰青年联盟”、“乌克兰民族阵线”、“乌克兰解放最高会议”、“乌克兰人民共和国流亡政府”、“解放乌克兰统一党”、“乌克兰民族委员会”等，在波罗的海地区出现“立陶宛自由运动”、“立陶宛民族阵线”、“爱沙尼亚民族阵线”等，在高加索地区出现了亚美尼亚的“达什纳克党”、

① 勃列日涅夫：《苏维埃社会主义共和国成立 50 周年》，载《真理报》，莫斯科 1972 年 12 月 22 日。
② 《新闻周刊》，纽约 1970 年 9 月 14 日。
③ 《评一本书的严重缺点和错误》，载《乌克兰共产党人》，基辅 1973 年第 4 期。

格鲁吉亚的“民族委员会”等各种地下的民族主义组织。这些组织受西方政府和民间势力的资助，与流亡国外的民族主义组织建立联系，利用民族感情和宗教信仰，在各民族中鼓动民族主义情绪。

“持不同政见者”运动

20 世纪 60 年代末，苏联国内政治和社会生活中一个突出的现象，是出现了无数个“持不同政见者”团体，他们居于不同的政治立场，对斯大林模式和苏联的社会主义制度进行批判，从各个方面对苏联共产党和政府的失误进行揭露，其活动受到国际社会的广泛关注。

苏联的“持不同政见者”团体产生于十月革命后的二三十年代，复苏于苏共 20 大后，在勃列日涅夫政治高压时期活跃起来。1965 年秋天，苏联国家安全委员会（克格勃）逮捕了作家西尼亚夫斯基和达尼埃尔。同年 12 月 5 日是苏联宪法日，有 200 多人在莫斯科普希金广场举行集会，要求将对西尼亚夫斯基和达尼埃尔审判的程序和审判结果公开，集会者很快被警察驱散，20 人被拘留。1966 年 1 月 10 日，开始对两名作家进行审判，分别判处西尼亚夫斯基和达尼埃尔 7 年和 5 年徒刑。判决结果在社会上引起强烈反响，有近 200 个作家联名抗议这次审判。金兹伯格和加斯兰科夫将揭露此案内幕的文件和文章汇集成册，以“独立出版物”的形式秘密印刷并发行。1967 年，金兹伯格、加斯兰科夫被捕，1968 年 1 月 21 日在普希金广场有 100 余人为此集会，他们的抗议书先后征集了 700 人签名。

1968 年，苏联入侵捷克斯洛伐克，苏联持不同政见者团体表示抗议。同年 8 月 25 日，李维诺夫（即在大清洗年代被免去苏联外交人民委员职务的马・马・李维诺夫的孙子）等 7 人来到莫斯科红场，手持“不许插手捷克斯洛伐克!”“占领者可耻!”的标语牌，以示抗议，后被警察逮捕，后长期监禁。一些知名作家因抗议苏军入侵捷克斯洛伐克而被开除党籍和取消苏联作家协会会员资格。

持不同政见者的这两次活动引起了西方新闻媒介的关注，也引起了苏联政府的重视。70 年代后，苏联政府对持不同政见者采取更加严厉的打击措施，或是将他（她）们关进监狱，或长期软禁起来，与世人隔离，不许发表作品和演讲，或是强迫他们放弃苏联国籍，自动移居国外。如被称为是“苏联的氢弹之父”的著名核物理学家萨哈罗夫在 1968 年因呼吁苏美合作，以消除核威胁，被解除苏联国家原子能委员会首席顾问的职务。1975 年挪威诺贝尔奖评选委员会授予他诺贝尔和平奖，但苏联的压力使他表示愿意保留苏联国籍而宣布放弃领取奖金。

苏联的持不同政见者运动的出现是苏联社会矛盾日趋激化和政治发展陷于困境的产物，也是在苏联共产党和政府长期维持的高度集权的政治体制下的社会情绪的特殊表现形式。这一运动的产生不是偶然现象，它是20世纪30年代以来，固化的苏联体制陈陈相因、积重难返的结果。赫鲁晓夫推行“非斯大林化”和“解冻”政策激发这一部分知识分子的情绪，而勃列日涅夫在政治上的保守又从另一方面加剧“持不同政见者”们的联合。

苏联的持不同政见者运动包括了各种社会政治思潮和流派，是一个复杂的社会政治现象。这一运动基本上处于松散状况，组织性并不强。但如果按照他们的政治主张来区分，大致可以划分为三个派别。第一个是传统派（也称保皇派）。他们既反对在苏联实行社会主义制度，也反对建立资本主义制度。他们主张回到俄国去，甚至主张回到彼得大帝改革以前的时代去。著名作家索尔仁尼琴曾是该派的主要代表人物，他主张“基督教社会主义”。第二个是自由主义派。他们反对在苏联的社会主义制度，强调以西方资本主义为样板，在苏联采取西方社会的模式。著名科学家萨哈罗夫即是这一派的主要代表人物。第三个是体制改革派。他们自称是“党内民主派”和“列宁主义派”，西方称他们为“新马克思主义派”。该派批判斯大林式的社会主义，反对个人崇拜和个人集权，主张应该依据马克思和列宁的原理，对苏联的政治体制进行改革，扩大政治民主和人民参与程度。持不同政见者中这一派的人数较多，被撤职的前苏军少将帕・格里戈连科、帕・雅基尔（大清洗时代被处死的苏军高级将领约・雅基尔的儿子）、麦德维杰夫兄弟（罗伊・亚・麦德维杰夫和诺列斯・亚・麦德维杰夫）是该派的主要代表人物。

持不同政见者的活动方式主要是组织公开或秘密的集会，他们曾就1965年审判西尼亚夫斯基和达尼埃尔、1968年苏联入侵捷克斯洛伐克、1979年苏联入侵阿富汗等事件组织公开的抗议活动，他们还于1975年在丹麦的国会大厦就苏联国内的人权问题和民族问题组织国际听证会。有的人主要从事写作，批评斯大林体制的弊端，揭露苏联社会的阴暗面，持不同政见者团体在柏林、阿姆斯特丹、慕尼黑、巴黎和美国都有他们的俄文出版社，在国内也有一些地下印刷厂和秘密发行渠道。持不同政见者还有一些少数民族的知识分子，他们主要是对苏联政府的民族政策和大俄罗斯主义提出批评意见。

社会问题

勃列日涅夫执政时期，特别是后期，苏联的社会问题表现得非常严重，盗窃、行凶、污辱妇女等刑事犯罪案件呈急剧上升趋势。其中表现更为广泛和影响面更大的是酗酒和离婚问题，它成为该时期苏联社会问题的核心问题。

据苏联学者统计，1980 年苏联有 4000 万酒徒，占其全国总人口的（2 亿 7 千万）14. 81%。就酗酒人群的分布而言，60—80 年代的一个突出特点是，青少年与妇女大规模地加入这个行列之中。在苏联民警局登记在案的酗酒青少年中，40% 的人在 11—13 岁就开始饮酒，40% 的人在 14—15 岁开始饮酒，只有 20% 的人 16—17 岁开始饮酒。据苏联官方统计，滥用酒精饮料的妇女难产和病产的情况占 10% 以上，死胎占 25%。1960—1980 年，苏联出生率下降 25%，死亡率增加 47%，其中妇女酗酒是一个重要的原因。随着苏联酗酒人群的无限制扩大和酗酒者酒精中毒程度的加深，酗酒对于苏联社会以及经济发展的影响也逐渐加大。据统计，苏联 3/ 4 的暴力犯罪是在酗酒以后发生的。俄罗斯联邦法院 1971 年审理的案件中约有 80% 的抢劫案、69% 的流氓袭击案、56% 的偷盗案是罪犯在酒后进行的。酒类已经成为行贿受贿的主要物品之一，非法贩酒成为牟取暴利的热门行当。格鲁吉亚巴统的一家酿酒厂长和总酿酒师利用一批不宜食用的和未上账的工业用酒精兑造假伏特加出售，不仅危及酒徒的生命，而且给国家造成 40 万卢布的损失。布良斯克州卡拉切夫区消费合作总社主任和商店经理为首的一伙人共盗卖十万多瓶酒，当事情败露时，为消灭罪证，他们把消费合作社付之一炬。为此，1972 年 3 月 15 日出版的《苏维埃文化报》说：“反酗酒斗争的实质就是争取减少犯罪行为的斗争。”

从卫国战争结束以来，苏联的离婚率一直呈上升趋势。到 70 年代，成为苏联社会问题的另一个焦点。1965 年 12 月 11 日，全苏最高苏维埃主席团颁布新的“婚姻家庭基本法”，规定简化离婚手续，把两道诉讼程序改为一道。1968 年 6 月 27 日通过修改后的《婚姻家庭基本法》，规定在夫妻双方一致同意离婚，无子女或子女已成年而无其他争议的情况下，离婚可通过行政手续，到民事登记处办理。从而进一步简化了离婚的审批手续，造成全苏离婚率急剧上升。1960 年离婚家庭占全苏家庭的 10%，到 1970 年这个数字就猛增到 27%，1979 年上升到 33%。1976 年苏联全国的离婚率猛增到每三对夫妇中就有一对提出离婚的，比 1960 年增加两倍以上。而在斯拉夫人集中的基辅和莫斯科等大城市的离婚

著名地下歌星维索茨基

率已增加到50%，马加丹州的离婚率甚至达到72%①。1965年苏联离婚夫妇为36万对，1966年为64万对，1979年为95.1万对。而且越是文化、教育和经济发达地区，越是大城市，离婚率越高。如1979年每千对夫妇中离婚的比例为：莫斯科为492对，列宁格勒为488对，新西伯利亚为503对，里加为558对，基辅为488对，敖德萨为569对。各加盟共和国首都和百万人口以上的城市（28座）的离婚数占苏联全国离婚总数的21%②。

在20世纪60—80年代苏联严重的社会问题中，除了越来越严重的酗酒问题和日趋上升的离婚率问题外，还包括盗窃、凶杀和吸毒等严重问题。美国《华盛顿邮报》（1972年11月13日）报道一名苏联科技人员在莫斯科的一家研究所制造麻醉品麦角酸被警察抓获，报道还说在苏联南部和中亚部分，吸毒现象更加普遍。格鲁吉亚的《东方曙光报》（1981年1月7日）也曾披露在第比利斯有为数不少的吸毒者，这些人绝大多数是年轻人，他们的家庭条件都比较优越，相当一部分的青年还出身高级知识分子家庭。在苏联的一些地区还出现了黑社会的团伙与组织，其中“高加索帮”、“车臣帮”和“格鲁吉亚帮”的活动最为猖獗。

苏联政府和各加盟共和国政府在这一时期加强了有关的立法，试图解决日趋严重的各类社会问题。苏共中央总书记勃列日涅夫在1966年6月的选民大会上的讲话中表示：“人民政权不能对危害社会的人姑息，无论是流氓还是罪犯，无论是官僚还是懒汉，无论是寄生虫还是人民财产的盗窃者。”部长会议主席柯西金也提到：“苏联近几年来在加强社会秩序和法制、改善法院、民警局的工作方面做了大量的工作。民警的人数增加了。”③同年7月26日，最高苏维埃主席团颁布了《关于对流氓加强处分》的法令。1969年7月，《第比利斯晚报》刊登了格鲁吉亚共和国禁止吸毒的政府条例，条例规定未经医生许可使用毒品者，处以拘留6个月至1年，经营毒品者，最多处以15年监禁，引诱青年吸毒者处以10年

① 《文学评论》，莫斯科1977年第9期。

② 《统计通报》，莫斯科1980年第12期，第66—67页。

③ 柯雄编：《苏联国内资本主义复辟纪事》，三联书店1975年版，第323页。

监禁。吉尔吉斯共和国党的第二书记福米钦科强调："应集中力量防止公共场所和日常生活中的违法现象，使每一个企业、每一个集体农庄、国营农场和每一个居民点"都造成一种使"营私舞弊、流氓行为、盗窃、投机、寄生生活和破坏公共秩序的行为无可乘之机的环境"。

1966年7月，苏联成立社会治安部，以便对社会治安机关进行统一有力的领导。1968年全苏部长会议作出"进一步加强民警措施"的决议，设立夜间民警局和专业化保卫局，建立摩托化部队。内务部长谢洛科夫在1973年11月10日的民警节上发表谈话，强调民警工作的专业化原则，宣布改组民警机构，改变管理制度、收集和整理情报制度、计划和监督制度，要建立完全新型的值勤部队，建立流动民警小组，强化民警的技术装备水平等。"同志审判会"、苏联社会治安站等群众性治安机构的建设在这一时期得到了各方面的重视。

20世纪70—80年代是苏联在政治和经济方面走下坡路的时期，在这样的大背景之下，社会问题是不可能得到有效解决的。经济发展的停滞直接影响到人民生活水平的提高，政治高压、党的威信下降、党的凝聚力缺乏、民主原则被破坏，使各种复杂的社会矛盾和冲突无法解决，使各种社会不满情绪无法发泄和调适，迫使人们或是将其极度压抑或是将其转移到其他方面。它的集中反映就是：人们普遍丧失了政治参与热情，不关心国家的前途和命运，社会道德标准、公民道德水平、自我奉献精神普遍下降，社会矛盾和冲突日益激烈，社会问题日趋严重。

特权阶层

勃列日涅夫执政后期，一方面由于体制的僵化和干部队伍的稳定，特别是事实上的终身制的确立；另一方面由于党内外民主和群众监督机制的破坏和削弱以及资产阶级腐朽思想对干部的侵蚀，到了20世纪70年代，一个庞大的"特权阶层"形成。这个"特权阶层"成员的主要特征是：第一，他们掌握着各级党、政、军领导机构和企业、农庄的绝对领导权。第二，多数人文化程度较高，受过高等教育，有高级专业技术职称，经常去西方国家访问。第三，这些人已不是当年的无产阶级革命家，马克思主义对他们来说只是口头上说说的东西，共产主义、社会主义理想在他们头脑中已经淡薄。第四，他们不以享有比一般规定的高级干部待遇还要大得多的特权为满足，还以各种方式侵吞国家财产。他们中的不少人把自己领导的企业、农庄当作资本，从事半合法的和非法的生产经营活动，获取大量利润。据估计，在 80 年代初期各种不同类型的“影子经济”的收入已达到数十亿卢布之巨。

据俄罗斯学者的估计，当时这个阶层大约有 50—70 万人，加上他们的家属，共有 300 万人之多，约占全国总人口的 1.5%。这个阶层的成员凭特殊的优待证件可以买到莫斯科市场上紧缺的食品、汽车、进口电器等产品。莫斯科格拉诺夫斯基大街 2 号楼的入口处有一间不太引人注目的房子，上面挂着牌子：1919 年，列宁曾在这里发表过演说。看起来像是一个纪念馆，但实际上它是苏联中央委员和政府高级官员们的特供商店。在这里可以买到外国进口的各种商品，并完全是免税的。有法国白兰地、苏格兰威士忌、美国烟、瑞士巧克力、意大利领带、奥地利皮鞋、英国呢绒、法国香水、德国晶体管收音机、日本的录音机等。此外在克里姆林宫和中央百货商店里有特设的商店，为中央领导们服务。另外在莫斯科还设有专门为元帅和将军们服务的廉价商品配售店，为著名学者、宇航员、企业经理和社会主义劳动英雄服务的专门商店，为著名作家、演员和体育明星们服务的专门商店。这类商店被莫斯科市民统称为“小白桦商店”。对于这种特权现象，老百姓们自然是极度不满的，他们戏称：“对于上层人物来说，共产主义早已经建成了。”这个阶层的人从政治立场上讲，多数趋于保守，思想僵化，迷信教条，不思变革，安于现状。他们对上级唯命是从，明哲保身，高高在上，不问群众疾苦，没有把党和人民的利益看得高于一切。他们是一批地地道道的官僚，在他们的领导和影响下，苏联高度集中的政治经济体制进一步凝固化，社会处在停滞状态。

在勃列日涅夫时期，党政机关的干部特权和腐败现象相当严重。当时的领导干部，享受高于普通职工几十倍的高薪，享受名目繁多的补助，享受兼职兼薪，拥有高级别，交通工具和特殊商品供应等等。特别是，领导干部搞裙带关系，结党营私，损公肥私现象相当普遍。当时，全国性的大案要案多次发生。1980 年破获的“黑鱼子走私案”涉及渔业部、贸易部、食品工业部、太平洋舰队 300 多名干部，使国家受到几百万卢布的损失。所谓“乌兹别克黑手党”案件，涉及乌兹别克党中央第一书记拉希多夫等一大批高级干部，他们虚报棉花产量 100 万吨，从国库骗取 20 多亿卢布的收购资金。有的案件直接涉及勃列日涅夫家属，如他的女儿加琳娜涉嫌“珠宝钻石走私案”，此案于 1982 年 1 月被破获，案由是莫斯科大马戏团出国演出时私带价值 100 万美元的钻石和 50 万英镑的珠宝；他的儿子尤里参与高价出售出国护照案；他的女婿丘尔巴诺夫则贪污受贿 65 万卢布，构成震惊全国的贪污案，等等。

“发达社会主义”

“发达社会主义”是勃列日涅夫执政时期，苏联共产党和苏联理论界着意宣传的理论。赫鲁晓夫在1959年曾宣布苏联已经进入“一个新的、极重要的发展时期——全面展开共产主义社会建设时期”，并且认为“共产主义现在已经不是遥远的理想，而是我们最近的明天”。实践证明，赫鲁晓夫的提法是他一贯急躁冒进的工作作风的表现。勃列日涅夫批评了赫鲁晓夫的“唯意志论”。勃列日涅夫对赫鲁晓夫思想作了重要的修正，明确地把社会主义阶段划分为建设发达社会主义阶段(即社会主义初级阶段）和发达社会主义阶段(即社会主义的高级阶段)，并且宣布发达社会主义阶段，即向共产主义过渡阶段，是需要很长的时间才能完成，否定了赫鲁晓夫把这一过渡看成短暂阶段的观点。勃列日涅夫认为20世纪60年代苏联才建成发达社会主义社会，从这时起才开始进入向共产主义过渡阶段。从这些方面看，勃列日涅夫对苏联发展阶段的估计较之过去现实了一些，在一定程度上纠正了赫鲁晓夫急于过渡到共产主义的思想。

1967年11月6日，在庆祝十月革命胜利50周年的纪念大会上，勃列日涅夫宣布苏联“已经建成发达社会主义社会”，这一理论曾被官方理论家们吹捧为是对科学共产主义理论的重大贡献。在1976年召开的苏共25大上，勃列日涅夫在报告中要求把“发达社会主义”的概念写入1977年的新宪法中，以国家根本法的形式确定下来。

按照勃列日涅夫的批示和苏联学者们的论证，在政治方面，苏联在进入发达社会主义阶段以后，苏联已经变成全民国家，苏联社会内部已经不存在阶级斗争了，因此促进苏联社会发展的动力是各阶级利益的一致，苏联共产党变成了代表全体苏联公民的“政治先锋队”组织。在物质生活和精神生活方面，人民的物质需要已经得到了极大的满足。更重要的是，在苏维埃体制下，社会主义民主得到充分发扬，全体人民充分享有参政议政权利、受教育权利。社会主义生活方式日益完善，共产主义新人不断涌现。另外，在发达社会主义条件下，在苏联产生了一个新的历史性人类共同体——苏联人民。这个共同体既是各阶级和社会集团已经接近的社会共同体，又是所有民族已经接近并建立起牢不可破的友好关系的族际共同体。

勃列日涅夫强调，“发达社会主义”概念的提出是半个世纪以来，苏联“社会经济和政治变革的一种特殊的总结”。苏共关于社会主义的一切理论问题几乎都是从这个理论阐发出来的，宣传这一理论成了苏共意识形态工作的中心任务。勃列日涅夫也因此而被称为“卓越的马克思主义理论家”，并获得苏联科学院颁发的“卡尔·马克思”奖。

“发达社会主义”是勃列日涅夫提出的关于对社会主义发展阶段的新的和重要的认识，并试图修正赫鲁晓夫急于向共产主义过渡的错误。但是这个理论及其一些标准仍然是超越了苏联政治、经济和社会发展的现实条件。在勃列日涅夫执政后期，特别是20世纪70年代中期以后，苏联经济发展极其缓慢，国内一些与人民生活息息相关的物资供应极度匮乏，城乡差别、工人与集体农庄庄员之间的差别虽有缩小但仍然存在，管理阶层贪污腐化，特权阶层阻碍改革，特别是在民族问题上已经暗伏重重危机。因此，不顾事实，闭目塞听地宣称苏联已经处于“发达社会主义社会”阶段是极其错误的作法。

五、文化科学事业的发展

文学艺术

1921年，在列宁的亲自关怀下创办了文学艺术大型刊物《红色处女地》，布尔什维克的文艺评论家A.沃隆斯基担任主编，高尔基主持该刊的“文学专栏”，在《红色处女地》周围聚集着一批有才华、有名望的作家。1922年，俄共（布）中央提出建议，要求“要利用事实上现已存在的属于《红色处女地》的团体”来建立苏维埃政权自己的作家队伍，要求作家用自己的笔歌颂社会主义革命的巨大胜利。1923年3月，在莫斯科召开了无产阶级作家代表会议，在会上成立了“莫斯科无产阶级作家协会”（简称“莫普”），其后在此基础上成立了“俄罗斯无产阶级作家协会”(简称“拉普”①)，该协会的机关刊物《在岗位上》也随之创立。“莫普”的成员大多是前线下来的军人或工厂的工人，他们的理论和文化水平不高，

① “莫普”为“莫斯科无产阶级作家协会”的俄文缩写“МАПП”的音译，“拉普”为“俄罗斯无产阶级作家协会”的俄文缩写“РАПП”的音译。

但革命热情异常高昂，他们中间的许多人长期从事政治宣传，很自然地倾向于文化的政治化，并习惯于用政治手段解决文艺理论和文学创作方面的冲突。

从 1923 年起，在《红色处女地》派和“莫普派”中间展开了一场争论。焦点是如何对待古典主义和历史文化遗产。“莫普”派认为无产阶级文学与资产阶级文学是完全对立的，只有无产阶级文学才对社会有益，他们主张对待资产阶级文学“要像在战争中作战一样，声音要粗暴，行动要严厉，战斗要无情，不要吝惜弹药，俘虏是多余的”。他们的主张遭到了《红色处女地》派的批评，高尔基、布哈林、沃隆斯基等人著文论述了党的文艺理论和文艺政策，但被“莫普派”视为“文学孟什维克主义”。1925 年 6 月，联共（布）中央制定了《关于党在文学方面的政策》，对“莫普派”的过激和错误主张进行了批评。但是在 30 年代的政治斗争中，斯大林转而支持“拉普”，认为“至于领导文学，你们，只有你们和你们的‘拉普’，才有资格”，从而加剧了苏联文学艺术界的分裂和论争。“拉普”的行政化、官僚化和军事化的倾向越来越明显，逐渐失去了社会团体和群众创作组织的应有职能，1932 年被宣布解散。

1932 年苏联科学院成立了以高尔基命名的世界文学研究所，随后苏联科学院和加盟共和国建立了一系列的有关俄罗斯文学、苏联文学和世界文学的研究机构。普希金、莱蒙托夫、陀思妥耶夫斯基、果戈理、屠格涅夫等俄国作家的创作和思想得到了深入的研究，出版了多卷本的《文学遗产》、200 多卷本的《世界文学丛书》等有较大影响的巨著。

20 世纪三四十年代苏联的文学创作获得了巨大的丰收，高尔基的《克里姆·萨姆金》、肖洛霍夫的《静静的顿河》、阿·托尔斯泰的《苦难的历程》出版，这些著作是将革命的现实主义与文学上的浪漫主义相结合的代表力作。

卫国战争结束后，苏联文学艺术界坚持社会主义现实主义的理论观点，在积极进行文学文艺创作的同时，文学界还就反映生活中的矛盾方面的公式化、反对小主题论展开了争论。在当时主管意识形式的苏共中央书记日丹诺夫的领导下，在文学艺术界进行了一系列错误的批判运动。1946 年，苏共中央通过决议，对《星》杂志和《列宁格勒》杂志进行了批评，作家左琴科和女诗人阿赫玛托娃被视为资产阶级作家，称他们为“下流的市侩作家”、“文学流氓”、“古老贵族文化世界的残渣”。

50 年代初的思想解放和非斯大林化最早是从文学艺术界开始的，爱伦堡的小说《解冻》的出版被认为代表了当时文学艺术界最活跃的思潮。杜金采夫批判官僚主义的小说《不仅仅是为了面包》、奥维奇金的《艰难的春天》、田德里亚科夫的《死结》、格拉宁的《个人意见》、尼林的《冷酷》、亚申的《杠杆》陆续得以发表。在赫鲁晓夫的支持下，索尔仁尼琴反映斯大林时期集中营的残酷生活和知识分子命运的《伊凡·杰尼索维奇的一天》在 1962 年 11 月出版的《新世界》上公开发表，在苏联社会上引起巨大的反响，推动了政治上的非斯大林化运动。随后，他的小说《克里切托夫卡车站的小事》、《玛特辽娜的一家》等得以发表。

1957 年和 1959 年苏联科学院高尔基世界文学研究所开展了两次关于现实主义和社会主义现实主义的讨论，通过争论，批评了卫国战争结束以来影响文学艺术界的“无冲突论”和“粉饰生活”的观点，修正了 20 世纪 30 年代以来通行的社会主义现实主义的定义，拓宽了文学理论和文学创作的思路，吸收了各种文艺流派和方法。1964 年召开了“当代现实主义与现代派问题”讨论会，1966 年召开了“社会主义现实主义的迫切问题”讨论会，探讨了社会主义的现实主义的基础，社会主义现实主义与古代文学流派与西方现代文学流派的关系问题，确定了社会主义现实主义是世界艺术发展史合乎规律的新阶段的观点。

60 年代中期以来，苏联作家的文学创作日趋繁荣和多样化，其特点是既写英雄业绩、正面人物，也揭示现实生活中的矛盾和冲突。

电影界也迅速地作出了反应，在继承革命电影优秀传统的前提下，一改过去银幕形象单一、正面人物完美无缺、脸谱化等弊病，创作出了一些优秀影片，同时涌现出了一批新的电影制作者。他们对于苏联电影社会主义现实主义的方法，从内容到形式进行了大胆的革新，产生了这一时期电影创作的新变化。在大量的国产影片中，除了《静静的顿河》《苦难的历程》《战争与和平》《卡拉马佐夫兄弟》《堂吉诃德》《哈姆雷特》等名著被搬上银幕外，一些反映战士日常生活的电影，如《雁南飞》《这里的黎明静悄悄》《战地浪漫曲》等也登上银幕。苏联著名导演舒克申在 1973 年完成的《红莓》引起了苏联文艺界的关注。著名导演梁赞诺夫的《办公室的故事》（1977 年），《两个人的火车站》（1982 年），缅绍夫导演的《莫斯科不相信眼泪》（1979 年）不仅得到苏联观众的赞扬，而且在许多国际电影节上赢得大奖，在一些国家受到欢迎。

80 年代中期以后，苏联出现了“回归文学”热，二三十年代流亡欧美的俄国作家以及 70 年代后出现的“持不同政见者”的作品得以在苏联公开出版。作家们和文学研究者们开始更多地从“人”而不是“歌颂”的角度进行自己的创作和研究，“寻根文学”、“反思文学”成为社会关注的热点。但是在戈尔巴乔夫的

“公开性”、“多元化”、“民主化”口号的影响下，文学艺术界也存在着一种非常强烈的倾向，一些作家和学者通过作品和研究彻底否定苏联的社会主义制度，否定70年苏联历史发展的巨大成就，否定苏联共产党的领导。

科学事业

1918年4月，列宁发表《科学技术工作计划草稿》，对新政权如何发展科学事业作了重要的指示。1918年将沙皇俄国时代的彼得格勒科学院更名为俄罗斯科学院，到1925年俄罗斯科学院已经拥有40个研究机构。1925年7月27日，苏共中央执行委员会和苏联人民委员会宣布俄国科学院为全苏最高科学研究机构和中心，9月，全苏隆重庆祝俄罗斯科学院建院200周年，苏维埃政权宣布将俄罗斯科学院正式更名为苏联科学院。

卫国战争期间，由于经费紧张等原因，苏联的科学研究发展较慢。1941年7月1日，苏联科学院主席团制订了战争时期科学研究工作和选题计划的主要方向，以适应战争的需要，这个计划得到了联共（布）中央的批准。

苏联科学院按学科领域分成“部”，“部”领导“学部”，“学部”下设各种专业研究所。“学部”是苏联科学院科研工作和科研组织工作的主要环节，它不但

走向共产主义胜利（布里斯金和伊万偌夫画于1975年）

负责领导其所属的各研究所，而且还负责领导整个苏联国内的相应学科和研究机构。1959 年，苏联科学院设有 9 大学部，其中自然科学和工程学的学部有 5 个，即：物理和数学部、化学部、地质学和地理学部、生物学部、工艺学部；人文社会科学学部有 4 个，即：历史学部、经济学部、哲学和法学部、文学和语言学部。1963 年调整为 16 个学部，有关人文社会科学学部仍然为 4 个。

此外，为便于研究工作的开展、加强经济落后地区及少数民族地区的文化科学事业的发展以及战备的需要，苏联科学院按照各地区和加盟共和国的经济和文化特点建立若干分院和中心。主要有：西伯利亚分院（设在新西伯利亚）、远东中心（设在海参崴）、乌拉尔中心（设在乌拉尔）、西北中心（设在列宁格勒）、北高加索中心（设在顿河畔罗斯托夫）、伏尔加河流域中心（设在古比雪夫）。其中西伯利亚分院最具特色，它是 1957 年由苏联科学院与俄罗斯联邦共同出资建立的。该所所址设在苏联的远东科学城——新西伯利亚，在这里工作的各学科科研人员有数十万人之多。西伯利亚分院既是苏联科学研究体系的一个组成部分，在业务上受苏联科学院主席团领导，同时在行政上又受俄罗斯联邦部长会议领导，其财政预算来自俄罗斯联邦。

至 1981 年 1 月，苏联科学院有院士 234 人，通讯院士 498 人，外籍院士 80 人。其中，人文社会科学院士 37 人，通讯院士 73 人，外籍院士 7 人。1981 年 12 月，在苏联科学院全体大会的例行选举中，在社会科学领域又增选了院士 8 人，通讯院士 14 人。

苏联共产党和苏联政府将对科学研究的领导和指导视为重要的工作。苏维埃政权极为重视对科学研究工作的领导，重视发挥政府在科学事业中的协调作用。根据列宁签发的法令，在最高国民经济委员会下设一个科学技术研究部，吸收 250 名教授、300 名工程师和 240 名其他专家参加工作。1919 年 12 月 23 日，人民委员会通过《关于改善科学家生活状况》的特别决定，在人民委员会领导下成立了全俄科学家生活改善委员会，在当时极端困难的情况下，给著名科学家发放国家特别配给的口粮和提供住房。

1922 年俄罗斯联邦人民委员会成立了特别临时科学委员会，1926 年建立了全苏科学工作促进委员会、科学院委员会和科学机构局。俄共（布）中央也于 1926 年建立了学术、教学和出版管理委员会，由俄共（布）的红色理论家、著名文学评论家阿·维·卢那察尔斯基任主席，该委员会管理共产主义科学院、斯维尔德洛夫共产主义大学、马克思恩格斯研究院、苏联革命博物馆、东方学联合会等，1930 年苏联科学院也划归该委员会领导。这一举动的目的在于加强党中央对科学和教育工作的集中统一领导，加强党对意识形态的控制。

1929 年，全苏自然科学和社会科学领导中心建立。1930 年 12 月 9 日，斯大林在接见苏联哲学和自然科学红色教授学院党支部委员会成员时，就哲学、社会科学和自然科学战线的形势和任务问题发表重要谈话，实际是为苏共确定在哲学和社会科学等领域的路线和政策制定了指导思想。1931 年 3 月国家计划委员会召开了第一次科学研究规划会议。从此，苏联的人文社会科学与自然科学研究走上苏联共产党中央直接领导下，由国家计划委员会直接指导，科学研究完全纳入计划经济的道路。

50 年代中期后，苏联科学研究取得了巨大的成就。1954 年，第一座原子能电站投入使用。1956 年，成立了国际杜布纳核研究所，安装了同步回旋加速器和同步相位加速器，开始了高级物理的研究。1957 年 8 月，苏联第一枚洲际导弹发射成功，同年 10 月，世界上第一颗人造地球卫星上天。1959 年，世界第一艘原子能破冰船下水。1961 年 4 月，“东方一号”宇宙飞船发射成功，尤里·加加林在人类历史上第一次实现了载人宇宙飞行。

尤里·加加林

七八十年代，苏联科学家在国家决策中发挥的作用越来越大。如党和政府的重要决议《确定新技术的经济效率的方法》、《1990 年前苏联生产力布局的总方案》就是苏联科学院经济研究所提出的。苏联科学院中央经济数学研究所为改善国民经济的管理水平，研制了一系列经济信息自动管理系统。同时科学家在苏联社会政治生活中的地位也明显提高了。在 1981 年召开的苏共 26 大上选出的 537 名中央委员、候补中央委员、中央监察委员中，具有加盟共和国科学院通讯院士以上称号和副博士以上学位者约占 1/4，共 129 人，其中社会科学家 75 人。

同时期社会科学研究也取得较明显的进展。勃列日涅夫在苏共 23 大报告中强调：社会科学“它们的使命就是要全面地研究这样一些问题，例如：共产主义社会关系形成过程的倾向和特点，国家制度的完善，社会主义民主的发展，劳动经营的形式和方法，劳动的科学性的组织安排，共产主义教育的内容和方法以及其他一些迫切的问题。”1967 年 8 月 14 日，苏共中央发布了《关于进一步发展社会科学并提高其在共产主义建设中的作用的各项措施》。决议对苏联的社会科学研究提出了批评，要求社会科学必须彻底摆脱简单化、概念化、注释性和繁琐性的影响，防止背离历史主义原则和防止见风使舵的倾向。要求“科学研究机关、党组织和在哲学、经济学、科学共产主义、历史学、法学、美学、教育学、心理学及其他社会科学领域工作的科学家应该注意更加有效地和全面地研究巨大的理论问题。”决议提出有必要编写一些反映党史的学术著作，深刻地阐明马克思列宁主义的发展历程，研究列宁主义的精髓。同时，必须根据具体史实进行研究，防止对党的活动和国家发展的整个时期全盘否定。

50 年代末，《世界通史》、《苏联通史》均已完成并出版。16 卷本的《苏联历史百科全书》出版了前 12 卷，12 卷本的《第二次世界大战史》和 6 卷本的《苏共通史》出版。在纪念十月社会主义革命胜利 50 周年（1967 年）、马克思和恩格斯诞辰 150 周年（1968 年和 1970 年）、列宁诞辰 100 周年（1970 年）和卫国战争胜利 25 周年（1970 年）之际，苏联科学院系统、莫斯科大学和列宁格勒大学等大学出版了一系列有价值的哲学、政治经济学、苏联史和世界通史的研究著作。其中有《远古以来的苏联史》，《世界各族人民》，6 卷本的《苏联伟大的卫国战争史（1941—1945）》，《苏联国内战争史》，6 卷本的《苏联共产党历史》，5 卷本的《哲学史》。涅奇金娜、基姆、达尼洛夫、戈罗杰津基、萨哈罗夫等著名学者在历史学杂志上发表了一系列论文和回忆文章。在这些文章中，重点地论述了列宁和列宁主义对于史学研究的重要作用。这些材料收集在《列宁和历史科学》《封建主义时代俄国史的主要问题》《列宁和历史问题》中。这些著作论述了列宁主义的理论遗产，揭示了十月社会主义革命的伟大历史意义，总结了世界上第一个社会主义国家的建设经验，揭示了苏联共产党对苏联人民取得伟大胜利的决定性作用。

六七十年代，“发达社会主义”是苏联经济学研究的核心课题。经济学家们研究了发达社会主义的物质技术基础，发达社会主义条件下生产关系的巨大变化，研究了评判效率和生产最优比例的标准，社会劳动生产率的要求和企业的利润率，向国民经济各部门进行基建投资的结构和提高基建投资效率的途径等问题。完善经济机制、拟制国民经济计划的新形式和新方法，管理社会生产的组织形式的发展，有效地利用商品货币关系，挖掘社会主义经济一体化的潜力是占主导地位的问题。经济学界研究了社会主义农业化问题，即建立和完善能够保证农业稳定发展、将农业过渡到现代化的工业基础，在这一经济领域坚定地加速科技进步、保证农业生产的专业化和集中化、保证跨部门合作和加深农工一体的经济关系体系。研究了在发展生产的过程中对集体农庄成员实行物质鼓励的问题，从经济上巩固集体农庄和国营农场、完善农业生产的组织形式和管理形式。

哈尔科夫工程经济学院的经济学教授利别尔曼在1962年9月9日的《真理报》发表《计划·利润·奖金》，提出以利润为核心的国营企业管理方案，主张让利润指标在经济机制中起更大的作用，用利润、奖金等刺激生产。他的建议得到了苏联领导人赫鲁晓夫的支持。勃列日涅夫执政后，利别尔曼的建议继续受到苏共中央的重视。

莫基切夫主编的《政治学说史》（莫斯科1971年版）研究了从古代奴隶制社会到20世纪初的世界各国和各民族的政治及法律思想的发展史，不仅重点评述了马克思主义政治学和法学思想的发展历史，而且对各个历史时期封建主义和资产阶级的政治法律思想进行了评述。

60—80年代较为有影响的著作还有奇希克瓦泽主编的《国家与法的一般马克思主义理论》（4卷本，1970—1973年出版），莱温和图马诺夫主编的《国际法教程》（6卷本，1967—1973年出版），《苏联刑法教程》（6卷本，1970—1971年出版），利夫希茨和奥尔洛夫斯基所著的《苏联劳动法理论问题》（1978年出版）等。

80年代，历史学和哲学成为变化最为急剧的两个人文社会科学学科。80年代以后，苏联哲学界出现了较为明显的人文化倾向，哲学家们越来越多地从人的活动、人的作用、人的问题的角度探讨问题。并且出现了一个专门的学科“人学”。一些学者呼吁哲学、社会学、历史学、经济学、生物学、人类学、心理学、语言学、文化学等学科联合攻关，对“人的问题”进行综合的研究。苏共27大以后，苏联科学院主席团通过决议，委托苏联科学院心理研究所所长洛莫夫领导“人的问题综合研究”学术委员会，具体组织和协调各学科对人学的综合性研究。在“填补历史空白点”口号下，全国掀起了一股历史热。封建主义时期和苏维埃政权早期被封禁的贵族和资产阶级历史学家的著作被大量出版，持不同政见者的著作成为出版社的热门选题，被封禁多年的历史影片得以公映。不仅仅是历史学家在重新反省六十余年苏联历史的发展，而且政治学家、档案学家、经济学家、诗人、作家、戏剧家等都投身到填补“历史空白点”的浪潮中。

莫斯科大学

第十章

走向解体的苏联

（1982 年至 1991 年）

1982—1991 年，是苏联历史上急剧动荡的时期。而 1985 年戈尔巴乔夫就任苏共中央总书记后，他所倡导的“新思维”和他所领导的全方位改革更引世人关注。但是由于苏共领导人在对社会主义性质和前途方面的错误认识，以及在改革方向和规划的错误决断，同时伴以特殊的国内和国际形势的推动，苏联的全方位改革引发了国家的全方位的危机，最终导致改革的全面失控和苏联发展方向的急剧转向，导致社会主义实践在苏联的失败和统一的多民族的联邦制国家的解体。

一、“新思维”构想

戈尔巴乔夫执政

1982 年 11 月 10 日，勃列日涅夫病逝。11 月 12 日召开的苏共中央全会选举 68 岁的尤·弗·安德罗波夫为新的苏共中央总书记。1983 年 6 月，安德罗波夫当选苏联最高苏维埃主席团主席。安德罗波夫在勃列日涅夫执政时期曾担任国家安全委员会主席的职务，他执政后锐意推行改革，解决和调整苏联严重的政治、经济和社会问题。在他执政的 14 个月里，主持了 3 次苏共中央全会，并且发表了数篇具有重要指导意义的文章。

1983 年 2 月，安德罗波夫在纪念马克思逝世 100 周年的文章中提出苏联“正处在发达社会主义漫长的历史阶段的起点”，批评了过高估计苏联社会发展阶段的倾向，他认为苏联社会在本世纪最后几十年中所面临的任务，可以概括为完善发达的社会主义，从而部分修正了勃列日涅夫把苏联社会看成比较完善的发达社会主义社会的观点。苏联理论界根据他的提法，把当时苏联社会称为发达社会主义的最初阶段。安德罗波夫倡导思想解放，支持苏联理论界打破多年形成的理论和学术禁区。他克服重重阻力，大力整顿党风，清除党内的贪污腐化之风，将包括勃列日涅夫的儿子尤里和女婿丘尔巴诺夫在内的贪污渎职者绳之以法。在工业、建筑业和农业方面推行改革，扩大各级生产企业和单位的经营自主权。

然而安德罗波夫在担任国家最高领导人之前身体就不好。他 30 岁时得了糖尿病，52 岁时患心肌梗塞，肾功能衰竭，患有沙门氏茵等病症。但是，了解总书记病情的人并不多，这不仅因为苏联的医生能为其患者保密，而且安德罗波夫在克格勃和苏共中央表现出超群的工作能力。他节假日从不休息，晚上经常把文件带回家，仔细阅读所有需要签名的文件。安德罗波夫的爱好很广泛，俄罗斯古典音乐、现代油画、美国侦探小说。但是，身体状况无法让安德罗波夫施展雄心壮志。1983 年春，他的肾脏停止工作，不得不使用“人造肾”。9 月份的一场重感冒导致腹部出现化脓性合并症，只好做了一次外科手术。安德罗波夫住进医院，从此就没出院。他在病床上通过信件、便条、电话和助手们管理国家 5 个月。他会见不少好友，如戈尔巴乔夫、利加乔夫、乌斯季诺夫、切布里科夫。安德罗波夫巧妙制造了很快康复的假象，除了医生，国内无人知道真实情况。总书记只能在靠警卫给他翻页的情况下，批阅了大量的文件。1984 年 1 月底，安德罗波夫病情开始恶化，2 月 9 日病逝。

1984 年 2 月 13 日，苏共中央全会选举 73 岁的康・乌・契尔年科为苏共中央总书记，4 月 11 日他又被选为苏联最高苏维埃主席团主席。契尔年科原在摩尔达维亚工作，1965 年调任苏共中央总务部部长，1966 年被选为中央候补委员，苏共 26 大上被选为苏共中央政治局委员。契尔年科深得勃列日涅夫的信任和赏识。契尔年科就任总书记前就患有严重的肺气肿，他在任的 15 个月也基本上是在医院度过的。契尔年科思想较为保守，而且长期为病痛所困，因此他在任期里基本上没有什么建树。1985 年 3 月 10 日契尔年科病逝。

1985 年 3 月 11 日，苏共中央非常全会选举 54 岁的戈尔巴乔夫继任苏共中央总书记的职务。这一天，塔斯社播发了重要新闻：苏共中央全会一致选举戈尔巴乔夫为苏共中央总书记。并且介绍了他的个人简历：米哈伊尔·谢尔盖耶维奇·戈尔巴乔夫，1931 年出生于斯塔夫罗波尔，俄罗斯族，16 岁时就因为帮助父亲开联合收割机而获得一枚劳动红旗勋章，中学毕业后以优异成绩被保送到著名的莫斯科大学法律系学习。大学毕业后一直从事党务工作和农业方面的工作。他于 1952 年入党，1955 年任斯塔夫罗波尔团市委第一书记，共青团边疆区委某部副部长、第二书记、第一书记。1962 年起任斯塔夫罗波尔地区农庄农场生产管理局党的负责人。1966 年 9 月，当选为斯塔夫罗波尔市党委第一书记。1968 年起任斯塔夫罗波尔边疆区委第一书记。1971 年起为苏共中央委员，是苏共 22 大、24 大、25 大和 26 大代表。1978 年当选为苏共中央书记。1979 年当选为苏共中央政治局候补委员，1980 年 10 月被选为政治局委员。

戈尔巴乔夫

安德罗波夫生前对戈尔巴乔夫非常赏识。在 1985 年 3 月 11 日的中央非常全会上，由党内资格最老的葛罗米柯提议戈尔巴乔夫继任总书记。葛罗米柯的理由是，戈尔巴乔夫“精力充沛，学识渊博，年龄也很合适。他不仅有中央工作经验，而且还有地方工作实践。最难得的是，他还能很好并很快地抓住在本国以外的国际舞台上所发生的事态的实质”。①

戈尔巴乔夫热衷于上电视、上广播，热衷于发表文章。他极为重视新闻媒体的作用，认为这是解决问题的最好方式之一。每当出现什么新的问题时，他就说：“我们必须写篇文章或写本书。来起草个大纲吧。”

戈尔巴乔夫一上台就表现了改革的气魄和充沛的精力。他大刀阔斧地调整了从中央到地方的各级领导班子，同年 7 月就免除了担任外交部长十余年的葛罗米柯的职务，葛罗米柯转任最高苏维埃主席团主席，舆论界认为葛罗米柯职权的变更是明升暗降。9 月，任命雷日科夫接替吉洪诺夫担任部长会议主席，叶利钦取代格里申当选莫斯科市委第一书记。到 1986 年 3 月苏共 27 大召开前，撤换了 7

① 黄宏等：《原苏联七年“改革”纪实》，红旗出版社 1992 年版，第 1 页。

名最高苏维埃主席副主席、6名部长会议副主席、8名党中央部长，部长会议所属的105个部委局的第一把手撤换了39%，5个加盟共和国的党中央第一书记被撤换或调动，撤换6个加盟共和国的部长会议主席、9个加盟共和国的最高苏维埃主席。从而在一定程度上结束了苏共中央和政府领导人年龄偏大，思想保守的局面，为下一步的改革扫清了道路。

全面改革

1985年4月召开的苏共中央全会上提出了加速国家社会经济发展战略，这是苏联在新时期全面综合治理社会经济发展中的各项问题、振兴社会经济的总构想和总路线。它总结了勃列日涅夫时期苏联经济发展战略失误的教训，无论是在指导思想还是在规定的战略目标以及实现战略目标的手段上都呈现出新的特点。戈尔巴乔夫提出的加速国家社会经济发展战略是以“全面完善社会主义”的纲领任务为依据的，在纲领任务中还取消了“向共产主义过渡”的提法。即抛弃了勃列日涅夫时期广泛宣传的发达社会主义建成论，对苏联当前社会经济发展水平作出了比较实际的估计。1986年2月，召开了苏联共产党第27次代表大会，戈尔巴乔夫在大会上所作的报告中强调苏共当前的任务是“发展和巩固社会主义，有计划地和全面地完善社会主义”。大会肯定了4月中央全会提出的加速发展战略，通过了《苏联1986年至1990年和2000年经济和社会发展基本方针》。规定到2000年，国民收入和工业总产值要增长1倍，劳动生产率提高1.3—1.5倍，国民收入年增长速度提高到5%（1981—1985年均增长3.1%），人均实际收入增加60%—80%。

在经济改革过程中，苏共提出了社会主义经济形式多样化的提法。戈尔巴乔夫在1985年5月召开的列宁格勒党组织积极分子会议上曾指出，不要把发展个人副业同私人经营活动混为一谈。他在苏共27大的政治报告中说，应当注意研究关于整顿个人劳动活动的建议，应当使这类劳动同社会主义经营原则完全吻合，或者建立在合作的基础上，或者建立在同社会主义企业订立合同的基础上。根据苏共27大的精神，1986年颁布了《个体劳动活动法》，规定对29种个体劳动活动实行国家调节，取消了对个体劳动的不合理的限制。

在经济改革的具体措施方面，1985年5月，苏共中央制订了《关于克服酗酒和嗜酒现象的措施》，试图整顿社会秩序，自上而下解决苏联社会的老大难问题——酗酒，但收效不大。

1986年，苏联部长会议颁布了《合资企业法》，开始与西方国家建立合资企业，以利用其资金。部长会议主席雷日科夫表示，要“更有效地把这种合作形式纳入社会主义经济”。

1987年6月，苏联部长会议制定《关于根本改革经济管理的基本原则》和《国营企业法》，基本思路就是给企业放权让利，使企业实现“三自一全”（自筹资金、自负盈亏、企业自治、完全的经济核算），国家对经济管理逐步从行政管理为主的方法向以经济管理为主的方法过渡。《国营企业法》是苏联第一部有关企业管理和经营的法令，它规定企业是社会主义国家里生产、经营和销售的主体，企业内部实际自治和完全的经济核算。《国营企业法》从1988年起在机械制造、化工、冶金和交通运输等行业中进行了试点，1989年后正式推广到全部行业。

1986年2月25日，苏共27大开幕，戈尔巴乔夫在政治报告中批评了生产关系与生产力的“自动适应论”。社会主义生产关系自动适应生产力的发展，两者之间不会发生矛盾的理论观点是苏联30年代形成的经济管理体制的理论基础之一。这种理论在苏联的理论界长期居于主导地位。戈尔巴乔夫认为，在社会主义条件下，生产关系自动适应生产力的性质的概念是站不住脚的。因为在实际生活中，情况要复杂得多。现时的生产关系形式、经营管理制度基本上是在粗放发展经济的条件下形成的，它们渐渐地过时了，失去了推动作用，在某些方面还成为障碍。

戈尔巴乔夫在政治报告中还批评了实行改革会背离社会主义原则的提法。他指出，现在流行一种说法，经济机制的任何改变，几乎被当作是放弃社会主义原则。他认为，衡量完善管理体制和整个社会主义生产关系的最高标准，应当是社会经济的加速发展和社会主义的切实加强。他强调，苏联对经济机制进行全面和根本性的改革，对生产关系的根本变革不仅不是放弃社会主义原则，而是使苏联社会具有“更多的社会主义”。①

戈尔巴乔夫强调在改组经济和经济体制的工作中，应当从生活的需要出发，以新的眼光看待诸如所有制及其实现的经济形式的某些理论观点和概念。因为社会主义所有制处在运动过程之中，具有丰富的内容，它包括人与人之间、集体与集体之间、部门与部门之间、地区与地区之间在利用生产资料和生产成果方面的多边关系和一系列经济利益。这些复杂的关系要求进行一定方式的结合和经常的调整。如果不从理论上深刻认识这些变化，就不能找到正确的实际解决方法，也

① 黄宏等：《原苏联七年“改革”纪实》，红旗出版社1992年版，第19—21页。

就不能及时地制定措施，使人们树立起对社会主义所有制的主人翁态度。戈尔巴乔夫认为用空谈培养主人翁感的想法是幼稚的。

戈尔巴乔夫在苏共27大的闭幕词中宣布："争取加速国家的社会经济发展，就意味着要完善社会主义经济制度，进一步大力推动生产力的发展和科技进步，调动我国国民经济的巨大潜力。争取加速，就是说，要使劳动者福利的提高同劳动效率密切联系起来，把全面关心人同彻底实现社会公正原则结合起来，确保积极的和强有力的社会政策得以贯彻执行。争取加速，就是说，要加强民主，坚定不移地发展人民的社会主义自治，扩大党和国家生活中的公开性，为发挥每个劳动者和每个集体的主动性与首创精神开辟广阔的天地。争取加速，就是说，要把思想和组织工作同现实生活问题紧密地联系在一起，避免说空话和说教，提高对受委托办理事务的责任心，使人理解这一工作，以便克服困难和实际解决我们面临的任务。"①

1986年4月，戈尔巴乔夫在陶里亚蒂市会见劳动者代表时第一次提出了"全面改革"的概念②，在以后的一系列讲话和谈话中，他详细地论述了全面改革的思想，并且公开提出把改革同革命等同起来。所谓全面改革即是不仅"要对经济关系和全部社会关系进行深刻的变革"，而且"要对社会进行真正的革命性和全面的改革"，"要在所有战线——经济、社会、道德和政治战线开展斗争"，"要自下而上地进行改革"。他强调改革不是一次性和一时的行动，而且一个完整的过程，这个过程将贯穿在一定的历史时期之中。改革中最大的阻碍是长期以来形成的旧的思维方式，因此在全面改革过程中，应首先改革多年来形成的心理意识，建立新的政治思维。戈尔巴乔夫特别强调"党本身要改革"，"社会中的整个改革应当从党开始"，党在改革中应当"以身作则"。戈尔巴乔夫将改革的目标简称为"多一些活力！""多一些社会公正！""多一些民主！"和"多一些社会主义"。

苏共27大后，戈尔巴乔夫在多次讲话中提出要重新估计和修正苏联所处的社会主义发展阶段。在苏共新党纲中总的纲领任务问题上把安德罗波夫关于苏共新纲领是"完善发达社会主义的纲领"的提法，修改为"完善社会主义的纲领"。"发展中的社会主义"的概念是戈尔巴乔夫1986年10月在莫斯科召开的全苏高等院校社会科学教研室主任会议上第一次提出来的。戈尔巴乔夫在1987年苏共中央

① 《真理报》，莫斯科1986年3月7日。

② 黄宏等：《原苏联七年"改革"纪实》，红旗出版社1992年版，第24页。

一月全会的讲话中再次使用“发展中的社会主义”的概念，并且批评苏联的社会科学研究工作过去没有把发展中的社会主义、它的推动力与矛盾的辩证法、社会的现实状况等问题作为深刻的科学研究的对象。他强调：“苏联已经建成的社会是发展中的、上升的、奔向未来的社会主义”，“发展中的社会主义，这就是不轻松的，有时是极其费力的新与旧的斗争，这就是克服停滞时期，代之以加速运动和上升到进步的更高的阶段。”[①] 在发展中的社会主义概念提出之后，苏联社会理论战线对苏联所处的社会主义实际发展阶段进行了广泛的讨论和探索。

随后，戈尔巴乔夫提出了“公开性”和“民主化”的口号，并想以此吸引人们积极参与改革事业。苏共中央成立专门的委员会，审理20世纪三四十年代遗留下来的政治和历史问题。1988年，苏共中央先后为布哈林、李可夫、托姆斯基、加米涅夫、季诺维也夫等人平反，这一举动得到了全社会，特别是知识分子的支持。戈尔巴乔夫还提出重新研究和书写苏联历史，填补因个人专权和政治上的不民主而造成的历史上的“空白点”。

如何实现全面民主化，戈尔巴乔夫等苏联领导人认为，一是深化人民的社会主义自治，二是实行“公开性”原则。戈尔巴乔夫在1985年4月的苏共中央全会上的讲话中指出，党把进一步完善和发扬民主以及人民的整个社会主义自治原则制度看作是国内政治中的一项根本任务。在苏共27大的政治报告中，他又重申要始终不移地加强人民的社会主义自治。要在人民代表苏维埃、社会团体和经济组织中全面推广人民自治原则，广泛而有效地利用诸如直接选举制之类的一切直接民主的形式。“公开性”是戈尔巴乔夫着意强调的一个概念。在苏共27大报告中，戈尔巴乔夫强调，扩大公开性是个原则问题和政治问题，不讲公开原则，就没有也不可能有民主和群众的政治创造性，必须使公开性成为绝对有效的制度。他在许多公开场合都强调，要在宣传报道、干部任用、党和国家机关工作等方面实行公开性原则。即“在我们的生活中没有一个领域是不受批评性分析的”，“不可能有不受批评的人，也不可能有没有批评他人权利的人”。经1987年6月的苏共中央全会讨论，后经最高苏维埃批准，颁布了《苏联公民讨论国家生活重要问题法》，在法律上为公民就重大问题发表自己的意见和看法作了规定。

为配合经济改革和政治改革，戈尔巴乔夫在对外政策的理论方面也作了重大的调整。1987年，戈尔巴乔夫的新著《改革与新思维》以俄文版和英文版分别

① 《共产党人》，莫斯科1987年第1期。

同时在苏联和美国出版。在书中，戈尔巴乔夫就苏联的政治改革、经济发展和特别是对外关系提出了新的看法。在对所处的时代问题上，戈尔巴乔夫提出社会主义与资本主义两种制度正经历“历史性的竞赛”，这一时代特点，要求各国领导人根本打破对外政策的许多传统看法，要求各国领导人认识到两种制度是可以相互并存和相互依赖的。战争不再是解决政治问题的最后手段，国际格局应是所有国家利益的综合平衡。世界是一个相互依存的整体，在核战争中不存在胜利者和失败者。他提出了“全人类的利益高于一切，人类的生存高于一切”的著名理论。戈尔巴乔夫强调苏联的对外政策要为国内的经济建设和全面改革服务，要吸收资本主义国家和其他社会主义国家有用的经济来推动苏联的社会经济的发展。强调社会主义世界和国际共运客观上存在着多样性，社会主义各国和各党都应当“谨慎而相互尊重地”对待彼此的经验。

在民族关系和民族政策方面，戈尔巴乔夫提出了“人权优先于民族权”的理论。到80年代中期，苏联的民族问题已经到了一触即发的程度。以波罗的海三国为代表，各加盟共和国先是要求经济和文化自主权，继而要求行使真正意义上的加盟共和国主权。戈尔巴乔夫认为：“并不是一下子就意识到这个问题的意义，没有及时看到这个问题所包藏的危险性。”然而“虚假的太平盛世掩盖下长期积累下来的极其严重的问题终于爆发和暴露出来了”①。在苏共27大的政治报告中，戈尔巴乔夫仍然坚持：“过去所遗留下的民族问题在苏联已经顺利解决”的调子。1986年在哈萨克斯坦爆发的“阿拉木图事件”和1988年在亚美尼亚和阿塞拜疆之间围绕纳戈尔诺—卡拉巴赫地区的归属问题爆发的流血冲突实际上是加盟共和国与联盟中央、加盟共和国之间的主权之争。戈尔巴乔夫和苏共中央体察到民族问题的根本症结即是联邦制的严重变形和加盟共和国主权的被侵犯，因此下决心改革现行的联盟体制。

戈尔巴乔夫提出“人权优先于民族权”，目的在于希望以此能阻止日益蔓延的民族分离主义浪潮。苏共在1989年8月公布的《党在当前条件下的民族政策(苏共纲领)》中的“民族问题与公民权”一节强调“所有公民不论种族、宗教和民族属性一律平等”，反对民族沙文主义。戈尔巴乔夫在苏共28大上再次强调：“仍然要求人权优先于任何民族主权和民族自治的利益。这一要求应当在联盟每个共

① 戈尔巴乔夫：《苏共中央向苏共28大提出的政治报告的党的任务》，载《真理报》，莫斯科1990年7月3日。

和国的宪法体制中予以确认。对此我们在国际事务中也遵循这一原则，决不能有丝毫的偏离。”“人权优先于民族权”主张的特点是强调苏联的利益高于加盟共和国的利益，强调各民族间的共性而贬低各民族个性，强调人权高于加盟共和国主权，以人权代替民族自决权，以联盟中央的集权利益限制加盟共和国的自由分离权。在这一点上，戈尔巴乔夫的思想与斯大林、勃列日涅夫等人的一味维护联邦的中央集权，肆意侵犯加盟共和国主权和民族自决权的行为无甚区别，只能引起非俄罗斯民族更强烈的反感，加剧分离主义情绪。

总之，这一时期戈尔巴乔夫的讲话，特别是在苏共27大上所作的政治报告都强调勃列日涅夫时期以来苏联的经济发展已经处于停滞状态，强调改革是的时代的需要，苏联必须进行全面改革，以图“完善社会主义”。这一阶段（1988年6月苏共19次代表会议前）的改革基本上是以经济改革为核心，伴随着政治改革和思想斗争，尽管改革的方向已经出现偏差，但改革是在社会主义的范围之内进行的。

1988年3月13日，《苏维埃俄罗斯报》上刊登了列宁格勒工学院女教师安德列耶娃的文章《我不能放弃原则》，对戈尔巴乔夫倡导的改革进行了严厉地批评。随即，围绕这篇文章展开了一场大讨论，有不少人投书报社表示支持安德列耶娃的意见，认为改革“背离了社会主义和马克思列宁主义”、“背离了几代苏联人所奠定的社会主义基本原则”。4月5日，《真理报》发表了编辑部文章，批评安德列耶娃的文章，认为它是一篇“反改革势力的思想纲领和宣言”、“企图全面恢复斯大林主义”。4月15日，《苏维埃俄罗斯报》公开承认错误，表示发表安德列耶娃的来信是缺乏“责任心和慎重态度”，表示今后将努力宣传改革思想。

二、改革急剧转向

“人道的、民主的社会主义”

自1986年开始的以加速发展战略为核心的经济改革成效不大，戈尔巴乔夫把经济改革失败的原因归结为政治改革的滞后。1988年6月28日至7月1日，苏共第19次全国代表会议[①]在莫斯科召开，会议的主题是实行全面的政治改革。戈尔巴乔夫在会上作了重要的报告，他认为前一阶段的经济改革虽有进展，但经济状况没有明显的改变，人民生活水平没有明显的提高，其主要原因是对旧有的苏联体制和斯大林模式的错误和弊端认识不足。他把苏联原有的政治体制称为“官僚专制制度”和“极权主义制度”，将前一段经济改革的失败归结于苏联政治体制。他在报告中首次完整地提出“人道的、民主的社会主义”的概念，并把“社会主义多元论”、“民主化”和“公开性”作为三大“革命性倡议”。大会决定将改革重点从经济改革转向政治改革，通过了《关于苏联社会民主化和政治体制改革》的决议，提出改组国家权力机构，通过自由竞选产生人民代表并建立苏联人民代表大会及其常设机构最高苏维埃，把国家权力重心从党中央转到最高苏维埃。这次党代会放弃了苏共是苏联政治体制的核心的提法，只说苏共是社会的“政治先锋队”。

在这次会议上，取代葛罗米柯担任最高苏维埃主席团主席的戈尔巴乔夫提出要“重建苏维埃”，“使苏维埃成为全权中心”。在他的倡议下，12月1日，第11届最高苏维埃第12次会议通过了关于《修改和补充苏联宪法（根本法）》的法律，对苏维埃体制作了重要的修改。新的最高权力机关体制由苏联人民代表大会、苏联最高苏维埃、苏联最高苏维埃主席团和苏联最高苏维埃主席4级组成，代替原有的苏联最高苏维埃和最高苏维埃主席团两级。苏联人民代表大会成为国家最高权力机关，拥有解决国家重要问题，如宪法问题、政治问题、经济问题和社会问题的全权。具体讲，它的权限有：通过和修改苏联宪法；通过有关属于苏联权限内的民族国家制度问题的决定；确定苏联对内对外政策的基本方针；批准苏联国家经济发展和社会发展的远景国家计划和重要的全联盟计划；选举苏联最高苏维埃和苏联最高苏维埃主席；批准苏联最高法院院长、苏联总检察长、苏联最高仲裁法院主席；根据苏联最高苏维埃主席提名，选举苏联宪法监督委员会；废除苏联最高苏维埃通过的法令；通过举行全民公决的决定。最高苏维埃变成了人民代表大会的常设立法、发布命令和监督的机构。

按照有关规定，最高苏维埃主席是苏维埃国家的最高公职人员，在国内和国际关系中代表苏联，即国家元首。它领导苏联人民代表大会、最高苏维埃和最高

① 按照苏共组织原则，全党代表大会为苏共中央换届会议，为党的最高机关。两次代表大会之间的召开间隔由党章规定。全党代表会议为当届全党代表大会的不定期会议，是根据党章临时召开的全党性会议，一般议程为解决党的重大事件。但一般不涉及党内人事变动。

苏维埃主席团的工作，对人民代表大会和最高苏维埃负责并报告工作。按法律规定，这个职位由苏共中央总书记兼任。

1989 年 5 月 25 日至 6 月 9 日，苏联第一届人民代表大会在莫斯科召开，正式成立了苏联人民代表大会，戈尔巴乔夫当选为最高苏维埃主席。

公开化和民主性造成社会政治的极度混乱以及整个社会严重分化，苏共党内和社会的反对派势力迅速发展，社会意见多元逐步向政治多元化和多党制发展。1989 年下半年东欧各国发生剧变，在这股强大冲击波的影响下，戈尔巴乔夫及其支持者进一步加速向右转。时至 1990 年，苏联的改革进程已开始失控，这在一些民族共和国中尤为突出，那里的人民阵线等“非正式组织”实际上已发展成为与苏共争夺领导权的政党并得到相当多群众的拥护。1990 年 1 月戈尔巴乔夫在立陶宛讲话，承认多党制的现实。随后苏联第三次人代会修改了规定苏共在政治体制中的领导地位的苏联宪法第 6 条。同年 2 月，召开了苏共中央二中全会，在会上戈尔巴乔夫首次公开提出设立总统的建议，要求给予总统“一切必要的权力把改革和政策付诸实现”。

2 月 27 日，苏联最高苏维埃主席团向苏联最高苏维埃会议提出了实行总统制的法律草案。规定凡年满 35 岁至 65 岁的苏联公民都可以当选为苏联总统，除了首任总统由苏联人民代表大会选出之外，以后的总统要由苏联全体公民根据普遍、平等和直接的选举原则，在全国范围内经无记名投票方式选举产生。参加选举的选民超过全苏公民的一半，选举结果就被认为有效。总统候选人只要获得参加选举的选民半数以上的选票，就被认为是当选。总统必须在人民代表大会上宣誓就职，总统任期为 5 年，可以连选连任，但最多不能超过两届。经过激烈的辩论，大多数代表主张要尽快地在苏联实行总统制，最后以 347 票赞成、24 票反对、43 票弃权通过了设立总统制和修改宪法有关条款的决议，同时决定于 3 月 12 至 13 日召开第三次非常人民代表大会，讨论确立总统制问题。

苏联第三次非常人民代表大会经过激烈的讨论，以 1817 票赞成、133 票反对、61 票弃权通过了《关于设立总统职位和苏联宪法（根本法）修改和补充法》，还通过了在这次大会上选举总统的议案。根据这次大会确定的总统候选人不受限制的原则，由 300 多人组成的联盟议员选举戈尔巴乔夫、雷日科夫和巴卡京为总统候选人，并且由于雷日科夫和巴卡京拒绝做总统候选人，戈尔巴乔夫实际上成为唯一的总统候选人。结果大会以 1702 票赞成、155 票反对、36 票弃权确认了戈尔巴乔夫为苏联总统候选人的资格。3 月 14 日深夜，苏联第三次非常人民代表大会投票选举苏联总统。第二天，选举的结果揭晓，戈尔巴乔夫以 1329 票赞成、495 票反对、54 票无效当选为首任苏联总统。戈尔巴乔夫在总统就职时发表演说，他表示总统“不是某一阶层和政治派别的代表，而是全体人民的代理人”，他要“最客观地和不带感情色彩地考虑社会存在的各种观点”。

经过第三次非常人民代表大会修改和补充过的苏联宪法第 15 条对苏联总统的资格、权限、选举程序及其法律约束，与其他国家机关的关系等都作出明确的规定。苏联关于设立总统职位的法律草案规定，总统是国家元首，任期 5 年，可以连选连任，但最多只能两届。总统是苏联武装力量的最高统帅，负责协调国家机构在确保国家防御方面的活动。苏联武装力量的高级指挥员、军事法庭的法官以及高级军衔都由总统负责任命、授予或撤销。在苏联受到军事进攻威胁的情况下，总统有权宣布国家进入战争状态。苏联总统有权向最高苏维埃提名苏联部长会议主席、人民监察委员会主席、最高法院院长和苏联总检察长的人选。在国际关系方面，法律规定苏联总统的权限是制定对外政策，签署苏联的国际条约。任命和召回苏联驻外国或国际组织的外交使节。

苏联第三次非常人民代表大会对苏联宪法的有关条款做了重要的修改，删去了“苏联共产党——苏联人民的先锋队——的领导作用加强了”一句，将苏联宪法的第 6 条关于苏共领导作用的条文改为“苏联共产党、其他政治组织以及工会、共青团，其他社会团体和群众运动通过自己选入人民代表苏维埃的代表并以其他形式参加制定苏维埃国家的政策，管理国家和社会事务”。还将宪法第 51 条所规定的“为了适应共产主义建设的目标，苏联公民有结成有助于发挥其政治积极性和主动性，满足他们各种利益的社会团体的权利”一条，改为“苏联公民有权结成政党、社会团体，参加有助于发挥政治积极性和主动性，满足他们多种利益的群众运动”。①

3 月下旬，成立了总统任命的总统委员会，该委员会共有 17 名成员，均由总统任命，其中联邦政府总理是当然的成员，还包括了外交部长、国防部长、内务部长和国家安全委员会主席等强力部门的负责人。总统委员会负责制定有关内政的主要方针和保障国家安全的措施，实际上取代了苏共中央政治局的核心领导地位。

为了维护苏联总统是国家最高元首的地位和威望，苏联最高苏维埃于 1990

① 戴学正:《中外宪法选编》上册，华夏出版社 1994 年版，第 292 页。

年 5 月 14 日通过了《保护总统荣誉和尊严法》，明文规定对侮辱和诽谤总统的人处以有期徒刑或罚款。

1990 年 2 月 5—7 日，苏共召开中央全会，讨论了在苏联实施多党制问题。戈尔巴乔夫在报告中指出，党的地位不应依靠宪法来强调合法化。苏共要放弃法律上的和政治上的某种优越地位，要为变成执政党而斗争，但这种斗争要严格地限制在民主程序的范围之内。苏联部长会议主席雷日科夫在发言中也表示苏共不能永远垄断权力，它的先锋队地位不应由宪法赐予。会上通过了《走向人道的、民主的社会主义》的行动纲领草案，这份纲领草案提出苏共是一个自治的社会政治团体，是一个选择了社会主义的政党，其理想是人道的、民主的社会主义，必须从根本上改变苏共在社会中的地位，摆脱政治垄断。苏共将在民主进程的范围内推行自己的政策，放弃任何法律和政治上优先权。

1990 年 7 月的苏共 28 大上通过《走向人道的、民主的社会主义》的纲领，宣布“改革的实质是从极权官僚制向人道的民主的社会主义社会过渡”，苏联改革的目标从“完善社会主义”转向彻底摧毁原来的社会制度，向另一种新的社会制度过渡，标志着改革的方向发生根本的转变。

苏共 28 大以后，苏联迅速走向政治多元化和多党制。到 1990 年 8 月，全国性的政党和组织已经发展到 20 多个，非正式的组织数目达 9 万多个。

民族危机加剧

这一阶段中，各加盟共和国同联盟中央的权力之争同民族矛盾和各派政治力量的矛盾交织在一起，进一步激化。1986 年 4 月，在俄罗斯的雅库特自治共和国的雅库特大学校园中发生了雅库特族学生和俄罗斯族学生的冲突。1986 年 12 月，哈萨克斯坦首都阿拉木图爆发了声势颇大的抗议事件，游行的哈萨克人的口号是“俄罗斯人滚出去!”“哈萨克斯坦是属于哈萨克人的!”1989 年 6 月，在乌兹别克斯坦的费尔干纳州乌兹别克人与外来移民麦斯赫特土耳其人之间，在哈萨克斯坦的新乌津市的哈萨克人与外来移民亚美尼亚人、阿塞拜疆人、列兹金人之间爆发了大规模的流血冲突，其原因大都是水源、耕地、住房等经济问题。1988 年 2 月在亚美尼亚和阿塞拜疆之间爆发的因争夺“纳戈尔诺—卡拉巴赫”的大规模流血冲突，其中既有政治因素，但也有经济因素。1989 年 7 月在塔吉克斯坦边境伊斯法拉地区，塔吉克人与吉尔吉斯人为争夺耕地发生械斗，1990 年 6 月在吉尔吉斯斯坦边境城市奥什，吉尔吉斯人与乌兹别克人因争夺土地发生斗殴。

强烈的民族主义和排外主义已成为紧迫的民族问题。

1988 年 10 月，爱沙尼亚人民阵线成立，其成员已达 10 万人，其中 22% 的成员为共产党员，30% 的成员为知识分子。格鲁吉亚的著名诗人加姆萨胡尔季阿成为格鲁吉亚民族主义分离运动的领导人。立陶宛著名钢琴演奏家维陶塔斯·兰茨贝基斯在 1988 年组织成立陶宛民族主义团体——争取改革运动，其成员主要是作家、学者和文化界名人。该团体在 1990 年 2 月的最高苏维埃大选中获得 80% 以上的选票，兰茨贝基斯本人以其政治威望和显赫的社会地位当选为立陶宛最高苏维埃主席，此外该团体的另一位主要领导人、著名经济学家普伦斯克尼担任了立陶宛政府总理的职务。在兰茨贝基斯和普伦斯克尼的领导下，立陶宛最高苏维埃于当年 3 月 11 日通过独立宣言，在苏联 15 个加盟共和国中第一个宣布脱离苏联而独立。1989 年乌克兰民族主义组织——争取人民改革运动成立，乌克兰各界知识分子成为该组织的中坚力量。1990 年 3 月，由乌克兰知识分子领导的民族主义各派别在乌克兰地区苏维埃选举中获胜，掌握了地区的政治领导权，10 月 2 日由大学生和著名学者、艺术家带领的示威队伍在乌克兰基辅市的最高苏维埃大厦的广场前举行示威和绝食活动，要求解散共产党中央和政府辞职，迫使乌克兰最高苏维埃接受示威者的请求。在 1990 年前后的原苏联各加盟共和国各级苏维埃的选举中还反映出一个较为普遍的现象，凡是在当地民族受教育程度高并且民族知识分子集中的地区，当地的激进分子或右翼势力在选举中获胜的比例就越高，反映了民族知识分子在其中所发挥的特殊作用。

1988 年 9 月，波罗的海三国主管经济工作的领导人聚集拉脱维亚首都里加，利用苏共第 19 次代表会议上所提出的扩大加盟共和国自主权的有关决议，制定了《共和国经济核算协商基本原则》，其中不仅提出应该把共和国境内的一切自然资源、国家的动产和不动产收归共和国所有，而且还提出了发行本国货币和自行制定本国货币对外国货币汇率的要求，这些要求已涉及加盟共和国与联盟中央关系的本质问题，明显地具有民族分离主义的倾向，它实际上是波罗的海三国在独立问题上向苏联中央政府放出的一个试探性气球。戈尔巴乔夫和苏联政府接受了波罗的海三国的“共和国经济核算”要求，实际上就是在客观上纵容和鼓励了波罗的海三国的民族分离主义势力，致使该地区的民族分离主义者可以放心大胆地进行分离主义活动，利用苏联政府的失误政策提出越来越高的要求。

乌兹别克斯坦领导人伊·阿·卡里莫夫在 1990 年召开的乌共 22 大的政治报告中强调说：“拥有丰富的资源、生产和科技潜力，良好的自然气候条件和勤劳人民的共和国在主要的经济和社会指标方面怎么会成为全苏最落后的地区之一呢？怎么会陷入危机的状态呢？”他认为应该到斯大林体制中去找答案，即：“长期以来，我们羞于说出这个字眼，把它与唯利是图联系在一起。事实上它是正常经济关系最重要的原则。所以说，‘这对乌兹别克斯坦有没有利？’的提法应该成为我们经济生活的准则。”① 他在8·19事件后的一次谈话中又公开表示：“中央推行的政策，一直损害了我们共和国的发展，首先受损害的就是共和国的独立和民族复兴。这种政策使共和国沦为单一的原料基地，这同沙皇俄国的政策几乎没有什么两样。联盟所有管理部门，只关心要求共和国提供棉花等原料，把这个义务总是放在首位，而把困难统统留给这里贫穷的人民自己来解决。为解决全联盟的棉花自给问题，我们共和国付出高昂的代价，联盟许愿给我们的东西，最后都落空了。结果在我国造成肉、奶等人民生活必需品要靠外地供应的局面。直截了当地说，这种政策把乌兹别克斯坦推到崩溃的境地，并置于贫困和苦难的境地，在预算方面，把乌兹别克斯坦变成财政附庸，中央给我们的经费补助，就像给叫花子的施舍，要想得到微不足道的一点帮助，我们就得去中央面前再三乞求。”② 他这番讲话包括重要的含义：要想获得充分的经济主权，就必须获得政治主权，要想维持真正的经济独立，就必须建立完全的政治独立。因此到了这个时候，经济上的民族主义已经与政治上的民族主义紧密结合了。

在形势的迫使下，戈尔巴乔夫仍然试图在维持传统的经济体制的前提下，部分归还加盟共和国的“经济主权”，在1988年召开的苏共第19次代表会议上提出“各加盟共和国在完成对全苏的义务之后”，可以自行发展本国经济以满足其需要的含糊说法，他仍试图维持联盟中央的经济权威，提出了先有“建立强大的联盟”，才有“强大的共和国”的口号。在这个说法遭到反对后，他在《党在当前条件下的民族政策》中又提出“双强”公式，即“没有强大的联盟就没有强大的共和国，没有强大的共和国也就没有强大的联盟”，从字面上看戈尔巴乔夫和苏共中央已经作了重大的妥协，已将加盟共和国与联盟中央处于经济上和政治上同等地位，承认了加盟共和国拥有“经济主权”。1990年3月苏联政府公布《苏联所有制法》，承认土地和其他自然资源归加盟共和国所有，并且承认联盟中央的预算由共和国控制。但时已至此，为之晚矣，经济主权要求已让位于政治主权

① 卡里莫夫：《乌兹别克斯坦共产党22大政治报告》，载《乌兹别克共产党人》，塔什干1990年第8期。
② 《乌兹别克斯坦之声报》，塔什干1991年9月1日。

要求，民族分离主义已取代地方分立主义，并到了不可遏制的地步。

而“民族分离权”操作手续的不明确也为20世纪80年代末一些国家（以波罗的海三国为代表）随意宣布脱离苏联创造了可资利用的条件。长期以来由于疏于对历届宪法中规定的“民族分离权”的研究，未能及时调整“民族分离权”方面的政策，在如何行使该权利方面，既没有相应的具体程序的规定，也没有相应的专门管理机构的设置。在“公开性”和“民主化”的条件下，长期被忽视被压抑的加盟共和国主权和“民族自决权”问题骤然暴露出来，出现被西方新闻界称作是“多米诺骨牌现象”。先是立陶宛议会于1990年3月10日宣布将“立陶宛苏维埃社会主义共和国”更名为“立陶宛共和国”，随后波罗的海三国依据苏联宪法第72条规定宣布脱离苏联而独立，而后由俄罗斯最先发难，12个加盟共和国全都颁布了“主权宣言”，媒体称之“主权大检阅”。从法律角度看，尽管各加盟共和国宣布国家独立或主权至上有各自不同的目的和用意，但它们的言论是符合苏联宪法的第72条规定的，因而也较容易地得到了国际社会的承认。而由于缺乏相应的职权机构和法律程序，苏联政府无法采取强有力的措施制止之，相对而言苏联政府匆忙宣布“独立”行动是违法的和草草制定的《关于解决加盟共和国退出苏联有关问题的程序法》的行为就显得极其苍白和孱弱，[①]不是一种认真和积极解决问题的办法，仍然是以势压人，反而刺激了民族分离主义，加速了苏联最终解体的过程。

1990年5月29日叶利钦当选俄罗斯最高苏维埃主席，他立刻在俄罗斯第一次人代会上提出了《俄罗斯联邦国家主权宣言》，向联盟中央的权威发起挑战。6月12日，俄罗斯最高苏维埃以903票对13票率先通过俄罗斯国家“主权宣言”，随后摩尔达维亚、乌克兰、白俄罗斯、中亚五国等加盟共和国（波罗的海三国在同年3—5月间已宣布脱离苏联而独立）全部发表了“主权宣言”。

这些“主权宣言”的基本要点是：1. 宣布加盟共和国是主权国家，有权自行解决本国的一切事务而无须联盟中央政府的同意。保留自由脱离苏联的权利。目的在于“决心在被革新的苏维埃社会主义共和国联盟建立民主法制国家”。[②] 2. 共和国宪法在共和国境内至高无上，全苏法律须经各共和国最高苏维埃批准方可在共和国境内生效。3. 宣布各共和国经济独立，有权建立独立

① 这个法律因其退盟条件之苛刻而被戏称为“限制退盟法”，该法律规定任何加盟共和国欲退出苏联，必须在该共和国内进行全民公决，需不少于2/3赞同票方为通过，但仍需5年的过渡期后才能真正获得独立；如未通过全民公决，下次全民公决须待10年之后进行。

② 《苏维埃俄罗斯报》，莫斯科1990年6月14日。

的财政、金融和价格体系，共和国境内的土地、领空、水资源、地下资源和其他自然资源归本共和国所有，非经共和国最高苏维埃批准，任何国家（包括联盟中央）均不得使用。4. 确立本民族语言为官方语言，与俄语有同等地位。1991 年 6 月，叶利钦当选俄罗斯联邦首任总统。

在这种情况下，戈尔巴乔夫和苏联政府急忙提出建立新联盟的建议，1990 年 6 月 12 日戈尔巴乔夫在苏联联邦委员会上首次提出了建立“社会主义主权国家联盟”的设想，强调新联盟将由主权国家组成的，联盟主体在政治、经济和国际法地位上享有充分的国家主权，同时强调建立主权国家联盟并不意味着苏联的瓦解。1990 年 7 月召开的苏共 28 大关于民族问题的决议中再次强调要“走向主权共和国的革新联盟”，“党将执行加强各共和国主权的路线”①。表明苏联政府实际上已经承认了各加盟共和国所发表的“主权宣言”和共和国主权地位的合理性，未来的新联盟只具有邦联的性质了。

10 月 24 日，苏联最高苏维埃通过《关于保证苏联法律效力》的法律，重申在联盟范围内，苏联的法律高于共和国的法律。同一天，俄罗斯联邦最高苏维埃发表了《关于苏联机关文件在俄罗斯联邦境内生效法》，宣称苏联总统法令和全苏最高苏维埃法令必须“经俄罗斯联邦最高苏维埃批准后才能在俄罗斯境内生

1991 年 6 月，叶利钦当选俄联邦总统

① 《真理报》，莫斯科 1991 年 7 月 15 日。

效”。于是在苏联最高苏维埃与不少加盟共和国最高苏维埃，特别是与俄罗斯联邦最高苏维埃之间，爆发了持续不断的主权对抗。

西方政府和政治势力对苏联的民族问题起到了推波助澜的作用。1987 年 6 月 4 日由人权组织“赫尔辛基—60”领导，并有西方记者直接参与，在拉脱维亚首都里加发动了民族主义的示威游行活动，要求苏联政府履行 1975 年签署的赫尔辛基协议，结束大俄罗斯主义政策，释放拉脱维亚人权活动分子和民族主义者。1987 年 10 月 23 日美国国务卿舒尔茨在访问苏联时接见苏联犹太人代表，指责苏联的人权和民族歧视行为，鼓励他们坚持下去，美国政府将帮助他们离开苏联。

波罗的海三国和乌克兰是苏联民族分离主义倾向最为严重的地区，也是西方政治和社会势力最为关注的和积极渗透的地区。1987 年 11 月美国国会众议院提出议案，宣布不承认 1940 年苏联对拉脱维亚的兼并，支持拉脱维亚民族主义者在 11 月 18 日为纪念拉脱维亚建国 69 周年而举行的示威。1990 年 3 月 10 日立陶宛宣布独立后，罗马教皇保罗二世立即写信给立陶宛天主教会，表示：“在此震撼人心和充满希望的时刻，我的心与立陶宛教会贴得特别近。跨越了几个世纪和更换几代人后，立陶宛教会仍然未改变它的初衷。”① 英国首相撒切尔夫人在 1990 年 6 月表示：“英国从未承认过苏联对波罗的海国家的兼并。我们永远支持它们要求实现自决的主张。”② 1990 年 11 月下旬以来，戈尔巴乔夫接连采取一系列的措施：加强军队，加强克格勃，加强对新闻的控制，改组政治机构，把国家行政执行权集中于总统一身，宣布必须时准备在一些加盟共和国实行“总统治理”或宣布“紧急状态”。1991 年 1 月，戈尔巴乔夫派兵进入立陶宛，苏联内务部队与立陶宛民族主义分子发生武装冲突，死 14 人，伤 150 人。立陶宛总统兰茨贝基斯宣布立陶宛与苏联处于战争状态，叶利钦表示声援立陶宛，并号召成立俄罗斯军队，以维护俄罗斯主权。美国等西方国家表示如不停止对立陶宛的镇压，将改变对苏联的态度，戈尔巴乔夫最后被迫宣布从立陶宛撤军。

1991 年 5 月 8 日美国总统布什在白宫会见波罗的海三国领导人，表示美国将更加积极地支持他们争取独立的努力。1991 年 9 月 2 日，布什宣布美国承认波罗的海三国独立并准备立即与三国建立正式外交关系。1991 年 9 月 14 日，正在波罗的海国家访问的美国国务卿贝克表示：美国将给新独立的波罗的海三国提

① 江流、徐葵、单天伦主编：《苏联剧变研究》，社科文献出版社 1994 年版，第 298 页。
② 玛格丽特·撒切尔：《我为什么支持戈尔巴乔夫》，载英国《星期日快报》1990 年 6 月 10 日。

供1400万美元的经济援助。美国总统布什1991年8月1日在乌克兰议会上的讲话中强调："我在这里是要对你们说，我们支持这个伟大的国家的争取自由和经济改革的斗争。今天，我还想告诉你们美国如何看待你们历史上的这段复杂而又令人兴奋的时期，以及我们打算如何与苏联的中央政府和各加盟共和国政府相处。我们将支持中央和各加盟共和国中追求自由、民主和经济自由的人。"① 1991年12月2日，乌克兰经过全民公决后，宣布脱离苏联而独立。第二天，布什给乌克兰最高苏维埃主席克拉夫丘克打电话，祝贺乌克兰获得独立，指出全民公决的结果"简直是惊人的"。

面对联盟解体的危险，为了维系联盟关系，戈尔巴乔夫一方面要求于1991年3月17日前就联盟前途举行全苏联的全民公决，另一方面竭力争取同各共和国签订新的联盟条约。1990年12月23日，戈尔巴乔夫向苏联、各加盟共和国、自治共和国的最高苏维埃提交新的联盟条件草案，其主要内容包括：(1) 把国名改为"主权苏维埃共和国联盟"，去掉原国名中的"社会主义"性质，但国名的俄文缩写仍然是CCCP。(2) 扩大加盟共和国的权力，规定各个共和国是主权国家，在自己的领土上拥有全部国家权力。(3) 在各共和国的领土范围内，共和国的法律对所有问题都具有至高无上的地位，但属于联盟权限的问题方面不在此列。按照这个方案，苏联将由联邦变成了松散的邦联国家。戈尔巴乔夫的方案，获得一部分共和国的支持。然而为时已晚，分离主义和分立主义浪潮已势不可挡。戈尔巴乔夫在12月7日的讲话中公开承认："苏联政治体制改革出现了重大的失误，造成了严重的、消极的、摧毁性的后果"。他说："现在已退到最后一道防线了，像1941年在莫斯科城下和列宁格勒城下一样。"

三、联盟大厦坍塌

"8·19"事件

1991年8月4日，苏联总统戈尔巴乔夫与夫人赖莎带着女儿和女婿以及他

① 新华社华盛顿1991年8月1日电。

们的外孙女阖家飞到克里木的总统疗养地“福罗斯”度假。按原计划，8月19日戈尔巴乔夫将返回莫斯科，第二天将主持新联盟条约的签字仪式。然而，8月19日这一天苏联发生了重要的事件。

1991年8月19日清晨莫斯科市民发现电视的所有频道只播放一个节目，即芭蕾舞“天鹅湖”。莫斯科时间6点零5分，苏联中央电视台和莫斯科广播电台停止了昼夜的文艺节目，临时插播了一条重要的消息，内容是“鉴于米哈伊尔·谢尔盖耶维奇·戈尔巴乔夫因健康状况不可能履行苏联总统职责和根据苏联宪法第127条第7款，苏联总统全权移交给苏联副总统根纳季·伊格诺维奇·亚纳耶夫。”并宣布实行为期6个月的国家紧急状态，组成苏联国家紧急状态委员会，成员有奥·德·巴克拉诺夫（苏联国防会议第一副主席）、弗·亚·克留奇科夫（苏联国家安全委员会主席）、瓦·谢·帕夫洛夫（苏联部长会议主席）、鲍·卡·普戈（苏联内务部长）、瓦·亚·斯塔罗杜布采夫（苏联农民联盟主席）、阿·伊·季贾科夫（苏联国营企业和工业、建筑、运输、邮电设施联合会会长）、德·季·亚佐夫（苏联国防部长）、根·伊·亚纳耶夫（苏联代总统）。

随后又发表了苏联代总统亚纳耶夫签署的《苏联国家紧急状态委员会告苏联人民书》，宣布“在我们祖国和我国各族人民命运面临严峻危急时刻，我们向你们发出呼吁！我们伟大的祖国面临致命的危险！由戈尔巴乔夫发起并开始的改革政策，原想作为保障国家迅速发展和使社会生活民主化的手段，却因种种原因已经走入死胡同，整个国家实际上已失去了控制”。①

当日上午9时，根据国防部长亚佐夫的命令，坦克和军队开始出现在莫斯科街头。傍晚，几十辆装甲车包围了俄罗斯联邦最高苏维埃大厦所在地——白宫。11时，国家紧急状态委员会发表第一号命令，下令各级权力机构必须遵守紧急状态制度，否则将派代表接管权力，停止政党和社会团体阻挠局势正常化的活动，禁止集会、示威游行和罢工，对新闻传媒实行监督。

8月19日11时30分，俄罗斯最高苏维埃主席叶利钦举行记者招待会，宣读了《告俄罗斯联邦人民书》，宣布国家紧急状态委员会成员的行动是一次“反宪法的反动政变”，号召俄罗斯公民反击，举行“无限期罢工”。稍后，俄罗斯议会大厦电台又开始了播放《致苏联武装力量、国家安全委员会和内务部官兵的呼吁书》。

① 斯捷潘诺夫等:《克里姆林宫阴谋》，莫斯科1992年版，第191页。

叶利钦登上塔曼坦克师的坦克上，直接向莫斯科市民和军人发出呼吁，因此受国家紧急状态委员会派遣进驻莫斯科执行戒严任务的部队转到叶利钦一边，支持叶利钦和支持国家紧急状态委员会的军队发生冲突。下午 13 时，响应叶利钦号召的人们开始向白宫前聚集，并在白宫周围设置障碍物，以阻挡军队前进。

当天晚 17 时，苏联代总统亚纳耶夫召开记者招待会，强调国家紧急状态委员会的一切行动都是合乎宪法规定的，已要求 8 月 26 日召开的苏联最高苏维埃确认实行紧急状态的权力。当天，苏联最高苏维埃主席卢基扬诺夫宣布召开最高苏维埃非常会议，讨论实施紧急状态问题，同时声明新联盟条约的内容需要重新讨论，条约签订将推迟。苏联内阁宣布支持国家紧急状态委员会的决定。17 时 30 分，亚纳耶夫下令莫斯科从 19 日起实行紧急状态。17 时 35 分，紧急状态委员会发表第二号命令，莫斯科只准《真理报》和《消息报》等 9 种报纸出版，其他报刊一律暂停出版。

8 月 19 日当日，美国总统布什发表声明，不承认苏联国家紧急状态委员会的存在，要求立即恢复戈尔巴乔夫的苏联总统的权力。哈萨克、吉尔吉斯、乌克兰、白俄罗斯、乌兹别克等共和国的领导人先后声明不支持紧急状态委员会的领导。空军司令、空降兵司令、海军司令和战略火箭军司令都表示不支持紧急状态委员会。

8 月 21 日，国家紧急状态委员会下令停止冲突行动，当晚，苏联最高苏维埃宣布国家紧急状态委员会停止戈尔巴乔夫的权力的行动为非法。21 时 10 分，戈尔巴乔夫从克里木休假地发表声明，宣布他已经完全控制了苏联的局势，他将在最短的时间内返回莫斯科履行苏联总统的职责。22 日凌晨戈尔巴乔夫从黑海度假地回到莫斯科，宣布重新行使苏联总统的职能。“国家紧急状态委员会”成员内务部长普戈自杀，副总统亚纳耶夫、最高苏维埃主席卢基扬诺夫、国防部长亚佐夫、国家安全委员会主席克留奇科夫等人被捕。

戈尔巴乔夫从黑海度假地返回莫斯科，恢复总统权力之后，对苏联的党政机构进行了大规模的改组。他下令解除了国家紧急状态委员会所有成员的职务，除内务部长普戈自杀外，逮捕了这个委员会的所有成员，并以“叛国罪”予以起诉。之后，还逮捕了舍宁等 6 位苏共中央政治局委员、苏联最高苏维埃主席卢基扬诺夫等人。在叶利钦的支持下，戈尔巴乔夫对国防部、外交部、内务部、国家安全委员会等强力部门进行了清洗和改组，撤销了苏联军队中的政治部门。在立法机构方面，改组原来的苏联最高苏维埃，成立由共和国院和联盟院组成的新的苏联最高苏维埃。在行政管理方面，成立由苏联总统和各共和国最高领导人组成的苏联国务委员会，同时成立了跨共和国经济委员会。

苏联解体

“8 · 19”事件后，叶利钦和“民主派”在苏联的政治生活中的地位和影响急剧上升。8 月 23 日，戈尔巴乔夫宣布建立一种新的领导机制，一旦苏联总统和俄罗斯总统两人中有一个人陷入无法下达命令的境地，另一个人就可以立即接过他的权力和职责，实际上承认了叶利钦的特殊地位。8 月 24 日，戈尔巴乔夫又任命俄罗斯联邦的部长会议主席西拉耶夫为新的苏联部长会议主席。

戈尔巴乔夫将发动“8 · 19”事件的责任归罪于苏联共产党。8 月 22 日，叶利钦宣布苏军中的共产党各级组织为非法组织。8 月 23 日，叶利钦下令停止俄罗斯共产党的活动，并查封了苏共中央办公大楼和俄共中央办公大楼，并宣布没收苏共和俄共的全部动产和不动产。8 月 24 日，戈尔巴乔夫辞去苏共总书记职务，要求苏共中央自行解散，各共和国内的共产党和地方党组织自行决定自己的前途。他还以苏联总统名义发布命令，停止苏共在武装力量、苏联内务部、国家安全委员会和其他安全、军事单位以及国家机关的活动。8 月 25 日，苏共中央书记处发表声明，宣布接受苏共中央自行解散的决议。8 月 29 日，苏联最高苏维埃非常会议正式通过决议，暂停苏共在苏联全境的活动，并责成苏联检查机构对苏共领导机关进行审查。随后，各共和国的共产党组织或宣布脱离苏共，或更改党的名称，或被禁止活动，或自行宣布停止活动。

“8 · 19”事件后，苏联的民族关系更加严峻。随着联盟中央和总统戈尔巴乔夫权力的削弱，各共和国的独立倾向更趋高涨。1991 年 8 月 20 日，爱沙尼亚宣布独立，脱离苏联。接着，拉脱维亚（8 月 22 日）、乌克兰（8 月 24 日）、摩尔多瓦（8 月 27 日）、阿塞拜疆（8 月 30 日）、乌兹别克和吉尔吉斯（8 月 31 日）、塔吉克（9 月 9 日）、亚美尼亚（9 月 23 日）、土库曼（10 月 27 日）、哈萨克（12 月 16 日）先后宣布独立。只有俄罗斯没有宣布独立，但它在 8 月 24 日带头承认了爱沙尼亚和拉脱维亚的独立。9 月 6 日，苏联国务委员会被迫承认波罗的海三国的独立。

为挽救行将瓦解的苏维埃联盟，戈尔巴乔夫一退再退、一让再让，试图维持一个名义上的联邦制、甚至是邦联式的国家。10 月 21 日，新一届苏联最高苏维埃召开首次会议，出席会议的只有俄罗斯、白俄罗斯、吉尔吉斯、塔吉克、哈萨克、乌兹别克和土库曼等7国，对未来的新联盟起重要影响作用的乌克兰没有派代表参加。这次会议变成了“7+1”，即7个独立共和国加苏联总统戈尔巴乔夫。11月14日，在戈尔巴乔夫主持下，“7+1”就主权国家联盟条约进行了艰苦的谈判，确认新的联盟国家“将是一个邦联式的民主国家”，联盟将十分松散，各独立共和国拥有更多的主权，联盟中央只统管军队、外交、外贸等工作，这个协议被称为“7+1协议”。但由于各方在联盟的名称上未能达成一致意见而未举行签字仪式。最后，国务委员会决定将《主权国家联盟条约》草案公布，交由各共和国议会讨论，以便在年底前签署。但乌克兰等国仍表示不愿参加这个联盟。12月1日，乌克兰举行了全民公决，90%的人赞成乌克兰脱离苏联成为独立国家，乌克兰的举动实际上给戈尔巴乔夫维持苏联的最后的努力以致命的打击。

1991年10月28日，叶利钦在俄罗斯人代会上宣布：“俄罗斯不允许恢复凌驾于它和主权国家之上的另外一个发号施令的中央”，“跨共和国机构应当只起磋商和协调作用”。乌克兰宣布独立后，叶利钦完全撇开戈尔巴乔夫的联盟中央政权，与乌克兰、白俄罗斯领导人达成协议成立新的国家。12月8日，俄罗斯总统叶利钦、乌克兰总统克拉夫丘克、白俄罗斯最高苏维埃主席舒什克维奇在白俄罗斯的布列斯特附近的别洛韦日森林别墅签订《别洛韦日协定》，宣布：“我们白俄罗斯共和国、俄罗斯联邦、乌克兰曾作为苏维埃社会主义共和国联盟的发起国签署过1922年联盟条约，现在我们三国明确指出：苏联作为国际法主体和地缘政治实体将停止存在。”

12月12日，哈萨克、吉尔吉斯、乌兹别克、土库曼、塔吉克等国领导人在土库曼首都阿什哈巴德紧急磋商，并发表了联合声明，宣布愿意以平等创始国的身份加入“独立国家联合体”。

12月16日，叶利钦发表电视讲话，他宣布在即将成立的“独立国家联合体”中，将“没有戈尔巴乔夫的位置”。他要求戈尔巴乔夫最迟在1992年1月中旬前辞职。12月17日，俄罗斯议会宣布享有苏联最高苏维埃的财产所有权。12月18日，俄罗斯议会宣布接管克里姆林宫。

戈尔巴乔夫在12月18日接受美国广播公司和全苏广播电视公司采访时说，他将在联盟时代将要结束、新时代就要开始之时辞职，并表示辞职后继续从事政治活动，他希望上帝保佑这个新时代最终能给各族人民带来幸福。12月19日，叶利钦签署命令，俄罗斯外交部接管苏联外交部、外交部主管的学校、办公设施以及驻外大使馆、领事馆和其他代表机构同时移交给俄罗斯联邦外交部管理。

12 月 21 日，原苏联 11 个主权共和国的最高领导人在哈萨克斯坦首都阿拉木图以创立国的身份签署《关于建立独立国家联合体协议的议定书》，并发表了《阿拉木图宣言》，宣布“在平等的原则基础上作为缔约各方组成独立国家联合体”，所有签字国均为独立国家联合体的创始国。独立国家联合体首脑理事会作出决定，支持俄罗斯继承苏联在联合国中的成员国地位，包括安理会常任理事国和其他国际组织中的成员国地位。首脑会议致函苏联总统戈尔巴乔夫，通知他苏联已不复存在，苏联总统的设置也已取消。戈尔巴乔夫在发给阿拉木图会议的贺信中提出：“我们应该庄严地并以合法的标准开始国家历史的新时代。我们的人民之所以遭受历史性灾难，原因之一在于严重地缺乏连续性、毁灭性的革命以及施之于社会的自上而下的方式。在一个民主政治结构中做事，既需要民主的前提条件，也需要民主的经验。”①

12 月 25 日 18 点 59 分，戈尔巴乔夫走进一间装有褐色木板、淡绿墙围和天鹅绒窗帘的房间。通常这间屋子是用来接待来访者的，当天则有一个电视摄制小组在等待着他。平时，总统的讲话大都是事先录好再播放，当天则是现场直播。身着西装、系着还是那条红色领带的戈尔巴乔夫端端正正地坐在办公桌后，他平静地看着眼前忙忙碌碌的电视记者们，电视摄像机的镜头已经对准了苏联总统，他将以苏联总统的身份对全国人民发布最后一项命令。

19 时整，戈尔巴乔夫摊开了早已准备好的辞职书，他宣布：“亲爱的同胞们！公民们！鉴于独立国家联合体成立后形成的局势，我停止自己作为苏联总统的活动。作出这一决定是出于原则性的考虑。我坚决主张各族人民的独立自主，主张共和国拥有主权。但是同时主张保留联盟国家，保持国家的完整性。事态却沿着另一条道路发展，肢解国家和分裂国家的方针占了上风，对此我是不能同意的。……我最后一次以苏联总统的身份向你们发表讲话，认为有必要对 1985 年所走过的道路作出自己的评价。”②

随后，戈尔巴乔夫习惯性地摸了摸上衣的口袋，发现钢笔没有带。美国有线新闻网（CNN）的记者汤姆·约翰逊将自己的笔递给了戈尔巴乔夫。戈尔巴乔夫用这支笔，签署了他作为苏联总统的最后一道政令——在辞职书上签署了他的名字。然后把象征无限权力、控制 2.7 万枚核弹头的黑色公文包——“核按钮”

① 小杰克·F. 马特洛克：《苏联解体亲历记》下卷，世界知识出版社 1996 年版，第 756 页。

② 《真理报》，莫斯科 1991 年 12 月 26 日。

交给叶利钦派来的国防部长沙波什尼科夫大将。19 点 38 分，印有镰刀锤子的国旗从克里姆林宫楼顶上徐徐降下。随后，俄罗斯联邦的红、白、蓝三色旗升起。

12 月 26 日，苏联最高苏维埃共和院最后一次会议在莫斯科召开，在最高苏维埃共和院主席阿努阿尔别克·阿利姆扎诺夫的主持下，与会代表以举手方式表决，一致通过最高苏维埃的最后一项决议：宣布苏联在法律上停止存在。随后代表们相互握手道别，各奔东西。

历史反思

1991 年发生的苏联剧变，使整个世界感到震惊，人们百思不得其解：人类历史上一种新型社会制度的代表者，一个称雄于世界半个多世纪的国家，何以在如此短的时间内呼啦啦大厦倾覆？甚至连早在 20 世纪 70 年代就预言苏联将“分崩离析”而被西方学术界称为“苏联问题研究的诺斯特拉达穆斯”[①] 的法国学者爱莲娜·唐科斯[②]，后来在回答俄罗斯记者的提问时都表示：“诚实地说，我不曾想到这件事会发生得这么快，当时我觉得，苏联可能存在到本世纪末。”[③] 对于 20 世纪历史上这样一个重大的事件，限于种种条件，只作初步的分析。

第一，俄国历史文化传统的消极影响。任何一种文化历史传统对后世都有积极的与消极的影响两个方面。这里所谈的是俄国历史文化传统对苏联的消极影响。

政治方面，300 余年的绝对专制制度统治的历史，造就了专制主义、皇权主义的苦酒。年轻的苏维埃政权就是建立在这块缺乏民主养分的土地之上的。布尔什维克党尽管推翻了封建王朝，但要想推翻自己头脑中的那座“封建大山”，则更为困难。因为历史文化传统具有继承性的特点。早在苏维埃政权建立初期，列宁就曾清醒地认识到这一点，他强调当时的苏维埃政权的国家机构是“在很大程度上是旧事物的残余，极少有重大的改变。这些机关仅仅在表面上稍微粉饰了一下，而从其他方面来看，仍然是一些最典型的旧式国家机关。”[④] 这个“旧式”的

---

① 诺斯特拉达穆斯（1503—1566 年），法国历史上的著名占星家，曾经预言欧洲及世界 500 年后历史的发展。

② 唐科斯在 1978 年出版的《分崩离析的帝国》中就曾指出：“在它（苏联）面临的所有问题中，最急需解决而又最难解决的显然是民族问题。像它所继承的沙俄帝国一样，苏维埃国家似乎也无法走出民族问题的死胡同。”见唐科斯：《分崩离析的帝国》，新华出版社 1982 年版，第 271 页。

③ 唐科斯：《俄罗斯的命运》，载《真理报》，莫斯科 1992 年 12 月 4 日。

④ 《列宁全集》第 43 卷，人民出版社 1987 年版，第 373 页。

概念在一定程度上表现在“旧”的管理经验、“旧”的管理机构和“旧”的管理人员等方面，它需要在未来的社会主义建设过程中逐渐地增加“新”的社会主义的内容。但事实上，由于特殊的国内和国外环境的影响，特别是斯大林等领导人个人在认识水平上偏差，最终形成了缺乏民主、少有活力的斯大林政治模式。

经济方面，俄国是一个工业落后、农业人口占绝大多数、成人文盲率达75%的国家，小农和小生产的自然经济观和平均主义思想盛行。苏维埃政权初期实行的军事共产主义是一种带有绝对平均主义色彩的、高度集权的、以强制为后盾的经济体制。军事共产主义固然是战争环境下的产物，但也在相当程度上受了旧俄经济的传统影响。列宁深刻地认识到军事共产主义所造成的经济危机和政治危机，断然改行新经济政策，把经济同市场、同商业联系起来，承认在向社会主义的过渡中商品货币关系和市场机制的作用，承认物质利益的重要性。但在列宁逝世后，斯大林在1929年就过早地结束了新经济政策，没有沿着列宁的路子走下去，反而继承了“军事共产主义”的不少遗产，把商品、市场经济视为“异类”，从而形成了以后高度集中的指令性计划经济。

第二，列宁逝世后，苏联各届领导人都对苏联社会发展阶段作出了不切实际的过高估计，自我满足，自我安慰，粉饰现状，最终走向僵化。

十月革命前，俄国是一个经济比较落后、小农为主的国家。在这样一个国家里，进行社会主义革命比较容易，但要完全建设起社会主义社会，就比较困难了。列宁写道：“我屡次说过：与各先进国家相比，俄国人开始伟大的无产阶级革命是比较容易的，但是把它继续到获得最终胜利，即完全组织起社会主义社会，就比较困难了。”① 而建设社会主义比较困难，是因为开始社会主义革命的国家愈落后，“它由旧的资本主义关系过渡到社会主义关系就愈困难。这里除破坏任务以外，还加上了一些空前困难的新任务，即组织任务”。② 因此，在落后国家里建设社会主义，需要有更长的时间。

列宁逝世后，斯大林领导苏联社会主义建设，取得了很大成绩。但他在1936年就过早地宣布苏联“已经基本上实现了共产主义第一阶段，即社会主义”。第二次世界大战后不久，苏联在1952年又宣布“社会主义建设任务已经完成”，现在已处于“从社会主义逐渐过渡到共产主义”的时期。实际上，苏联社会主义

① 《列宁选集》第3卷，人民出版社1995年版，第793—794页。

② 《列宁选集》第3卷，人民出版社1995年版，第436页。

还远远没有建成，而且斯大林建设社会主义模式的缺点也越来越严重。赫鲁晓夫上台后，企图进行一些改革，但不得其法，有很多任意妄为之处。更为荒唐的是，他竟在 1961 年苏共 22 大上提出了一个在 20 年内苏联基本上建成共产主义社会的计划，纯粹是主观主义的空想。勃列日涅夫上台后，感到苏联在 20 年内过渡到共产主义社会是不可能的，于是降了调子，但仍然过高估计了苏联社会的发展阶段，在 1967 年宣称苏联“建成了发达的社会主义社会”。1982 年安德罗波夫执政后，再次降调，以“发达社会主义起点论”代替“发达社会主义建成论”。总之，从斯大林到契尔年科，都没有正确认识苏联社会所达到的水平，作了过高的估计，从而骄傲自满，盲目乐观，看不到自己与资本主义发达国家的差距，看不到自己在经济、政治各方面的种种严重弊病，终于走向僵化，停滞不前。戈尔巴乔夫上台后，在国情判断上完全陷入了非现实主义和历史虚无主义，全盘否定苏联，最终导致了苏联的解体。

第三，斯大林模式从建立到走向僵化，丧失了社会主义自我完善的活力。

概括说来，斯大林模式是高度集权的政治体制和高度集中的指令性计划经济。这种模式带有斯大林个人的特点，但绝非他个人意志的产物，而是有其形成的历史条件的。二三十年代，苏联是世界上唯一的社会主义国家，是处在帝国主义包围中的一个“孤岛”。苏联要生存下去，必须高度发挥中央集权的力量，在政治上高度统一人们的思想和行动，在经济上高度集中全国的人力、物力和财力，加速社会主义建设，实现社会主义工业化，特别是优先发展重工业。这种模式起到了应有的历史作用，苏联建成了工业国家，抵御住了法西斯德国的凶猛进攻，并最终取得了反法西斯战争的胜利。但是，这种模式发展到后来，弊病日趋严重，表现为在政治上缺乏民主，个人专断，破坏法制，滥用专权，党政职能不分，以党代政，党的工作命令化、官僚化，党丧失了无产阶级先锋队的性质和战斗力。在经济上，统得过死，缺乏活力。重速度，轻效益，消耗太大，农、轻、重比例失调，农业尤其落后。当世界经济向纵深发展、新技术革命浪潮迭起、经济管理日趋科学化的时候，苏联经济模式的落后就暴露得越来越明显。赫鲁晓夫等人虽然陆陆续续进行了一些改革，但从总体上看来没有突破原有的模式，而且改革往往是浅尝辄止。

第四，民族问题是苏联的一个沉疴痼疾，但苏联共产党和政府长期无视问题的严重性，终使这只“潘多拉的盒子”将灾难释放出来了。

苏联共产党和政府的民族政策有过巨大的成功之处。它主要表现为：在苏维埃政权建立初期，党和政府坚决贯彻马克思主义的民族平等和民族自决的原则，坚持国际主义，领导各族人民群众，不屈不挠地抵御了帝国主义以及一切反共反苏势力的武装入侵和经济封锁。民族甄别和民族划界，使因人为和自然原因而造成分离的民族成员得以生活在一起。社会主义联邦制国家的建立，巩固了苏维埃政权和各族人民当家做主的地位，为各民族的社会、经济和文化的发展创造了前提条件。在社会主义的大家庭中，各民族的社会、经济、文化和教育事业都取得了历史性的飞跃和举世瞩目的巨大成就，广大少数民族摆脱了物质和精神上的落后状态，走上了社会主义的现代化道路。

但是在民族工作取得巨大成绩的同时，苏联共产党和政府在民族理论和实践上的失误也是明显和严重的，正是这些失误加剧了历史上存在的民族问题，加剧了大俄罗斯主义和地方民族主义。在多民族国家的现代化运动中，民族进程与社会进程是两个既相互区别又相互关联的概念。民族进程是指各民族自身的民族意识的觉醒、民族文化和民族经济的复兴、民族成员素质的提高，等等。社会进程是国家的统一和完整、各民族社会发展的协调和一致以及民族界限的最终消失。民族进程是社会进程的基础，而社会进程是民族进程的最终目标。如何协调两者的关系，努力寻找两者的接合点是苏联共产党和政府的重要任务。但长期以来影响甚广的“超越社会发展阶段”的思想倾向却过分强调各民族间的共性，而忽视了民族个性，混淆了民族进程与社会进程的界限和关系，违背民族进程的客观规律，以社会进程的要求代替民族进程的规律。1936 年，斯大林认为苏联已经基本上实现了社会主义，“制造民族纠纷的主要势力即剥削阶级已被消灭，培植民族互不信任心理和燃起民族主义狂热的剥削制度已被消灭”，“苏联各民族和种族，在全国经济、政治、社会和文化各方面都享有同等的权利，所以，根本谈不到民族权利会受到损害”。1961 年，赫鲁晓夫宣布苏联在 20 年内基本建成共产主义社会，民族关系问题在苏联已经解决，在苏联已经形成了“具有共同特征的不同民族人们的新的历史共同体——苏联人民”，苏共今后的民族政策是“使各民族达到完全的一致”。1972 年，勃列日涅夫宣布苏联已经建成了发达社会主义社会，苏联的民族问题“已经完全解决，已经彻底和一劳永逸地解决了”。由于对社会主义发展阶段的过高估计，几十年来苏联领导人总是人为地加快各民族的接近和融合，严重忽视了各民族的特点和特殊利益，忽视了民族矛盾的复杂性和长期性。

戈尔巴乔夫上台后，仍然延续过去对民族问题的提法，对苏联的民族关系盲目乐观，大谈什么在苏联已经“一劳永逸地消灭了民族压迫和民族不平等的各种形式和表现”，掩盖了长期积累并日益尖锐的民族问题，对民族分离主义的危险丧失警惕。戈尔巴乔夫所提倡的“民主化”、“公开性”和“政治多元化”助长了各种民族主义势力的发展，加剧了苏联的民族危机。毫无限制的“公开性”暴露了苏联长期积累的民族问题，导致对苏联共产党和政府的民族工作成绩的全盘否定；“民主化”和“政治多元化”为各种民族主义团体的建立和公开活动提供了法律保护伞，也为一些民族主义团体和个人借竞选而夺权创造了条件。戈尔巴乔夫所推行的“全方位改革”，造成了苏联全方位的政治危机、经济危机和民族危机，三者相互影响、相互作用，加速了苏联的解体。

第十一章

由乱而治的俄罗斯

（1992 年至 2012 年）

1991 年 12 月 21 日，随着《阿拉木图宣言》的发表，苏维埃社会主义共和国联盟宣布解体，原苏联境内的 15 个加盟共和国宣布独立，在政治制度、国家体制、经济体制和意识形态等方面完全不同于苏联时期的俄罗斯联邦也随之诞生了。从 1992 年至 2010 年，俄罗斯在全方位的社会转型过程中经历了政治、经济、外交、社会和思想方面的急剧动荡，它对于未来俄罗斯的发展产生了重大、深远和广泛的影响。

一、艰难的转轨

政体转型

俄罗斯政体和国体的转型在 20 世纪 80 年代末已经开始了。1990 年 5 月 29 日，叶利钦当选俄罗斯苏维埃联邦社会主义共和国最高苏维埃主席，6 月 12 日，俄罗斯最高苏维埃发表了“主权宣言”，宣布俄罗斯拥有“绝对主权”。1990 年 10 月 12 日，俄罗斯宪法委员会通过了新的宪法草案，宣布在俄罗斯建立三权分立式的联邦共和国，规定“俄罗斯联邦最高国家权力机关是俄罗斯议会、总统、宪法法院和俄罗斯联邦最高法院，它们根据分权原则独立地履行自己的职能，相互影响、相互制约"，其中"总统是联邦国家元首和行政首脑"。①

早在1991年6月19日，俄罗斯联邦举行总统选举时，叶利钦就以57.3%的选票当选为俄罗斯联邦第一任总统。叶利钦1931年出生于斯维尔德洛夫州的一个农民家庭。他于1955年毕业于乌拉尔工学院。1968—1976年担任斯维尔德洛夫州委第一书记。1985—1987年任莫斯科市委第一书记，苏共中央政治局候补委员。1987—1989年任苏联建设委员会副主席。1990—1991年担任俄罗斯联邦最高苏维埃主席职务。

1991年12月22日，叶利钦宣布将俄罗斯苏维埃联邦社会主义共和国改名为俄罗斯联邦（Российская Федерация——РФ），将国旗定为白蓝红三色旗，将国徽定为双头鹰图案。

1992年1月20日，俄罗斯联邦最高苏维埃决定将境内的16个自治共和国升格为共和国，把原5个自治州中的4个升格为共和国。1992年3月31日，俄罗斯联邦的18个共和国（车臣—印古什共和国和鞑靼共和国没有参加）、6个边疆区和各个州、自治实体以及莫斯科和圣彼得堡2个直辖市的代表在克里姆林宫签署了酝酿已久的《俄罗斯联邦条约》。条约明确划分了3个层次的权限，即联邦共和国、联邦与边疆区和州以及莫斯科和圣彼得堡市、联邦与自治州和自治区的权限。其中各共和国在其境内拥有除根据条约让与联邦的权利以外的一切国家权利，可以独立地参加国际活动和进行对外经济贸易，并有权制定自己的宪法和共和国法律。根据1993年颁布的《俄罗斯联邦宪法》第3章第65条规定，俄罗斯联邦由89个联邦主体构成，它们是21个共和国，6个边疆区，49个州和1个犹太自治州，2个联邦直辖市，10个自治专区。

1991年底苏联解体后，俄罗斯联邦继承了苏联的内阁制，但政府形式变成了俄罗斯联邦部长会议，俄罗斯部长会议由俄罗斯总统组建，部长会议主席由总统取得最高苏维埃同意后任命，部长会议副主席、各部部长、国家安全委员会主席由总统根据部长会议主席提名任免，其中外交部长、国防部长、安全部长和内务部长等强力部门长官由总统取得最高苏维埃同意后任命。在1993年俄罗斯新宪法颁布前，部长会议向联邦人民委员会、最高苏维埃和总统负责。1993年12月12日俄罗斯宪法生效后，联邦部长会议被俄罗斯政府取代，俄罗斯政府长官

① 《俄罗斯联邦宪法草案》，载《列宁格勒晚报》，列宁格勒1990年10月31日。

改称总理和副总理，各部部长仍延用旧称。俄罗斯政府变成对俄罗斯总统负责的最高权力机关的执行机关和行政机关，担负着管理全联邦政治、经济、军事、外交、安全和社会等领域的管理重任。

在苏联时期，全俄人民代表大会是俄罗斯最高立法机关，全俄最高苏维埃是人民代表大会的执行机关。1991 年 6 月叶利钦当选为俄罗斯总统后，于 10 月召开的全俄第五次人代会上辞去了最高苏维埃主席职务，由哈斯布拉托夫继任。1992 年 4 月召开的全俄第 6 次人代会对叶利钦领导的俄罗斯政府的工作投了不信任票，12 月召开的全俄第 7 次人代会上继续对俄罗斯政府的工作提出强烈的批评。1993 年 3 月召开的全俄第 8 次人民代表大会上否决了叶利钦提出的公民公决计划和加强政府经济权限的提案。9 月 21 日，叶利钦发布命令，解散人民代表大会和最高苏维埃，并宣布于 12 月成立俄罗斯新的立法机构——俄罗斯联邦会议，联邦会议由联邦委员会（上院）和国家杜马（下院）组成。联邦委员会不经过全国性的选举产生，而由俄罗斯的 89 个主体各派 2 名代表组成，国家杜马则由通过公开选举产生的 450 名代表组成。根据 1993 年颁布并生效的俄罗斯宪法，国家杜马每 4 年选举一次，其选举程序和原则由联邦法律规定，其基本原则是凡年满 18 岁的公民都拥有选举权，凡年满 21 岁的公民都有被选举权；国家杜马的代表由具有选举权的公民直接选举产生；有选举权的公民都以不记名投票的方式选举国家杜马的代表。

经济转型

俄罗斯的经济形势在 1992 年前已经出现严重的危机。为使俄罗斯经济摆脱连年危机，叶利钦和俄罗斯政府采用了美国著名经济学家杰弗里·萨克斯的“休克疗法”，即采取激进办法，即一步到位办法推行私有化、自由化、市场化，实现经济制度和经济体制转轨的战略。

实行价格完全由市场决定，这是休克疗法中最激进的步骤。1991 年 12 月 3 日，叶利钦发布了关于放开价格的第 297 号总统令。12 月 19 日，俄罗斯政府根据总统令制定了《俄罗斯联邦放开物价措施的决定》，宣布从 1992 年 1 月 2 日起，俄罗斯境内的所有企业、组织和其他法人，不论它们属于何种所有制，它们所生产的生产资料和消费品，提供的劳务和所完成的工程，其价格和收费标准除特殊情况外一律放开，由市场供求关系自发决定。为防止价格失控和便于政府对特殊商品的管理，在第 297 号总统令中包括两个特别附属文件，文件列出了 17 种生产技术性产品及劳务和23种消费品及劳务的清单，对这些产品和劳务的价格由政府根据市场情况制定，不放开价格。两个附件所列清单约占生产技术产品的15%和消费品的10%。

在1月2日价格放开后的头四个星期里，大多数商品价格上涨了3至5倍，特别是肉、香肠、黄油这类俄罗斯人每天必不可少的食品价格涨得更加厉害。莫斯科退休工人的1个月工资仅能购买1公斤猪肉或2公斤黄油。到1月底，物价上涨了250%，而工资仅增长了50%。1992年物价上涨达到2508%，国内生产总值下降14.5%，投资下降45%，进出口总额下降23%，居民实际收入下降了55%，居民储蓄损失4600亿卢布。

在不到一年的时间里，在实行全面放开物价的同时，又宣布开放金融市场，推行商业银行私有化；利率市场化；国内市场与国际市场接轨，废除国家管制和垄断，实行对外经济活动自由化，允许卢布自由兑换、汇率自由浮动。所有这些措施出台，虽然推动了产品和要素市场的出现，但是，政府对市场失去了控制，投机资本肆虐，市场秩序极端混乱，生产急剧下滑，物价暴涨，政府财政赤字剧升，货币信贷体系濒临崩溃。

从1992年到1995年，俄罗斯的通货膨胀率连续四年居高不下，超过四位数字，1992年高达2610%，此后开始逐年下降，1993年为940%，1994年为320%，1995年仍然为131%。据俄经济学家统计，1995年与1990年相比，消费品价格上涨了1700多倍。恶性通货膨胀大大阻碍了俄罗斯向市场经济转轨的进程，价格的飞涨使市场机制远远不能成为资源有效配置的基础力量，高通货膨胀率则降低了居民的储蓄倾向，打击了企业的投资积极性，助长了囤积居奇和投机倒把，使整个经济生活陷入混乱之中。

1992年以来，俄罗斯居民的实际收入迅速下降，收入差距急剧扩大。1995年与1991年12月相比，俄罗斯居民的货币收入下降近一半。1995年的贫困人口是1991年的6倍，达到3700多万人，占居民总数的1/4，他们的人均月收入不超过32万卢布（约合60美元）。其中特别贫困的人占11%，他们的月收入不超过21.9万卢布（约合43美元）。而苏联时代的“人民退休金领取者”们最为困苦，他们的退休金一般仅为15—20万卢布（约合30—40美元），而且政府还经常拖欠这笔为数甚微，但对于这些已经丧失劳动能力的人极为重要的钱。

1991年12月29日叶利钦发布总统令，批准了《1992年俄罗斯联邦国有及市有企业私有化纲要基本原则》。随后，俄罗斯政府通过了一系列的加快国有企业私有化进程的纲领、法令和条例。1992 年 6 月，俄罗斯最高苏维埃通过了由丘拜斯主持制定的《深化经济改革纲领》，规定到 1993 年底，商业和日常服务业等属于“小私有化”对象的部门，私营经济所占比重要达到 80%—90%。到 1995 年底，国营大中型企业等属于“大私有化”的对象的部门，私营经济所占比重在超过 60% 以上。

1992—1994 年是私有化的第一个阶段。这个阶段的特点是政府通过发放私有化证券先无偿地将部分国有资产转让给公民，然后再逐步将大部分国有企业进行股份制改造。其间政府采取了这样几个步骤：将部分大中型国有企业改造成开放性的股份公司，保证企业在私有化过程中能够提供足够数量的股票。在 1992 年 10—12 月向每个俄罗斯公民发放面值一万卢布的私有化证券，以保证每个公民能够用它作为投资资本，购买所在企业和其他上市企业的股票。到 1993 年 1 月底，共发出 1.46 亿张，96% 的俄罗斯公民领到了私有化证券。从 1993 年开始要求有条件上市的企业都要上市，供公民用私有化证券购买。由于受到传统体制的影响，大多数企业职工都采取了“集体控股法”，即本企业职工购买了总股份的 51% 的监督股，而在证券拍卖后，还可以购买职工股份化基金中 5% 的股份。按照这种方式实行的股份化，原则上保留了原来企业的一切组织形式和生产方式，其内部管理机制基本上也未发生根本变革。不少企业的股票 70% 以上由本企业职工购买，而真正上市出售的往往不超过 10%。第一阶段大规模无偿私有化的结果是，多数私有化的大中型企业仍然是较为封闭的所有权形式，企业内部人取得了绝大多数股权，外部人的股权很小。企业发展所必需的资金和先进管理人员都无法进入企业内部。俄罗斯政府因此于 1994 年 7 月停止私有化证券的流通，改股份出售为货币交易，并把出售企业股票所得的大部分留给企业。到 1995 年底，共有 118,797 家国有大中型企业实现了各种形式的私有化，其账面财产价值 1.6 万亿卢布，约占全俄国有资产总值的 56.7%。

在休克疗法连遭败绩和怨声载道的情况下，叶利钦和国家杜马的态度也发生了明显的变化。1992 年 12 月，叶利钦下令撤销了主张休克疗法的总理盖达尔的职务，任命了有稳健派之称的切尔诺梅尔金担任俄罗斯政府总理职务。切尔诺梅尔金上台之初立即表示：“我反对任何激进主义，不管右翼还是左翼的，任何急转弯的做法都会使国家充满崩溃的危险。”他宣布俄罗斯将放弃自由市场经济的道路，走上了社会市场经济的道路。面对濒于崩溃的经济，切尔诺梅尔金着手进行整顿和调整，阻止生产继续下滑，扼制通货膨胀，加强社会保障。1993 年 8

月政府颁布了《发展改革和稳定俄罗斯经济1993—1995年工作计划》。叶利钦在1995年宣布："今后不再实行这种不得人心的休克疗法。"①

总统制

从1992年下半年开始，叶利钦与原政治盟友哈斯布拉托夫和鲁茨科依等人之间的矛盾逐渐加大。双方矛盾和斗争的焦点主要集中在两个方面，一方面是推行什么样的经济改革方针。哈斯布拉托夫和鲁茨科依反对采取盖达尔的休克疗法和叶利钦的激进式经济转轨方案，而主要实行渐进式的改革。认为急剧的经济转轨将使国家陷入混乱，使人民生活更加贫困，国家将陷于无政府状态，最高苏维埃将无法真正发挥有效作用。他们抨击叶利钦是在拿国家和人民做试验，对叶利钦支持的盖达尔政府推行的经济改革根本不予信任和支持，甚至要求俄罗斯政府辞职。另一方面则是反映在国家体制上。哈斯布拉托夫为首的议会要求建立限制总统权力的议会制国家体制，坚持议会与总统拥有平等的权限，提出总统不能兼任总理，总统无权解散议会。叶利钦则要求建立美国式的总统制国家体制，主张进一步扩大总统的权力，他强调在目前条件下向议会制过渡"等于自杀"，是完全"不能接受的"，在近年内"可以实行的只有总统制"。②

叶利钦为打败政治对手，提议实行全民公决。但是在1993年3月召开的俄罗斯联邦第8次非常人民代表大会上否决了叶利钦的提议。叶利钦坚持于1994年4月举行了全民公决，公决结果是有58.7%的选民对"你是否信任俄罗斯联邦总统叶利钦?"投了赞同票，有53%的选民对"你是否赞同俄罗斯联邦总统和政府1992年以来所实

叶利钦接见反对派人士

① 《独立报》，莫斯科1995年10月11日。

② 王郦久、刘桂玲：《跨世纪的俄罗斯》，时事出版社1997年版，第22页。

哈斯布拉托夫：叶利钦曾经的盟友，十月事件中的敌人

行的社会经济政策？”投了赞同票。这表明，绝大多数的俄罗斯居民支持叶利钦政府1992年以来的改革政策，也支持加强叶利钦总统的权力。因此在获得全民公决胜利之后，叶利钦便加紧新宪法的制定工作。他绕过立法机构——最高苏维埃，向联邦各主体推出实行总统制的新宪法草案，试图借助地方的支持，以立宪会议的途径通过他的宪法草案。哈斯布拉托夫领导的最高苏维埃对于叶利钦的行动也迅速作出了反应，推出了一部其核心为议会制共和国的新宪法草案。由于全民公决后，叶利钦在政治斗争中取得了优势地位，而最高苏维埃的力量受到削弱，俄罗斯政坛和社会各派政治力量围绕着新宪法问题开始了新的分化和组合。这一时期，俄罗斯实际上出现了总统和议会两个权力中心，被称为“府院之争”。

1993年7月，叶利钦通过他控制的制宪会议，顺利通过了以总统制共和国体制为核心的新宪法草案，使得政府与议会的矛盾加剧。

1993年9月1日，叶利钦以总统令的形式宣布暂停鲁茨科依副总统的职务，鲁茨科依则声明总统令没有任何效力，最高苏维埃也宣布叶利钦的命令违背宪法，并发表“告人民书”，指责叶利钦企图以非法手段控制社会，使宪法制度受到威胁，俄国面临总统无理解散人民代表机构和立法机关，而实行直接的独裁式统治使国家再度濒临解体的危险。“告人民书”呼吁人民起来反对一切政治阴谋活动，呼吁军人不要卷入这场将给国家带来深重灾难的政治斗争中，还呼吁国际社会支持俄罗斯实行议会制。

叶利钦下令调动军队进入首都莫斯科，迫使哈斯布拉托夫、鲁茨科依及其支持者躲进最高苏维埃所在地——白宫，与叶利钦进行了武装对峙。9月21日晚，叶利钦发表总统令，宣布终止人民代表大会和最高苏维埃的活动，并决定于12月11—12日选举俄罗斯新的立法机构——俄罗斯联邦会议。鲁茨科依立即发表声明，称叶利钦的命令是“政变”和“违宪”，他表示在目前情况下，根据宪法，他将代理俄罗斯总统的职务。9月22日零时，哈斯布拉托夫召集第10次非常人代会，会上以多数票通过解除叶利钦总统职务和鲁茨科依任代总统的决定。

10月4日上午8时,700名阿尔法特种部队的官兵根据叶利钦的命令，在T—80重型坦克和3架武装直升飞机的火力掩护下向白宫发起总攻，经过10多个小时的激战，到下午4时50分，哈斯布拉托夫和鲁茨科依被迫宣布投降，与其他议员和支持者一样，高举双手走出白宫，随后他们大部分被捕。在十月事件中，共有142人死亡，744人受伤。至此，持续一年多的“府院之争”和两个权力中心的局面结束。

1993年12月12日，俄罗斯全民投票通过了《俄罗斯联邦宪法》，这是俄国历史上由选民直接投票通过的第一部宪法。新宪法的核心是建立了总统主导下的三权分立体制。新宪法最鲜明的特点在于，它突出了总统在国家政治生活中的核心地位，赋予总统最为权威和最为广泛的权力。新宪法宣布废除人民代表大会和最高苏维埃，代之以两院制的议会，联邦会议作为议会“上院”，是俄罗斯的代表与立法机关，国家杜马作为议会“下院”，拥有立法权和对政府执行法令和行政事务的监督权。联邦总统是国家元首，联邦总理是政府首脑，总理的人选由总统提出并经国家杜马批准后任命，如果国家杜马三次否决总统的提出的总理人选，总统可任命总理或解散国家杜马并宣布实行新的国家杜马选举。如果国家杜马通过对政府的不信任提案，总统有权解散国家杜马或宣布辞职。

1994年1月，叶利钦发布了《关于联邦执行权力机关结构的命令》，宣布联邦总统亲自掌管国防部、内务部、外交部、对外情报局、保卫总局、新闻局、塔斯社、档案局等强力部门，政府总理的权力被进一步削弱。

多党制

1990年苏共28大召开后，在俄罗斯境内已经形成了多党制的局面。1993年通过的俄罗斯宪法承认政治多元化和多党制，宣布任何政治组织只要拥有一定的群众基础，遵守宪法都可以申请成立政党。苏联解体后，在俄罗斯司法部登记的合法政党达3000多个。但俄罗斯的政党，绝大多数成员不多，真正有影响的全国性的政党约四五十个。主要政党和组织有：“民主俄罗斯”、“俄罗斯选择”、“我们的家园——俄罗斯”、“亚博卢联盟”、“俄罗斯共产党”、“俄罗斯农业党”、“俄罗斯自由民主党”等。

1993年12月进行俄罗斯第一届国家杜马选举。得到叶利钦全力支持、拥有总统党之称的由前总理盖达尔领导的“俄罗斯选择”呼声最大，人们普遍认为，该党至少也会获得半数左右的席位，但结果却是以日里诺夫斯基为首的打着民族主义旗帜的自由民主党以 22. 79% 的多数选票在选举中获胜，在国家杜马中占据了 70 个席位，成为杜马中第一大党团。俄罗斯共产党获得了 12. 4% 的选票，获得 65 个议席，俄国农业党获得 8% 的选票，获得议席 47 个，俄共与农业党组成的左派联盟成为第二大党团。而“俄罗斯选择”只获得 15. 38% 的选票。俄国农业党的领导人雷布金担任了首届国家杜马主席职务，盖达尔领导的民主派在国家杜马中的影响大大降低。

日里诺夫斯基和自由民主党政治影响和地位的陡然上升，在一定程度上结束了俄国政治斗争的两极化格局，形成了新的三极格局，即在叶利钦为代表的“民主派”和以鲁茨科依为代表的“议会派”的斗争中，出现了新的一极——俄罗斯民族主义派别。

自由民主党主席日里诺夫斯基

第一届国家杜马活动期间（1993 年 12 月至 1995 年 12 月），俄罗斯政坛局势较为平稳，这一届国家杜马的特点是在充分发挥议会的立法、监督职能的同时，十分注意遵守宪法的规定，而总统和议会之间的关系也能基本上保持合作和克制。

1995 年 12 月第二届国家杜马选举，政治力量对比的变化则更加突出。俄共一枝独秀获得 35% 的席位，远远超过了其他各党，甚至取代了自由民主党，成为议会第一大党团。再加上其盟友和独立人士中的共产党人，倾向社会主义者的席位超过了 50%，国家杜马主席由原共产党人谢列兹尼奥夫担任。自由民主党的席位由上届的 22. 79% 下降为 11. 3%，由第一位降为第三位，而盖达尔等人的“俄罗斯选择”则未能以政党的资格进入议会，以个人身份当选的该党成员也只占总席位的 2%。这表明国家杜马中主张西方式资本主义道路的右翼势力急剧下降，以自由民主党为代表的民族主义和大俄罗斯主义的中右势力也随之下降。这一结果使叶利钦政府和国际社会大为震惊，国际舆论认为，第二届国家杜马大选就是 1996 年俄罗斯总统大选的预演，很自然的，俄共领导人久加诺夫就成了俄总统叶利钦的最强有力竞争者。

1996 年，俄国政坛风起云涌，高潮迭起，焦点即是当年 7 月份的俄罗斯总统大选。1993 年通过的俄罗斯宪法确立了俄罗斯式的总统制，宪法赋予了总统巨大的权力，谁当总统，谁就有可能把国家引向自己选择的方向。而和平选举机制的确立又为各政治力量提供了平等竞争的机会。为此，参加竞选的各政治力量及其总统候选人都极为重视这次选举。主要竞争者有两个，即现任总统叶利钦与俄共主席久加诺夫。叶利钦认为总统选举“不仅决定俄罗斯的未来，而且在很大程度上也决定全人类的未来”。

1996 年 6 月 16 日，总统选举的第一轮投票结果统计表明，叶利钦获得了 35. 28% 选票，久加诺夫获得 32. 04% 的选票，两者仅相差三个百分点，但都没有达到当选所需的半数选票。在随后举行的第二轮总统大选中，叶利钦以 53. 82% 的选票战胜久加诺夫（40. 3% 的选票）。随着 1993 年俄罗斯联邦新宪法的颁布和 1996 年叶利钦蝉联联邦总统，俄罗斯政局已经基本稳定下来。

军事实力下降

1992 年 3 月 16 日，俄罗斯总统叶利钦签署命令，成立国防部，由总统代理国防部长职责。开始俄罗斯的建军过程。3 月 18 日、19 日，叶利钦又命令俄境内现有 7 个军区和防空部队、波罗的海边防军区部队、外高加索和黑海舰队转归俄罗斯统辖。原苏联驻西部、北部、西北部的陆军回国后也为俄所有。4 月 7 日，叶利钦在第 6 次全俄人代会上宣布：“驻扎在俄罗斯境内的所有部队、团队、军事机构和其他设施，以及驻在德国、波兰、波罗的海地区、蒙古、外高加索和各共和国的军队，都将被置于俄罗斯的统辖之下。”5 月 7 日，叶利钦签署命令，正式建立俄罗斯联邦军队。俄罗斯的目标是建立一支包括陆、海、空和特种部队、空防部队及各种后勤保障力量在内的现代化军队。

俄罗斯继承了原苏联的绝大部分的核武力量，其境内的战略核武器占原苏联的 80% 以上。据 1993 年 3 月 4 日出版的德国《明镜》周刊报道，俄罗斯拥有战略核弹头 6915 枚，战术核弹头 1. 2 万枚，洲际导弹 573 枚，射程 1. 1 万公里，远程轰炸机 90 架。俄罗斯共有军工企业 1500 家，研究所 900 个，从业职工 750 万人。军工生产仍然是俄罗斯的第一大支柱产业，俄罗斯仍然是超级核大国，仍然是一个军事大国。

但是伴随经济危机而来的是俄罗斯武装力量的战斗力和装备实力的锐减。军队经费不足，上至高级军官、下至普通士兵，都在为自己的生存而各想奇招。走私毒品、买卖武器、士兵集体抢劫。仅 1996 年，俄军各个基地丢失的各类武器就达3.1万余件。高级军官利用职务之便，大兴土木、私建豪华别墅，高级军官向车臣反叛分子出售“冰雹式”火箭发射系统。俄罗斯军队缺编严重，大批优秀人才离开部队，出国或经商。据统计，1993年至1994年有10万名军官提前退役。俄军军官缺编10万人，其中营、连、排等下级军官缺编尤为严重。而士兵的人数也大幅度下降，据报道说，西伯利亚的一些地区，军官与士兵的比例竟为1∶1，有时高级军官甚至不得不执行由下级士兵执行的诸如站岗放哨之类的任务。

自1992年以来，俄罗斯军费开支逐年下降。据权威的伦敦国际战略研究所的统计表明：从1992年俄军初建到1995年，俄罗斯国防支出实际上已减少了45%左右。1996年俄国防开支约为82.4万亿卢布（约合183亿美元），只相当于实际需要的30%，还不到美国国防开支的1/10。

由于军费开支缩减，军事训练计划也被迫压缩。陆军一度终止了师团一级的野战演习，空军飞行员平均一年只飞行十多小时，只相当于美军飞行员实际飞行的1/10。1996年，俄军上至国防部长下至普通士兵都曾连续3个月没有按时领到军饷。

自1994年以来由于预算原因而经常拖欠的军饷到1996年7月的总统选举的时候已经彻底停发。俄罗斯国防部长罗季奥诺夫形容俄军是“半个军队”，即俄军部队只有一半装备，军队只能领到一半薪水，只有一半人员能住上房子，军队只能保持一半战斗准备。

为了提高俄罗斯军队的战斗力，制止俄罗斯军事实力下降，俄罗斯政府进行了军事改革。1992年11月，俄罗斯政府作出根据自愿原则按合同补充兵员的决定，随后军方也拿出《完善合同兵役制纲要》，规定分阶段逐步实现军队的职业化，到2000年使合同兵占全部士兵人数的50%，并要使合同制成为提高武装力量机动能力和作战能力的促进机制。

车臣难题

车臣位于俄罗斯联邦境内的高加索山脉北侧，面积约1.5万平方公里，人口超过100万，首府是格罗兹尼。1991年10月，车臣族的退役空军少将杜达耶夫夺取权力，10月当选车臣首任民选总统后，宣布车臣脱离俄罗斯联邦而独立，拉开了俄罗斯联邦境内民族分离主义的帷幕。

1994年初，叶利钦在与各联邦主体领导人的谈话时多次强调要“建立一个完整、统一、强大的俄罗斯联邦”，表示要加强联邦中央政府对各联邦主体的行政控制权。总统新闻处的一位官员也曾透露总统要在1994年的适当时候解决车臣问题。1994年7月，俄罗斯政府扶植了以阿夫图尔汉诺夫为首的杜达耶夫的反对派——临时委员会，并提供经济和武器援助，当反对派的政治和军事攻势均无法得手时，叶利钦只好直接派出军队威逼杜达耶夫低头，然而杜达耶夫和车臣人却采取了坚决抵抗的态度。

俄罗斯政府不惜采取一切强硬措施解决车臣问题的原因，除去该地区拥有极为重要的经济地理和军事地理位置外，更重要和更现实的原因是车臣是俄罗斯联邦89个联邦主体中要求独立的“领头羊”。

1994年12月11日，叶利钦下令出兵车臣，并且不惜一切代价，不顾国内和西方舆论的压力，执意打垮杜达耶夫的目的即是“敲山镇虎”，“杀车臣”给各联邦主体看。但是尽管俄罗斯现代化的军队兵分三路，以空中、地上的立体攻势进攻车臣，然而在武器装备、作战人员、物资储备等方面均处弱势的车臣却在较长的时间内顶住了俄罗斯军队暴风雨般的进攻。仅格罗兹尼这么一个弹丸之地的攻占竟消耗了整整两个月的时间（到1995年2月）、1000余名俄罗斯士兵丧生，并付出了8万亿卢布的巨额军事开支。

俄罗斯军队对车臣的军事行动首先激起了一些穆斯林民族为主的联邦主体的民族主义情绪，加剧了俄罗斯政府与上述联邦主体的民族矛盾。在俄军进攻车臣的第二天（1994年12月12日），与车臣相邻的印古什共和国的特种部队就袭击了假道印古什的俄罗斯军队，摧毁30余辆俄军的装甲车。印古什领导人鲁斯兰·奥舍夫向杜达耶夫保证：印古什军队将不遗余力阻止俄罗斯装甲部队越过印

车臣战争中的平民

古什地区。俄罗斯的北高加索地区的一些穆斯林也立即对俄罗斯的军事行动作出了抵制的反应。

俄罗斯军队占领车臣的首府格罗兹尼后，于1995年退出，由内务部队接管。俄罗斯政府扶植了扎夫加耶夫为车臣总理，杜达耶夫率领忠实于他的车臣人上山打游击，1996年3月，杜达耶夫被俄罗斯特工人员炸死，使车臣问题出现转机。车臣新的领导人扬达尔比耶夫同意和谈。在总统大选期间，叶利钦先是与扬达尔比耶夫在莫斯科会面，而后又冒险到格罗兹尼视察和与扬达尔比耶夫会谈，初步达成停火协议。但8月份车臣分子进攻格罗兹尼，迫使俄罗斯军队重新调集军队，拿下格罗兹尼。

列别德被任命为国家安全会议代表兼车臣问题的全权代表后，曾亲自两下车臣，与扬达尔比耶夫的代表马斯哈多夫谈判，最后签订了停火协议。规定双方停火，俄方军队和车臣方武装均撤出格罗兹尼，车臣是否独立暂时搁置。5年后，即在2000年12月之前，应以国际法为基础就俄罗斯联邦与车臣之间关系基本原则达成协议；应在1996年10月1日前，双方成立一个联合委员会以监督俄军从车臣全部撤出，并在该地区打击犯罪和恐怖活动方面协调行动。但是，和平签署不久，双方又多次发生武装冲突。打打停停，不停地和谈、签订协议，不停地破坏协议是车臣问题的特点。车臣问题已成为一大难题，危及俄罗斯安全和国际声誉。

二、新的外交政策

从“一边倒”到“双头鹰”

苏联解体后，获得独立的俄罗斯选择了西方的意识形态，在外交上也力图彻底摆脱冷战期间与西方对立的形象。叶利钦在1992年4月宣布：“俄罗斯国际活动中心任务包括：同世界上的民主国家建立稳定的伙伴关系，使俄罗斯能完全合法地、和谐地加入文明国家联合体。”建立“从温哥华到符拉迪沃斯托克的欧洲——大西洋大家庭”。[1]

---

① 李静杰、郑羽主编：《俄罗斯与当代世界》，世界知识出版社1998年版，第87页。

俄罗斯政府和议会中有相当一批的人认为，由于俄罗斯在社会制度、意识形态和价值观念等方面已经发生了重大的转变，俄罗斯就应该融入西方，西方国家也将欢迎俄罗斯的转向。他们的口号是“重返欧洲”、“回归文明世界”，这些人被称为“大西洋主义派”。俄罗斯联邦首任外交部长科济列夫是“大西洋主义派”的代表，他认为俄罗斯与西方国家具有“共同的价值观”，因此俄罗斯将奉行与西方“完全的伙伴化的方针，同西方一体化”。

美国方面对俄美关系的发展也寄予了极大的期望，美国国务卿贝克在俄美首脑华盛顿会晤后的一次公开讲话中认为：“美国与俄罗斯能走向建立持久友谊、伙伴关系，甚至联盟。”美国总统布什曾向西方国家提议给予俄罗斯 420 亿美元的一揽子援助。世界银行、国际货币基金组织欢迎俄罗斯加入。叶利钦总统被邀请参加西方七国首脑会议，与上述国家建立了“7+ 1”的特殊关系。

1993 年以前，俄罗斯曾理想主义地试图以意识形态的“趋同”为基础处理与美国和西方的关系，并且设想对方也将投之以桃、报之以李。然而一年多的外交实践使俄罗斯领导人明白，以上的想法是幼稚和不切实际的。因此在 1993 年 4 月制定的《俄罗斯联邦外交政策新构想》中淡化了意识形态的差别，将维护“国家利益”和“民族利益”作为外交政策的基础，强调：“首先使俄罗斯成为一个

1993 年秋，叶利钦在图拉阅兵

民主和自由国家，为增进活力，使俄罗斯作为一个具有几百年历史、独一无二的地理位置、足够的军事实力和雄厚的技术潜力、智力潜力、伦理潜力的大国享有充分权利和理所当然地置身于国际社会。”宣布“在可预见的将来，同美国的关系在俄罗斯外交政策优先的刻度上仍将保留重要的位置之一”，指出“当然也有遏制性因素——美国社会里存在相当强烈的孤立主义情绪，对俄罗斯一贯持怀疑态度”，同时强调：“坚决反对在华盛顿的政策中可能重新出现的帝国表现，反对企图把美国变成‘唯一超级大国’的路线。我们与美国的关系中不存在对抗及矛盾，但这并不意味着完全没有冲突。但是双方从国家长期利益的一致性出发和采取现实主义态度，可能出现的分歧就不会导致对抗。”①

面对俄罗斯国际地位衰微的现实以及国内政治和社会的压力，俄罗斯领导人和政府部分地抛弃了对美国和西方的幻想，开始调整俄罗斯的对外政策。

1993 年初，俄罗斯在联合国安理会就美国对伊拉克实施惩罚性空袭问题投了反对票，俄罗斯还以国内经济状况不佳为由拒绝为联合国派派驻塞浦路斯的维持和平部队分担经费，同时也对美国在联合国提议的对利比亚实施新的经济和政治制裁表示异议。

在波黑问题上，俄罗斯一改往日对西方唯唯诺诺的作法，力图发挥主导作用。1994 年 2 月 9 日，北约向波黑发出最后通牒，特别强调塞族必须在 2 月 21 日前将所有重武器撤出萨拉热窝，否则北约将实施空中打击。根据叶利钦的建议，俄以派维和部队进驻萨拉热窝起保护作用为条件，促使塞族在 21 日前接受要求，从而在这场危机中积极显示了俄罗斯的重要作用。

1995 年以来，俄罗斯进一步强化大国外交意识，加速发展全方位外交局面，积极发展与周边国家和与前苏联拥有传统关系的国家的关系。俄罗斯的亚洲部分占其领土 3/ 4，西伯利亚和滨海地区蕴藏极其丰富的石油、煤矿、金属、木材资源。1993 年初，叶利钦总统在访问韩国时提出“双头鹰政策”提法，即强调东方政策和东方国家同样是俄罗斯外交构想中的最重要内容和环节。俄罗斯副外长帕诺夫在 1994 年 11 月再次强调：“俄罗斯鹰不是半侧着脸，而是完全转过头去看东方。”

1995 年 2 月，叶利钦在年度国情咨文中强调：未来俄罗斯的外交政策是“连贯性、坚定性和灵活性、实用性相结合”，俄罗斯不打算同“任何国际力量中心

① 《俄罗斯联邦外交政策构想》，载《外交通报》，伦敦 1993 年专号。

对抗”，但也不允许其他国家小视俄罗斯的地位和作用。伴随俄罗斯大国外交攻势的加强，它与美国的外交关系更是日渐龃龉，甚至在一些重大国际问题上一度形成激烈冲突与对抗的局面。俄罗斯政府强烈要求修改1990年11月华约与北约签署的《削减欧洲常规武器条约》，加强俄罗斯南部的军事力量配置。并且拖延批准俄美《第二阶段限制战略核武器条约》。

1996年6月，俄罗斯总统选举前公布的《关于国家安全》的国情咨文中指出："俄罗斯不打算与任何国际力量中心对抗，也不打算单方面依赖任何力量中心。在最近几年内，俄罗斯对待这些力量中心的战略将是'平衡接近'。"新任外交部长普里马科夫强调："冷战结束后，我们同原来的对手实现了关系正常化，但是同时又不顾现实地提出了结成战略联盟和不惜一切代价地加入'文明国家俱乐部'的口号。但很快就清楚了：在现阶段，这不符合俄罗斯的利益，有可能失去对外政策的独立性，这是无论如何不能允许的。因此我们要奉行平等的伙伴关系方针。俄罗斯不能扮演着长机后面飞的僚机的角色。俄罗斯是一个大国，它应当有自己的对外政策。"①

1995年后，北大西洋公约组织加快了东扩的步伐，试图将东欧和波罗的海一些国家拉入北约，在短时期内确定东欧的地缘政治格局。俄外交部副部长克雷洛夫在北欧理事会第四次议会会议上说："如果北约扩大到俄罗斯边界，俄将不得不采取一切必要的政治、经济、防备和军事措施。实际上由于苏联时代的宣传，大多数俄罗斯人至今仍然把北约看作是对手。"叶利钦总统多次警告美国和西方："如果北约东扩，一个与之军事对抗的军事联盟可能再次出现"，"欧洲将不可避免地转变成战争状态。"② 9月28日，北约秘书长索拉纳公布《东扩问题研究报告》，报告强调东扩要"循序渐进"，进程要有"透明度"，试图安抚极为不满的俄罗斯。然而这难以平息俄罗斯的敌视情绪。

俄罗斯曾试图与北约建立一种基于"相互信任"和"相互合作"基础上的伙伴关系，然而这种尝试基本失败。于是俄罗斯便退守家门，并且以守为攻，积极谋求独联体国家集体安全体系的建立以及俄罗斯在其中的特殊地位，目的在于防备北约和西方势力未来的威胁。但这一举动并不是为了强化俄罗斯与北约的矛盾和形成新的集团对抗和地区对抗的态势，俄罗斯国防部长格拉乔夫在1995年

① 李静杰、郑羽主编：《俄罗斯与当代世界》，世界知识出版社1998年版，第95页。
② 法新社莫斯科1995年9月7日电。

10月曾声明："俄罗斯和西方的关系不能滑向冷战的边缘，在独联体国家内部组成新的军事集团是不现实的。"独联体军事合作协调部长萨姆诺索夫上将也强调："无论如何不能把独联体国家的这种行动看成是结盟和恢复对抗，……不应把独联体国家的防御联盟视为军事集团。它是维护国家利益的工具，在任何情况下都不是一个对抗和冲突的机构。"① 在俄罗斯强大的压力下，美国和北约也一再作出妥协和让步，大大地放慢了北约东扩的步伐，而且一再表示未来的欧洲安全体系一定要将俄罗斯包括在内。

中俄战略协作伙伴关系

1991年12月27日中俄正式建交，两国关系不断向前发展。1992年12月17—19日，俄罗斯联邦总统叶利钦首次访华。18日，江泽民主席会见叶利钦，两国领导人举行中俄首次最高级会晤。双方发表了关于两国相互关系基础的联合声明，宣布两国"相互视为友好国家"。

1995年5月9日江泽民主席在莫斯科与叶利钦总统会晤，叶利钦总统强调："俄罗斯希望与中国建立真正的伙伴关系，进一步提高两国关系的水平。"《中俄两国预防危险军事活动协定》、《中俄国界西段协定》的签订以及《中俄两国不将本国战略核武器瞄准对方的联合声明》的发表，为中俄两国边界的长期安全稳定奠定了基础。随着中俄两国高层领导人的多次互访，进一步增进了两国政府间和企业界的相互了解，将中俄两国的政治和经贸关系推向深入。

1996年4月24—26日，叶利钦总统对中国进行国事访问，江泽民主席与叶利钦总统在北京举行最高级会晤。双方认为两国间建立"平等信任的面向21世纪的战略协作伙伴关系"，是中俄两国作出的正确历史性选择。

同年4月26日，中国、俄罗斯、哈萨克斯坦、吉尔吉斯斯坦、塔吉克斯坦五国元首在上海举行会晤。自此，"上海五国"会晤机制正式建立。

1997年11月9—11日，叶利钦总统对中国再次进行国事访问。江泽民主席与叶利钦总统在北京举行最高级会晤。会晤后发表的中俄联合声明重申，中俄关系不针对任何第三国，两国既不谋求霸权，也无意扩张。

1998年11月22日至25日，江泽民主席访问俄罗斯，与叶利钦总统举行非正式会晤。通过两国领导人的定期接触，双方相互理解与信任达到崭新水平。

① 《防御联盟并非新的军事集团》，载《红星报》，莫斯科1995年10月6日。

1999年8月25日，出席中、吉、俄、哈、塔5国元首会晤的江泽民主席在吉尔吉斯斯坦首都比什凯克会见了俄罗斯总统叶利钦。1999年12月9日，江泽民主席同叶利钦总统在北京举行第二次非正式会晤。两国元首高度评价双边友好合作关系的顺利发展，并表示在新世纪里将进一步深化两国战略协作伙伴关系。

随着中俄间政治关系的稳步发展，两国经贸关系也取得了长足的进展。中俄经济贸易关系从1992年起，发展极为迅速。1992年和1993年的中俄贸易额分别达到58.62亿美元和76.8亿美元，年增长率分别为50%和36%，1994年贸易额也达到50.8亿美元，均超过中苏时期贸易最高水平（1991年贸易额为39.04亿美元）。到1993年中国成为俄对外贸易中仅于德国的第二大贸易伙伴，俄也上升为中国的第五大贸易伙伴。

三、普京执政后的俄罗斯

动荡的政局

叶利钦执政期间，政治风波不断，政府更迭频繁，曾5次撤换总理改组内阁。随着政府首脑更替，改革时而大步推进，时而进行调整，时而改改，时而停停。从政府政策走向来看，大体上可分为两派：一派以叶利钦和盖达尔为代表，另一派以切尔诺梅尔金和普里马科夫为代表。在改革的指导思想上，前者主张无条件地根据新自由主义和货币主义理论设计改革的模式和改革战略；后者主张从俄国国情出发，参照社会市场经济理论和政策，选择改革目标模式和改革战略。在改革的战略步骤上，前者主张实行“休克疗法”，用强制手段使各项改革措施一步到位；后者认为“休克疗法”招致灾难性后果，主张采取有利于社会和经济稳定的改革步骤，改革应稳步推进。在所有制结构方面，前者主张实行全面私有化，确立私有经济在国民经济中的主体地位，取消国有制的领导地位，把国有经济限制在提供公共物品等极少数部门，快速培育出作为政权支柱的私有者阶级；后者主张实行混合经济制度，大力发展多种形式的小私有制，国有大中型企业普遍实行股份制。在经济调节方面，前者主张实行自由竞争的市场经济体制，政府靠货币和财政政策对宏观经济运行进行间接调节；后者反对市场理想主义，主张实行可调节的市场经济，加强国家干预经济，稳定财政和金融，规范市场秩序。在对外经济关系方面，前者主张对外贸易自由化，全面对外国开放市场，把经济改革和经济恢复的希望寄托在西方国家的援助上；后者主张吸收外资，改善投资环境，但应大力扶持本国企业，刺激出口，对本国市场和民族经济实行必要的保护。

1998年3月23日，俄罗斯政坛又暴出一个特大的新闻，被称为近年克里姆林宫“常青树”的切尔诺梅尔金突然被叶利钦解除了担任了长达6年的总理职务。叶利钦任命了原燃料动力部副部长基里延科为代总理，随后又正式提名他为总理候选人。在叶利钦的一再坚持下，4月21日，国家杜马通过了基里延科为政府总理决议。

然而基里延科政府执政仅4个月，便爆发了由金融动荡促成的全面经济危机。1998年8月17日，俄罗斯爆发了极其严重的金融危机，基里延科再度被解职，由普里马科夫接任总理职务。普里马科夫政府的近期政策以稳定经济、消除危机、发展生产、整顿市场秩序为重点，远期政策强调从俄国国情特点出发，走一条加强政府宏观调控、独立自主与对外开放相结合、强国富民的社会市场经济道路。

然而由于社会矛盾尖锐，政坛动荡不定，政府首脑频繁更迭，调整和稳定经济的政策因缺乏连贯性而难以取得预期成效。1999年5月，普里马科夫被解职，由原内务部长斯捷帕申接任总理职务。同年8月，斯捷帕申被解职，由名不见经传的普京接任总理职务。

普京上任之后，首次要面对的是越来越严重的恐怖主义问题。1999年下半年，在俄罗斯政府对车臣采取强硬措施后，俄罗斯境内的恐怖主义活动随之加剧。1999年9月13日发生在莫斯科市南区卡希拉大街的居民楼爆炸事件造成了巨大伤亡。

9月14日，莫斯科市长卢日科夫签署了一系列决定，在莫斯科实行“特别安全制度”。这一制度包括：严格莫斯科市的身份证管理制度，所有到莫斯科的外地人必须在三天之内重新登记注册；加强对城市重要目标的保护，如燃料、电力中心、莫斯科石油加工厂、首都生活供应体系等。接连不断的恐怖事件使俄罗斯全国感到震惊。俄罗斯总统叶利钦呼吁摒弃前嫌，俄各政权机关联合起来，共同迎击恐怖主义发出的挑战。

1999年8月，车臣分裂主义势力深入到邻近的达吉斯坦境内，从事武装恐怖活动，与此同时，莫斯科等城市接连发生爆炸事件，给俄人民生命财产造成了巨大损失，引起了社会恐慌情绪。8 月 17 日，总理普京和国防部长谢尔盖耶夫共同宣布了新的打击车臣匪帮的行动部署，其特点是：先围后打。即首先封锁车臣与俄罗斯其他地区的边界，然后派飞机轰炸恐怖分子的基地。这次行动与以往的部署有一个重大转变，这就是从被动地防御转向主动出击。促使俄罗斯政府痛下决心主动打击车臣匪帮的根本原因是要确保社会的稳定和北高加索地区不被分裂出去。此外，目前在独联体内部，借助恐怖活动和武装叛乱的手段闹独立也在呈蔓延之势，因此，打击车臣匪帮也将对其他恐怖分子起到警示作用。

1999 年 9 月 30 日始，俄罗斯军队在坦克的支援下大举进攻车臣，并占领了 5 个战略村庄，同时 3 万名俄军奉命沿着车臣边境部署，形成对车臣全境的严密封锁线。这是自 1994 年至 1996 年车臣战争后，俄罗斯政府再次派兵进攻车臣。10 月 20 日，执行打击车臣恐怖分子任务的俄罗斯部队向捷列克河以南纵深地区挺进了数公里，格罗兹尼已经遥遥在望。更多的俄罗斯军队逐渐汇集格罗兹尼，俄罗斯军队已经从北、西和东三个方向对格罗兹尼形成合围，先头部队距离车臣首府仅有 10 公里。

1999 年 10 月 20 日，受叶利钦总统委托视察车臣的俄总理普京表示，除了消灭恐怖主义，“我们别无选择”。普京说，俄罗斯军队在车臣不会止步，而是要彻底完成任务；包括车臣共和国地位问题在内的政治问题将不通过军事手段解决，但只有在车臣领导人向俄罗斯当局交出恐怖分子的条件下，才能进行有关车臣地位问题的谈判。

普京出兵果断，将车臣分裂恐怖分子赶出了达吉斯坦。随后，俄军队开进车臣境内。普京吸取了过去车臣战争失利的教训，精心布置兵力。在外交、接受难民等各方面都做了比较细致的工作。俄军在车臣的军事行动比较顺利，经过几番较量，俄军包围了车臣首府格罗兹尼。普京进军车臣，是以打击恐怖分子，清除车臣恐怖分子活动基地为名的，因而得到了国内大多数党派和民众的支持和理解。

异军突起的普京

叶利钦总统的身体状况欠佳，曾因肺炎、感冒、支气管炎、胃出血等疾病多次住院治疗。1996 年春夏竞选连任总统时，出于对国家政权命运的通盘考虑，未透露患有严重心脏病这一情况。总统大选获胜后，叶利钦就住进了莫斯科中央临床医院，11 月由美国医生和俄罗斯医生联合为他做了心脏搭桥手术。但康复出院后，叶利钦健康状况仍不见好转，先后因心脏病、肺炎、支气管炎和感冒等病症近 10 次住院、疗养。1999 年，叶利钦的健康状况进一步恶化，言语、行动和思维开始迟钝，在出访外国参加礼仪活动时几次险些跌倒。

从 1999 年初开始，有关叶利钦将因病辞去总统职务的传言在俄罗斯经常被人提起，也有传言说他将实行紧急管制。9 月 20 日，俄罗斯总统办公厅发言人亚库什金说，总统无计划辞职和颁布紧急管制命令或改组政府。亚库什金又否认叶利钦由于不满政府未能阻止近期一连串恐怖事件而撤换总理的传言。因为“叶利钦认为（总理）普京是个强有力的总理，拥有巨大潜能。”叶利钦总统也不打算因为连串炸弹袭击和达吉斯坦战事而宣布紧急状态，亦无计划要更改预定明年夏天举行的议会选举或总统选举日期。经过长时间的考察和考虑，叶利钦选定普京为自己的接班人和未来的总统人选。

1999 年 12 月 19 日，第三届国家杜马选举开始投票。全国投票率接近 60%，224 个选区的投票率均超过 25%。经统计，俄共获得 24.29% 的选票，赢得 113 个议席，继续保持国家杜马第一大议会党团地位。刚刚组成不到 2 个月、普京支持的和由政府紧急情况部部长绍伊古领导的“统一”运动获得了 23.32% 的选票，赢得 72 个议席，成为国家杜马的第二大议会党团。选举前呼声甚高的由前总理普里马科夫领导的“祖国—全俄罗斯”联盟仅得票 13.12% 和 66 个议席，屈居第三议会党团地位。此外，与普京和俄罗斯政府关系密切的由前总理基里延科等人领导的“正义力量联盟”、“亚博卢”集团也分别获得了 5% 以上的选票。这样在新的国家杜马中，俄共已无法左右局势，而“统一”运动和“正义力量联盟”、“亚博卢”联手却可以在较大程度上影响局势，从而为普京在未来的总统大选中获胜创造了必要条件。

1999 年 12 月 31 日 12 时 00 分，叶利钦通过俄罗斯公共电视台向全国公民发表了电视讲话，突然宣布辞去总统职务。他说：“今天，在迎接即将到来的新世纪的最后一天，我辞去（总统）职务。”“我将提前离任。我知道我必须这么做，俄罗斯在新的世纪，必须有新的政治家、新的面孔和充满才智、精力充沛的人民。我已经掌权多年，应该离去了。”“我为未能实现你们的梦想而乞求宽恕。我没有能够使国家跨越到明亮、富有、文明的未来。”他表示：“我不应该阻碍历史进程的发展。当这个国家拥有一个更坚强的人能够胜任总统，我没有理由等待，这不是我的性格。”叶利钦表示，他辞职并非出于健康原因，而是综合考虑各种因素后作出的决定。叶利钦在讲话中还宣布他将把权力移交给总理普京。叶利钦将自己心爱的签署总统令的钢笔交给他的继任者普京时，他语重心长地说：“珍惜俄罗斯。”

叶利钦在普京总统就职仪式上

叶利钦突然宣布辞职的目的很明显，他把总统选举的时间提前了3个月，令政敌措手不及，无疑将打乱其他党派的竞选计划。而他选中的继任者普京却能以逸待劳，先声夺人，这有利于使俄罗斯政权顺利完成向后叶利钦体制的过渡。叶利钦主动引退，实现俄国家最高权力的正常移交，也将为叶利钦的政治生涯写上光彩的一笔。

普京于1952年10月7日出生在列宁格勒，1970年中学毕业后考入国立列宁格勒大学法律系国际法专业，1975年以优异成绩毕业，毕业论文题目是《一个国家如何才能获得别国的平等对待》，毕业评语是“诚实、纪律性强、具有高度责任感”。从1975年起，普京在苏联国家安全委员会对外情报局工作。1991年苏联解体后，普京开始涉足政坛。1997年3月，普京被任命为总统监察总局局长，进而又被任命为联邦安全局局长，从而进入了叶利钦的决策圈。1999年8月9日起任俄罗斯第一副总理兼代总理，8月16日起正式任总理。普京出任俄罗斯政府总理后，顶住国内外的种种压力，在车臣展开反恐怖行动，遏制了一些地方政权的离心趋势，从而得到各阶层人民的广泛支持。

2000年3月27日，俄罗斯中央选举委员会宣布，普京获得52.94%的选票，超过法定票数，当选为俄罗斯第三任总统，而他最主要的竞争对手、俄共领导人久加诺夫仅获得29.4%的选票。当天，美国总统克林顿打电话向俄罗斯当选总统普京表示祝贺，并希望与俄加强在国际安全问题上的合作。其他主要西方国家政府或领导人也对普京当选总统表示祝贺。

2000年5月7日12时，在克里姆林宫内金碧辉煌的安德烈大厅里，普京登上宣誓台。中央选举委员会主席宣布总统选举结果和关于普京当选俄罗斯总统的决定。随后，宪法法院院长请普京面对宪法宣誓。普京随即将右手放在宪法上背诵誓词。他宣誓，在履行总统职权时“遵守和捍卫联邦宪法”，“捍卫国家的主权、独立、安全和完整，忠实地为人民服务”。宣誓完毕，俄罗斯国歌响彻大厅，总统旗在总统府上空升起。紧接着，叶利钦将“祖国功勋”一级勋章颁发给新总统普京并发表讲话，他再次嘱托普京要“珍惜俄罗斯”，普京随即发表讲话，表示要把俄罗斯建成“自由、繁荣、富强和文明的国家”。接着，克里姆林宫鸣礼炮30响。最后，普京同叶利钦一起来到克里姆林宫教堂广场。在这里列队迎候的总统警卫团全体官兵接受了他们的检阅。

稳健调整与改革

普京执政后在外交上确立以“国家安全”和“经济为主”的新方针。强调俄罗斯联邦在维护国际和平方面将奉行“量力而行”的原则，并且把确保国家安全、为俄发展经济创造有利的外部条件作为俄外交的主要任务。

普京首先采取实际措施维护俄罗斯在独联体的核心和主导地位。2000 年 1 月普京被推举为独联体国家元首理事会主席，在普京的倡议下，独联体首脑会议先后通过关于维护国际战略稳定，支持俄罗斯对反导问题立场的声明；决定在莫斯科成立独联体反恐怖活动中心，统一协调打击本地区日益猖獗的跨国恐怖犯罪活动。俄罗斯与白俄罗斯、哈萨克斯坦、吉尔吉斯斯坦、塔吉克斯坦、亚美尼亚等独联体集体安全条约成员国领导人 10 月在吉尔吉斯斯坦首都比什凯克会晤，签署了各国 2001—2005 年组建集体安全体系基本措施计划，这是俄在主导前苏联地区安全合作中迈出的实质性步伐。普京在一年内几乎遍访独联体各成员国，切实解决俄罗斯与这些国家间的棘手问题，使俄罗斯在独联体的影响力迅速得到提升，战略地位大为加强和巩固。

普京把俄罗斯定位为欧洲国家，把融入欧洲作为最终目标，把同以美国为首的西方的关系作为外交重点。他一上台就利用一系列对西方国家的访问，摆脱了因科索沃危机、车臣战争所造成的俄罗斯同西方关系的紧张局面，恢复了同北约的接触。但同时仍坚决反对北约东扩和美国建立国家导弹防御系统。独联体、欧美和亚洲是俄罗斯外交的三大优先发展方向。与独联体国家的关系是俄罗斯外交战略的传统支点，也是俄重振大国地位的基础。普京调整了俄罗斯对独联体国家的政策，开始以较平等的方式处理与独联体其他国家的关系，扭转了独联体四分五裂的局面，并遏制了美国及西方在原苏联地区的扩张势头。

鉴于俄罗斯大部分领土处于亚洲的现实和其长远的战略利益，以及东方外交在平衡西方外交方面所发挥的重大作用，亚洲外交在普京的外交战略中的重要性十分突出。普京执政后频繁出访亚洲国家，在东亚地区以中国、日本和朝鲜半岛为重点，在南亚以印度和越南为中心，全面展开亚洲外交。另外，俄罗斯还恢复和加强了同伊朗、伊拉克和古巴等国的关系，增强了同以美国为首的西方国家斗争的回旋余地。

普京执政后的对华外交基本延续了叶利钦时代的政策。2000 年 7 月 5 日，中国国家主席江泽民与俄罗斯、哈萨克斯坦、吉尔吉斯斯坦、塔吉克斯坦国家元首在塔克克斯坦的首都杜尚别会晤，这是普京就任总统后中俄元首的首次会晤。7 月 17—19 日，普京总统应邀对中国进行正式国事访问，江泽民主席与普京总统在北京举行正式会谈并签署了《中华人民共和国和俄罗斯联邦北京宣言》和《中华人民共和国主席和俄罗斯联邦总统关于反导问题的联合声明》。以上文件强调：中俄平等信任、面向 21 世纪的战略协作伙伴关系完全符合两国人民的根本利益。

2001 年 6 月 14 日，“上海五国”成员国元首和乌兹别克斯坦总统在上海举行会晤，签署联合声明，吸收乌兹别克斯坦加入“上海五国”机制。6 月 15 日，六国元首共同发表《上海合作组织成立宣言》，宣布在“上海五国”机制基础上成立“上海合作组织”。2003 年 5 月 29 日，在莫斯科签署《上海合作组织成员国元首宣言》，中华人民共和国驻俄罗斯大使张德广被任命为“上海合作组织”首任秘书长。

在经济改革和恢复方面，普京主张在俄罗斯实行“可控制的市场经济”，并根据苏联 70 年代经济建设和俄罗斯 90 年代经济转轨的经验教训，制定了“富民强国”的基本方针。根据这一基本方针，既没有继续叶利钦时期激进的经济改革计划，也没有回到原苏联时代的计划经济轨道，而是强调在不引发大的社会动荡的前提下逐步改革，强调遵循温和的自由市场经济原则，建立由国家调控的自由社会经济体系。普京提出当前俄的主要经济任务是提高投资积极性，刺激经济快速发展；推行积极的工业政策，优先发展在科技领域处于领先地位的部门；实行合理的结构政策，确保各种经济形式合理的比例关系；建立有效的金融体系；取缔影子经济；循序渐进地实现俄罗斯经济同世界经济一体化；推行现代化的农业政策；增加居民的实际收入。

普京强调不能照搬西方模式，必须寻找适合本国国情的改革途径。他认为在俄罗斯经济改革中，应发挥国家的宏观调控和主导作用，扶持俄罗斯特有的高新技术和民族产业，逐步提高俄罗斯产品在国内外市场的竞争力。他下令成立专家班子，制定15—20年的经济长远计划。公布了《俄罗斯联邦2010年前发展战略》草案和《俄罗斯10年经济发展纲要》等重要文件。普京公布若干项法令：一是实行百分之百出口结汇制度，以增强国家对外汇的监控；二是降低中央银行再贷款利率，刺激经济发展；三是对个人不动产、交通工具、股票和证券等高档消费品实施征税，意在平衡社会收入差距，增加国库收入。

由于采取积极有效的经济战略及其措施，加上国际能源市场石油价格大幅攀升和俄罗斯的石油出口不断扩大，2000年俄罗斯国内生产总值比去年增长约7.8%，工业产值增长10%；此外，2000年俄罗斯出口比去年增长40%，投资增长20%，居民收入比上年增长约30%，政府预算出现约30亿美元盈余，国家外汇储备增至近300亿美元。这些成就大多创了俄罗斯改革10年来的纪录，也使俄在2000年跻身全球经济增长最快的前10国之列。这些情况表明，俄罗斯经济扭转了自苏联解体以来长期下跌、金融危机和通货膨胀不断、居民生活水平大幅下降等恶性趋势，终于出现了回升的迹象。

在政治方面，普京的主要目标是建立“一个强有力的国家政权体系”，强化联邦中央政权和垂直权力。为强化中央对地方的掌控能力，将全国划分为7个联

2010年美国国务卿希拉里与俄外长拉夫罗夫签署条约

邦行政大区，并委任7名全权代表协助总统解决所属地区问题，对中央政令在地方的实施及地方律令是否违宪进行监督。改革联邦委员会，取消各联邦主体行政长官和立法机构负责人的联邦议员代表权。规定从2002年起，联邦主体行政长官不再兼任联邦委员会议员，联邦委员会议员改由联邦行政主体委派；总统有权罢免违犯联邦宪法和法令的联邦主体行政长官。设立国务委员会，加强与地方领导人的沟通。这些改革措施加强了中央的权力，削弱了地方行政长官的特权，遏制了一些民族地方势力的分离倾向，对巩固俄罗斯统一起到了积极作用。

以车臣战争为契机，大力加强军队建设，增加军费，改善装备，整顿军纪，增强了军队的战斗力，军队在国内政治生活中的地位得到提高，成为普京政权坚定支持者。普京在2000年12月对新闻界的公开谈话中强调，俄罗斯军事改革将继续进行下去，否则军队难以完成今天的任务。关于车臣问题，普京说，解决车臣问题只能依靠车臣人自己，现在的主要工作是恢复和重建车臣经济。他说，车臣临时政府首脑卡德罗夫仍然是车臣的“权力中心”，在选举该共和国领导人之前，他将履行自己的职责。

普京采取的另一个重要举措是向老百姓深恶痛绝的金融寡头发起攻击，清除寡头干政势力。金融寡头们凭借雄厚的财力，长期左右俄罗斯高层决策；利用掌

2010年5月在红场举行卫国战争胜利五十周年庆典

握的舆论工具，为所欲为地干扰俄社会政治和经济局势。寡头政治成为俄罗斯经济振兴的最大障碍之一。2000 年 6 月俄罗斯总检察院以涉嫌侵吞和诈骗国家巨额财产为由拘留了俄罗斯 7 大寡头之一的媒体大亨古辛斯基，12 月又宣布对他进行全球通缉。与此同时，曾与前政权过从甚密的“寡头红人”，如别列佐夫斯基、丘拜斯等人对俄决策层的影响力也已被清除。普京的这些措施受到广大民众的支持。

新欧亚主义

“欧洲主义—大西洋主义”在 1993 年以前是俄罗斯社会的主流思潮，许多学者试图从文化、宗教、语言甚至族缘、血缘方面寻找俄罗斯与西欧的共同点。代表人物利哈乔夫院士认为，俄罗斯从来就不是东方国家，“在俄罗斯文化的产生中，拜占庭和斯堪的那维亚起决定性的作用”，“拜占庭文化给了俄罗斯基督教精神的性质，而斯堪的那维亚大体上给了它军事部落的体制”，“实际上亚洲游牧民族的影响在定居的俄罗斯是微不足道的。”他甚至创造了一个新名词：斯堪多斯拉维亚，即斯堪的纳维亚加上斯拉夫。俄驻美大使卢金干脆称“欧洲主义——大西洋主义思潮”为“意识形态化的民主国际主义”，以区别于苏联时代的“无产阶级国际主义”。

然而，几年来西方模式实践的失败宣告了“欧洲主义—大西洋主义”道路的破产，也使这种思潮受到了激烈的批判，思想文化界陷入一片迷惘之中。当代哲学家梅茹耶夫痛苦地思索：“我们是这样一些人，我们没有找到相对性的真理，而且也不会对它加以评价……不能令我们满足的正是所谓健全的理性。如果我们需要真理，那么这必定是最后的、具有终极意义的真理——我们总是生活在谎言之中，原因正在于此；如果我们需要自由，那么——事实上是绝对的自由；而如果需要善，那么，对不起，应当是达到神圣地步的善——而这也正是我们总是在恶中生活的原因。”

欧亚主义思潮的影响随之上升，并且得到了政府和社会的广泛认同。叶利钦总统在 1996 年向俄罗斯科学院提出了为俄罗斯制定新的意识形态的要求，要求他们在一年之内确定俄罗斯的“民族思想”。原副总统鲁茨科依也表示：“从我国的地缘政治形势看，很显然，俄罗斯代表着连接亚洲和欧洲的唯一桥梁。谁成了这块土地的主人，谁就将成为世界的主人。”欧亚主义变成了街谈巷议和理论研究的热点，并以异乎寻常的活力传播和发展，甚至出现了以欧亚主义思想为基础的俄罗斯地缘政治学说。凡是有关文化学、民族学、哲学、历史、地理、国际政治尤其是俄罗斯命运的会议和文章，几乎没有不提到欧亚主义的。在俄罗斯科学院之下设有一个"欧亚研究中心"，莫斯科成立了"欧亚主义"出版社，《欧亚主义》杂志创刊。在俄罗斯政治家和学者杜金的领导下，2001 年"欧亚主义"全俄社会政治运动在莫斯科举行了成立大会，2002 年改名为"国际欧亚主义运动"，并获准在俄罗斯联邦司法部登记。著名电影导演米哈尔科夫在接受采访时表示，"俄罗斯永远是欧亚国家，在我们这里，如果说有道路的话，我想，这就是自己的发展道路——欧亚主义的道路"，"今天在俄国土地上，欧亚主义的伟大思想是可以实现的"。

欧亚主义原兴起于 20 世纪二三十年代的俄国侨民中间，它主张俄国既不是欧洲国家，也不是亚洲国家，它是一个独立于世的欧亚国家，它应该走既非东方式亦非西方式的道路。为示区别，20 世纪 90 年代后盛行于俄罗斯的欧亚主义被冠以"新欧亚主义"的名称。

"新欧亚主义"代表人物杜金总结了新老欧亚主义的基本点和相互联系，他认为："这种新欧亚主义建立在萨维茨基、维尔纳茨基和特鲁别茨科依公爵，甚至还包括俄国布尔什维主义—民族主义理论家尼古拉·乌斯特里亚洛夫的思想基础之上，历史上的欧亚主义者的分析在很大程度上承认欧亚主义在现代形势的迫切和更加积极的作用。帝国大陆范围的民族理论大纲中同时将自由主义西方派和狭隘的民族主义相提并论。俄罗斯被看成是地缘政治'大版图'的中地轴线，它的民族使命等同于帝国的构建。在社会政治条件下，这种思想一致倾向于欧亚社会主义，认为自由经济是大西洋阵营的特殊标志。俄国历史的苏维埃时期被看成是路标转换后的前景，是作为传统的、俄罗斯的、民族的追求全球扩张和旨在反大西洋主义的欧亚主义的普世精神的现代化模式。由此表现了新欧亚主义这种理论的'亲共产主义'趋势。"

新欧亚主义者认为种种迹象表明西方工业文明已经走到尽头，但工业文明与技术文明本身并不是坏东西，原因在于西方文化本身无法推进现代化继续发展，以及进入后工业文明和后现代化阶段。在这方面，俄罗斯文化无疑具有无可比拟的优越性和对现代文明的亲和性。巴纳林认为："俄罗斯社会意识中迄今还留有与现代化相对立的传统价值，尽管它不适合工业文明的要求，但更适合后工业文明的要求。从而使俄罗斯社会的后工业文明时代的来临更为容易。俄罗斯摆脱现有的历史处境的出路在于实现晚发工业化国家的现代化与后现代化的有机结合，从而使俄罗斯踏上一条无与伦比的新路。”

新欧亚主义者的政治理想是建立在权威主义和强国主义的基础之上的，这是与斯拉夫主义和欧亚主义相比较大的区别之处。斯拉夫主义者和欧亚主义者在较多情况下扮演了政府的反对派的角色，而新欧亚主义者则强调政治上的“权威主义”、文化上的“本土主义”和价值观上的“民族主义”，维护当前政府的权威。他们在沙皇政府教育大臣乌瓦罗夫 1832 年提出的“官方国民性”三原则（“东正教、专制制度和民族性”）中找到了思想的灵感，将其发展成为“新国民性”三原则（“俄罗斯思想”、“人民主权”和“强国主义”），这种立场很自然地得到了俄罗斯政府的支持和提倡。

普京执政后，延续了欧亚主义的方针和路线。他强调俄国历史发展的经验已经多次证明，纯粹的东方式或西方式道路完全不适合俄罗斯国情，俄罗斯必须走只适合自己的发展道路。普京强调：“90 年代的经验雄辩地证明，将外国课本上的抽象公式和模式照搬到我国是无法进行不付出太大代价的、真正顺利的改革的。机械照抄别国的经验也是没有用的。每个国家，包括俄罗斯，都必须寻找自己的改革之路。我们在这方面不是很顺利，只是在最近一两年才开始摸索自己的改革道路和寻找自己的模式。只有将市场经济和民主的普遍原则与俄罗斯的现实有机地结合起来，我们才会有一个光明的未来。”“俄罗斯过去是，将来也还会是一个伟大的国家，它的地缘政治、经济和文化的不可分割性决定了这一点。”

2000 年 5 月，刚刚就任总统职务的普京在对莫斯科大学学生的一次讲话中表示他有一个梦想，希望能有这么一天，俄罗斯人能够说“我为生在俄罗斯而感到自豪”。普京提出“主权民主”原则整合国民意识和民族精神，即以“爱国主义”、“强国意识”、“国家权威”、“社会互助精神”构成新时代的“俄罗斯思想”。

2004 年普京毫无悬念地连任俄罗斯联邦总统，开始了他的第二个总统任期。在两任总统的 8 年期间，他创造了一系列的奇迹。普京接手政权的时候，俄罗斯政局动荡，中央政府没有权威，经济连年下滑，社会不稳定，工资和养老金长期拖欠。经过 8 年艰苦的工作，宪法秩序得到了恢复，垂直的联邦执行权力得到了巩固，国内生产总值增加了近 30%，国民生产总值取得了 7%—10% 的高速发展，而且还偿还了 500 亿美元的外债。拖欠养老金和工资的现象已经基本克服，人民的生活水平逐年提高，购买力增加。在外交上，普京执政 8 年，俄罗斯纵横捭阖，与西方和美国对抗，不惜使用军事、石油、外交等一切手段，使得西方国家对复兴中的俄罗斯逼人之势手足无措。同时俄罗斯又恢复了对中亚、阿拉伯和中东地区，以及东欧地区的外交发言权。

2005年，俄罗斯的外汇储备才150亿美元，2006年就达到了1500亿美元，上涨了10倍。2007年突破了4000亿美元，2007年它的外汇储备位列世界第三。

因此，英国的《金融时报》是这样评价的："普京深受民众欢迎。俄罗斯人感觉国家又稳定了，民族自豪感恢复了。"2008年初，即将由总统变成总理的普京在回答记者提问时说："我执政8年最大的功绩不在于推动了国家经济的恢复和发展，而在于使全体国民重新拥有了民族自豪感和大民族应该有的信心。"

能源外交

俄罗斯是一个石油、天然气资源蕴藏极为丰富的世界能源强国，在石油储藏量方面居世界第六位，地下蕴藏的石油储量大约为72亿吨，占世界石油储量的5.4%。俄罗斯的天然气储量则居世界第一位。俄罗斯依靠近十年的能源出口致使经济得以快速增长。与此同时，世界能源处于"卖方市场"，许多国家都希望与俄开展能源合作。于是，俄罗斯把能源作为推行外交政策的工具，力图通过能源外交来"复兴国家"，重振大国地位。作为能源主要生产国，能源输出成为俄罗斯新的外交活动资源，它与欧盟和世界主要大国开展了颇有成效的能源外交。

俄罗斯的对欧洲的"能源外交"是通过确定天然气的管道走向来完成的。2005年底，俄罗斯与德国共同建设波罗的海天然气管道项目，管道绕过东欧、波罗的海沿岸等国家，预计在2010年完工。2006年上半年，俄罗斯与土耳其"蓝溪"天然气管道开始送气，最终延长到以色列、希腊、意大利等国。从一定意义上说，"蓝溪"天然气管道工程远远超越了修建之初所具有的单纯经济意义，而成为俄罗斯影响欧洲的一个重要砝码。

自20世纪90年代初，俄罗斯一直以优惠价格向原苏联加盟共和国供应廉价天然气。俄罗斯在确定了对独联体开展"能源外交"策略，不再向独联体国家提供能源价格优惠。俄罗斯与乌克兰的关系自苏联解体始终不和睦，尤其是在2005年尤先科成为乌克兰总统后，乌克兰加快了靠近北约的步伐，明确表示争取在2008年底前加入北约。自然加剧了俄乌之间固有的复杂矛盾。而乌克兰每年消耗天然气约800亿立方米，其中30%来自俄罗斯。俄罗斯深谙其在乌克兰能源经济中无法取代的地位，因此就想以能源外交的手段达到一箭双雕的目的：不仅可以摒弃"天然气慈善"政策，增加国家财政收入，而且可以收回天然气所经国家的管道控制权，增加在国际能源领域讨价还价的砝码。于是，俄罗斯宣布对除白俄罗斯外的所有原苏联加盟共和国提高天然气出口价格，对乌克兰的提高幅度尤其巨大，从每立方米 50 美元提高到 230 美元。此举立即加剧了俄罗斯与乌克兰的矛盾。2006 年 1 月 1 日，俄罗斯与乌克兰未能在天然气价格分歧上达成妥协，俄罗斯天然气工业股份公司切断了其出口到乌克兰的天然气。随后，俄罗斯缩减了输送中东欧国家的天然气比例，匈牙利、塞尔维亚、希腊、保加利亚、克罗地亚和波斯尼亚都报告了天然气停止供应，直接导致家庭和商业供气的缺乏。2006 年 5 月 4 日，美国副总统切尼在立陶宛首都维尔纽斯指责俄罗斯以能源做武器，“胁迫和勒索”邻国。自 2007 年起俄罗斯和中亚国家积极筹建“天然气欧佩克”(GAS OPEC)。从一定程度讲，能源已经成为俄美、俄欧关系的“晴雨表”。

四、梅普共治的俄罗斯

梅普共治格局

普京于 2008 年 5 月 7 日卸去任职 8 年的俄罗斯联邦总统职位，再任俄罗斯联邦总理，并担任俄罗斯的执政党“统一俄罗斯”主席的职务。

新任俄罗斯联邦总统德米特里·阿纳托利耶维奇·梅德韦杰夫。梅德韦杰夫于 1965 年生于列宁格勒市（今圣彼得堡市），1990 年毕业于国立列宁格勒大学法律系。1990—1999 年，梅德韦杰夫留校任教，兼任列宁格勒市委员会主席顾问、圣彼得堡市政府对外联络委员会专家。1999—2005 年，他历任俄罗斯总统办公厅副主任、第一副主任、主任。2000 年起，他出任俄罗斯天然气工业股份公司董事会主席。2005 年，被任命为俄罗斯政府第一副总理。由于现任总统普京和统一俄罗斯党的大力支持，梅德韦杰夫于 2008 年 3 月 2 日以超过 70.2% 的高得票率

梅德韦杰夫总统

赢得总统大选。

同年5月7日，在莫斯科克里姆林宫举行了隆重的总统就任仪式，俄罗斯宪法法院院长佐尔金宣布，梅德韦杰夫正式成为俄罗斯新总统。普京在仪式上发表简短感言并祝福新总统之后，将总统权力标志——总统旗、特制俄联邦宪法文本和“祖国功勋”一级勋章移交给梅德韦杰夫。梅德韦杰夫在总统誓词中说，他将“遵守和捍卫俄罗斯联邦宪法”，“捍卫国家的主权和独立、安全和完整，忠实地为人民服务”。

由于普京长达8年的总统任期建立的辉煌业绩以及他极富个性的执政风格，使得无论是俄罗斯还是国际舆论都普遍认为俄罗斯未来的国家治理将是“弱总统”梅德维杰夫与“强总理”普京的格局。

然而，早在2007年12月17日的俄罗斯执政党——统一俄罗斯党大会上，时任总统的该党主席普京就曾说：“让梅德韦杰夫当总统候选人是最理想的选择。把国家交给这样的人，我毫无愧色，毫无顾虑。”随后普京说出了卸任后的去向，“我准备作为总理继续我们共同的事业，而且总统与总理的权限不重新分配。”

在2008年5月7日新总统就职仪式之后，梅德韦杰夫总统与普京总理就开始了国家宪法和权力分工原则下的“梅普共治”。即总统掌握国家的大政方针，统领外交、国防等强力部门，总理负责政府组织和国家与社会经济事务。

梅德韦杰夫当选后多次重申，根据俄宪法，总统和总理各有职权，这是由宪法和法律规定的，没有人打算改变它们。他作为总统，拥有最后和唯一的国家决策权。随后梅德韦杰夫在2009年3月29日接受BBC采访时表示：“我是这个国家的领导人，我是这个国家的元首，权力分割建立在这一基础之上。普京先生是政府总理，承担大量工作，但国家的重大决定由总统作出。”

普京在接受法国《世界报》记者采访时也表示：俄罗斯是总统制国家，这一点没有变化，他本人只是一名主管经济和社会事务的“公务员”。“我们没有改变总统在国家政治体系中的关键地位，”普京说，“总统拥有（对重大事务的）决定权，这毫不含糊。现在，俄罗斯总统是梅德韦杰夫”。但普京在另外一个场合也曾表示他还担任统一俄罗斯党主席的职务，“这一政党占据国家杜马多数席位，在俄罗斯政治生活中发挥着主导作用”。

梅德韦杰夫在就职演说中表示，俄罗斯的战略和今后几年的方针是最大限度地利用近8年来奠定的雄厚基础，把俄罗斯建成一个世界强国。他说：“我们将争取在生活的各个领域推广创新，建立最先进的生产单位，实现工业和农业现代化，为私人投资提供强大动力。”

法学副博士和法学副教授出身的梅德韦杰夫强调法律在国家管理中的重要性。作为专家型官员，梅德韦杰夫更为“务实”把工作重点转移到经济建设、社会福利和法制等议题上来。并且在西方人眼中，梅德韦杰夫是一位亲西方的温和派人物。梅德韦杰夫与美国打过多年交道，给美国政界留下了良好的印象。国家杜马副主席、俄共中央第一副主席梅利尼科夫认为总统不仅能够倾听，还能对反对派提出的问题予以重视，如公开分配各政党在媒体宣传时段的问题，展现了与强势著称的普京不同的为政风格。

梅德韦杰夫在2008年8月宣布了“黄金1000”项目。这一项目旨在提拔1000名优秀人才通过提名和考察等流程进入各级政府担任要职或作为储备人才。梅德韦杰夫2009年3月4日还在克里姆林宫亲自接见了首批100名优秀人才。2009年2月中旬梅德韦杰夫签署总统令，解除4名州长职务，而他们恰恰都是普京在担任总统时亲自任命的州级官员。同年3月28日，梅德韦杰夫接受BBC记者采访时直言不讳：“俄罗斯地区经济所处困难状况，当然有外部环境的影响，但更多是我们自身的内部原因。”

素以突出个性而雄踞俄罗斯政坛的自由民主党主席、国家杜马副主席日里诺夫斯基在2008年底评价梅德韦杰夫：“2008年是艰难的一年，对于俄罗斯来说，南高加索局势恶化、经济危机来势凶猛，梅德韦杰夫一开始便以拥有自己观点的独立个体的身份作出所有决定，自担任总统那天起，他就完全地进入了角色，对国内及国际所有事件的反应都非常迅速。”

作为政府总理，普京在新总统就职仪式后，就于5月10—11日飞赴自己的“政治发祥地”——圣彼得堡市，参加了一个珍宝展览会的开幕式，并作为总理检查并指导地方政府的工作。5月12日，普京和梅德韦杰夫一道，参加了宣布新政府组成的会议。5月15日，普京在莫斯科主持俄新政府第一次全体会议。5月19日，普京在斯塔夫罗波尔边疆区叶先图基市主持召开国家农业政策会议，决定优先解决农业问题，采取积极措施，确保粮食供应充足和价格稳定。5月20日，普京又飞抵索契市，召开会议讨论2010—2015年国家交通发展纲要的实施问题。

2008年8月8日，俄罗斯与格鲁吉亚之间爆发武装冲突。俄罗斯宣布承认阿布哈兹和南奥塞梯的独立，并且派驻俄罗斯军队。在经历四天激烈的冲突后，俄罗斯与格鲁吉亚在欧盟轮值主席国法国总统萨科齐的斡旋下宣布停火。冲突期间，梅德韦杰夫总统在新闻媒体和国际场合严辞谴责格鲁吉亚，而普京总理飞抵与南奥塞梯北部相接的前线指挥部——弗拉季高加索。这场冲突是苏联解体后俄罗斯与邻国发生的最大一场局部战争，它一方面宣示了俄罗斯及其领导人对国家安全的决心，另一方面显示了与支持格鲁吉亚一方的美国和北约的对抗，再一方面也显现了梅德韦杰夫与普京的密切合作与彼此信任。

2008 年 12 月 4 日，俄罗斯总理普京在莫斯科参加对话直播节目。在历时三小时零八分钟内，普京回答了七十余个民众最关心的问题，从世界金融危机、对外关系到工资改革、汽油价格等不一而足，这是从俄罗斯老百姓通过电话、网络和手机短信等方式向总理提出的二百余万个问题中挑选出的最具代表性的“考卷”。对于自己担任总理半年多的感受，普京说：“毋庸置疑，这一工作需要付出很多，尤其是在现代条件下更是如此。但是命运能够给你机会为人民服务，这是非常幸福的。”

2008 年 12 月，俄罗斯国家杜马通过宪法修正案，将俄罗斯联邦总统任期由 4 年延长到 6 年，宣布从 2012 年新当选总统开始适用。同时宣布将国家杜马议员任期由 4 年延长到 5 年。

在 2008 年就任总统不久，梅德韦杰夫就提出了国家现代化的理论，现代化就成为俄罗斯政治经济的主题。2009 年 9 月 10 日，俄罗斯总统梅德韦杰夫在自己的博客上发表了《俄罗斯，前进!》一文，阐述了对现代化的基本看法，他本人将这篇文章定性为“公开了新政治战略的各项原则”。他在文章中提出了俄罗斯经济现代化的五大领域，并透露了“已经开始制订现代化计划”的重要信息。2009 年 11 月 12 日，梅德韦杰夫总统在给俄罗斯联邦会议的《国情咨文》中第一次提出了“全面现代化”的政治战略。并阐述了实现这一战略的“当务之急计划”，强调了推进现代化的重要性。梅德韦杰夫强调“全面现代化”需要民主与法制基础。梅德韦杰夫在 2009 年《国情咨文》中把他倡导的“全面现代化”称作俄历史上“首个以民主价值观和制度为基础的现代化进程”。同时，他强调“俄罗斯不会机械地照搬西方的民主模式”，“政治文化也不是简单模仿先进社会的政治习惯就能改变”，在推进民主建设过程中“无权拿社会稳定来冒险”。

梅德维韦杰夫总统提出的“全面现代化”既是俄罗斯政治理念的创新，也是俄罗斯政治和社会发展方向的创新。

外交新调整

2008 年 5 月梅德韦杰夫总统上任时，俄罗斯外交与国防委员会为其提供的报告中提出，“无论国家主权的程度如何，外部世界在越来越大的程度上决定着单个国家的内部发展”。把国际因素作为国内政治经济发展的一个重要变量来衡量，是梅德韦杰夫执政的重要内容。在强硬地捍卫地缘政治经济时，他继承了普京时期的俄罗斯强硬的大国外交政策，甚至比普京时期更为强硬。这是梅德韦杰夫执政之初对俄罗斯对外政策传统的继承。

中国等亚太国家是俄罗斯外交的重点方向，这一重要性表现在 2008 年 5 月 23 日至 24 日对中国进行国事访问。中国是梅德韦杰夫担任俄罗斯总统后出访的第一个独联体国家以外的国家。中国外交部部长助理李辉认为：“梅德韦杰夫总统在宣誓就职后仅半个月，即将中国作为独联体之外的首访国，充分表明他本人和俄罗斯政府对中俄关系的高度重视，体现出中俄战略协作伙伴关系的高水平、特殊性、战略性和牢固性。”

随后，梅德韦杰夫总统在同年 6 月 5 日对德国进行了 8 个小时的短暂访问。他在与德国总理默克尔举行会谈后表示，两国有意改善双边关系，加强经济合作。梅德韦杰夫与默克尔在会谈中都强调要努力发展双边关系。两国领导人就俄罗斯与欧盟签署新的伙伴关系条约、科索沃独立、北约东扩以及美国在东欧部署反导系统等问题进行了广泛的对话。梅德韦杰夫此外还分别与德国总统克勒以及外长施泰因迈尔进行了会晤，并在德俄论坛上发表了演讲。国际舆论认为，梅德韦杰夫执政伊始即在外交上坚定不移地贯彻其前任普京东西兼顾的“两翼外交”政策，并且延续了其硬朗的外交风格。而梅德韦杰夫在处理外交事务上对“刚柔并济”分寸的“拿捏”则显示了他本人的外交风格。

在 2008 年 6 月第 12 届圣彼得堡国际经济论坛开幕式上，梅德韦杰夫指出全球治理机构不符合全球性挑战，需要建立一个更加精确的协调监管机构；在 2009 年 6 月的第 13 届圣彼得堡国际经济论坛上，梅德韦杰夫确切地提出国际金融危机为建立更加公正合理的国际金融和经济体系提供了机会，主张各国领导人应该重新审视当前的世界秩序，以减少因为美国经济危机而引起的经济损失。在 2008 年 7 月 15 日的俄罗斯外交部举行的俄罗斯驻外使节会议上，梅德韦杰夫总统明确阐述了俄在一些国际重大问题上的立场。他表示，俄罗斯主张在巩固联合国在国际事务中的主导作用的同时对现行国际秩序体系进行改革。俄罗斯倡议签订新的欧洲安全条约，主张建立欧洲—大西洋区域真正的开放型集体安全体系。梅德韦杰夫表示，对美国在东欧部署反导防御系统，俄将作出对等的回应，但是俄不会“不宣而战”。关于科索沃问题，梅德韦杰夫说，“科索沃对于欧盟来说就如同是美国的伊拉克”。他认为，美国和欧盟等支持科索沃单方面宣布独立是无视国家间关系基本准则的又一例证。梅德韦杰夫表示，俄罗斯希望建立俄、中、印三国有效的对外政治和经济协作，主张与日本建立睦邻和创造性的伙伴关系，将努力参与寻找政治解决朝核问题的办法，与朝鲜和韩国保持建设性关系。俄罗斯还将巩固并发展与东盟国家及其他亚太地区国家，巩固并发展与中东、非洲和拉丁美洲国家的关系。

2008 年 11 月发表的《总统国情咨文》明确表达了俄罗斯对国际秩序的看法，指出现有的世界金融体系已经不能适应当代全球经济的现实，需要重建全球金融秩序，提议建立全球新货币储备体系。在《俄罗斯对外政策构想》和《总统国情咨文》中指出俄罗斯参与制定国际规则的能力已经提高，俄罗斯要成为国际金融中心。

梅德韦杰夫总统 2009 年 7 月批准的俄对外政策构想的中心内容是俄要做大国、强国，要参与世界游戏规则的制定。刚过半年多，梅德韦杰夫总统又于 2010 年 2 月批准了题为《在系统基础上有效利用外交因素推动俄联邦长期发展计划》的新版外交构想。这一新构想没有改变原构想的外交主导方向，但侧重点是为实现经济现代化而积极改善同西方国家的关系。新版外交构想强调指出，“为减少国际关系中实力因素的作用，要有目的地做政治外交工作，以摆脱消耗性对抗和新一轮军备竞赛，把腾出的资源用于俄罗斯现代化”，“把优化国防工作、降低国防开支在国内总产值中的比重看作核心任务之一”，“要有充分准备地考虑到继续与华盛顿理顺互利、平等合作的全方位因素，包括充分发挥 2009 年成立的俄美总统委员会的潜力，以及在国际机制中相互协作”，“要发展俄罗斯—欧盟—美国的三角互动，在欧盟国家心目中树立起俄罗斯可靠伙伴和盟友的形象”，“要广泛地利用与美国的经贸合作渠道实现俄罗斯国内发展目标，吸引投资，扩大贸易额并改善贸易结构，解决当前的社会问题，建立高质量的创新体系，利用有益的国家调控和经济调控经验。尤为重要的是，把双边合作潜力用于俄罗斯工业现代化，利用先进的工艺和管理系统，推动俄罗斯经济与世界经济进一步融合”。

2009 年 9 月 26—29 日，梅德韦杰夫总统再次对中国进行了正式国事访问。

中国国家主席胡锦涛和梅德韦杰夫总统在北京举行会谈后共同会见了记者。双方在会谈中就进一步发展双边关系和共同关心的重大国际和地区问题深入交换了意见，达成了广泛共识。胡锦涛主席说："双方一致表示，要不断地巩固和加强中俄战略协作伙伴关系，在涉及各自国家核心利益的重大问题上继续相互坚定支持；要进一步深化在国际和地区事务当中的战略协作，维护国际战略平衡与稳定，促进世界经济全面复苏和健康平稳发展。双方一致认为，加强中俄各领域的务实合作，对于加快两国现代化建设意义重大。"梅德韦杰夫表示，两国在国际舞台上的协作属于双方的战略性合作，这个方针不会动摇，将有助于两国更好地适应复杂多变的国际局势。对于中俄经贸合作，他指出："相信今天的会谈将为两国战略协作伙伴关系的发展注入新的动力。今年，中俄双边贸易呈现良好发展势头，并已基本克服了全球金融危机带来的困难，今年底双边贸易额有望达到危机前的水平。双方合作的重点应放在重点项目上，从而推动两国各领域的合作，今天双方签署的文件涉及了能源、能效、电网、核能、高新技术合作等多个方面。"中俄两国元首一致同意推动教育、文化、卫生、体育、媒体、旅游等领域的合作。

2010 年 6 月，梅德韦杰夫出访美国，意在修复 2008 年与格鲁吉亚冲突以来俄罗斯与美国的外交矛盾。美国总统奥巴马也刻意向世人显示俄美关系回暖。6 月 24 日上午，奥巴马在白宫椭圆形办公室与首次到访美国的俄罗斯总统梅德韦杰夫会谈后，将共进午宴，并于下午在白宫举行联合新闻发布会。但出人意料的是，奥巴马上午会谈后改了计划，竟把梅德韦杰夫拉到华盛顿市郊一家他最喜欢的快餐厅吃汉堡包。进了快餐店后，两位总统轻松地前往餐厅柜台点餐，并与餐厅员工交谈。拿到食物后，两人在一张普通餐桌边面对面地坐下，一边啃汉堡包，一边借助翻译谈笑风生。这顿快餐的价格在 20—25 美元之间，最后付账的是美国总统奥巴马。国际舆论称之为美俄领导人之间的"汉堡包外交"的午餐。梅德韦杰夫在公开讲话中也刻意表示扩大俄美两国在创新和高科技领域的合作，如借鉴美国式的科技创新，促进创新经济发展，减少俄罗斯经济对自然资源的依赖。双方发表"创新领域伙伴关系联合声明"，俄美在加强创新经济领域合作达成多项共识。10 月 1 日，梅奥热线确认两国关于俄罗斯入世双边谈判已结束。

2010 年 7 月 12 日，俄罗斯总统梅德韦杰夫在使节会议上的讲话中也着重指出，"我们应该更有效地利用外交手段来解决我们国内的问题，实现我国的现代化目标"。他特别强调，"我们要与我国的主要国际伙伴结成特殊的现代化联盟。

和谁结盟呢？首先是与德国、法国、意大利、欧盟和美国”。但必须坚持俄罗斯外交政策的五项原则：俄罗斯尊重确定文明社会之间关系的国际法基本准则；认为世界应多极化，单极世界不可接受；不希望和任何国家对抗；俄外交政策优先方向是保护本国公民生命和尊严；俄关注自身在友好地区的利益。

应对金融危机

2008 年从美国兴起的金融危机波及俄罗斯，对复兴中的俄罗斯经济造成严重的影响。

尽管俄罗斯政府一直尝试经济发展和国库收入的多元化，但实际上未能彻底摆脱经济严重依赖石油收入的状况。然而，国际市场上石油价格从 2008 年 7 月每桶近 150 美元猛降到 12 月的 40 美元左右。俄罗斯专家预测：俄罗斯经济走势将与石油价格保持直接联系。如果油价未来没有太大波动，维持在每桶 50 美元以上，俄国就能够取得收益，经济发展将调整到良性循环状态。如果长期低于 50 美元或更低，俄罗斯经济将走向崩溃。俄罗斯副总理兼财政部长库德林在 2009 年 9 月莫斯科举行的全球投资论坛上表示，俄罗斯近年过度花费了石油税收收入，而没有采取多样化措施降低国家对石油的依赖。他同时承认，金融危机使俄罗斯的经济倒退了近五年。

在这种形势下，普京总统签署文件，决定从 2009 年 1 月 1 日起，俄罗斯石油出口税将从每吨 192.1 美元下调至 119.1 美元。与此同时，精炼成品油出口税将从每吨 141.8 美元下调到 92.6 美元，初炼石油产品出口税将从每吨 76.4 美元下调至 49.9 美元。目的在于鼓励石油出口。

金融危机也极大地打击着转型中的俄罗斯脆弱的金融体系，卢布大幅度贬值。据俄罗斯官方统计，从 2007 年初到 2008 年底，卢布贬值了 47.4%。2008 年 12 月 29 日普京签署文件，允许俄财政部在新年发行总额不超过 5358 亿卢布（1 美元约合 29 卢布）的政府债券。普京宣布政府已承诺拿出 5 万亿卢布，用于帮助本国银行系统应对金融危机。为维持俄货币卢布的汇率稳定，俄中央银行抛售美元，国家外汇储备在不到 3 个月的时间里缩水 1/5，只剩下不到 4200 亿美元。俄罗斯政府深刻认识到，基于高价能源和低廉外国贷款的经济发展模式已经行不通了。

由于普京及其政府并没有在第一时间内拿出卓有成效的应对措施，这不仅影响了他本人的政治声望（其民意支持率明显下跌），也受到了梅德韦杰夫总统的批评。2008 年 12 月，梅德韦杰夫总统公开批评了普京政府的缓解危机方案，他表示，政府仅采取了 30% 的措施去解决危机："既定措施的完成进度落后于预期，而且最重要的是，落后于目前形势的需要。"尽管没有指名普京，但这仍引发了外界对两人产生裂痕的猜测。

2009 年 1 月底开始，在远东和莫斯科地区，30 多个城市在著名国际象棋大师、著名反对派领导人卡斯帕罗夫的领导下同时爆发了游行和抗议活动，矛头直指总理普京。然而，普京在同年 2 月 27 日向俄罗斯媒体宣布："世界性的经济危机给俄罗斯造成了巨大影响，对俄罗斯来说，今年是非常困难的一年，但俄罗斯经济不会发生灾难性危机，我坚信政府完全能控制住局势。"

2009 年 4 月 6 日，普京开创了政治生活中的一个新的传统，即政府总理向最高立法机构国家杜马作一年来的政府工作报告。普京回顾了本届政府近一年来的工作，特别是国际金融危机发生以来俄政府采取的应对措施和取得的成果。他强调，俄罗斯将克服金融危机，并在世界主要经济体中保持自身的地位。他说，要将应对金融危机和长远发展结合起来，建立新的、更为有效的经济机制。他表示，"我们不仅要保持现有的重点生产，还要加速经济向创新发展转型的步伐；不仅要支持刺激内需，还要落实长远发展规划，从而建立面向未来发展的基础设施"。

普京认为目前俄罗斯的外汇和黄金储备约有 3800 亿美元。为落实应对金融危机计划，俄罗斯联邦政府财政预算计划拨款 1.4 万亿卢布（1 美元约合 34 卢布）。他表示，如果考虑减税措施的影响，以及俄中央银行、国家福利基金和其他资金来源，俄罗斯用于应对金融危机和发展经济的资金总额将达 3 万亿卢布。普京的报告还涉及养老金、军人待遇、住房建设、能源政策和税制结构，以及银行利率等诸多问题。该计划和预算草案是俄联邦政府于 2009 年 3 月 19 日讨论通过的，主要有七个方面，包括保障公民社会福利、发展生产、扶持企业经营和银行系统，支持高新技术行业的发展，以及采取有效的经济政策和刺激内需等。

2010 年 3 月 6 日，普京在 2009 年度的政府工作报告中宣布政府采取的反危机措施帮助俄罗斯经济较为平稳的度过了金融危机最危险的阶段，国家经济正在复苏。俄罗斯外贸恢复尤其强劲，2010 年 1 月至 9 月，出口增长 40.7%，进口增长 30.2%，贸易顺差达 1147.6 亿美元。随着宏观经济形势逐渐趋稳，俄罗斯境内的投资额增长了 5.9%，超过了预期的 2.5%，2010 年前三个季度吸引外资 301 亿美元，是上年同期 17 亿美元的近 18 倍，而且其中 289 亿美元进入民营企业。

2010 年，梅德韦杰夫总统和普京总理相互配合，共同经受住了种种挑战。占据国家杜马 2/ 3 以上议席的统一俄罗斯党在 3 月和 10 月两次地方选举中扩大了地盘，在总共 83 个联邦主体中控制了 70 多个联邦主体的领导权，进一步巩固了“梅普组合”的执政基础。2010 年 4 月，俄罗斯通过了国家反腐败战略。同时，还加强了立法监督权力，加大了整治腐败的力度。俄罗斯政府在年内不仅让 34 名将军级警官和军官下岗，而且力排众议，解除了“三代元老”卢日科夫的莫斯科市长职务。针对北高加索地区暴力恐怖事件频发的现象，政府软硬并举，一面继续严厉打击，一面制定北高加索社会经济发展战略，加大资金投入，清除不稳定的社会土壤。这些举措大大改善了俄罗斯的安全环境，足以显示出政府维护社会稳定的决心。

2011 年 4 月 20 日，普京向国家杜马作 2010 年政府工作报告，这既是普京以政府总理身份向现任杜马所作的最后一次报告，同时也被媒体认为是普京在 2012 年总统大选前的一次重要表态。在长达 4 个多小时的报告中，普京详细和耐心地回答了来自各个党派议员的提问。普京表示政府在金融危机过程中仍旧完成了预定的社会工作目标，并建议未来把工作重点放在提高百姓生活质量上，强调今后政府工作的中心思想是后经济危机时期的主要任务，即加大对人才资本的投入和寻求高质量的发展。普京表示，俄罗斯从国际金融危机中吸取的最大教训是国家应当独立和强大，事实证明国力的软弱必然导致政权被操纵和来自外部的干涉。普京在报告中提到，过去一年俄罗斯国内生产总值增加了 4%，金融危机的负面影响在工业、银行业、房地产和劳动力市场各个领域逐渐退去。普京表示不仅俄罗斯在金融危机期间成功地避免了严重的社会经济震荡，而且乐观地预测俄罗斯经济将在 2012 年之前完全复苏。

2012 年是俄罗斯总统大选年，意味着梅德韦杰夫四年总统任期届满。普京在 2011 年 4 月 13 日对媒体公开表示，“他和梅德韦杰夫都不排除自己参加总统选举的可能”。同年 5 月 18 日，梅德韦杰夫总统在有俄罗斯“硅谷”之称的斯科尔沃高科技园区的莫斯科管理学院的记者招待会上就“全面现代化”、总统选举、中俄关系、俄乌关系、俄罗斯与北约关系、腐败、警察与犯罪勾结以及内务部改革等发表讲话。他表示：“三年来取得的明显和重要的成绩在于，在近十年最复杂的发展环境下，在全球经历金融危机及失业率上升期间，我们保住了国家发展的方向，我们保留了所有主要的发展项目。人民生活状况没有发生显著恶化。相反，我们很快从危机中恢复了过来并继续向前迈进。”在谈到梅普关系时，他说：“我与普京的关系，不仅是大家通常说的所谓组合，更是二十多年的交情。我们彼此了解，感觉很好，我们确实是志同道合的。我们对国家发展的关键问题都有相同看法，但并不是说我们完全一致。我们在战略上是相近的，否则我们无法一起工作。”在谈到 2012 年总统选举时，他表示：“我们从事实际政治活动，是为了有所成就。所以，只有当各种前提条件都成熟时，只有当会有最终的政治效果时，才能作出这样的决定。”

2011 年 11 月，普京作为“统一俄罗斯党”候选人参加 2012 年俄联邦总统大选获得全票通过，他正式宣布 2012 年参选总统。2012 年 3 月 5 日，普京再次毫无悬念地当选俄罗斯联邦总统。当日，普京总统向国家杜马提名刚刚卸任总统一职的梅德韦杰夫为俄罗斯联邦政府总理，他相信梅德韦杰夫将成功领导新一届政府。在世人瞩目下，“梅普组合”变成了“普梅组合”，寄托了俄罗斯和世界的希望。

中俄译名对照及索引

C

D

E

F

G

H

J

K

L

M

N

O

P

Q

R

S

T

W

X

Y

Z

政权沿革表

一、沙皇俄国王朝世系表

留里克王朝（公元 862 年—1598 年）

沙皇（女皇、女大公）	执政年代（公元）	承嗣或主要业绩
留里克	862—882	加速东斯拉夫国家建立
奥列格	882—912	建立基辅罗斯，基辅大公
伊戈尔	912—945	留里克之子，基辅大公
奥丽加	945—965	伊戈尔之妻，基辅大公
斯维亚托斯拉夫	965—972	进一步扩大基辅罗斯疆域
弗拉基米尔	978—1015	宣布基督教（正教）为国教，基辅大公
斯维雅托波尔克	1015—1019	弗拉基米尔之子，基辅大公
智者雅罗斯拉夫	1019—1054	制定《雅罗斯拉夫法典》，基辅大公
斯维雅托波尔克·伊兹雅斯拉维奇	1093—1113	雅罗斯拉夫之子，基辅大公
弗拉基米尔·莫诺马赫	1113—1125	基辅大公，但政权已名存实亡
“长手”尤里	1125—1157	在罗斯诸王公中势力最大，被称为长手。1155 年起为基辅大公
信神的安德烈	1157—1174	力图统一罗斯各公国，遭到王公们的反抗，1169 年起自称全罗斯大公
米哈伊尔	1174—1176	安德烈之弟

沙皇（女皇、女大公）	执政年代（公元）	承嗣或主要业绩
大窝弗塞沃洛德	1176—1212	安德烈之弟，自称弗拉基米尔大公
尤里	1218—1238	被金帐汗册封弗拉基米尔大公
雅罗斯拉夫	1238—1252	尤里之弟，其中1243—1252年为全罗斯大公
亚历山大·涅夫斯基	1252—1263	诺夫哥罗德王公，1252年起为弗拉基米尔大公
达尼尔	1276—1303	创立莫斯科公国，莫斯科大公，弗拉基米尔大公
尤里	1303—1325	达尼尔之子，莫斯科大公
伊凡·卡里达一世	1325—1340	尤里之子，弗拉基米尔大公，莫斯科大公
骄傲的谢苗	1340—1353	在位期间莫斯科大公权力进一步扩大，莫斯科大公
伊凡二世	1353—1359	伊凡·卡里达一世次子，莫斯科大公
季米特里（顿斯科依）	1359—1389	伊凡二世之子库利科沃大败金帐汗军队，莫斯科大公
瓦西里一世	1389—1425	季米特里·顿斯科依之子，莫斯科大公
瓦西里二世	1425—1462	瓦西里一世之子，莫斯科大公
伊凡三世	1462—1505	瓦西里二世之子，莫斯科大公
瓦西里三世	1505—1533	伊凡三世之子，莫斯科大公
伊凡四世（雷帝）	1533—1584	1547年加冕为沙皇，实行特辖制，以下均称沙皇
费多尔	1584—1598	伊凡四世之子，沙皇

王朝混乱时期（公元1598—1613年）

鲍里斯·戈东诺夫	1598—1605	费多尔的妻兄
伪季米特里一世	1605—1606	假称已故皇太子季米特里，波兰傀儡
瓦西里·叔伊斯基	1606—1610	领主，由缙绅会议选举为沙皇
伪季米特里二世	1607—1610	假称已故皇太子季米特里，波兰傀儡
七领主政府	1610—1613	波兰傀儡，为波兰军队占领时期

罗曼诺夫王朝（公元 1613—1917 年 2 月）

米哈伊尔·罗曼诺夫	1613—1645	缙绅会议选举为新沙皇，开始罗曼诺夫王朝
阿列克塞	1645—1676	米哈伊尔之子，制定 1649 年法典
费多尔	1676—1682	阿列克塞之子，体弱多病
伊凡五世	1682—1696	1682 年与彼得一世同时被宣布为沙皇，位居第一
彼得一世	1682—1725	1721 年称“大帝”，西化改革，北方大战
叶卡捷琳娜一世	1725—1727	彼得一世之妻
彼得二世	1727—1730	彼得一世之孙，罗曼诺夫王朝男系就此终结
安娜	1730—1740	彼得一世的侄女，支持庇隆苛政
伊凡六世	1740—1741	安娜的侄孙
伊莉莎白	1741—1761	彼得一世之女
彼得三世	1761—1762	彼得一世外孙
叶卡捷琳娜二世	1762—1796	彼得三世之妻，实行开明君主制，1767 年称“大帝”
保罗一世	1796—1801	叶卡捷琳娜二世之子
亚历山大一世	1801—1825	保罗一世之子，支持斯佩兰斯基改革
尼古拉一世	1825—1855	保罗一世之子，亚历山大一世之弟
亚历山大二世	1855—1881	尼古拉一世之子，废除农奴制
亚历山大三世	1881—1894	亚历山大二世之子
尼古拉二世	1894—1917 年 2 月	亚历山大三世之子，罗曼诺夫王朝末代沙皇

二、资产阶级临时政府时期（1917 年 3 月至 11 月）

罗将科	1917 年 2 月 27 日至 3 月 2 日	国家杜马临时委员会主席
李沃夫	1917 年 3 月 2 日至 7 月 23 日	临时政府总理和第一届联合临时政府总理
克伦斯基	1917 年 7 月 24 日至 9 月 23 日	第二届联合临时政府总理
克伦斯基	1917 年 9 月 23 日至 11 月 6 日	第三届联合临时政府总理

三、苏联最高领导人一览表（1917年11月8日至1991年12月25日）

姓名	执政时间	领导职务
列宁	1917年11月8日至1924年1月21日	人民委员会主席
李可夫	1924年2月2日至1930年12月19日	人民委员会主席
斯大林	1922年4月2日至1953年3月5日	联共（布）中央总书记，1952年10月始称苏共中央总书记
马林科夫	1953年3月6日至1955年2月8日	苏联部长会议主席
赫鲁晓夫	1953年9月11日至1964年10月14日	苏共中央第一书记
勃列日涅夫	1964年10月14日至1982年11月10日	苏共中央第一书记，1966年4月起任苏共中央总书记
安德罗波夫	1982年11月12日至1984年2月9日	苏共中央总书记
契尔年科	1984年2月13日至1985年3月10日	苏共中央总书记
戈尔巴乔夫	1985年3月11日至1991年12月25日	其中1990年3月15日当选苏联总统，1991年8月24日辞去苏共中央总书记职务，1991年12月25日辞去苏联总统职务

四、俄罗斯联邦总统执政时期（1991 年 12 月 22 日至今）

姓名	执政时间	职务名称
叶利钦	1991 年 6月12 日 至 2000 年 12 月 31 日	其中叶利钦于 1991 年 6 月 12 日当选俄罗斯苏维埃联邦社会主义共和国总统，1991 年 12 月 22 日宣布改国名为俄罗斯联邦，1996 年 7 月 8 日叶利钦连任俄联邦总统，1999 年 12 月 31 日叶利钦辞去俄联邦总统职务
普京	1999年12月31 日 至 2000 年3月26日	俄罗斯联邦代总统、俄联邦政府总理
普京	2000 年 3月27日 至 2008 年 5 月 7 日	俄罗斯联邦总统
梅德韦杰夫	2008 年 5 月 7 日 至 2012 年 5 月 7 日	俄罗斯联邦总统
普京	2012 年 5 月 7 日始	俄罗斯联邦总统

历史大事年表

（公元 2 世纪至公元 2012 年）

（1918 年 2 月 14 日前年表均为俄历，以后均为公历。俄历换算公历方法为 1800 年以前加 11 天，1800 年以后 1900 年以前加 12 天，之后加 13 天。）

公元 2 世纪	史籍中出现最早关于斯拉夫人的记载
公元 6 世纪	史籍上首次有关于“罗斯”和“罗斯人”的记载
862 年左右	留里克兄弟攻破诺夫哥罗德，称诺夫哥罗德王公，建立罗斯人政权，开始留里克王朝的历史
882—912 年	奥列格为基辅大公，古罗斯国（基辅罗斯）建立
912—945 年	伊戈尔为基辅大公
978—1015 年	弗拉基米尔为基辅大公
988 年	弗拉基米尔定基督教（正教）为国教
1054 年	智者雅罗斯拉夫病逝，基辅罗斯开始解体
1113 年	佩切尔修道院僧侣涅斯托尔编《往年纪事》
1113—1125 年	弗拉基米尔·莫诺马赫为基辅大公
1147 年	史籍上首次出现莫斯科的记载
约 1188 年	《伊戈尔远征记》成书
1240 年	蒙古鞑靼人占领基辅
1242 年	诺夫哥罗德军队在楚德湖上大败日耳曼骑士团（冰湖大战）
1243 年	拔都建金帐汗国，定都萨莱
1325—1340 年	伊凡·卡利达为莫斯科大公
1326 年	总主教区驻节地由弗拉基米尔迁到莫斯科
1359—1389 年	季米特里（顿斯科依）为莫斯科大公
1366—1367 年	莫斯科兴建克里姆林宫

1380 年 8 月 31 日	莫斯科军队在库里科沃大败金帐汗国军队，季米特里被尊称为“顿斯科依”
1505—1533 年	瓦西里三世为莫斯科大公
1533—1547 年	伊凡四世为莫斯科大公
1547—1584 年	伊凡四世为沙皇
1565—1572 年	伊凡四世实行特辖制
1566 年	伊凡四世召开全俄缙绅会议
1569 年	波兰与立陶宛合并，签订卢布林协议
1598 年	费多尔·伊凡诺维奇沙皇病死，留里克王朝终止
1598—1605 年	鲍里斯·戈东诺夫操纵缙绅会议选举他为沙皇
1605—1606 年	伪季米特里一世为沙皇
1606—1607 年	伊凡·鲍洛特尼科夫领导俄国农民战争
1608 年	伪季米特里二世僭称沙皇，率兵驻扎莫斯科西北郊图希诺
1613—1645 年	米哈伊尔·费多罗维奇·罗曼诺夫被缙绅会议推举为沙皇，开始罗曼诺夫王朝统治
1645—1676 年	阿列克塞·米哈伊洛维奇为沙皇
1676—1682 年	费多尔为沙皇
1654 年	乌克兰合并于俄罗斯
1655 年	尼康大牧首改革
1667—1671 年	斯捷潘·拉辛领导俄国农民战争
1682—1725 年	彼得一世为沙皇
1697—1698 年	彼得一世亲率俄国大使团出访西欧国家
1700—1721 年	俄国与瑞典之间爆发北方战争
1711—1765 年	著名学者罗蒙诺索夫在世
1712 年	彼得一世下令，正式迁都彼得堡，莫斯科为夏都
1721 年	设立圣主教公会，俄瑞签订《尼什塔特和约》，北方战争结束
1721 年	俄枢密院称彼得一世为“大帝”，同年俄国正式称俄罗斯帝国
1724 年	彼得一世签署命令，筹建彼得堡科学院。科学院于 1725 年成立
1725—1727 年	叶卡捷琳娜一世为沙皇
1727—1730 年	彼得二世为沙皇
1730—1740 年	安娜·伊凡诺夫娜为沙皇

1741—1761 年	彼得一世之女伊莉莎白为沙皇
1755 年	根据罗蒙诺索夫的建议，建立莫斯科大学
1761—1762 年	彼得三世为沙皇
1762—1796 年	叶卡捷琳娜二世为沙皇
1773—1775 年	普加乔夫领导俄国农民战争
1783 年	克里木合并于俄罗斯
1785 年 4 月 10 日	叶卡捷琳娜二世颁布《俄国贵族权利、自由和特权诏书》和《俄罗斯帝国城市权利和利益诏书》
1790 年	拉吉舍夫所著《从彼得堡到莫斯科旅行记》出版
1795 年	俄普奥第三次瓜分波兰，波兰亡国
1796—1801 年	保罗一世为沙皇
1799—1837 年	俄国伟大诗人普希金在世
1801—1825 年	亚历山大一世为沙皇
1809—1852 年	著名作家果戈理在世
1811—1848 年	著名学者别林斯基在世
1812—1870 年	著名学者赫尔岑在世
1812 年 8 月 26 日	俄法军队波罗迪诺大战
1819 年	彼得堡大学建成
1820—1879 年	俄国著名的历史学家索洛维约夫在世
1825 年 12 月 14 日	十二月党人起义
1825—1855 年	尼古拉一世为沙皇
1828—1829 年	俄土战争
1828—1889 年	著名学者车尔尼雪夫斯基在世
1828—1910 年	著名作家列夫·托尔斯泰在世
1833 年	《俄罗斯帝国法律大全》颁布
1836—1861 年	著名学者杜波罗留波夫在世
1840—1893 年	著名作曲家柴可夫斯基在世
1841—1911 年	著名历史学家克柳切夫斯基在世
1845—1849 年	彼得拉舍夫斯基小组进行革命活动
1849—1936 年	著名生物学家巴甫洛夫在世
1851 年	彼得堡至莫斯科铁路正式通车
1853—1856 年	克里木战争
1855—1881 年	亚历山大二世为沙皇

1856—1918 年	著名革命家普列汉诺夫在世
1860—1870 年	陆军大臣米留金推行改革
1861 年 2 月 19 日	亚历山大二世签署废除农奴制法令
1864 年	沙皇政府推行司法改革、地方自治改革和教育改革
1867 年	沙皇政府以极低价将阿拉斯加和阿留申群岛卖给美国
1867 年	莫斯科举行斯拉夫人代表大会
1870 年 4 月 10 日	列宁出生于辛比尔斯克
1870—1953 年	俄国著名作家，1933 年获得诺贝尔文学奖者布宁在世
1872 年	马克思《资本论》第一卷俄文版出版
1873 年	俄普奥三皇同盟成立
1873—1875 年	民粹派发起“到民间去”运动
1873—1877 年	俄国爆发第一次经济危机
1874—1948 年	著名宗教哲学家别尔嘉耶夫在世
1875—1881 年	“南俄工人协会”成立并活动
1878—1880 年	俄国北方工人协会成立并活动
1879 年 12 月 9 日	斯大林出生于格鲁吉亚梯弗里斯省哥里村
1881 年 3 月 1 日	民意党在彼得堡炸死沙皇亚历山大二世
1881—1894 年	亚历山大三世为沙皇
1883 年 12 月	俄国第一个马克思主义小组“劳动解放社”在日内瓦成立
1889—1966 年	著名女诗人阿赫玛托娃在世
1891 年	开始修建西伯利亚大铁路
1893 年	俄国实行酒类专卖
1894—1917 年	尼古拉二世为沙皇
1895 年 12 月	列宁在彼得堡成立“工人阶级解放斗争协会”
1896 年 3 月	尼古拉二世登基，发生“霍登广场惨案”
1897 年	全国进行第一次人口普查
1898 年 3 月 1 日至 3 日	俄国社会民主工党在明斯克举行第一次代表大会
1900 年 12 月至 1903 年	列宁创办《火星报》
1903 年 7 月 17 日至 8 月 10 日	俄国社会民主工党第二次代表大会在布鲁塞尔召开，建立马克思主义政党，通过党纲和党章，“布尔什维克”和“孟什维克”名词产生
1904 年 1 月 27 日至 1905 年 8 月 23 日	日俄战争

1904 年	资产阶级第一个政治团体“解放同盟”成立
1905 年 1 月 9 日	彼得堡发生“流血星期日”事件
1905 年 7 月	列宁出版《社会民主党在民主革命中的两种策略》
1905 年 10 月 7 日	全俄政治大罢工开始
1905 年 10 月 17 日	尼古拉二世签署立宪改革宣言
1905 年 12 月 9 日	莫斯科举行武装起义
1906 年 4 月 23 日	俄罗斯帝国基本法颁布
1906 年 4 月 27 日	第一届国家杜马开幕
1906 年 11 月 9 日	斯托雷平开始土地改革
1907 年 2 月 20 日	第二届国家杜马开幕
1907 年 6 月 3 日	沙皇政府解散第二届国家杜马，史称六·三政变
1912 年 4 月 22 日	布尔什维克合法报纸《真理报》创刊并出版
1914—1918 年	第一次世界大战
1917 年 2 月 27 日	俄国爆发资产阶级民主革命 彼得格勒工兵代表苏维埃成立
1917 年 3 月 2 日	尼古拉二世宣布退位，同日，资产阶级国家杜马临时委员会成立
1917 年 4 月 4 日	列宁发表《论无产阶级在这次革命中的任务》（四月提纲）
1917 年 5 月 5 日	第一届临时联合政府成立，李沃夫任总理
1917 年 9 月 1 日	以克伦斯基为首的“五人执政内阁”成立，临时政府宣布俄国为共和国
1917 年 10 月 24 日	彼得格勒工人赤卫队和士兵武装起义开始。当晚，列宁到斯莫尔尼宫指挥起义
1917 年 10 月 26 日	第 2 次苏维埃代表大会通过列宁起草的《告工人、士兵和农民书》。当晚，通过列宁起草的《和平法令》,10 月 27 日，通过《土地法令》
1918 年 1 月 3 日	全俄中央执行委员会通过《被剥削劳动人民权利宣言》
1918 年 1 月 5 日至 1 月 6 日	立宪会议召开，后被解散
1918 年 1 月 26 日	颁布关于自 1918 年 2 月 14 日（俄历 1 月 31 日）起实行公历的法令
1918 年 1 月 15 日和 1 月 29 日	人民委员会通过建立工农红军和红海军的法令

1918 年 3 月 3 日	苏维埃政权与德国签订《布列斯特和约》，俄国退出第一次世界大战
1918 年 3 月 6 日至 8 日	俄共（布）第 7 次代表大会召开。俄国社会民主工党（布）改名为俄共（布）
1918 年 3 月 10 日	苏维埃政权宣布迁都莫斯科
1918 年 5 月 26 日	全俄国民经济委员会第一次代表大会召开
1918 年 8 月 30 日	列宁在莫斯科米赫尔逊工厂遇刺
1918 年 10 月 30 日	颁布“关于向农民征收农产品实物税”的法令，军事共产主义开始实施
1918 年 11 月 13 日	苏维埃俄国宣布废除《布列斯特和约》
1919 年 1 月 11 日	颁布“关于余粮收集制”的法令
1920 年 12 月 22 日至 29 日	全俄苏维埃第 8 次代表大会召开，大会通过国家电气化委员会提出的《全俄电气化计划》
1921 年 2 月 28 日	科琅施塔德军港水兵叛乱
1921 年 3 月 8 日至 16 日	俄共（布）10 大召开，通过向新经济政策过渡的决议
1922 年 3 月 27 日至 4 月 3 日	俄共（布）11 大召开，斯大林当选俄共（布）中央总书记
1922 年 4 月 16 日	苏俄与德国签订拉巴洛条约
1922 年 12 月 23 日至 26 日	列宁口授《给代表大会的信》
1922 年 12 月 30 日	苏维埃社会主义共和国联盟第一次苏维埃代表大会召开，大会批准苏维埃社会主义共和国联盟成立宣言，苏联正式成立
1923 年 1 月 26 日	《孙文越飞宣言》发表
1924 年 1 月 21 日	列宁病逝
1924 年 1 月 26 日至 2 月 2 日	全苏苏维埃第二次代表大会召开，决定把彼得格勒改名为列宁格勒，决定出版《列宁全集》
1924 年 5 月 31 日	苏联与中国北洋政府签订《苏中解决悬案大纲协定》，中苏建立外交关系
1925 年 12 月 18 日至 31 日	俄共（布）14 大召开，俄共（布）改为苏联共产党（布），即联共（布）。大会谴责季诺维也夫和加米涅夫为首的“新反对派”
1926 年 4 月 24 日	苏联与德国签订中立和互不侵犯条约
1927 年 12 月 2 日至 19 日	联共（布）15 大召开，批准第一个五年计划

1928年5月18日至6月5日	对沙赫特案件进行审判
1929年11月	斯大林发表文章《大转变的一年》
1930年6月26日至7月13日	联共（布）16大召开
1933年1月1日	第二个五年计划开始实施
1933年11月16日	苏联与美国建立外交关系
1934年12月1日	基洛夫遇刺身亡，大清洗开始
1935年8月30日	斯达汉诺夫运动开始
1936年8月19日至24日	对季诺维也夫、加米涅夫等人进行公开审判，季诺维也夫和加米涅夫被判处死刑
1937年1月23日至30日	苏联法庭对“托洛茨基平行总部案件”进行公开审判，判处皮达可夫、拉狄克等13人死刑
1938年3月13日	苏联法庭判处布哈林等19人死刑
1939年8月23日	《苏德互不侵犯条约》签订
1940年8月3日至6日	苏联最高苏维埃第7次代表会议通过立陶宛、拉脱维亚、爱沙尼亚加入苏联的决议
1941年6月22日	德国法西斯军队向苏联发动突然进攻，苏联政府发表告全苏人民书，苏联卫国战争开始
1941年7月3日	斯大林发表广播讲话，向全体人民发出紧急动员令
1941年9月8日至1943年1月14日	德国法西斯围困列宁格勒900天
1943年11月28日至12月1日	苏美英三国首脑德黑兰会议
1945年2月4日至11日	苏美英三国首脑雅尔塔会议
1945年7月17日至8月2日	苏美英三国首脑波茨坦会议
1945年8月8日	苏联宣布出兵中国东北
1945年8月14日	中国国民政府与苏联政府签订《中苏友好同盟条约》
1946年2月9日	苏联公布第四个五年计划
1947年9月22日至27日	苏联等9国共产党和工人党举行会议，建立“欧洲共产党和工人党情报局”
1948年5月14日	苏联宣布承认以色列
1950年2月14日	《中苏友好同盟互助条约》签订

1951 年 10 月 5 日到 14 日	苏共 19 大召开，联共（布）改名为苏联共产党
1953 年 3 月 5 日晚	斯大林病逝
1953 年 9 月 11 日	赫鲁晓夫被选为苏共中央第一书记
1956 年 2 月 14 日至 25 日	苏共 20 大召开，赫鲁晓夫作了《关于个人崇拜及其后果》的报告
1958 年 7 月 31 日至 8 月 3 日	赫鲁晓夫访问中华人民共和国
1959 年 9 月 9 日	苏联发表《关于中印边境事件》的声明
1959 年 9 月 15 日至 27 日	赫鲁晓夫访问美国，与美国总统艾森豪威尔在戴维营会谈
1960 年 7 月 16 日	苏联政府照会中华人民共和国外交部，决定撤走全部在华苏联专家，并带走全部图纸和技术资料
1962 年 10 月 22 日至 11 月 21 日	苏联与美国发生古巴导弹危机
1964 年 10 月 14 日	苏共中央全会解除赫鲁晓夫苏共中央第一书记、苏联部长会议主席职务，选举勃列日涅夫为苏共中央第一书记
1965 年 12 月 31 日	苏联开始实行新经济体制改革
1968 年 8 月 21 日	苏联出兵捷克斯洛伐克
1969 年 3 月 2 日	苏联侵犯中国珍宝岛，中苏武装冲突开始
1975 年 7 月 15 日	“联盟 19 号”宇宙飞船进行试验飞行
1977 年 10 月 7 日	最高苏维埃主席团通过苏联新宪法
1978 年 5 月 4 日至 7 日	勃列日涅夫访问西德
1980 年 12 月 8 日	勃列日涅夫访问印度
1981 年 2 月 23 日至 3 月 3 日	苏共 26 大召开
1982 年 11 月 12 日	苏共中央选举安德罗波夫为苏共中央总书记
1983 年 9 月 1 日	韩国民航客机被苏联击落，机上乘客和机组人员 269 人全部遇难
1984 年 2 月 13 日	苏共中央选举契尔年科为苏共中央总书记
1985 年 3 月 11 日	苏共中央选举戈尔巴乔夫为苏共中央总书记
1985 年 4 月 9 日至 17 日	中苏第六轮磋商在莫斯科举行
1986 年 1 月 1 日	苏美首脑向对方人民致新年贺词
1986 年 4 月 26 日	苏联切尔诺贝利核电站发生严重事故
1987 年 2 月 9 日至 23 日	中苏两国边界谈判在莫斯科举行

1987 年 6 月 14 日	拉脱维亚首都里加发生示威活动
1987 年 11 月	苏联政治书籍出版社和美国哈泼出版公司分别用俄文和英文出版戈尔巴乔夫的新著《改革与新思维》
1988 年 2 月 4 日	苏联最高法院通过决定，撤销 1938 年对布哈林等人的不公正判决
1988 年 2 月 8 日	戈尔巴乔夫发表声明，从 5 月 1 日起，苏军开始撤出阿富汗，10 个月内撤完
1988 年 6 月 13 日	苏联最高法院为季诺维也夫和加米涅夫等 33 人恢复名誉
1989 年 4 月 9 日	苏联政府颁布颠覆国家罪法令
1989 年 5 月 15 日至 18 日	戈尔巴乔夫访问中华人民共和国
1989 年 8 月 11 日	苏共中央宣布为“列宁格勒季诺维也夫反革命集团”案平反
1989 年 11 月 12 日	爱沙尼亚最高苏维埃通过决议，宣布爱沙尼亚 1940 年加入苏联的宣言无法律效力
1990 年 3 月 10 日至 11 日	立陶宛首次自由选举产生最高苏维埃，兰茨贝吉斯当选最高苏维埃主席。立陶宛最高苏维埃宣布立陶宛独立
1990 年 3 月 15 日	戈尔巴乔夫当选苏联第一任总统
1990 年 5 月 4 日	拉脱维亚共和国议会颁布独立宣言，宣布拉脱维亚是一个独立的民主共和国
1990 年 6 月 12 日	俄联邦人代会以绝对多数票通过俄罗斯联邦国家主权宣言，宣布俄罗斯联邦的宪法和法律在其共和国境内具有至高无上的权力
1991 年 1 月 1 日	苏联社会团体法生效，苏联进入多党制时代
1991 年 5 月 15 日至 20 日	江泽民主席抵达莫斯科，开始对苏联为期 5 天的正式访问
1991 年 6 月 19 日	俄罗斯选举委员会宣布根据《俄罗斯联邦总统选举法》第 15 条，叶利钦当选俄罗斯联邦总统，鲁茨科依当选副总统
1991 年 7 月 29 日至 8 月 1 日	美国总统布什访问苏联
1991 年 8 月 19 日 6 时 05 分	苏联副总统亚纳耶夫发布命令，宣布戈尔巴乔夫因健康原因不能履行总统职责，根据苏联宪法第 12 条，由他本人从即日起履行苏联总统职责，宣布从 1991 年 8 月 19 日 4：00（莫斯科）起在苏联个别地方实行为期 6 个月的紧急状态，并成立苏联国家紧急状态委员会
1991 年 8 月 24 日	戈尔巴乔夫宣布辞去苏共中央总书记职务，并建议苏共中央自行解散

1991年11月6日	俄联邦总统叶利钦发布在俄罗斯停止苏共和俄共活动的命令
1991年12月8日	俄罗斯、乌克兰、白俄罗斯领导人签署建立独立国家联合体的协定（别洛韦日森林协定）
1991年12月21日	俄罗斯、白俄罗斯、乌克兰、哈萨克、亚美尼亚、摩尔多瓦、乌兹别克、塔吉克、吉尔吉斯、土库曼和阿塞拜疆等11个主权共和国的领导人在阿拉木图以创始国身份签署《关于建立独立国家联合体协议的议定书》
1991年12月26日	苏联最高苏维埃共和国举行最后一次会议，代表们通过最后一项决议，宣布苏联停止存在
1992年1月2日	俄罗斯全境放开物价
1992年6月16日至19日	叶利钦访问美国
1992年12月17日至18日	俄罗斯联邦总统叶利钦首次访问中华人民共和国
1993年6月5日至7月12日	俄联邦制宪会议召开
1993年10月3日	叶利钦宣布在莫斯科实行紧急状态
1993年12月12日	俄罗斯全民投票通过了《俄罗斯联邦宪法》，这是俄国历史上由选民直接投票通过的第一部宪法
1994年12月11日	叶利钦总统签署命令，派俄联邦武装力量出兵车臣
1995年12月17日	俄罗斯举行第二届国家杜马（议会）选举，俄罗斯共产党获得22.3%的选票，位居第一
1996年3月31日	叶利钦宣布从车臣撤军
1996年4月24日至26日	叶利钦访问中华人民共和国
1996年7月9日	俄罗斯中央选举委员会宣布叶利钦获胜，连任俄罗斯总统职位
1997年6月10日	俄罗斯联邦委员会和白俄罗斯议会上院分别批准《俄白联盟条约》、《俄白联盟章程》
1998年8月17日	俄罗斯爆发金融危机
1999年8月9日	叶利钦任命普京为代总理，同时正式提名普京为总理候选人
1999年12月31日	叶利钦通过俄罗斯公共电视台向全国公民发表了电视讲话，突然宣布辞去总统职务，由普京代理总统职务
2000年5月7日	普京在克里姆林宫宣誓就任俄罗斯联邦总统
2000年6月3日至5日	美国总统克林顿访俄
2001年1月18日	俄罗斯、乌克兰国防部长共同宣称，两国黑海舰队同意组建联合部队

2001 年 5 月 16 日	俄罗斯国家杜马批准了白俄罗斯、哈萨克斯坦、吉尔吉斯斯坦、俄罗斯和塔吉克斯坦五国进一步扩大经济一体化的重要条约
2001 年 7 月 16 日	中国国家主席江泽民与俄罗斯联邦总统普京在莫斯科签署《中俄睦邻友好合作条约》
2001 年 9 月 14 日	上海合作组织成员国总理第一次会晤在阿拉木图举行，在会后的新闻公报中宣布建立该组织框架内的总理定期会晤机制
2001 年 12 月 26 日	俄罗斯国家杜马——议会下院以绝对多数票批准了《俄中睦邻友好合作条约》
2002 年 2 月 7 日	俄罗斯经济发展和贸易部公布的资料称，2001 年俄罗斯国内生产总值比 1998 年增长了 19. 9%，俄经济已基本恢复到 1998 年金融危机爆发前的水平
2002 年 5 月 9 日	普京在莫斯科红场阅兵纪念二战胜利时说，当今世界的国际恐怖主义“同纳粹主义一样危险”
2002 年 6 月 6 日	美国宣布正式承认俄罗斯为“市场经济国家”，决定从当年 4 月 1 日起给俄罗斯市场经济国家地位
2002 年 6 月 7 日	中、俄、哈、吉、塔、乌领导人在圣彼得堡签署《上海合作组织国家元首宣言》
2002 年 8 月 26 日	格鲁吉亚议会以压倒多数通过了有关格鲁吉亚退出独联体的决议，以抗议俄罗斯军队近日对格鲁吉亚潘基西峡谷的空袭行为
2002 年 11 月 23 日	俄罗斯总统普京和美国总统布什在俄圣彼得堡附近的普希金城举行会晤，讨论了双边关系、伊拉克问题、北约东扩、俄与北约关系以及反恐等问题。这是 2001 年以来俄美首脑举行的第六次会晤
2002 年 12 月 1 日至 3 日	俄罗斯总统普京对中国进行国事访问。中国国家主席江泽民在北京与俄罗斯联邦总统普京签署《中华人民共和国与俄罗斯联邦联合声明》
2003 年 1 月 2 日	俄罗斯总统《普京文集》中文版日前在北京举行了首发仪式
2003 年 7 月 29 日	《我的父亲邓小平》俄文首发式在莫斯科举行
2003 年 8 月 11 日	上海合作组织成员国武装力量联合反恐军事演习第二阶段在中国新疆伊犁举行

2003 年 10 月 7 日	俄罗斯联邦车臣共和国选举委员会主席阿尔萨哈诺夫 7 日正式宣布，车臣共和国行政长官卡德罗夫当选车臣总统。这是根据新选举法选举的第一位车臣总统
2004 年 3 月 15 日	俄罗斯总统大选结束。普京获得 71.2% 的选票，不需要第二轮角逐已直接胜出。中国国家主席胡锦涛与俄罗斯总统普京通电话，祝贺普京再次当选俄罗斯联邦总统
2005 年 1 月 25 日	由俄罗斯、白俄罗斯、哈萨克斯坦、吉尔吉斯斯坦、塔吉克斯坦五国组成的欧亚经济共同体在俄罗斯圣彼得堡举行了成员国元首非例行会议，会议宣布正式接纳乌兹别克斯坦为成员国
2005 年 5 月 25 日	俄罗斯联邦委员以 157 票赞成，2 票反对的表决结果批准了俄中边界东段补充协定
2005 年 6 月 2 日	中国外交部长李肇星和俄罗斯外长拉夫罗夫在俄远东城市符拉迪沃斯托克市代表中俄两国政府共同签署互换《中华人民共和国和俄罗斯联邦关于中俄国界东段的补充协定》批准书的证书，并交换批准书和证书
2006 年 1 月 3 日	俄罗斯总统普京举行了 5 年来最大的一次新闻发布会。超过 1000 名记者出席了发布会。俄罗斯“第一”电视台，“俄罗斯”电视台，俄罗斯广播电台“灯塔”和“俄罗斯之声”广播电台进行了现场直播
2006 年 10 月 25 日	普京通过电视和广播的直播节目回答了老百姓提出的各种问题。在对话时他重申，在 2008 年第二个总统任期结束后，他不打算谋求第三个总统任期
2007 年 3 月 26 日	中国国家主席胡锦涛对俄罗斯进行正式访问，并与俄罗斯总统普京一起出席“中国年”开幕式。双方发表了《中俄联合声明》，签署了一系列合作协议
2007 年 4 月 23 日	俄罗斯前总统叶利钦因病在莫斯科逝世，享年 76 岁
2007 年 5 月 17 日	东正教全俄大牧首阿列克谢二世与流亡海外的东正教都主教拉夫里在莫斯科救世主大教堂共同举行仪式，签署《圣餐礼权威法案》，正式宣告分裂 80 年之久的东正教两派合并，完成俄罗斯东正教教会的统一
2007 年 12 月 10 日	统一俄罗斯党、公正俄罗斯党、俄罗斯农业党和公民力量党 4 党联合提名第一副总理梅德韦杰夫为下届总统候选人。普京表示完全赞同

2008 年 3 月 2 日	俄罗斯原第一副总理梅德韦杰夫在俄罗斯总统大选中以 70. 28% 的支持率胜出。3 月 7 日，俄罗斯联邦中央选举委员会确认梅德韦杰夫赢得总统选举
2008 年 5 月 7 日	梅德韦杰夫宣誓成为俄罗斯第三任总统
2008 年 5 月 8 日	俄罗斯总统梅德韦杰夫签署法令，任命普京为总理
2008 年 8 月 26 日	俄罗斯总统梅德韦杰夫签署法令，承认阿布哈兹和奥赛梯独立
2008 年 11 月 21 日	俄杜马通过宪法修正案，延长总统任期为六年和议员任期为五年。同年 12 月 30 日梅德韦杰夫总统签署宪法修正案，将俄罗斯总统任期延长为 6 年
2009 年 1 月 27 日	基里尔主教当选莫斯科和全俄罗斯东正教大牧首
2009 年 9 月 10 日	俄罗斯总统梅德韦杰夫在自己的博客上发表了《俄罗斯，前进!》，阐述了对俄罗斯经济现代化五大领域的基本看法，他本人将这篇文章定性为“公开了新政治战略的各项原则”
2009 年 11 月 12 日	梅德韦杰夫总统在给俄罗斯联邦会议的《国情咨文》中第一次提出了“全面现代化”的政治战略
2010 年 9 月 28 日	总统梅德韦杰夫签署命令，解除卢日科夫的莫斯科市市长职务。卢日科夫从 1992 年一直担任莫斯科市长，并且是政权党“统一俄罗斯”的主要领导人。同年 10 月 21 日，莫斯科市杜马选举前联邦政府副总理、政府办公厅主任索比亚宁为该市市长
2010 年 12 月 16 日	俄罗斯总理普京与民众直接连线交流再次打破纪录，共用了 4 小时 26 分钟。普京共回答了 90 个问题，其中 31 个问题是他自己选择的。大多数问题都是关于社会经济问题，以及关于消除当年夏天发生的历史上最大火灾的后果问题
2011 年 11 月 26 日	普京作为“统一俄罗斯党”推举的候选人参加 2012 年俄联邦总统大选获全票通过
2012 年 3 月 5 日	普京作以 64. 39%得票率再次当选俄联邦总统
2012 年 5 月 7 日	普京正式就任俄罗斯联邦总统职务，他随即提名梅德韦杰夫为俄联邦政府总理并获得国家杜马通过

主要参考书目和文献

一、中文书目

马列经典:

《马克思恩格斯选集》第1—4卷，人民出版社1995年版

《列宁全集》第1—43卷，人民出版社1985—1990年版

《列宁选集》第1—4卷，人民出版社1995年版

《斯大林全集》第1—12卷，人民出版社1954年版

《斯大林文选》上下册，人民出版社1962年版

通史:

克柳切夫斯基:《俄国史教程》，商务印书馆1996年版

尼科利斯基:《俄国教会史》，商务印书馆2000年版

诺索夫主编:《苏联简史》，三联书店1976年版

孙成木等主编:《俄国通史简编》，上下卷，人民出版社1986年版

梁士琴科:《苏联国民经济史》，第1—3卷，人民出版社1956年版

普列汉诺夫:《俄国社会思想史》，第1—3卷，商务印书馆1990年版

涅奇金娜:《苏联史》，三联书店1957年版

潘克拉托娃主编:《苏联通史》，第1—3卷，三联书店1980年版

陈之骅主编:《苏联史纲1917—1937》，上下册，人民出版社1991年版

陈之骅主编:《苏联史纲1953—1964》，人民出版社1996年版

陈之骅主编:《勃列日涅夫时期的苏联》，中国社会科学出版社1998年版

陈之骅主编:《苏联历史词典》，吉林文史出版社1991年版

叶书宗等主编:《苏联兴亡史》，华东师大出版社1994年版

波克罗夫斯基:《俄国历史概要》上下册，三联书店 1978 年版
《联共（布）党史简明教程》，人民出版社 1953 年版

专论:

赫克:《俄国革命前后的宗教》，学林出版社 1999 年版
布莱克等:《日本和俄国的现代化》，商务印书馆 1984 年版
雅哥夫柴夫斯基:《封建农奴制时期俄国的商人资本》，科学出版社 1956 年版
别尔嘉耶夫:《俄罗斯思想》，三联书店 1995 年版
阿格诺索夫:《白银时代俄国文学》，译林出版社 2001 年版
阿宁:《克伦斯基等目睹的俄国 1917 年革命》，三联书店 1984 年版
约翰 · 里德:《震撼世界的十天》，人民出版社 1980 年版
王郦久、刘桂玲:《跨世纪的俄罗斯》，时事出版社 1997 年版
李静杰、郑羽主编:《俄罗斯与当代世界》，世界知识出版社 1998 年版
刘克明、金挥主编:《苏联政治经济体制 70 年》，中国社会科学出版社 1987 年版
顾关福:《战后美苏关系的演变》，时事出版社 1990 年版
比亚勒:《苏联的稳定与变迁》，新华出版社 1984 年版
欧文主编:《七十年代的美国对外政策》，三联书店 1976 年版
哈罗德 · 布朗:《美国未来二十年的对外战略》，时事出版社 1986 年版
阿夫托尔哈诺夫:《勃列日涅夫的力量和弱点》，新华出版社 1981 年版
夏义善:《苏联外交 65 年纪事——勃列日涅夫时期（1964—1982 年）》，世界知识出版社 1987 年版
麦德维杰夫:《让历史来审判》上下册，人民出版社 1981 年版
阮西湖等著:《苏联民族问题的历史与现状》，三联书店 1979 年版
小杰克 · F. 马特洛克:《苏联解体亲历记》上下卷，世界知识出版社 1996 年版
江流、陈之骅:《苏联演变的历史思考》，中国社会科学出版社 1994 年版
江流、徐葵、单天伦主编:《苏联剧变研究》，社科文献出版社 1994 年版

传记:

斯克伦尼科夫:《伊凡雷帝》，商务印书馆 1988 年版
帕甫连科:《彼得大帝传》，东方出版社 1987 年版
特罗亚:《风流女皇——叶卡特琳娜二世》，世界知识出版社 1983 年版

布拉果依：《拉季谢夫》，作家出版社 1957 年版
涅奇金娜：《十二月党人》，商务印书馆 1989 年版
恰达耶夫：《哲学书简》，作家出版社 1998 年版
陈之骅主编：《俄国沙皇列传》，东方出版社 1998 年版
约夫楚克、库尔巴托娃：《普列汉诺夫传》，三联书店 1980 年版
维特：《俄国末代沙皇尼古拉二世》，新华出版社 1990 年版
维特：《俄国末代沙皇尼古拉二世》，续集，新华出版社 1990 年版
赫鲁晓夫：《赫鲁晓夫回忆录》，东方出版社 1988 年版
赫鲁晓夫：《赫鲁晓夫下台内幕及晚年生活》，中央编译出版社 1994 年版
阿朱别依：《赫鲁晓夫的悲剧》，民族出版社 1989 年版
罗兰：《莫斯科日记》，上海人民出版社 1995 年版
《布哈林文选》上册，人民出版社 1978 年版
博尔金：《戈尔巴乔夫沉浮录》，中央编译出版社 1996 年版
何文：《普京——通向克里姆林宫之路》，中央文献出版社 2000 年版

文献：

《苏联共产党代表大会、代表会议和中央全会决议汇编》第 1—6 分册，人民出版社 1964 年版
《苏联共产党和苏联政府经济问题决议汇编》第 1—4 册，中国人民大学出版社 1984 年版
中国社科院苏东所、国家民委政研室：《苏联民族问题文献汇编》，社会科学文献出版社 1987 年版
苏共中央马列研究院编：《苏共领导下的苏联文化革命》，上海人民出版社 1973 年版
黄宏等：《原苏联七年“改革”纪实》，红旗出版社 1992 年版
戴学正：《中外宪法选编》上册，华夏出版社 1994 年版
《勃列日涅夫时期苏共中央主要文件汇编》，人民出版社 1983 年版
《勃列日涅夫言论》第 1—18 辑，上海人民出版社 1977 年版
周荣坤、郭传玲等编：《苏联基本数字手册》，时事出版社 1982 年版
柯雄编：《苏联国内资本主义复辟纪事》，三联书店 1975 年版
《赫鲁晓夫时期苏共中央全会文件汇编》，商务印书馆 1976 年版

二、俄文书目

通史:

瓦谢茨基主编:《苏联各民族哲学和社会政治思想简史》(Васецкий, Г.С., *Очерки истории философской и общественной политической мысли народов СССР*),第1卷,莫斯科1955—1956年版

列昂托维奇:《俄国自由主义史(1762—1914)》(Леонтович, В.В., *История либерализма в России 1762–1914*),莫斯科1995年版

波诺马廖夫:《苏联史》(Пономарев, Н.М.,*История СССР*),第2卷,莫斯科1966年版

久卡夫金:《苏联史(1861—1917)》(Тюкавкин, В.Г., *История СССР 1861–1917*),莫斯科1990年版

德米特列耶夫:《苏联简史(1861—1904)》(Дмитриев, С.С., *Очерк истории СССР 1861–1904*),莫斯科1960年版

切尔明斯基:《帝国主义时期苏联史》(Черменский, Е.Д., *История СССР в периоде империализма*),莫斯科1974年版,第358页

苏联科学院历史所编:《苏联民族—国家建设史》(*История национально–государственного строительства в СССР1917–1936*),莫斯科1979年版

巴哈诺夫:《20世纪俄国史》(БохановА.Н., *История России XXвек*),莫斯科1997年版

专论:

格尔舒斯基:《俄国的民主经验》(Гершунский, Б.С., *Демократический опыт России*),莫斯科1999年版

巴甫洛夫—西里瓦斯基:《俄罗斯封建主义》(Павлов-Сильванский, Н.П., *Феодализм в России*),莫斯科1988年版

马斯林主编:《俄罗斯思想》(Маслин, М.А., *Русская идея*),莫斯科1992年版

里弗申:《俄国经济中的垄断》(Лившин, Я.И., *Монополия в экономике России*),莫斯科1961年版

斯波梁斯基:《南俄煤炭金属业中的垄断》(Шполянский, Д.И., *Монополия угольно-металлургической промышленности юга России*),莫斯科1953年版

佳金：《沙皇政府和垄断组织》（Дякин, И.В., *Монополия и царизм*），莫斯科 1961 年版
赫罗莫夫：《垄断资本主义时期俄国经济概述》（Хромов, П.А., *Очерки экономика России периода монополистического капитализма*），莫斯科 1960 年版
佳金：《1907—1911 年的专制制度、资产阶级和贵族》，（Дякин, В.С., *Самодержавие, буржуазия и дворянство в 1907–1911*），列宁格勒 1978 年版
拉维雷切夫：《俄国改革后的大资产阶级》（Лаверычев, В.Я., *Крупная буржуазия в пореформенной России*），莫斯科 1974 年版
拉维雷切夫：《俄国改革前的国家和垄断》（Лаверычев, В.Я., *Государство и монополия в дореволюционной России*），莫斯科 1974 年版
达尼列夫斯基：《俄国与欧洲》（Данилевский, Р.Я., *Россия и Европа*），圣彼得堡 1995 年版
阿南尼契：《俄国专制制度的危机（1895—1917）》（Ананьч, Б.В., *Кризис самодержавия в России 1895–1917*），列宁格勒 1984 年版
斯塔尔采夫：《1905—1917 年俄国资产阶级和专制制度》（Старцев, В.И., *Русская буржуазия и самодержавие в 1905–1917*），列宁格勒 1977 年版
格尔申宗等：《路标 / 来自深处》（Гершензона, М.О., *Вехи—Сборник статей о Российской интеллигенции / Из глубины—Сборник статей о Русской революции*），莫斯科 1991 年版
斯皮林：《俄国非无产阶级政党》（Спирин, Л.М., *Непролетарский партии России*），莫斯科 1984 年版
布尔加洛夫：《第二次俄国革命》（Бурджалов, Э.Н., *Вторая русская революция*），莫斯科 1967 年版
里谢茨基：《发达社会主义条件下的苏共民族政策》（Лисецкий, А.М., *Вопросы национальной политики КПСС в условиях развитого социализма*），基什廖夫 1977 年版
别尔辛：《苏联的军事改革（1924—1925）》（Берхин, И.Б., *Военная реформа в СССР 1925–1925*），莫斯科 1958 年版
斯捷潘诺夫：《伟大的十月革命与苏共的民族政策》（Степанов, А.С., *Великая октябрьская национольная политика КПСС*），莫斯科 1982 年版

传记：

斯佩兰斯基：《草案与笔记》（Сперанский, М.М., *Проекты и записки*），莫斯科—列宁格勒 1961 年版
阿尔希波夫等：《肖像中的俄国历史》（Архипов, И.Л. и др., *История России в портретах*）

第 1 卷，斯莫林斯克——布良斯克 1997 年版
别尔嘉耶夫：《自我认识——哲学自传经验》（Бердяевн, А., *Самопознание опыт философской автобиографии*）莫斯科 1990 年版

文献：

德米特列耶夫：《苏联历史文选》（Дмитриев, С.С., *Хрестоматия по истории СССР*）第 2 卷，莫斯科 1949 年版
《苏维埃政权法令汇编》（*Декрет советской власти*）第 1 卷，莫斯科 1957 年版
苏联科学院民族所编：《苏联的建立（1917—1924 年文件汇编）》（*Образование СССР: сб.документов1917–1924*），莫斯科—列宁格勒 1940 年版

报纸期刊：

《真理报》（*Правда*）
《苏联历史》杂志（*История СССР*）
《历史论丛》杂志（*Исторические записки*）
《历史问题》杂志（*Вопросы истории*）
《近现代史》杂志（*Новая и новейшая история*）
《历史档案》杂志（*Исторический архив*）
《红档》杂志（*Красный архив*）
《论据与事实》报（*Аргументы и факторы*）
《独立报》（*Независимая газета*）
《文学报》（*Литературная газета*）
《红星报》（*Красная звезда*）
《共产党人》杂志（*Коммунист*）
《苏维埃俄罗斯报》（*Советская Россия*）
《科学社会主义》杂志（*Научный Коммунизм*）
《苏共中央通报》杂志（*Вестник КП СССР*）
《乌兹别克斯坦共产党人》杂志（*Коммунист Узбекистана*）
《苏联国家与法律》杂志（*Советское государство и право*）
《经济和生活》杂志（*Экономика и жизнь*）
《社会科学》杂志（*Общественная наука*）

后　记

秋日北京，艳阳高照，金风送爽，这是一个收获的季节。在新中国成立 53 周年的喜庆日子里，望着窗外欢笑的人们，写下本书的最后一笔，真是别有一番感想在心头。在 41 岁的生日里，回顾起自己走过的人生历程，更是别有一番滋味。本书的写作历时两年多，我把它看成是自己 18 年来就学于俄国史专业的阶段性成果，因此无论是在全书体例上，在内容编排上，在重大的历史问题上，还是在资料积累和使用方面，都尽到了自己的最大气力，期间数易其稿，今日终于“完工”，但这并不能使我轻松和释重。

俄罗斯民族和俄罗斯国家的发展史是人类历史的重要组成部分，俄罗斯文化、艺术和科学成就同样是世界文化宝库中的珍贵遗产。自公元 9 世纪末俄罗斯民族的第一个国家——基辅罗斯建立，俄罗斯民族就走着一条较为独特的发展道路。这里不仅有 18 世纪彼得一世和叶卡捷琳娜二世时期大规模的西化改革给欧洲历史以至世界历史发展带来的巨大影响，也有 19 世纪俄国农奴制废除和资本主义跳跃式发展带来的俄国现代化的历史跃进；这里不仅有 20 世纪初十月社会主义革命为世界政治版图造成的巨大冲击波，也有苏联 70 余年社会主义建设所取得的巨大成就。而 1991 年底，苏联大厦的“轰然”解体和苏共的“突然”垮台，为整个世界带来的冲击和影响则更是巨大的。它迫使各国学者，特别是历史学家不断地调整自己的学术研究重点，努力探讨苏联解体的深层次原因。

苏联解体实际上包括了三个相互联系的内容，第一是苏联共产党执政党地位丧失了；第二是多民族的统一的联邦制国家瓦解了；第三是独立后的各国均放弃了社会主义道路。缘此，我们可以提出三个问题：第一个问题是为什么苏共垮台了？第二个问题是为什么联邦制解体了？第三个问题是为什么放弃了社会主义道路？在此基础上，我们还可以提出三个相互关联的反问题：第一个问题是为什么布尔什维克能够从几十人的小党派发展壮大成为苏联的执政党？第二个问题是为什么被列宁称为“各族人民监狱”的俄国在十月革命后选择了社会主义联邦制的国家形式？第三个问题是为什么十月革命后俄国各个已经获得独立的民族和国家选择走社会主义道路？这些问题的答案不仅要从1917年至1991年的苏联历史中寻找，还应该从公元9世纪末至20世纪初漫长的俄国历史中寻找；不仅要从苏联70余年社会主义实践的史实中寻找，还应该从回顾近代以来俄国历史发展线索和俄国文化传统的历史影响的角度加以探讨。因为，对于任何一个民族来说，历史发展都是前后联系的，文化传统也是无法割断的。

国内的俄国史和苏联史作为一门较为独立的国别史学科的研究，始于20世纪的80年代初。在这段时期内完成了重要研究课题的确定、部分重要史料的翻译及整理和研究队伍初建等工作，在国内的俄国史和苏联史研究方面具有极其重要的奠基意义的《俄国通史简编》、《苏联史纲》的编纂工作即是在这一时期启动的。1985年在西安召开的中国苏联东欧史研究会成立大会暨第一次学术年会则是另外一个重要的标志，它标志着全国性的苏联东欧史研究队伍的建立。在经历了收集和翻译资料、编写通史、开展专题史研究、培养研究生的过程后，至今，我国已经建立起来了一支由老中青三代学者组成的在国内及国外史学界有较大学术影响力的俄国史和苏联史的专业研究队伍。它的主要标志是：通史性的俄国史和苏联史基本出齐；在文化史、经济史、民族史、外交史和政治思想史等方面涌现出一批有学术功底和见解独到的专题史著作；高等学校中开设了一系列的俄国史和苏联史的通史课和专题选修课；在国内较早地建立了一批俄国史和苏联史研究方向的博士点和硕士点；中国苏联东欧史研究会及其会员与苏联（俄罗斯）和其他国家有关的学术机构建立较广泛的学术交流关系等。

20世纪90年代以来的中国的俄国史和苏联史研究处于一个重要的发展时期，这是因为：第一，改革的不断深化，提高了学者们的思想认识；第二，苏联解体后大量原始档案的公布，为苏联史研究提供了更加丰富和有价值的资料。第三，新一代的苏联史研究工作者的队伍在逐渐壮大起来。我想，中国的俄国史和苏联史研究正处在继往开来的重要时刻，既需要老一辈史学家的无私奖掖，更需要年轻一代史学工作者的不懈努力。

在以往的教学和研究中，我时常因学术习惯而却步和困惑于俄国史、苏联史和当前俄罗斯问题之间的界限，也曾努力突破这一学术的思维定势，迫切地感觉需要一本将三个阶段的历史融为一体的著作。这一次是在学术界的众多同道，特别是老前辈们的支持下，尝试着编写出这样一本著作。但我知道，这仅仅是一次学术尝试，书中在许多方面存在着不足，因此恳请学界前辈和同行们提出批评意见。

感谢王新先生，是他亲手将我引入俄国史专业之门，并使我将其选择为自己未来的职业。感谢陈之骅先生，是他在我的学术生涯最紧要的时刻给我以扶持，让我看到了“海外仙山”，而且此次再请先生作序，先生欣然命笔，学生感激之情无以言表。

感谢人民出版社的领导和编辑同志，使本书忝列“国别史”丛书之中。特别感谢本书的责任编辑杨美艳女士，她认真负责地修改书稿并为我提出许多宝贵的建议，使本书增色颇多。

张建华

2003 年 10 月 2 日于京北西三旗

*　　　*　　　*　　　*　　　*

这次重印，更正和补充了书中的一些错误和疏漏。感谢刘祖熙先生的悉心指教。特别感谢中南民族大学的刘敦健先生，尽管我们素昧平生，但他以学者的风范、长者的耐心，给我极大的帮助。

张建华

2006 年 12 月再识

*　　　*　　　*　　　*　　　*

思想常思常新，史学常研常新。自前次修订又过去 9 年时光，借此次机会，再修改和调整部分文字。感谢杨美艳女士和人民出版社，感谢广大读者朋友们。

张建华

2022 年 3 月 12 日再记

责任编辑：杨美艳
封面设计：石笑梦

图书在版编目（CIP）数据

俄国史 / 张建华 著 . 2 版（修订本）
－北京：人民出版社，2014.1（2022.4 重印）
（国别史系列）
ISBN 978－7－01－012790－3

I. ①俄…　II. ①张…　III. ①俄罗斯－历史　IV. ① K512.0

中国版本图书馆 CIP 数据核字（2013）第 265077 号

俄国史（修订本）
EGUO SHI（XIUDINGBEN）

张建华　著

人民出版社 出版发行
（100706　北京市东城区隆福寺街 99 号）

北京盛通印刷股份有限公司印刷　新华书店经销

2014 年 1 月第 2 版　2022 年 4 月北京第 3 次印刷
开本：710 毫米 ×1000 毫米 1/16　印张：25.25　插页：8
字数：427 千字

ISBN 978－7－01－012790－3　定价：78.00 元

邮购地址 100706　北京市东城区隆福寺街 99 号
人民东方图书销售中心　电话：（010）65250042　65289539